王英志　编著

航标学

大连海事大学出版社

图书在版编目(CIP)数据

航标学 / 王英志编著. — 大连 : 大连海事大学出
版社，2021.9
ISBN 978-7-5632-4165-1

Ⅰ. ①航… Ⅱ. ①王… Ⅲ. ①航标 Ⅳ. ①U644.43

中国版本图书馆 CIP 数据核字 (2021) 第 107253 号

大连海事大学出版社出版

地址：大连市凌海路1号　　邮编：116026　　电话：0411-84728394　　传真：0411-84727996
http://press.dlmu.edu.cn　　E-mail：dmupress@ dlmu.edu.cn

大连金华光彩色印刷有限公司印装　　　　　　大连海事大学出版社发行

2021 年 9 月第 1 版　　　　　　　　　　　2021 年 9 月第 1 次印刷
幅面尺寸：184 mm×260 mm　　　　　　　　　　　　　　　印张：26
字数：638 千　　　　　　　　　　　　　　　印数：1~5500 册

出版人：刘明凯

责任编辑：王　琴　　　　　　　　　　　　责任校对：董洪英
封面设计：张爱妮　　　　　　　　　　　　版式设计：张爱妮

ISBN 978-7-5632-4165-1　　审图号：GS(2021)3670 号　　定价：88.00 元

内容提要

本书是一部内容丰富的航标专业书籍,内容包括航标设备和航标管理两篇。航标设备包含航标基本概念,视觉航标基础理论,视觉航标,航标灯器,音响航标,无线电航标,全球导航卫星系统,船舶交通管理系统,船舶自动识别系统,船舶远程识别与跟踪系统和航标能源等方面的知识;航标管理包含航标管理的基础理论,海道测量基本理论与技术,现代管理的理论与方法,港口水域的规划与布置,航标定量分析的理论与方法,航标管理法规与技术标准,航标配布设计,航标设置与维护等方面的知识。

本书知识面广、内容新、系统性和适用性强,可作为航标管理专业的教材,亦可作为沿海和内河航标管理人员和技术人员的工作参考书。

前　言

　　航标的历史悠久,据有关文字记载,人类建造的第一座灯塔可追溯至公元前285年。现代航标学是一门综合性学科,它涉及光学、声学、水道测量学、建筑学、电子技术、自动化技术、计算机技术、航海技术、无线电导航和人工智能等多学科知识。

　　近十几年来,随着水运事业的不断发展,以及对航行安全和环境保护的日益重视,航标事业有了很大的发展。航标新设备、新灯器、新能源、新光源、新材料、新工艺不断被研制出来并推广使用;精度高、覆盖范围广的无线电航标纷纷投入运行;航标设备自动化越来越广泛和可靠;航标系统自动化和航标管理自动化正在逐步建立和推广。可以毫不夸张地讲,航标事业日新月异,正迈入数字化和智能化的发展阶段。

　　目前,我国航标专业的相关书籍很少,正式出版并能满足广大航标管理人员和技术人员需要的航标专业书籍更是凤毛麟角,这一局面很难适应航标事业的发展。沿海和内河广大航标管理人员和技术人员迫切需要系统讲述航标基础理论和航标专业知识的专业书籍。这就是作者编著本书的直接目的。在编著过程中,作者力求概念清楚,系统性强,内容具有一定的理论深度。本书是作者多年从事教学和科研工作的经验和成果。

　　本书不仅面向高等学校有关专业的本科学生,也适用于沿海和内河航标管理人员和技术人员,因此作者力求本书知识面广、内容新、适用性强,便于读者学习和理解。

　　本书由大连海事大学王英志教授编著。本书在编著过程中,承蒙大连海事大学有关领导和全国各级航标管理部门领导及专家的大力支持和热情帮助,特此表示深切的谢意!

　　由于作者水平有限,书中错误和疏漏难免,恳请读者批评指正。

编著者

2020年2月

目　录

第一篇　航标设备

第二篇　航标管理

航标设备

第一章 绪论

第一节 航标的功能和分类

航标(Aids to navigation),即助航标志,是为帮助船舶安全、经济和便利航行而设置的视觉的、音响的和无线电的有信息服务作用的设施。

根据上述定义,航标的作用是帮助船舶安全航行、经济航行和便利航行。为了实现航标的作用,航标一般具有四项功能,即定位功能、危险警告功能、确认功能和指示交通功能。

定位功能就是能确定船舶所在的位置;危险警告功能就是能标示航道中的危险物和碍航物;确认功能就是能确认船舶相对航标的距离和方位;指示交通功能就是能指示船舶遵循某些交通规则,如分道通航制。航标指示交通功能,除能帮助船舶安全航行外,还具有防止污染、保护环境的作用。

现代航标学是一门综合性学科,涉及的知识面很广,包括光学、声学、水道测量学、建筑学、电子技术、自动化技术、计算机技术、航海技术和无线电导航等多学科知识。因为航标的综合性强、涉及的知识面广,所以航标的种类繁多,有多种分类方法。

航标按配布的水域分类,有海区航标和内河航标;按配布位置的可靠性分类,有固定航标和浮动航标。最常采用的分类方法是按航标的工作原理进行分类。

航标按工作原理分类,有视觉航标(Visual aids to navigation)、音响航标(Audible aids to navigation)和无线电航标(Radio aids to navigation)。

视觉航标包括灯塔(Lighthouse)、灯桩(Light beacon)、立标(Beacon)、导标(Leading marks)、交通信号标志(Traffic signal marks)、灯船(Light vessel)、灯浮标(Light buoy)、浮标(Buoy)。

音响航标包括气雾号(Gas fog signal)、电雾号(Electric fog signal)以及雾情探测器(Fog detector)。

无线电航标包括雷达反射器(Radar reflector)、雷达应答器(Radar responder)、无线电指向标系统(Radio beacon)、罗兰C(Loran C)无线电导航系统、全球导航卫星系统(GNSS)、船舶交通管理系统(VTS)、船舶自动识别系统(AIS)、船舶远程识别与跟踪系统(LRIT)。

第二节 航标的发展简史

航标随着水运事业的发展而发展。

水运事业发展初期,船舶仅以天然目标来估计船位和助航。随着水运事业逐步发展,天然目标已不能满足船舶安全航行的需要,人类就在沿海和内河的显著山头和岛屿上建造宝塔、守望台,堆土丘,立石柱、木桩等来指引船舶白昼航行,夜间设置灯光助航。

据文字记载,人类最早使用的航标是灯塔。公元前280—前278年,埃及人在亚历山大城附近的法洛斯(Pharos)岛上建造了亚历山大灯塔(The Lighthouse of Alexandria),又称法洛斯灯塔,如图1-1所示,其建筑师是索斯查图斯(Sostratus)。亚历山大灯塔塔高120 m,加上塔基,整个高度约135 m。塔身由三层组成:第一层是方形结构,高60 m,里面有300多个大小不等的房间,用作燃料库、机房和工作人员的寝室;第二层是八角形结构,高15 m;第三层是圆形结构,上面用8 m高的8根石柱围绕在圆顶灯楼。灯楼上面,矗立着8 m高的太阳神赫利俄斯站立姿态的青铜雕像。整座灯塔用花岗石和青铜等材料建筑而成,以熔铅黏合石缝。灯塔的燃料是橄榄油和木材。整个灯塔的面积约930 m²。聪明的古希腊著名建筑设计师索斯查图斯采用反光原理,用巨大青铜镜反射,射程可达55 km。

亚历山大灯塔不仅外部造型美观考究,内部结构也严密复杂。塔基的部分有50多个房间,供值班人员住宿、办公或操作各项业务使用,也可能是天文学家、气象学家观察天象的专用房间。三层塔身本不适用,为克服单调感,求得整体建筑具有艺术性的视觉造型,因而建有许多像楼房一样的层层窗口。一些研究者认为塔身下层内部宽阔,因而从这里修筑了通到塔顶的倾斜的螺旋式上升的通道。在通到中层和上层的倾斜梯上还分别筑有32级和18级台阶。正中间有一个相当于现代电梯的人工升降装置,用以运送火炬燃料及各种物品,保证火炬长年日夜不熄。此座灯塔是自古认定的世界七大奇迹之一,毁于1303年和1323年的两场地震。

我国有5 000年文明史,是最早把航标用在沿海和内河船舶助航的国家之一。以时间为序,我国航标发展历史可划分为中国古代航标、中国近代航标和中国当代航标三个时期。

一、中国古代航标(1840年以前)

中国航标的历史源远流长。在古代,一块礁石、一个山头、一丛著树都可能成为"航标",谓之自然航标。随着水运经济的发展,人们认识自然,吸取船只触礁、搁浅、翻沉海事的经验教训,在水域中刻石示警、立标指浅、用烽火引航及利用宝塔作为航行标志等。这些人们设置的航标,谓之人工航标。

中国古代航标,从利用自然航标到设置人工航标,从民间集资设置航标到官府出资设置航标并派人管理,有4 000多年漫长的历史。

1.古代的自然航标

《尚书·禹贡》有"岛夷皮服,夹右碣石入于河"的记载。"碣石"就是中国夏王朝时期的"自然航标"。"岛夷皮服"说的是当时东北辽东半岛的少数民族,取道渤海北部航行进入黄河口,再到中原都城进贡的一段历史。"夹右碣石入于河",指入黄河时右边有碣石作为航道的标志。用现代航海术语表示,即右舷正横碣石转向入河。古代夏王朝以碣石为"自然航标"的朝贡路线,距今已有4 000多年了。

明永乐至宣德年间(1405—1433年),伟大的航海家郑和奉钦命统率一支庞大的远洋船队,先后七次下西洋时所绘制的航海图,堪称古代航海者利用大自然的实物作为航标的杰出之作。

图 1-1　亚历山大灯塔(The Lighthouse of Alexandria)示意图

2.古代的人工航标

中国从自然航标到设置人工航标,经历了漫长的岁月。古代的人工航标形式多样。

(1)刻石示警

在古时,开发长江山区航道时有凿石为标,或在岩石上刻着简单的指导航行的方法。例如,位于四川云阳县(今重庆市云阳县)城东约 5 里的宝塔滩(今宝塔沱,在宜昌上游

269.4 km处），因南、北两岸均有岩石延伸江中，如齿横阻，江水流态十分紊乱，大水时行舟极险。为安全行舟，古人在下游石崖上"凿石作塔，以为舟标"。还有以宝塔作航标的谚语"水浸宝塔脚，下舟休要错；水淹宝塔顶，十船九个损"为行舟之准则。又如，人们曾在白帝城下瞿塘峡口滟滪堆、忠州（今重庆市忠县）的折梢子岩和长江西陵峡中的崆岭滩的一块突出水面的礁石上，刻有"对我来"三个大字，作为行舟避险的标记。

（2）立标指浅

元至大四年（1311年），因漕运需要，海道府采纳常熟州（今江苏省常熟市虞山镇）船户苏显的建议，自备2艘船抛泊于刘家港（今江苏省太仓市浏河镇）西暗沙嘴二处，竖立旗缨，指领粮船绕过浅滩，是谓"立标指浅"。

明宣德年间（1426—1435年），在胶州湾运粮航线上出现了"海道弯泊，舟行停泊，宜在旧式墩上昼设旗帜，夜悬灯笼，以便趋集"的航路标识。

清乾隆五年（1740年），水师营把总廖际遇在胶州湾"立石柱于郭五、郭六礁前，出水面丈余，舟人望而备知"，使进出淮子口的舟船有所标识。

（3）烽火引航

明永乐十年（1412年），明成祖朱棣钦准总督漕运总兵官陈瑄奏请，在苏州府嘉定县（今上海市嘉定区）之青浦筑土为山，其上"昼则举烟，夜则明火"，是渭"宝山烽喉"，引导船只进出长江口。

清同治二年（1863年），山东半岛成山角建花岗石灯台一座，宽约12英尺、高约20英尺，为一烽火标，燃木料于铁盆之内，盆则置于高台顶上。最初似为一望天台，四角为花岗石柱，上置横梁，以悬火盆。

（4）宝塔航标

唐贞观年间（627—649年），广州建伊斯兰教怀圣寺，寺内建光塔，高165尺，矗立在当时寺院西南角，夜间悬灯，指引船只到广州。

唐乾符年间（874—879年），僧人如海，于今上海青浦区泖河中的一个小洲上建泖塔，后增殿阁，名澄照禅院；至宋景定年间（1260—1264年），改称福田寺，亦名长水塔院。泖河广阔，往来船只以泖塔为标志，夜间塔顶悬灯，指示航道。碑记有"标灯为往来之望"。

唐咸通十年（869年），浙江温州江心屿东峰建象岩塔，另一说建于北宋开宝二年（969年）；北宋开宝二年（969年），在江心屿西峰建狮岩塔。东、西两塔为船只进出温州港的航标。明代嘉靖进士皇甫汸有诗云："双塔峙琳宫，诸天一水中，回看云岛合，直与海门通。"

福建省福州市马尾区罗星山的罗星塔（俗称磨心塔），相传为宋代一位盼夫归来的柳七娘所建，入夜燃烧柴火，以指引归帆。

浙江省杭州市钱塘江畔的六和塔，建于北宋开宝二年（969年），塔九层，塔上装灯，江上夜航船只赖以导航。

宋绍圣三年（1096年）始建，政和七年（1117年）十月二十三日竣工，福建长乐县（今福建省福州市长乐区）西南山建三峰寺塔，塔高27.4 m，为船舶进出太平港的主要海岸标志。

南宋建炎三年（1129年），韩世忠驻军昆山通惠镇（今上海市青浦区东北角青龙镇处），建南、北两塔以作渡标，两塔均称白塔，夜间"燃灯以照夜渡"，南塔已毁，现存北塔，又称北白塔（亦称韩塔）。

南宋绍兴年间（1131—1162年），泉州港建万寿塔，俗称姑嫂塔，矗立山巅，视野辽阔，至今仍为泉州湾重要的航行标志。

明嘉靖五年(1526年)，巡海通判蔡潮在福建东山岛东南建东门屿文峰塔，其是进出台湾海峡南口的重要航标。

我们的祖先在暗礁、浅滩附近或海岸口门设置了指示航道或航路的标志，形式多样，这是中国古代的人工航标，对指引舟楫安全航行起过重要的作用。

中国航标的起源与水运经济的发展密切相关。缘于4 000年前的"碣石"作为自然航标，继而发展到刻石为标、宝塔指航等这样的原始的人工航标，有的来自民间，有的来自官府，有的属于官民结合，没有统一的章法、管理模式和固定的经费来源，更没有专业队伍。但它们对船只航行安全来说意义重大，为水运和渔业的发展谱写了光辉灿烂的一页。

二、中国近代航标(1840—1949年)

鸦片战争后，西方资本主义国家侵入中国沿海、内河，为打开掠夺通道，强迫清政府签订了一系列不平等条约，主要通过被它们操纵的海关，在中国沿海、长江和对外开放的港口、航道开始设置航标，拉开了中国近代航标建设的帷幕。

鸦片战争结束至船钞股成立之前，海关已开始在中国沿海、港口的重要水道设置航标。

清道光二十四年(1844年)，在广州珠江海珠炮台附近，利用当时沉没的"伶仃"号鸦片趸船露出水面2 m的前桅顶挂灯，作为水上灯桩指示航道。

清道光二十七年(1847年)，在长江口北岸及南岸浅滩外缘各设置一座标桩，这一对标桩标示进入长江口的南、北界限。随后，又在南岸标桩处新建红白方格砖塔一座，是由当时地方官吏苏松太道建造的。

清咸丰五年(1855年)，苏松太道接受外籍税务监督的建议，租赁一艘名为"柯普顿爵士"号的洋式铁壳船作为灯船，设置在长江口铜沙浅滩(今横沙浅滩)。

清咸丰七年(1857年)，英国海军在长江口至吴淞口航道上，抛设铁质梭形浮标8座。

清咸丰九年(1859年)，于广州附近的海珠炮台设石柱，并置灯于其上。

清咸丰十一年(1861年)，江海关在长江狼山沙水道布设灯船1艘。

清同治元年(1862年)，为出入上海黄浦江，在吴淞口内拦江沙设标桩3座，后于1864年在长江口南岸增设九段灯桩1座。

清同治二年(1863年)，应当地船民要求，由寺僧在厦门港外大担岛设简易灯塔1座。同治四年(1865年)，在厦门关协助下建成灯塔。是年，浙海关与宁绍道台在甬江口外七里屿和虎蹲山各建小型灯塔1座。上海道台在黄浦江口建吴淞灯塔1座。

清同治六年(1867年)，镇江关在辖区内设灯桩7座。东海关税务司在烟口崆峒岛建灯塔1座，山海关在营口的辽河口设牛庄灯船。

清同治七年(1868年)，海关成立船钞股，中国沿海灯塔的建设自长江口开始，向南北展开。

清同治八年至十年(1869—1871年)，在长江口南侧的大戢山、舟山群岛北部的花鸟山、长江口北侧的佘山和厦门港外的东碇岛等处各建灯塔1座。

清同治十一年至光绪元年(1872—1875年)，在福建闽江口外的东犬岛、闽中沿海的乌丘屿、牛山岛、厦门港外的青屿、粤东的南澎岛、舟山群岛的鱼腥脑岛、澎湖列岛的渔翁岛、山东半岛的成山角等处各建灯塔1座。

清光绪六年(1880年),在广东惠来县南端的石碑山、汕头港外的表角及港口的鹿屿各建灯塔1座。

清光绪八年至十六年(1882—1890年),在渤海的喉矶岛,黄海的镆铘岛、赵北嘴,渤海湾的曹妃甸,舟山群岛的白节山、小龟山(小板山)和洛伽山,厦门口外的北碇岛,台湾的鹅銮鼻、高雄、淡水等处各建灯塔(或灯桩)1座。

清光绪十七年至二十六年(1891—1900年),在辽东半岛的老铁山、秦皇岛港的南山头、山东的旗杆嘴、浙江渔山列岛的北渔山、香港的横澜岛、雷州半岛南端的滘尾角、海南岛的秀英港和琼州海峡西部的临高角、台湾的安平、长江口崇明岛的东旺沙和六效港等处各建灯塔1座。

清光绪二十八年(1902年)至1927年,在烟台港的烟台山,龙口港的屺姆岛,鸭绿江口的大鹿岛,舟山群岛的半洋礁、东亭山(外洋鞍岛)、下三星岛和唐脑山,浙江温州以南的冬瓜屿,福建三都澳以东的东涌岛(东引岛)和西洋岛,沙埕港外的七星山,粤东沿海的遮浪角,珠江口的横门、淇澳岛、金锁牌和舢板洲等处各建灯塔1座,并撤除了长江口崇明岛的东旺沙和六效港的灯塔。

根据在海关海务部门任职多年的余铭镛先生1928年在《海关华员联合会月刊》发表的《海务部门管辖沿海灯塔、灯船的区域划分》,截至1927年年底,海关管辖的沿海灯塔共59座,不包括6艘灯船。

1936年,建成连云港车牛山灯塔,这是海关在中国沿海建设的最后一座灯塔。

自镇江关于清同治六年(1867年)在辖区内设灯标7座后,九江关、江汉关纷纷仿效,相继在辖区内设置灯桩和灯船。光绪二十七年(1901年),在汉口以上的金口礁,设置了长江中游第一座航标(金口礁引导灯桩)。自光绪三十二年(1906年)成立长江巡江事务处至宣统二年(1910年),在汉口至城陵矶,设标桩13座。光绪三十四年(1908年)后,城陵矶至宜昌间开始设置浮标和标桩,洞庭湖也设置了航标。因长江水道变迁不定,航行标志随之增减,有一日一标几移之说,每遇水道变动即刊发布告周知,对变化不大且较稳定的水道则皆以浮、桩、灯标标示,以策航行安全。

长江上游宜昌至重庆段滩多水急,礁石星罗棋布,轮船航行很不安全。1915年,海关在重庆成立长江上游巡江事务处后开始在川江设置航标;同年8月17日,在狐滩南岸设立标杆信号1座,此系川江航道近代所设的第一座航标。

20世纪20—30年代,长江航标建设较快,至1936年,共设有各类航标696座。

虎蹲山灯塔曾用雾锣,后改用雾钟。山东半岛成山角灯塔、长江口灯船和九段灯船曾设雾钟。长江口航路灯浮曾是带钟的灯浮。1899年更新的长江口灯船用机械撞击巨钟,每分钟3次,每次双响。雾锣、雾钟一般听程为1~2 n mile。清同治十年(1871年),长江口铜沙灯船曾设汽笛及雾炮各1具,听程为3~4 n mile。长江口牛皮礁灯浮、汕头港外娘礁灯浮及硇洲东南哨浮曾装雾哨,听程为2~3 n mile。光绪二十五年(1899年)更新的铜沙灯船,改用双响气压雾笛1具,4~5 n mile可闻。光绪二十七年(1901年)前建造的灯塔,凡属险要地理位置,均设雾炮或雾笛,如南海的临高、横澜洲、石碑山、表角、南澎岛,东海的东碇岛、乌丘屿、牛山岛、北渔山、北椗、东犬岛、大戢山和黄(渤)海的成山角、崆峒岛、喉矶岛等15座灯塔及大沽灯船均曾设雾炮,下雾时每隔10 min或15 min放炮一响,有的听到船上发出汽哨或其他响声时才放炮应答,每3~5 min鸣放一响,直至听不见航船的声音为止。为使邻近灯塔的雾炮信号有所区别,也有放炮双响的,雾炮听程为 2~4 n mile。现今牛山岛灯塔和表角灯塔均各残留一尊当年使用的雾炮。

20 世纪 20 年代开始,花鸟山、佘山、东亭山(外洋鞍岛)、镆铘岛、成山角和南澎岛等灯塔使用低音雾笛,称地亚风(Diaphone)雾号,听程为 5~10 n mile。60 年代初,大三山岛灯塔和花鸟山灯塔均设高音雾笛,听程为 2~5 n mile;大连港的黄白嘴灯塔和青岛港的团岛灯塔,设旋转式电雾号,听程为 2~6 n mile;湛江港外的硇洲岛上,设气雾号(又称气雾笛),听程可达 5~10 n mile。以上音响航标,均系利用空气作媒介,所以又称空中音响航标。东海花鸟山灯塔曾于清宣统二年(1910 年)试用水下的电钟发出声音,但航行船舶须有接收水下声音的设备才能使用,且效果不佳,故未推广。

20 世纪 20 年代末,海关开始在沿海设置无线电指向标,当时称无线电桩。1927 年,在长江口花鸟山灯塔建指向标,设备从英国进口,1930 年正式对外开放。这是中国沿海第一座无线电指向标。1933 年,海关又在大戢山、佘山灯塔设指向标,与花鸟山指向标可配成一组使用,以提高船舶定位的精度。1941 年,海关在成山角设指向标。这一年,日本侵略军设在青岛港外的朝连岛和港内团岛的指向标秘密开通。据统计,1949 年以前,在中国沿海建有指向标10 座(包括苏军管理的旅大地区的 4 座)。

三、中国当代航标(1949—1978 年)

1949 年 10 月 1 日,中华人民共和国宣告成立。1950 年,海关将所管的航标移交交通部(今中华人民共和国交通运输部)管理。1953 年,交通部将所管的沿海航标移交海军管理。1958 年,海军又将沿海商港、商用为主的军商合用港口及近海短程航线的航标移交交通部管理。沿海航标管理体制经过几次重大的变革,形成海军、交通、水产分管的格局,延续了 20 多年,其中经历了 10 年文化大革命("文革")。中国当代航标在管理体制变革和"文革"中曲折发展。

中华人民共和国成立前夕,长江下游和沿海一些航标在国民党军队败退时遭到破坏。当时,长江口灯船失踪,福庆灯浮标灯光熄灭、移位;佘山灯塔燃料、食品告急;黄海、渤海海区一部分灯塔、灯桩、灯浮标失常,有的遭到破坏;连云港车牛山灯塔在国民党军队败退时连塔基一并被毁坏;天津港的曹妃甸灯桩因受战乱影响长期未能恢复;长江下游的安庆港水文站被炸,香口灯桩被炮击,马鞍矶灯屋被焚毁;停泊在汉口、南京的"海济"等 6 艘航标船被炸沉或烧毁,码头趸船和港内巡逻小轮也遭到破坏。

中华人民共和国成立初期,国民党军舰、飞机对沿海、港口进行骚扰,美、英等国遏制中国经济的发展,航标工作者为恢复上海港与外地的水上交通,恢复北方、华中、华南海运和长江航运,不畏险阻,克服困难,提供航行安全保障条件。航标工作致力于恢复被国民党军队破坏的和处于不正常状态的航标,反封锁、禁运,同时开始了大规模设标工作。

1.建设沿海航标

(1)南海海区

1954 年,海军司令部海道测量部与中南军区海军司令部海道测量处组织了一支航标测量队伍,对广东省西部沿海(包括洋浦港、八所港、后水湾和湛江港附近)海域的水深进行测量,一面勘察航标布局,一面抓紧时间设标,先后完成了助航设施的建设,满足了海南岛环岛沿岸船舶航行的最低需求;新建了白鞍岛、兵马角、大洲岛、木栏头、莺歌嘴、感恩角等10座灯桩;琼州海峡经扫海测量,在第二次世界大战疑存雷区开辟出宽1 n mile 的中水道,抛设5座灯浮标,沟通了华南沿海的海上通道;为保障粤东与粤西船舶近岸航行安全,新设甲子角、田尾角、大星山、大放鸡、围夹洲等15座灯桩。1956 年 5 月,海军司令部海道测量部又与交通部第一航务工程局协作完成了湛江港建港配套建设的10组(19座)引导灯桩,增设硇洲岛南方2座灯浮标。与此同时,在广西的珍珠港、龙门港,海南岛的清澜港、榆林港、三亚港及广东中部的珠江口,新建一批灯桩,设置一批灯浮标。在粤东地区建立了汕头港的进口引导灯桩,在汕头港以东设置了牛屿、青屿及溜牛礁等灯桩,开辟了自汕头港经南澳岛北方前往厦门港的浅水航线。

(2)东海海区

东海海区的重点放在开辟东南沿海近岸航线。1952 年,在舟山群岛的主要水道和港湾增补了航标。1953 年,继续在普陀山等地建设灯桩,开辟了金塘、长白山、普沈、鸟沙、双屿门等多条水道。1954 年,又在牛鼻山水道至温州的近岸航线设标。从此,小型舰船可顺着该水道,经西磨盘、泗礁石(下四礁)、小漠山诸灯桩,穿过石浦港,从迪市山灯桩,靠近岸边驶过杨礁、平礁、小竹山等灯桩,驶抵沙镇山灯桩后,自牛山过乌屿(蛾屿)由西转向西南,即可到达乐清湾及温州。但吃水较深的船舶和舰艇在航经迪市山灯桩后,还需候潮通过。1955 年,一江山岛及上、下大陈岛解放,开始为贯通上海至温州的沿海航线设标,到年底建成衔接1954 年以前开辟的上海至舟山诸岛间的航标链。在此基础上,继续向南推进,布设温州至福州沿岸航标。这条航线,自瓯江出口,从三盘门或东北门驶向西南,过荔枝山西方及平阳嘴,自王礁灯桩西方沿岸穿过出壁门,过小安水道至北茭嘴,然后进闽江。1956 年,继续开辟福州以南至厦门及东山湾的航线。为此,新辟海坛海峡水道,设灯桩8座。在开辟兴化湾及南日水道时加设灯桩。这样,船舶自福州过双脾灯桩,从鼓屿灯桩进海坛海峡,出海峡南口后经兴化湾及南日岛直驶厦门及东山湾。

(3)北方海区

1958 年以前,北方海区致力于短程航线的航标建设,并逐步向外海岛屿发展,有目的地填补海上干线航标的空白。几年时间,建设了青岛—烟台—龙口,青岛—石岛—大连,以及各港往返丹东、营口、秦皇岛港航线附近的航标,其中有新建或修复的苏山岛、青渔滩和大王家岛灯塔,烟台小山子、低角等灯桩;在成山角和秦皇岛金山嘴安装或改善了音响设施。

国民经济第一个五年计划(1953—1957 年)期间,中国沿海公用航标成倍增加。据统计,1953 年沿海设灯桩、导标109 座,1954 年设标289 座,1955 年设标213 座,1956 年设标203 座,1957 年设标162 座,五年设标合计976 座,为开辟近岸航行通道、扩大舰船活动海域、发展国民经济,提供了航行安全保障。

2.建设内河航标

1952 年 12 月开始,中国对内河(首先是长江)的航标制度进行了改进。改进引起了三大变化:一是航标设置密度大幅度增加,构成了一标接一标不间断的航标链,提高了船舶营运周转率;二是航标管理机构设置趋于合理;三是促进了内河航标电气化。

在长江航标改革取得经验后,珠江水系的西江航标于1954 年先在广州大尾角经陈村水道、容桂水道至莺歌嘴的陈容水道试点,然后在莺歌嘴至梧州航道上进行全面改革。此后,广东境内珠江三角洲各重点水道和东江、北江、韩江等干流航道逐步建设新式内河航标。1956年,广西梧州以上(至南宁、柳州)水道也逐步进行内河标志改革。珠江水系的西江航标管理机构也做了调整,并在运输繁忙的河段实现了航标灯电气化。

3.建设近、中、远程无线电导航系统

1954年海军恢复花鸟山指向标。1957年,南海硇洲岛、江苏射阳河、蒿枝港设指向标。1958年,南海抱虎岭抱虎角、黄海黄岛设指向标。1959—1966年,渤海北塘、义和庄、秦皇岛和老铁山,虎头岭(海南岛)、镆铘岛(黄海)、王家麦岛、燕尾港、琼港相继设指向标。

1965年,经国务院批准,由海军、交通部和四机部提出的采用"脉冲双曲线""脉冲相位双曲线"的中、远程无线电导航方案("长河一"号、"长河二"号)。"长河一"号系统由10个导航台组成台链。1968年,建成成山角、射阳河、枸杞岛3个导航台。1974年,建成庄河、上古林、石塘、天达山4个导航台;同年,南海建成龙滚、石碑山、三灶3个导航台。至此,建成的中程无线电导航系统基本覆盖了中国沿海海域。1976年10月,"长河一"号导航台正式对国内开放使用,并开始筹建"长河二"号远程无线电导航系统。

四、中国沿海航标全面现代化建设(1978年至今)

1978年,中国共产党第十一届三中全会后,在邓小平建设有中国特色社会主义理论的指引下,以经济建设为中心,改革开放深入发展,国民经济持续、快速、健康增长,也给中国的航标事业创造了大好的发展机遇。1980年,国务院、中央军委批准由海军管理的海上干线公用航标移交交通部管理,并进行了管理体制改革。1986年,国务院同意将由海关征收的吨税划归交通部,直接用于海上干线公用航标的维护与建设,从而保证航标经费有了稳定的来源。随着改革开放的深入,中国沿海航标进入全面现代化建设时期。

1.国家调整海上干线公用航标管理体制

为适应航运事业发展需要,1980年4月15日,交通部、海军司令部联合报告国务院、中央军委《关于调整海上干线公用航标管理体制加强管理力量的请示》。4月24日,国务院、中央军委批准了以上请示,由海军管理的海上干线公用航标,除"长河二"号(罗兰C)系统因尚在筹建及少数位于海防前哨和军事设施地区者外,全部划归交通部管理;航标管理人员和业务干部、船艇、设备、器材、房屋、场地等,原则上随航标一并移交;交通部设航标管理部门,所属天津、上海、广州航道局在现有力量基础上调整充实,下设航标区、站;需增加的航标工作船艇,由交通部列入年度计划,逐年安排建造;需补充的各类航标人员,除海军航标技术骨干志愿随航标转业留用者外,不足之数,由交通部于两年内招工培训补充;由于基层航标人员工作地点多在沿海孤岛及偏僻地区,工作条件艰苦,在招工时要求就地招收,以适应海岛环境,其工资、津贴及劳保待遇,由交通部会同国家劳动总局研究办理;交通部接管后增设的基层管理机构和船艇的经费,征得财政部同意从接标后第二年开始根据实际支出给予补助;"长河一"号导航系统所需各项专用器材,仍维持原供应渠道,由中华人民共和国第四机械工业部(简称四机部)负责供应。1981年8月19日,交通部与海军司令部签订了《海区公用航标交接协议》,交接工作分海区、分期、分批进行。

根据交通部与海军司令部签订的交接协议,北海、东海、南海舰队分别与天津、上海、广州航道局对口交接。

1982年年底,海上干线公用航标交接工作基本完成,收尾工作亦于1983年3月10日全部结束。交通部共接管海军移交的航标675座,其中程无线电导航台10座、无线电指向标15座、灯塔48座、机械雾号15座及其他各种航标587座;接管航标工作船艇14艘,共3 160 t;航标站14处;接收志愿随航标移交的转业留用人员(干部、战士、职工)共1 042人,航标修理所(保养场)4处。同年6月,海军司令部与交通部正式签办交接手续。

海上干线公用航标交接工作繁重,涉及沿海港湾40多个,交接双方的密切配合保证了沿海航标不间断工作。

2.制定航标建设总体发展规划

为适应航运发展,交通部水监局提出了海区"六五""七五"及后十年航标、测绘发展规划。规划要求:

"六五"(1981—1985年)后两年航标管理部门在加强现有航标维护管理的同时,有计划地对航标灯器设备进行改造和换装,提高灯光强度;航标灯器生产部门加速产品更新换代,充实科研力量,尽快研制生产出高效能的新型航标灯器,满足沿海航标换装需要;进口少量航标灯器,解决沿海关键部位灯塔、灯桩和重点港口的浮标灯器换装急需,使现有视觉航标在2~3年内在灯光强度和配布上能够基本适应船舶安全航行要求。同时,抓紧进行海区浮标制式改革准备工作,力争在1985年前改革完毕,使我国海区浮标达到国际统一的"A"区域标准。对"长河一"号导航系统加强维护管理,提高操作技术,在人员、器材、设备等方面积极做好准备,力争尽早对外开放。为加强海区航标的统一管理,继续完成海区航标管理体制调整工作,直属港口航标要逐步划归航道局统一管理,对地方港口及近海航线航标,根据"统一规划、统一制度"的原则,做好业务指导和技术支援工作。

"七五"(1986—1990年)期间,继续完成航标灯器的改造和换装工作,根据航行需要加强航标的建设和配布,达到航标密度与灯光射程相互适应,形成完整的沿海航标链,以南北水运主通道,重要航线为重点,做好航标的新建和改建工作。同时,要完善无线电指向标的台组建设和雷达应答器的配布工作,并配合有关部门共同筹建"长河二"号导航系统,形成我国沿海多种手段助航体系。

后十年(1991—2000年),积极进行航标能源及光源改造,扩大采用新能源和新型发光设备,提高航标管理自动化程度,有条件的地方发展无人看守灯塔和航标无线电监测系统及其他先进技术。

3.加强与完善航标布局

(1)增强灯光射程,让"航标灯亮起来"

交通部领导针对沿海灯塔、灯浮标的灯光亮度不足问题,提出"让航标灯亮起来"。为此,自1984年开始,交通部安排上海航标厂开展155 mm灯器的研制工作,以解决沿海港口灯浮标所需数量较大,200 mm灯器耗能多、灯光弱且笨重等问题。与此同时,积极推广太阳能、波浪能等新能源,为300多座灯塔、灯桩安装了太阳能供电装置,138座灯浮标使用波力发电。还引进强光灯器,为58座重要灯塔、灯桩和沿海主要港口近400座灯浮标换装灯器。通过以上改进,基本解决了航标灯灯光亮度不足问题,让航标灯亮了起来,重要灯塔的灯光射程普遍提高到 20 n mile 以上。

（2）完成海区浮标制式改革

1980 年，交通部决定按国际航标协会推荐的海上浮标系统的"A"区域对中国海区浮标制式进行改革。1984 年 10 月 1 日，国家标准局颁布了《中国海区水上助航标志》（GB 4696—84），自 1985 年 8 月 1 日起实施。此前，交通部以厦门港为改革试点，并对改革所需的各种器材和灯器组织研制生产。1985 年年初，完成灯浮标各种配套器材的技术参数和定型的方案审定。同年 8 月，开始在全国海区推行水上助航标志制式的改革。1986 年 9 月，提前完成中国海区 889 座灯浮标和水中固定标志的制式改革，达到了国际统一标准及技术要求。

（3）调整航标布局完善"航标链"

1984 年，交通部海（水）监局发函各主要港口、航运单位，广泛征求驾驶员、引航员和海务监督人员对航标布局的意见。

在征求意见的基础上，调整航标布局，实施完善"航标链"建设。国家"七五"计划（1986—1990 年）期间，新建、重建大型灯塔、灯桩 20 座；对 228 座中小型灯桩及导标进行技术改造。国家"八五"计划（1991—1995 年）期间，重点建设"两水道"（老铁山水道和成山角水道）、"两口"（长江口和珠江口）、"两峡"（台湾海峡和琼州海峡），改善这些海域航行安全的保障设施，新建灯塔 12 座、灯桩 30 多座，重建和改建灯塔 58 座、灯桩 260 多座。通过对航标布局的调整、补齐和改造，中国沿海及各主要港口的航标，基本实现了灯光交叉覆盖的"航标链"。

4.引进国外先进航标设备

改革开放后，中国沿海主要港口和海上干线公用航标为适应国内外海运事业的发展，根据交通部领导关于引进国外先进的航标设备，要立足于自力更生、引进国外先进技术的指示精神，1984—1994 年，交通部共进口航标设备 444 台（套），分别换装了沿海和对外开放港口的灯塔、灯桩、灯浮标的灯器和无线电指向标，重要部位设雷达应答器，增强了航行安全保障能力。

5.发展海区无线电导航

根据国务院、中央军委关于调整海上干线公用航标管理体制的批示，1983 年年初，交通部先后接管了"长河一"号导航台 10 座和无线电指向标 15 座，分别交由天津、上海、广州航道局管理。

（1）改进"长河一"号导航台和建设无线电指向标网

经交通部和海军司令部报全国无线电管理委员会同意，自 1983 年 1 月 1 日起，10 座导航台的通信改为明语通信，启用新的频率和呼号，建立了新的、畅通的通信联络网。

1986 年 3 月 20 日，"长河一"号导航台和无线电指向标系统正式对外国籍船舶开放。

1989 年以后，"长河一"号导航台陆续换装新型 80 kW 发射机，部分台更换天线设备，性能明显改善。

至 1993 年，新建了红坎、海陵、镇海角、牛山岛指向标，恢复了大戢山、花鸟山、佘山等指向标的工作，连同海军移交的 15 座指向标，共 22 座，形成覆盖中国沿海水域的指向标网。

（2）建设"长河二"号远程导航系统

1976—1978 年，海军开始建设"长河二"号导航台的前期准备工作。经技术勘察，选定吉林和龙、山东荣成、安徽宣城、广东饶平、广西贺县（今贺州市）和崇左等 6 处建设"长河二"号导航台，并选定成山角（后移至威海）、上海市南汇县（今南汇区）芦潮港、广东台山县（今台山市)上川岛等 3 处建设"长河二"号导航系统监测站,至 1993 年,相继完成土建、设备安装调试和海上联试,1994 年正式投入使用。

目前,"长河二"号远程无线电导航系统由海军管理,尚未对外籍船舶开放。

(3)推广使用雷达信标

交通部海(水)监局自 1984 年从英国引进雷达应答器后,至 1994 年,分别从英国、美国引进雷达应答器 78 台,安装在沿海主要港口的口门、重要水道的转向点及容易发生海事的海域。雷达应答器已在灯桩、灯船、大型助航浮标(兰比)和灯塔上使用。

(4)建设无线电指向标-差分全球定位系统(RBN-DGPS)

交通部安全监督局自 1995 年起利用沿海无线电指向标,开始建设无线电指向标-差分全球定位系统(RBN-DGPS),这不仅使指向标系统获得新生,也为中国无线电导航开辟了一个新的领域。

截至 2020 年年底,根据中国沿海无线电指向标-差分全球定位系统(RBN-DGPS)建设规划,中国沿海地区共建设 22 座 RBN-DGPS 台站,按规定强度信号覆盖(或多重覆盖)整个沿海水域和部分陆域。

6.岸基船舶自动识别系统(AIS)建设及应用

2005 年,经过科学规划与充分论证,中国海事局全面开展了 AIS 系统建设工作,全年共新建成 35 座 AIS 基站。截至 12 月 31 日,AIS 基站总数已达 50 座,形成了中国沿海岸基 AIS 骨干网,监控范围基本覆盖中国沿海及长江江苏段的主要港口和重要水域。沿海岸基 AIS 骨干网的建成,是中国海事局"数字海事"建设取得的重大成果,也是沿海航标事业实现快速和可持续发展的重要保障。

为规范岸基 AIS 系统管理,中国海事局完成了 AIS 系统管理规范的编制工作,加强了 AIS 应用技术的研究。各海区在利用岸基 AIS 系统发布海事管理信息、在一些重要航路点尝试利用岸基 AIS 系统设置 AIS 航标、应用 AIS 应答器、利用船舶 AIS 轨迹完成航路分析等方面的研究均取得了一定的成果。

2006 年,中国海事局在完成沿海 AIS 骨干网建设的基础上继续扩大网络覆盖范围,加快建设步伐,全年新建 23 座 AIS 基站,截至 12 月 31 日,AIS 基站总数已达 73 座;强化系统运行管理工作,组织编写了《AIS 岸基系统运行管理规定(试行)》;各海区举办了 AIS 技术应用和管理培训班,确保系统的正常运行。同时,中国海事局积极推进 AIS 的应用研究工作,在长江口水域南槽等灯船上安装使用 AIS 航标,提高了助航效能;在黄渤海、长江口、珠江口水域,利用 AIS 统计船舶流量,向各海事局通航、VTS 等部门发送当地港口的船舶流量统计图表,得到港航单位的好评;多次为相关部门提供船舶动态轨迹等事故监控数据,为调查取证提供依据。

截至 2020 年年底,中国沿海已建成 AIS 系统,包括 1 座国家数据中心,1 座国家备份数据中心,北海、东海、南海 3 座海区 AIS 数据中心,20 个辖区 AIS 数据中心和 205 座沿海 AIS 基站,国家数据中心设在交通运输部北海航海保障中心(天津),国家备份数据中心设在交通运输部海事局(北京)。

内河 AIS 系统的建设主要是按照不同水系分别进行建设,整个内河 AIS 岸基网络系统数据网络划分为 4 级,分别为国家数据中心、水系数据中心、辖区数据中心和岸台基站。截至2020 年年底,共设置内河 AIS 基站 397 座。

7.航标管理机构调整

2012年9月,按照"政事分开"原则,交通运输部决定将中国沿海航标、测绘、通信等机构从各海事局成建制划出,分别在天津、上海、广州组建北海、东海、南海航海保障中心,为交通运输部直属副局级事业单位,纳入中国海事局管理范围。

现在,视觉航标、音响航标、无线电航标及航标能源都有了很大的发展,航标已迈入现代化的新历史阶段。

第三节　航标的性能指标

一、性能指标

评价航标和航标系统性能的指标是可靠性、可维护性、可用性、偏差响应策略和航标服务水平。

1.可靠性

航标可靠性是指航标或航标系统在规定条件下,执行所要求功能而无故障运行的概率。航标可靠性用平均故障间隔时间($MTBF$)表示。影响航标可靠性的主要因素如下:

(1)组成航标或航标系统的元件、部件的可靠性;

(2)航标或航标系统的设计技术;

(3)航标或航标系统的制造、安装工艺。

2.可维护性

航标可维护性是指航标或航标系统发生故障后能够进行维护以恢复正常工作的能力。航标可维护性用平均维修时间($MTTR$)表示。提高航标可维护性的主要措施如下:

(1)采用可维护性设计;

(2)采用容错技术;

(3)采用故障减弱技术;

(4)采用先进工艺。

3.可用性

航标可用性是指航标或航标系统在规定条件下或在任何随机选择时刻执行所要求功能的概率。航标可用性与航标可靠性和航标可维护性有以下关系:

$$可用性 = MTBF/(MTBF+MTTR) \tag{1-1}$$

国际航标协会(IALA)收集的大量数据表明:

(1)主要灯塔、导标和有人灯船的可用性超过0.998;

(2)固定航标或大型自动化浮标的可用性超过0.990;

(3)灯浮标的可用性为0.970~0.999,具体值取决于当地条件和能源种类;

（4）无线电航标总的可用性近似为 0.996。

国际航标协会（IALA）建议，不考虑特殊情况，航标的可用性等级如下：

（1）一等，可用性至少为 0.998；

（2）二等，可用性至少为 0.990；

（3）三等，可用性至少为 0.970；

（4）可用性绝对最小值定为 0.950。

4.偏差响应策略

偏差是指航标、航标系统或其信号任何性能的降低。偏差响应策略是指确定调整航标、航标系统或其信号性能降低所需响应的策略。

5.航标服务水平

航标服务水平是指航标系统所提供服务的范围、程度和质量方面的性能指标。

（1）范围确定航标系统服务的水域、时间周期、用户类型。

（2）程度确定航标系统的设计准则，且要考虑安全水平、能见度条件、用户的经验和知识、航标设备等因素。

（3）质量作为技术管理、维护标准和策略的一系列结果，描述航标系统的可靠性指标。

航标服务水平和航标可用性是综合性指标。航标可用性是衡量航标服务水平的一种好方法。航标可用性以准确的量级确定航标或航标系统的设计、工程、效益和质量保证措施的所有有关特性的总和。

二、无线电航标的性能指标

除上述性能指标外，评价无线电航标的性能指标尚有下述各点。

1.准确度

准确度是与正确值保持一致性的程度。准确度有四种类型：绝对准确度、预测准确度、重复准确度和相对准确度。绝对准确度是相对于地理坐标的定位准确度，也称大地准确度。预测准确度是计入预测误差后就能确定位置的准确度，取决于对有关误差源的知识水平，也称可预测性。重复准确度是使系统的用户能返回仅借助于该系统特有坐标所确定的特定点的准确度，也称可重复性。相对准确度是用户能在同一时间从相对同一导航系统的另一用户的位置确定自己位置的准确度，也称相关准确度。航海上主要关心的是绝对准确度和预测准确度，而渔业上对重复准确度更感兴趣。

2.覆盖区

无线电航标的覆盖区是指无线电航标的信号足以使航海人员按照规定的准确度定出位置的表面面积或空间体积。覆盖区受无线电航标几何图形、信号功率水平、接收机灵敏度、大气噪声和影响信号可用性的其他因素影响。

3.多值性

多值性对应于无线电航标的一组观测值，能定出不止一个点、方向、位置线或位置面的状态。

4.定位维数

定位维数是无线电航标确定船舶位置的维数。定位维数可以是一维、二维、三维及包括时间的四维。

5.定位率

定位率是单位时间内从无线电航标可获得独立定位或数据的次数。

6.系统容量

系统容量是无线电航标能够同时容纳用户的数量。

7.完善性

完善性是无线电航标不能正确运行而接收机给出错误位置时的报警能力。

第二章 视觉航标基础理论

航标领域所涉及的光与颜色的基础理论属于几何光学、光度学、色度学和生理光学范畴。本章仅就航标领域所涉及的基础理论进行讲述。

第一节 几何光学基本知识

几何光学是用直线和平面几何概念研究光的科学。

一、光的本质

自古希腊时代起,关于光的本质一直存在着不同观点的学说,直至19世纪末20世纪初,光的电磁波学说和光量子学说才被基本公认是正确的。

根据电磁波学说和光量子学说,光是一定波长范围内的电磁波,同时具有波动性和粒子性。

如图2-1所示是电磁波谱,由图可见,电磁辐射的波长范围很广,最短的宇宙射线,其波长只有 10^{-15} m 左右;最长的长电振荡,其波长可达 10^8 m。在电磁辐射范围内,光辐射的波长从 10 nm 到 10^6 nm。光辐射包括紫外辐射、可见光和红外辐射三部分。

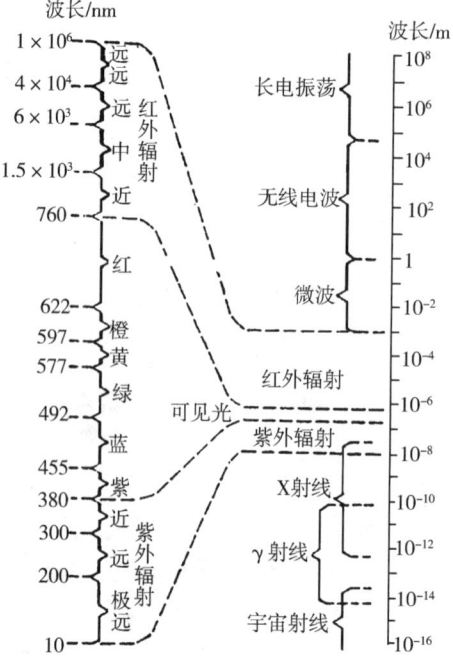

图 2-1　电磁波谱

1.紫外辐射

紫外辐射的波长为 10~400 nm。紫外辐射又分极远紫外辐射、远紫外辐射和近紫外辐射。因为极远紫外辐射在空气中几乎完全被吸收,只能在真空中传播,所以又称真空紫外辐射。在进行太阳紫外辐射的研究中,常将紫外辐射分为 A 波段(315~400 nm)、B 波段(280~315 nm)和 C 波段(10~280 nm)。

2.可见光

可见光是波长在 380~760 nm 的光辐射,也是人视觉能感受到"光亮"的电磁辐射。当可见光进入人的视觉器官时,人的视觉感觉依波长表现为紫色、蓝色、绿色、黄色、橙色和红色。

3.红外辐射

红外辐射的波长为 $760~1\times10^6$ nm。红外辐射通常分近红外辐射、中红外辐射、远红外辐射和远远红外辐射。

二、光源

1.自然光源

本部分着重介绍太阳的光辐射,同时也简单介绍月球和天空的有关知识。

(1)太阳

对人类来说,太阳是最重要的辐射源。地球绕太阳运动的轨迹是一个扁率很小的椭圆。

日地距离如下:

①日地最近距离为 1.471×10^{11} m;

②日地最远距离为 1.521×10^{11} m;

③日地平均距离称为一个天文单位(AU),为 1.496×10^{11} m。

太阳的直径为 1.392×10^9 m,有效温度为 5 800 K,位于日地平均距离处大气外的太阳光照度为 1.37×10^5 lx,太阳总辐射照度值为 135 mW/cm^2。太阳对地面上的照度,在不同大气条件下差异较大。

(2)月球

月球的平均半径为 1.738×10^6 m。

月球以椭圆轨道围绕地球运动。

月地距离如下:

月地最近距离为 3.564×10^8 m;

月地最远距离为 4.067×10^8 m;

月地平均距离为 3.844×10^8 m。

月球把太阳光反射到地球表面所形成的照度受月球的位相(简称月相,用距角 $\varPhi$。表示,即从地球上看月球对太阳的角距离)、月地距离、太阳照射到月球表面各部位上的反射率、月球地平高度和大气层等因素的影响。

（3）昼空和夜空

晴天时,地面所受的光照度约有1/5来自天空的照射,即来自大气散射的阳光。晴天时,天空的色温为15 000～20 000 K。当大气中引起散射的粒子大小为光波的数量级时,天空散射光的强度将以四次幂反比变化。因为蓝色和紫色的短波的散射大于红色的长波的散射,所以天空颜色以蓝色为主。

2.人工光源

（1）钨灯

钨灯是用电将钨丝加热至白炽而发光。钨丝在将电能转变为可见光时,还将产生大量的红外辐射和少量的紫外辐射,这些辐射变为热量而损失掉。要提高钨丝的光效,应尽可能减少这些热损失,以便使更多电能转变为可见光。钨的发光特性如表2-1所示。

表2-1　钨的发光特性

温度/K	亮度/[lm/(cm² · sr)]	辐出度/(W/cm²)	发光效率/(lm/W)
2 000	21.0	20.95	3.15
2 200	64.8	33.65	6.05
2 400	165.0	51.20	10.10
2 600	366.0	74.90	15.30
2 800	726.0	105.70	21.60
3 000	1 320.0	145.00	28.60
3 200	2 220.0	193.50	36.00

为了减少钨的蒸发,应用钨的再生循环原理,将卤素气体充入灯泡,研制出卤钨灯,使钨丝的工作温度高达3 200 K,发光效率达到30 lm/W以上。

（2）气体放电灯

气体放电灯的工作原理是:工作时,阴极源源不断地发射电子,这些电子到达阳极前与灯内气体的原子发生复杂的相互作用,造成电离和激发,形成持续的气体放电,产生光辐射。

最早出现的气体放电灯是低压钠灯和低压汞灯。低压钠灯的辐射绝大部分集中在波长为589.0～589.6 nm的黄色共振谱线上,接近单色光,因此,在这种灯光下几乎无法分辨颜色,但由于两条谱线位于视觉敏感波长,发光效率高达150 lm/W左右。低压汞灯绝大部分集中在波长为253.7 nm的紫外谱线上,因此,低压汞灯自身发光效率很低,但是选用适当的荧光物质,利用自身发出的紫外辐射激励荧光物质产生可见光,能制成发光效率达50～80 lm/W的低压水银荧光灯。我们通常使用的日光灯就是一种典型的低压水银荧光灯。气体放电灯与白炽灯不同,必须通过"启动"过程点燃灯源。

高压气体放电灯的出现大大改善了低压气体放电灯的光色。与低压气体放电灯相比,高压气体放电灯的能量分布要均匀得多,因此显色性相较于低压气体放电灯大为改善,发光效率也很高,分别约为60 lm/W和120 lm/W。氙灯是另一种高压气体放电灯,它有很强的连续辐射,这种分布与太阳光相似,发光效率可达20～50 lm/W。金属卤化物灯在高压汞灯基础上添加其他金属,使之发出的光不单是汞的谱线,且有大量金属光谱,于是光色相比高压汞灯大为改善,发光效率在60 lm/W左右。超高压铟灯的特点是尺寸小,亮度分布均匀,发光效率高,光色好。目前,可以作金属卤化物灯的金属元素有 50 种以上。

（3）固态光源

固态光源是发光二极管光源,是半导体 PN 结致热发光。由于耗电量低、直接产生色光、产生的热损失小和寿命长,因此固态光源使用较广泛。

三、几何光学的基本定律

1.光的直线传播定律

在各向同性的均匀介质中,光线按直线传播。

2.光的反射定律和折射定律

当光束投射到两种不同介质的分界面时,将有一部分光返回原来介质中,称为反射;另一部分光则通过分界面进入另一介质中,称为折射。光的反射和折射分别遵守反射定律和折射定律。

（1）反射定律

反射光线与入射光线和法线在同一平面内。反射角等于入射角。

（2）折射定律

折射光线与入射光线和法线在同一平面内,折射光线和入射光线分别位于法线的两侧。

入射角 i 和折射角 γ 满足:

$$\frac{\sin i}{\sin \gamma} = \frac{n_2}{n_1} \tag{2-1}$$

式中:n_1 和 n_2 为两种介质的折射率。

（3）全反射

当光束由折射率较大的介质向折射率较小的介质折射时,如果入射角超过某值,光束将全都反射回原来介质中,这种现象称为全反射,此时入射角称为临界角。临界角 I 按下式求得:

$$\frac{\sin I}{\sin 90°} = \frac{n_2}{n_1}$$

$$I = \sin^{-1} \frac{n_2}{n_1} \tag{2-2}$$

折射率是物质固有的性质,它随物质的温度和压力而变化,也随着波长不同而不同,光的波长越长,折射率越小。表 2-2 列出了几种物质的折射率。

表 2-2　几种物质的折射率

物质（条件）	折射率
空气（0 ℃,1 个标准大气压）	1.000 291 8
水蒸气（0 ℃,1 个标准大气压）	1.000 256 0
乙醇（20 ℃）	1.361 800 0
岩盐（18 ℃）	1.544 000 0

续表

物质(条件)	折射率
冰水(0 ℃)	1.309 000 0
钻石(14 ℃)	2.417 300 0
水晶(18 ℃)	1.544 300 0
水(C 线 6 563 Å,20 ℃)	1.331 300 0
水(D 线 5 893 Å,20 ℃)	1.333 200 0
水(F 线 4 851 Å,20 ℃)	1.337 300 0

四、棱镜、透镜和反射镜

1.棱镜

棱镜是由不平行的两个面和另一个面组成的光学系统,如图 2-2 所示。根据对光线的作用,棱镜分折射棱镜、反射棱镜和折反射棱镜。折射棱镜使光源产生的光线折射成平行光线射出,如图 2-3 所示;反射棱镜是利用全反射原理,使光源产生的光线经反射,仍射向光源方向;折反射棱镜使光源产生的光线在第一镜面上产生折射,在第二镜面上产生全反射,在第三镜面上经折射射出。

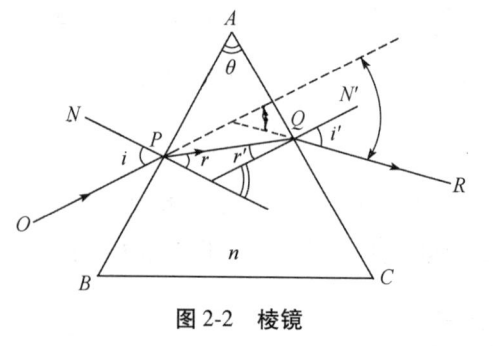

图 2-2　棱镜

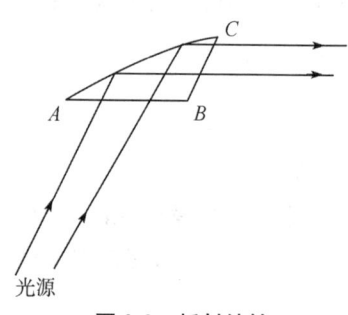

图 2-3　折射棱镜

2.透镜

透镜是由两个共轴曲面或一个曲面和一个平面组成的光学系统。根据曲面形状,透镜分为球面透镜和圆柱面透镜。根据对光线的作用,透镜分为会聚透镜和发散透镜。会聚透镜是使光线通过后相互会聚的透镜,又称凸透镜,它包括双凸透镜、平凸透镜和凹凸透镜;发散透镜是使光线通过后相互发散的透镜,又称凹透镜,它包括双凹透镜、平凹透镜和凸凹透镜。

通过透镜球面曲率中心线的直线叫作透镜的主光轴。跟主光轴平行的光线通过凸透镜后在一定的距离处与主光轴相交的点叫作焦点。焦点到透镜中心的距离叫作焦距。通过焦点与主光轴垂直的面叫作焦平面,或叫作焦点面。

一束平行光线射在凸透镜上,可以看到,光线通过凸透镜发生折射以后全部会聚于焦点上,同时从焦点上的点光源射出的光线通过透镜后全部变成平行光线。

灯塔等处使用的凸透镜也是应用了这种原理,把从光源射出的光线进行了有效的处理。

　　菲涅耳透镜如图2-4所示,大型菲涅耳透镜断面如图2-5所示,鼓形透镜和闪光透镜如图2-6所示。

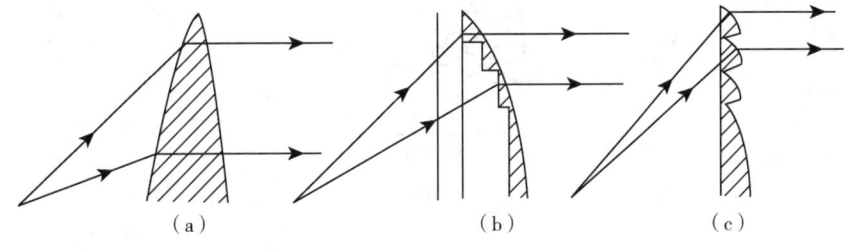

图2-4　菲涅耳透镜

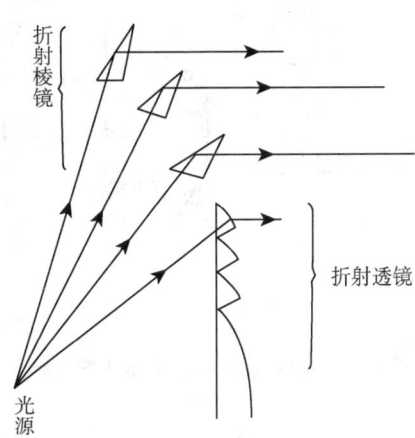

图2-5　大型菲涅耳透镜断面

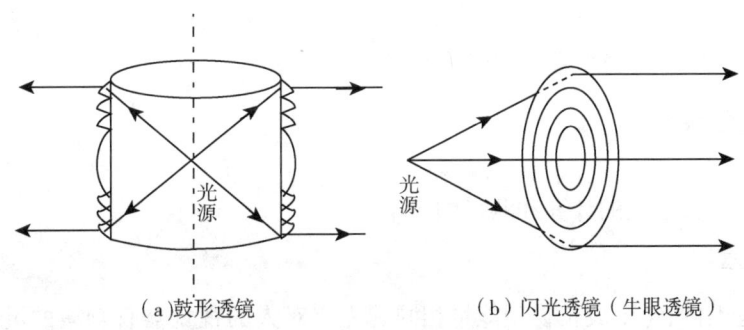

（a）鼓形透镜　　　　　　　（b）闪光透镜（牛眼透镜）

图2-6　鼓形透镜和闪光透镜

3.反射镜

　　反射镜有球面反射镜和抛物面反射镜两种。抛物面反射镜上与光轴平行入射的光线经过反射后全部集中在焦点上;反之,从焦点反射出的光线全部成为平行光线。

　　抛物面反射镜具有没有球面像差的优点,故多在探照灯上使用。为了防止聚光角度较大的探照灯外径增大,使用在球面上接上不同焦距的旋转抛物面镜,形成组合式抛物面镜。

　　近年来,在灯塔矩阵光束灯、照明和信号灯等较多使用的密封灯泡（Sealed beam lamp）中也使用了此种反射镜。

　　棱镜、反射镜和大型牛眼透镜如图2-7所示。

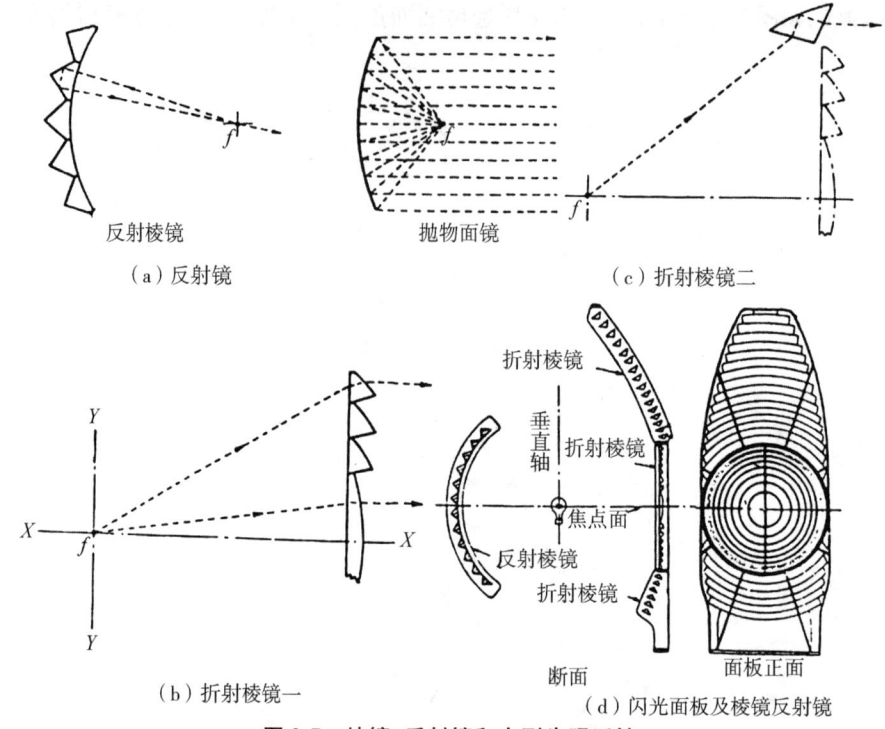

图 2-7　棱镜、反射镜和大型牛眼透镜

第二节　光度学基本知识

一、光度学基本概念

光度学是一门关于光的计算和测量的科学。

1.光谱光效率

在可见光范围内,每个波长物理能量相同的光谱对人的视觉器官刺激的灵敏程度是不同的,即物理能量相同、波长不同,则人的视觉器官感受到的光的强度不同。评价这一现象的物理量称为光谱光效能,它是波长 λ 的单色辐射的光通量与辐射通量之比,单位为 lm/W。为了评价不同波长光谱发光效率的相对程度,把光谱光效能最大定为 1,最小定为 0,得出的光谱发光效率的相对值称为光谱光效率。不同波长光谱光效率的值如表 2-3 所示。

表 2-3　不同波长光谱光效率

光色	波长/μm	光谱光效率
紫(顶端)	390	0.000 10
紫	400	0.000 40
蓝紫	450	0.038 00
蓝	480	0.139 00

续表

光色	波长/μm	光谱光效率
绿	520	0.710 00
	555	1.000 000
黄绿	560	0.995 00
黄	590	0.757 00
黄红	610	0.503 00
红	700	0.004 10
红（顶端）	760	0.000 06

2.光度学的量及其计算

（1）光通量

光通量是光度学中最基本的概念，它是能够被人的视觉器官所感受到的那部分光辐射通量大小的量度，用 Φ_V 表示，单位为流明（lm），可用下式求出：

$$\Phi_V = K_m \int_\lambda \Phi_{e,\lambda} \cdot V(\lambda) \mathrm{d}\lambda \tag{2-3}$$

式中：K_m——最大光谱光效能，其值为 683 lm/W；

$\Phi_{e,\lambda}$——光辐射功率的光谱密集度；

$V(\lambda)$——明视觉光谱光效率；

λ——光的波长（nm）。

（2）发光强度

发光强度（简称光强）是从点光源向某方向立体角发出的光通量除以立体角，用 I_V 表示，单位为新烛光（cd，lm/sr），可用下式表示：

$$I_V = \frac{\mathrm{d}\Phi_V}{\mathrm{d}\Omega} \tag{2-4}$$

（3）亮度

亮度是光源射向某方向的发光强度除以其方向上的正射投影面积，用 L_V 表示，单位为新烛光/平方米（cd/m²），可用下式求得：

$$L_V = \frac{\mathrm{d}I_V}{\mathrm{d}A \cdot \cos\theta} \tag{2-5}$$

（4）照度

照度是受光面单位面积上射入的光通量，用 E_V 表示，单位为勒克斯（lx），可用下式表示：

$$E_V = \frac{\mathrm{d}\Phi_V}{\mathrm{d}A} \tag{2-6}$$

二、光度测量

早期的光度学中，视觉测光是测光的主要方法，它的缺点是无法定量测光，属于主观测光。目前，光度学中主要采用物理测光，其优点是有定量测量能力，精度高、速度快，适于用自动测量，是客观测量。物理测光中主要采用光电测光技术和光电测光仪器。

积分球光度计是利用积分球测量光源总光通量的光度计;照度测量用照度计;亮度测量用亮度计。

有两种测量发光强度的方法:一种是现场测量;另一种是实验室测量,实验室测量一般用光轨测量。尽管现场测量是最理想的,但是很多条件上的限制造成测试过程中的困难,同时也不能指望获得如在测试设施中那样高的精度。

测量发光强度应注意:

(1)应在所有使用的方向上进行测试,测试方向必须考虑所有的使用条件;

(2)应测量在通过光轴的垂直面和水平面上的发光强度分布;

(3)由开关和旋转形成的闪光必须直接测量发光强度按时间的分布;

(4)应使用光电感受器等测量仪器,测量发光强度的角度分布最好使用测角光度计;

(5)给标准光源等提供的电源应是稳压的;

(6)在海上实施远距离的观察测量中,航标的发光强度应在光学系统能产生充分的测量效果的距离上进行测量。

三、配光曲线

配光是光源在空间各个方向的发光强度分布。配光曲线是描述光源在空间各个方向发光强度分布的曲线。配光曲线可用极坐标表示,也可用直角坐标表示或用以直角坐标表示的等发光强度曲线图表示。极坐标表示配光曲线时是用极坐标的极角表示垂直角,用极径表示发光强度的大小。直角坐标表示配光曲线时是用横轴表示垂直角,用纵轴表示发光强度的大小。以直角坐标表示的等发光强度曲线图表示配光曲线时是用横轴表示水平角,用纵轴表示垂直角,并将各等发光强度点连接起来,构成等发光强度曲线。极坐标和直角坐标表示的配光曲线又分水平配光曲线和垂直配光曲线,如图2-8所示。

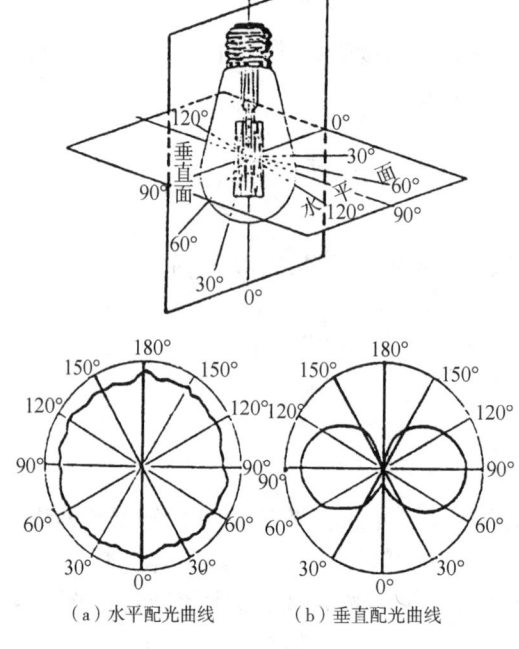

(a)水平配光曲线　　　　(b)垂直配光曲线

　　　　图2-8　光源配光曲线

第三节　色度学基本知识

一、色度学基本概念

色度学是研究人的颜色视觉规律、颜色测量的理论与技术的科学。

颜色能够从感觉的和物理的两种观点来研究。前一种认为颜色是视觉知觉的属性,这种颜色称为知觉色,有关的概念称为颜色的心理概念。后一种用光的性质来研究颜色,光产生颜色并能根据光谱光效能和颜色匹配功能定量地表示光;用这种方法研究颜色称为心理物理色,有关概念称为颜色的心理物理概念。下面是颜色的心理概念和心理物理概念有关术语。

1.颜色的心理概念

色调:视觉知觉的一种属性,能判断出红、橙、黄、绿、青、蓝、紫等单色的区域和相邻两区的混合色。

饱和度:视觉知觉的一种属性,能判断出整个颜色感觉中纯粹单色的等级。

色度:由色调和饱和度组成的视觉知觉的一种属性。

彩度:视觉知觉的一种属性,能判断纯彩色的量,而不考虑彩色的总量。

明度:视觉知觉的一种属性,能判断出一个区内入射光的漫反射和反射程度。

2.颜色的心理物理概念

颜色刺激:进入感觉器官并激发颜色感觉的辐射。

基准刺激:在三色系统中形成颜色加法混合的三个特定颜色刺激。

三刺激值:在三色系统中进行颜色匹配所需的三基准刺激的量。

知觉色用明度、色度表示,而心理物理色用颜色刺激的三刺激值表示。

3.光源色和物体色

光源色是物体发射光而呈现的颜色;物体色是物体接收另一物体的光而呈现的颜色。光源色包括光源自身的颜色、从光源发出的镜面反射光的颜色及由荧光和磷光产生的颜色。物体色可以分为由物体表面的漫反射而产生的表面色和由漫透射而产生的透明色。当照明或观察条件改变时,物体色看上去变化不大,可理解为颜色属于物体。

二、颜色混合

1.色觉理论

色觉理论是研究颜色混合、颜色对比的理论。

目前,色觉理论有两大学说:一种是 1807 年由托马斯·扬和赫尔曼·赫姆霍尔兹提出的三色学说;另一种是 1878 年由赫林提出的四色学说。

三色学说认为,在视网膜上存在三种感觉神经:第一种感觉神经对红光最敏感,对绿光和蓝光也有感觉,但兴奋水平较低;第二种感觉神经对绿光最敏感,对红光和蓝光次之;第三种感觉神经对蓝光最敏感,对红光和绿光次之。红、绿、蓝为三种原色,三种原色不同比例相加混合,可产生不同的颜色。

四色学说认为,在视网膜上存在三对感光视素:第一对是红/绿视素,对红光和绿光响应;第二对是黄/蓝视素,对黄光和蓝光响应;第三对是白/黑视素,对任何色光均响应。这三对视素对神经的兴奋和抑制作用呈对抗性质。例如,对白/黑视素,有光刺激作用时,这种视素被破坏,破坏过程产生光亮或白色感觉;无光作用时,这种视素又建立起来,产生黑的感觉。类似地,对红/绿视素,红光作用下,这种视素被破坏,产生红色感觉;绿光作用下,这种视素又建立起来,产生绿色感觉。红、绿、黄、蓝为四种原色。

2.颜色的基本特性

颜色分为非彩色和彩色两大类。

非彩色指白色、黑色和各种深浅不同的灰色。由白色渐渐到浅灰,再到中灰至深灰,直到黑色,排成一个系列,称白黑系列。白黑系列由白到黑的变化可用一条垂直线表示。纯白是理想的完全反射的物体,其光的反射率等于1;纯黑是理想无反射的物体,其光的反射率等于0。非彩色只有明度特性,且越接近白色,明度越高;越接近黑色,明度越低。

彩色指白黑系列以外的各种颜色。彩色有三种特性,即明度、色调和饱和度。

彩色光的亮度越高,人的感觉器官越感觉明亮,或者说有较高的明度。彩色物体表面光反射率越高,它的明度就越高。

色调是彩色彼此相互区分的特征。可见光谱不同波长的辐射在视觉上表现为各种色调,如红、橙、黄、绿、蓝等。光源的色调取决于辐射的光谱组成对人的感觉器官所产生的感觉。物体的色调取决于光源的光谱组成和物体表面所反射(透射)的各波长辐射的比例对人的感觉器官所产生的感觉。

饱和度是指彩色的纯洁性。可见光谱的各种单色光是最饱和的彩色。光谱色渗入日光成分越多,就越不饱和。物体色的饱和度取决于该物体表面反射光谱辐射的选择性程度。物体对光谱某一较窄波段的反射率很高,而对其他波长的反射率很低或没有反射,表明它有很高的光谱选择性,这一颜色的饱和度就高。

三、CIE 色度学系统

根据三色学说,当选定红、绿、蓝三原色后,可用数量表示任意一种颜色,即用一组(R, G, B)的值表示一种颜色。这组值代表了若用三原色匹配任意一种颜色 C,三种原色各用的量。当然,原色的量用得越多,混合得到的色光也越亮,因此 R、G、B 三个量既反映了色的成分,也反映了亮度大小,称为颜色 C 的三刺激值。可以设想,如果把 R、G、B 三个量同时增加若干倍,它体现的颜色应不变,亮度则相应增加若干倍。如果只对颜色本身感兴趣,而不考虑亮度,则只需 R、G、B 三个值的相对值就可以了。若令:

$$r = \frac{R}{R+G+B}$$

$$g = \frac{G}{R+G+B}$$

$$b = \frac{B}{R+G+B}$$

则很明显：

$$r+g+b = 1 \tag{2-7}$$

如果把 r、g、b 作为色度坐标，则只用 r 和 g 就能确定一种颜色，于是形成了用平面直角坐标表示颜色的色度图，如图 2-9 所示。颜色的色度图由于像人的舌形，因此又称舌形图。

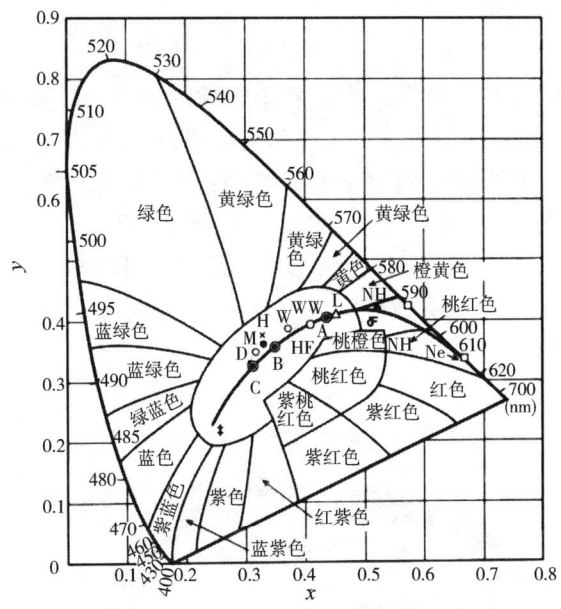

图 2-9　颜色的色度图

四、颜色测量

1.颜色色标测量法

在颜色测量中，当对测量准确度要求不高时，可采用色标目视测色法。目前国际上最常用的是孟塞尔颜色系统。此系统以色调（H）、明度值（V）和彩度（C）为基础系统排列了色卡。

彩色标定方法是先写色调 H，后写明度值 V，在斜线后写彩度 C：

H V/C＝色调 明度值/彩度

非彩色标定方法是用 N 表示中性色，N 后写明度值 V，斜线后面不写彩度：

N V/＝中性色 明度值/

2.测色仪器测色

当需要对颜色进行精度测量时，需用测色仪器。目前，测色仪器有两类，即光谱光度测色仪器和光电积分测色仪器。光谱光度测色仪器对物体进行光谱度测量，可测其光谱反射率或光谱透射率,进而得出物体色的三刺激值和色度坐标。光电积分测色仪器可直接测量光源色或物体色的三刺激值或色度坐标。

第四节　生理光学基本知识

本节简述视觉与光、颜色的有关知识。

一、眼睛的结构和视觉机理

人眼的形状近似球状,如图 2-10 所示为人右眼眼球的解剖图。眼球的壁可分为三层:最外层的前 1/6 是平均折射率为 1.376 的透明体,称为角膜;后 5/6 是一层不透明的白色膜,称为巩膜;中间层由前向后分别是虹膜、睫状肌和脉络膜;内层是视网膜。从眼球后端引出的直径约 3 mm 的束状物是视神经,其末端与大脑相连。角膜与虹膜之间为前房,里边充满折射率为 1.336 的房水;虹膜后面,有一个呈双凸透镜形状的透明体,称为水晶体,水晶体内部折射率是不均匀的,中心略高于边沿,平均有效折射率约为 1.437;在水晶体与视网膜之间充满折射率为 1.338 的液体,称为玻璃体。

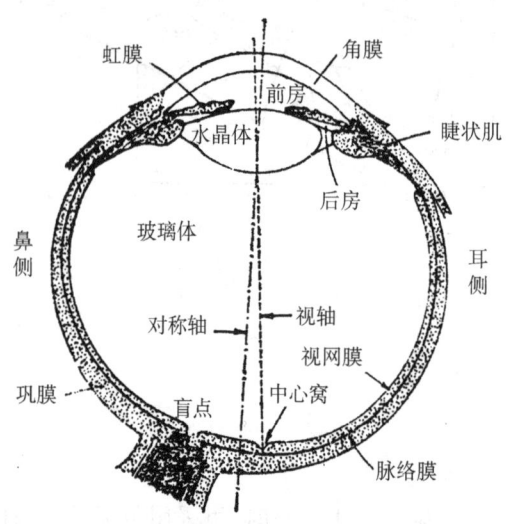

图 2-10　人右眼眼球解剖图

人眼视轴与对称轴不重合,它们之间有个 6° 左右的夹角。视轴与视网膜相交处有一个椭圆形黄斑,它的水平轴和垂直轴长度分别约为 2 mm 和 0.8 mm,相应视角约为 2°45′。在黄斑的中心有个凹坑,称为中心窝。中心窝的水平轴和垂直轴长度分别约为 0.3 mm 和 0.2 mm。对于右眼来讲,黄斑在对称轴的右侧,而在对称轴左侧与黄斑大约对称的位置上,有一个椭圆形凸起区域,是视网膜上视神经的汇合处,但没有感光细胞,因此对光无感觉,称为盲点,它所对应的视角约为 4°。

水晶体前面的环形虹膜恰似一个可变光阑,开孔称为瞳孔。瞳孔随光线强弱自动放大或

缩小。如果把眼睛看作理想的光学系统,按光学仪器的理论,极限分辨角可由下式求得:

$$\psi = \frac{1.22\lambda}{D} \qquad (2-8)$$

若将可见光的中段较灵敏的波长 $\lambda = 560$ mm 及瞳孔直径 $D = 2$ mm 代入式(2-8),可计算出极限分辨角约为 $1'10''$,相当于视网膜上的距离为 $5\sim6$ nm。

水晶体的作用相当于一个曲率可变的凸透镜,当睫状肌收缩时,前表面的曲率半径从 10 mm 变为 5.3 mm,后表面的曲率半径从 6 mm 变为 5 mm,相当于水晶体的后焦距从 22.7 mm 变为 18.9 mm。这样,不论观察物体距离远近,通过水晶体的调节都能使物体的像正好成在视网膜上。

视网膜是一层透明膜,它是视觉的接收器。视网膜大致分三层:里层分布有锥体细胞和杆体细胞;中间层为双极细胞层;外层是视神经。

锥体细胞集中在黄斑区,特别在中心窝附近密度最大,随着远离黄斑,密度逐渐减小。杆体细胞的分布密度随着离开黄斑而增加。在以中心窝为中心的 $2°$ 视场内几乎无杆体细胞,$4°$ 视场处开始明显分布杆体细胞。在离视轴 $20°$ 左右处杆体细胞密度达最大值。杆体细胞能感受到微弱光的刺激,但不能分辨颜色;锥体细胞能感受到强光的刺激,具有分辨颜色的能力。

光进入人眼,经角膜、前房、水晶体和玻璃体,最后抵达视网膜。在光较弱时,杆体细胞受刺激而兴奋,将感觉信息通过视神经传到大脑;在光较强时,锥体细胞受刺激而兴奋,将光感和色感信息通过视神经传到大脑,经大脑处理形成视觉。

二、视觉生理

1.明视觉和暗视觉

在眼球的视网膜中分布两种感光细胞,即锥体细胞和杆体细胞,它们有着不同的视觉功能:锥体细胞是明视觉器官,在光亮条件下,能够分辨颜色和物体的细节;杆体细胞只在较暗条件下起作用,适宜于微光视觉,但不能分辨颜色与细节。以上称为视觉的两重功能,并把锥体细胞视觉称为明视觉,把杆体细胞视觉称为暗视觉。

2.视野和视敏度

(1)视野

视网膜覆盖了眼球内表面约 2/3 的面积,眼睛不转动就可看到相当广阔的范围。眼睛能同时看到的范围称为视野。在垂直方向上,视野为 $100°\sim150°$;在水平方向上,双眼的视野相互重叠形成双目视觉,在眼睛不动时,双目视野约 $120°$,单眼视野为 $150°\sim160°$,双眼总视野为 $180°\sim200°$。

(2)视敏度

视敏度是视觉分辨物体精细形状的能力。其值定义为人眼恰能分辨出的两点对人眼所张视角的倒数,即:

$$V = \frac{1}{\alpha} \qquad (2-9)$$

式中:V——视敏度,视力;

α——人眼分辨角($'$)。

为了测量视敏度,国际眼科学会(ICO)建议采用蓝道环。但我国采用 E 形视标。

对于明视觉,物体能被明显看到的范围只限于在静止凝视点周围的小面积内,而在距静止凝视点 $2°$ 的位置上,视敏度减至一半。静止凝视点对应于视网膜的中心窝,这个位置上的视敏度称为中央视敏度。用视标测出的通常是中央视敏度。

对于暗视觉,中央视敏度比周围视敏度低。

3.暗适应

当人从明亮环境进入黑暗环境时,开始眼睛看不到周围的一切,逐渐地才适应黑暗环境,区分出周围物体的轮廓,这个适应黑暗环境的过程称为暗适应。

研究证明,暗适应过程是这样的,即在最初阶段适应速度迅速,10 min 内完成全部适应过程的 60%;20 min 内基本完成适应过程;30~40 min 时,适应能力趋于稳定。暗适应包括两个基本转变过程:一个是瞳孔大小的变化,瞳孔直径由 2 mm 扩大到 8 mm,但这不是主要过程;另一个是曾在明亮环境工作的锥体细胞停止工作而在黑暗环境工作的杆体细胞开始工作的转变过程,这是起主要作用的过程。

一些因素影响暗适应过程,而主要因素是暗适应前的亮度强弱。为此,对于夜间航行中的船舶,要求驾驶室不开启照明灯。

4.明适应

当人从黑暗环境进入明亮环境时,也有一个适应明亮环境的过程,这个过程称为明适应。

研究证明,明适应过程转变迅速,只需 1 min 左右。明适应时,一方面瞳孔相应缩小以减少投到视网膜上的光;另一方面实现杆体细胞工作向锥体细胞工作的转变过程。眼睛的明适应能力很强,可适应大到视觉刺激阈值 200 亿倍的光,这主要是视网膜外层有许多黑色素颗粒,具有一定的保护作用,防止过量光损伤视网膜。

5.颜色视觉现象

若人在日光下观察物体的颜色,然后改为突然在室内白炽灯下观察物体的颜色,开始时,室内照明看起来带有白炽灯的黄色,物体的颜色也带有黄色。几分钟后,当视觉适应了白炽灯的颜色,室内照明趋向白色,物体的颜色也趋向恢复到在日光下原来的颜色。人眼在颜色刺激的作用下所造成的颜色视觉变化和适应过程称为颜色适应。

当人观察物体的颜色时,例如,一张白纸用红光照明和一张红纸用白光照明,两张纸都应当出现红色,但眼睛依然能分辨出前一张纸是白色而后一张纸是红色。眼睛能分辨物体固有颜色和光源颜色的性质称为颜色恒定性。

当人观察颜色时,相邻区域的不同颜色相互影响称为颜色对比。如果在一块颜色背景上放上另一颜色,由于颜色对比,两种颜色相互影响,使每种颜色的色调向另一种颜色的补色方向变化。如果两种颜色是互补色,则彼此加强饱和度。

同一位置上的各种颜色,有的颜色显得近些,有的颜色显得远些,显得近些的颜色称为前进色,显得远些的颜色称为退远色。一般来讲,属于暖色的黄色和红色比属于冷色的绿色和蓝色显得近些;饱和色比非饱和色显得近些;背景暗时,亮一些的颜色显得近些,背景亮时,暗一些的颜色显得近些。有些颜色显得比实际大些,有些颜色显得比实际小些,前者称为扩展色,后者称为收缩色。

第五节　航标光学基本特性

一、阈值概念

在航标领域,依据某种信息识别出视觉航标存在的最低界限,称为阈值。视觉航标中常用的有照度阈值和亮度对比度阈值。

1.照度阈值

照度阈值是观察者在给定照度的背景下能觉察到点光源时,该光源在眼睛处产生的最小照度值。照度阈值又分非彩色阈值和彩色阈值。非彩色阈值指能识别出光的存在而不能识别出光的颜色的值;彩色阈值指能识别出光和光的颜色的最小值。因为彩色阈值大于非彩色阈值,所以航标的灯光射程应使用彩色阈值来评估。照度实际阈值可由公式计算,但由于公式中涉及背景条件影响的系数,计算较复杂,为此,国际航标协会建议在夜间观察时,此值为 $0.2~\mu lx$;在日间观察且背景亮度为 $10~000~cd/m^2$ 时,此值为 $1~mlx$。照度阈值适用于灯标。

2.亮度对比度阈值

在航标领域,常用的对比度是亮度对比度。亮度对比度是物体与背景间亮度的对比值,它用下式定义为:

$$C = \left| \frac{L - L_B}{L_B} \right| \tag{2-10}$$

式中:C——亮度对比度;

L——物体亮度(cd/m^2);

L_B——背景亮度(cd/m^2)。

亮度对比度阈值是给定目标在给定背景下能觉察到时,该目标在观察者眼睛处产生的最小对比度。对于气象观测,国际气象组织采用 0.05 作为亮度对比度阈值。亮度对比度阈值适用于昼标。

二、光的衰减

从光源辐射的光在前进时逐渐减弱,主要有两个因素:一个是光被大气中粒子散射或吸收;另一个是光在前进过程中发散。光在大气中被散射和吸收,可由下式计算:

$$I = I_0 \cdot e^{-\sigma d} \tag{2-11}$$

式中:I_0——光源发光强度(cd);

d——光通过的距离(m);

σ——消光系数(m^{-1});

I——距离 d 处的发光强度(cd)。

式(2-11)称为朗伯-比尔定律,消光系数 σ 是散射系数与吸收系数之和。

从式(2-11)可得大气透射率 T 为:

$$T = \frac{I}{I_0} = e^{-\sigma d} \qquad (2-12)$$

光在前进过程中的发散,可由下式计算:

$$E_d = \frac{I_0}{d^2} \qquad (2-13)$$

式中:E_d——距离 d 处的照度(lx)。

综合考虑上述两个因素,即合并式(2-11)和式(2-13),得下式:

$$E_d = \frac{I_0}{d^2} \cdot e^{-\sigma d} = \frac{I_0}{d^2} \cdot T \qquad (2-14)$$

三、眩耀

当亮度较强的光进入眼睛时,眼睛易产生眩耀。眩耀有两种:一种是不降低视觉,但使眼睛疲劳;另一种是使视觉变差。前者称为不舒适眩耀,后者称为减视眩耀。位于和物体同方向光源产生的眩耀称为直接眩耀;由其他方向光源产生的眩耀称为间接眩耀。形成眩耀的原因如下:

(1)光源或反射物体的亮度较高;

(2)眼睛适应亮度能力较低;

(3)光源与周围物体亮度差较大;

(4)光源接近视线;

(5)光源的表现尺寸较大。

一般面光源眩耀由亮度决定,点光源眩耀由发光强度决定。目前,对眩耀界限无法给出确切数值。但对于导灯设计,国际航标协会建议,周围环境照度为 0.01 lx 时,在使用段夜间观察者眼睛处照度不应超过 0.1 lx。

四、视距

视距是衡量视觉航标作用距离的术语。视距是目标与其背景的亮度对比度被大气降低至观察者的亮度对比度阈值时的最大距离。对于灯标,从光源发出的光在一定距离以外会看不到,有两个原因:一个是光在前进过程中发散和在大气中被散射或吸收;另一个是光被地球的球形表面所阻挡。为此,前一个原因用灯光射程来衡量,而后一个原因用地理视距来评价。

1.灯光射程

灯光射程是在任何特定的环境中能够看见给定灯光的最远距离。影响灯光射程的因素有光源的发光强度、大气透射率、灯标背景条件和观察者眼睛照度阈值。灯光射程可用下式计算:

$$I = 3.43 \times 10^6 \times Ed^2 T^{-d} \tag{2-15}$$

式中：E——照度阈值(lx)；

　　　I——灯标的发光强度(cd)；

　　　T——大气透射率；

　　　d——灯光射程(n mile)。

在用式(2-15)计算灯光射程时,国际航标协会建议夜间照度阈值取 0.2 μlx,日间照度阈值取 1 mlx。由于大气透射率随环境条件变化很大,因而灯光射程变化也很大,于是各国对灯光射程使用不同概念的数值,造成了航海人员使用上的混乱。鉴于上述情况,国际航标协会建议采用 10 n mile 作为气象标准能见度(这相当于大气透射率为 0.74)来计算灯光射程,从而引入标称灯光射程的概念。标称灯光射程是气象标准能见度为 10 n mile(大气透射率为 0.74)时的灯光射程。国际航标协会建议在海图和航标表中使用标称灯光射程。

为了统一各国在灯光射程上的标注方法,国际航标协会出版了关于航标灯光强度和射程标注方法的建议,并提供了标称灯光射程和发光强度之间的转换,如表 2-4 所示。

表 2-4　标称灯光射程和发光强度之间的转换

标称灯光射程/ n mile	发光强度/cd	标称灯光射程/ n mile	发光强度/cd
1.0	0.9	12.0	3 600.0
1.5	2.4	13.0	5 700.0
2.0	5.0	14.0	8 900.0
2.5	9.0	15.0	14 000.0
3.0	15.0	16.0	21 000.0
3.5	24.0	17.0	32 000.0
4.0	36.0	18.0	49 000.0
4.5	53.0	19.0	73 000.0
5.0	77.0	20.0	110 000.0
6.0	150.0	21.0	160 000.0
7.0	270.0	22.0	240 000.0
8.0	480.0	23.0	360 000.0
9.0	820.0	24.0	520 000.0
10.0	1 400.0	25.0	770 000.0
11.0	2 200.0	26.0	1 100 000.0

使用图 2-11 所示的灯光射程图也可近似获得灯光射程。此图可用灯标的标称灯光射程从顶边框向图中看或者用灯光的发光强度从底边框向图中看。图中曲线旁的数字表示观察时刻气象能见度的估计值,左边框旁的数字表示该条件下的灯光射程。

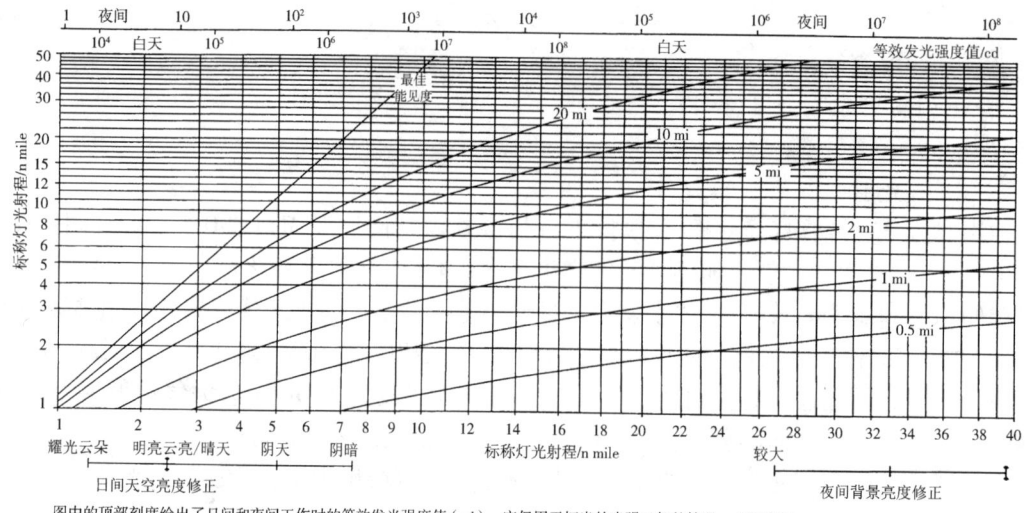

图中的顶部刻度给出了日间和夜间工作时的等效发光强度值（cd），应仅用于灯光的光强已知的情况。必须牢记：
● 观察者和灯光之间的大气透射率不必是均匀一致的。
● 没有考虑观察者眼高和灯高对视距造成的限制；应另外使用地理视距表进行检查，确认在估算的灯光射程内灯标是否可见。
● 来自背景灯光的眩耀会大幅度地降低夜晚灯标的视距。

图2-11　灯光射程图

从灯光射程图不仅可以获得近似灯光射程，也可获得近似气象能见度。使用此图时需注意所获得的值是近似的，实际中大气透射率不一定是均匀一致的；来自背景灯光的眩耀将缩短灯光射程。当背景灯光较弱时，可将通过有关公式得出的航标发光强度除以10后查灯光射程图获得灯光射程；当背景灯光较强时，可将航标发光强度除以100后查灯光射程图。

2.地理视距

地理视距是目标或来自光源的光当只受地球曲率、大气折射、目标或灯标的海拔和观察者的眼高限制时，理论上能被观察者看到的最远距离。地理视距由目标或灯标的海拔和观察者的眼高、地球曲率、大气折射因素决定。地理视距由下式计算：

$$d = 2.078(\sqrt{H} + \sqrt{h})$$ (2-16)

式中：d——地理视距（n mile）；
　　　H——目标或灯标的海拔（m）；
　　　h——观察者的眼高（m）。

地理视距也可由表2-5近似查得。

表2-5　地理视距表

(单位：n mile)

观察者眼高/m	海上标志的海拔/m										
	0	1	2	3	4	5	10	50	100	200	300
1	2.0	4.1	4.9	5.5	6.1	6.6	8.5	16.4	22.3	30.8	37.2
2	2.9	4.9	5.7	6.4	6.9	7.4	9.3	17.2	23.2	31.6	38.1
5	4.5	6.6	7.4	8.1	8.6	9.1	11.0	18.9	24.9	33.3	39.7
10	6.4	8.5	9.3	9.9	10.5	11.0	12.8	20.8	26.7	35.1	41.6
20	9.1	11.1	12.0	12.6	13.1	13.6	15.5	23.4	29.4	37.8	44.3
30	11.1	13.2	14.0	14.6	15.2	15.7	17.5	25.5	31.4	39.8	46.3

3.昼标的视距

根据昼标对观察者产生视角的大小,其视距有两种计算方式。

(1)当昼标尺寸较大、在远距离识别为一个面时,视距满足下式:

$$C\times0.05^{d/V}=0.05 \tag{2-17}$$

式中:C——昼标和背景天空的亮度对比度;

　　d——昼标视距(n mile);

　　V——气象能见度(n mile);

　　0.05——亮度对比度阈值。

(2)当昼标尺寸较小,视角最大为 1 mrad 时,视距满足下式:

$$C\times0.05^{d/V}\times\frac{l^2}{d^2}=K \tag{2-18}$$

式中:l——昼标的平均边长(m);

　　K——取 0.038。

式(2-18)中符号的意义与式(2-17)相同,但 d、V 的单位均为米(m)。

4.逆向反射膜视觉作用距离

逆向反射膜能使无灯航标的夜间视觉作用距离明显延长,并且当观察者接近投射光束时,可改善航标的识别。逆向反射膜主要有封装式透镜膜、包装式透镜膜和外露式透镜膜三种。逆向反射膜的逆向反射性能由逆向反射系数度量。逆向反射系数取决于膜的种类、入射光方向和观察方向。逆向反射膜用于黏附视觉航标标身,其作用距离由下式给出:

$$E=\frac{R'AI\,(0.05)^{\frac{2d}{V}}}{d^4} \tag{2-19}$$

式中:E——眼睛处产生的照度阈值(0.2 mlx);

　　I——在逆向反射装置上光投射器的发光强度(cd);

　　R'——逆向反射膜的逆向反射系数$[\mathrm{cd}/(\mathrm{lx}\cdot\mathrm{m}^2)]$;

　　A——逆向反射膜的表面积(m²);

　　d——逆向反射膜的作用距离(m);

　　V——气象能见度(m)。

由于用式(2-19)计算作用距离较复杂,因此常用图 2-12 逆向反射膜列线图查取。用逆向反射膜列线图求逆向反射膜作用距离的步骤如下:

步骤1:根据逆向反射膜表面积和逆向反射系数,在标尺 A 和标尺 R′间连成一条直线。直线与标尺 R 相交,得交点,标尺 R 是表示发光强度系数的标尺。

步骤2:根据光投射器的发光强度,将标尺 R 交点与标尺 I 连成一条直线,直线与标尺 A 相交,得交点。

步骤3:根据气象能见度,将标尺 A 交点与标尺 V 连成一条直线,此直线与标尺 d 相交,交点标注的数字表示以米(m)或千米(km)为单位的作用距离。

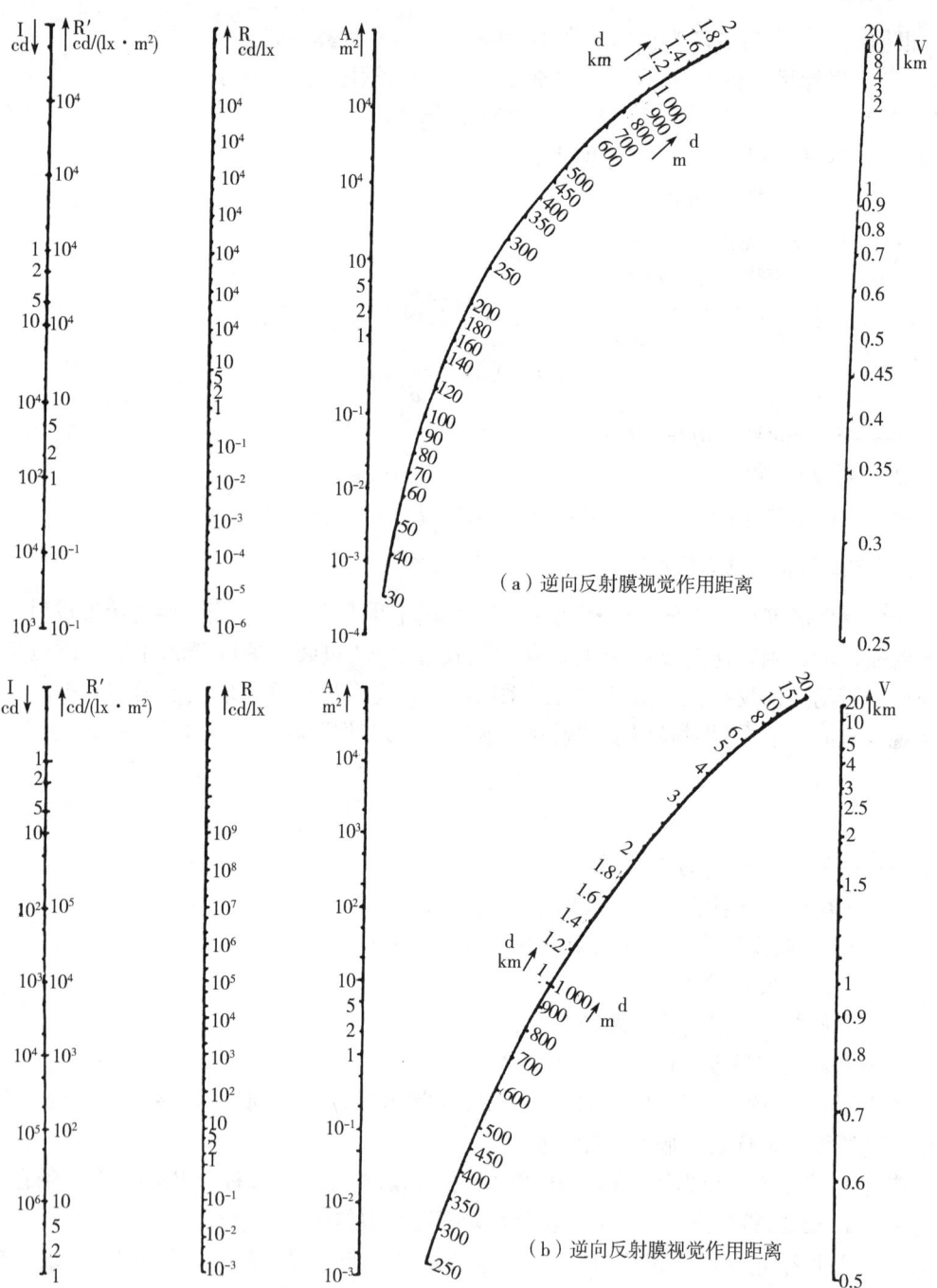

（a）逆向反射膜视觉作用距离

（b）逆向反射膜视觉作用距离

图 2-12　逆向反射膜列线图

五、航标光色的显示

视觉航标在夜间用灯质提供信息,在日间用航标的颜色、形状和顶标提供信息。下面介绍视觉航标使用的闪光灯质、灯光颜色、航标表面颜色和航标形状的知识。

1.闪光灯质

经研究,闪光灯光比连续灯光有更好的可见度和识别性。当每秒钟闪 2~3 次时,可见度和识别性最佳,频率再增加,则亮度降低;当每秒钟闪 5~10 次时,其亮度变得和定光相同。若亮度为 L_1 的灯光显示时间为 t_1,然后亮度为 L_2 的灯光显示时间为 t_2,则亮度的总感觉值如下:

$$L = \frac{L_1 t_1 + L_2 t_2}{t_1 + t_2} \tag{2-20}$$

在灯光单闪时,若灯光亮度为 L_1,明时间为 t_1,暗时间为 t_2,则平均亮度为:

$$L = \frac{t_1}{t_1 + t_2} \cdot L_1 \tag{2-21}$$

根据有关研究,国家标准《中国海区水上助航标志》规定,单闪光每分钟闪光少于 50 次;快闪光每分钟不少于 50 次,不超过 80 次;甚快闪光每分钟不少于 80 次,不超过 100 次。

尽管在某些条件下闪光比定光有较好特性,但当背景灯光中有霓虹灯和闪光灯时,此种特性将随着这些灯光的增加而减弱。

2.灯光颜色

《航标灯光信号颜色》(GB 12708—2020)规定,航标灯光信号颜色采用白、红、绿、黄四色系统。四色系统在 CIE1931 色度图中位置如图 2-13 所示。四色系统色度范围的界线方程式如表 2-6 所示,四色系统色度范围的界线交点坐标如表 2-7 所示。

灯光颜色一般由可见度、显著性和识别性等来评估。经有关实验证明,红光在日间和夜间的可见度都较高,白光和绿光可见度比红光和黄光低。夜间红光的非彩色阈值最低,白光、黄光和绿光依次增大;彩色阈值白光最低,而黄光最高。日间非彩色阈值按红光、黄光、白光、绿光依次降低,彩色阈值红光最低。

增加亮度和颜色的纯度可使灯光颜色显著性增加。一项对红光、黄光、绿光、蓝光和白光视角为 3° 及亮度为 64 cd/m² 的实验报告表明,红光显著性最高,其次是蓝光、黄光、绿光和白光。实际上,黄光显著性相当高,主要原因是黄色滤光器的透射系数大。

有关人员曾做过关于大气透射性的研究,总的来说,空气中的悬浮粒子是雾那样大的粒子,对于波长无选择性;但对于烟尘那样的小粒子,红光或黄光这样波长较长的色光比其他光的透射性好。

灯光颜色的识别功能是持续时间的函数。持续时间极短时,识别功能随表观亮度降低而降低;若持续时间超出一定范围,则识别功能变差。有关资料表明最佳持续时间为 0.2 s。

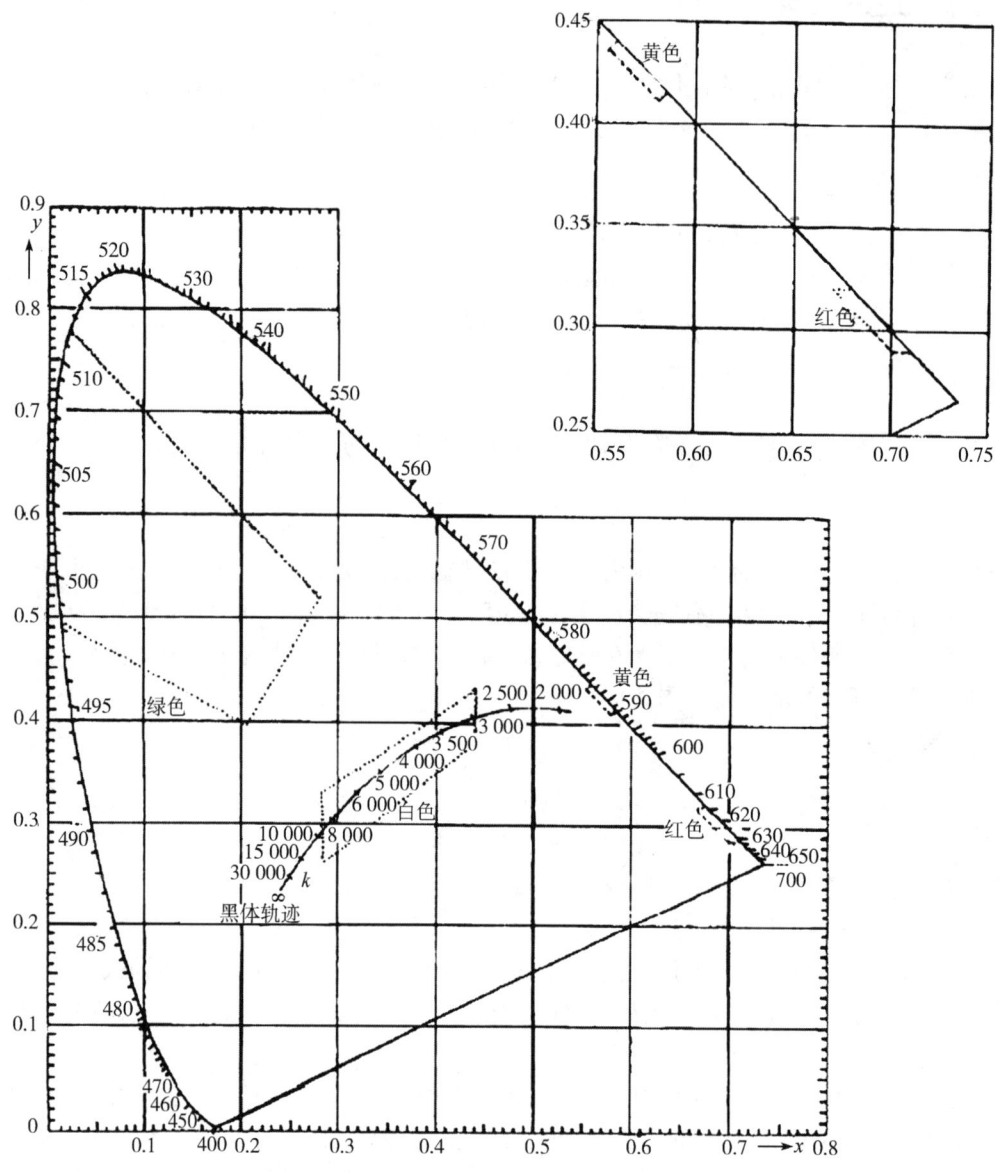

图 2-13　四色系统在 CIE1931 色度图中位置

表 2-6　四色系统色度范围的界线方程式

光色	界线	界面方程式
白色	紫色界线	$y = 0.047 + 0.762x$
	蓝色界线	$x = 0.285$
	绿色界线	$y = 0.150 + 0.640x$
	黄色界线	$x = 0.440$

续表

光色	界线	界面方程式
红色	极端红色界线	$y = 0.290$
	白色界线	$y = 0.990 - x$
	蓝色界线	$y = 0.320$
绿色	黄色界线	$y = 0.800 - x$
	白色界线	$y = 0.066 + 1.600x$
	蓝色界线	$y = 0.500 - 0.500x$
黄色	红色界线	$y = x - 0.170$
	白色界线	$y = 0.951 - 0.930x$
	绿色界线	$y = x - 0.120$

表 2-7　四色系统色度范围的界线交点坐标

光色	1		2		3		4	
	x	y	x	y	x	y	x	y
白色	0.440	0.382	0.285	0.264	0.285	0.332	0.440	0.432
红色	0.710	0.290	0.700	0.290	0.670	0.320	0.680	0.320
绿色	0.022	0.778	0.282	0.518	0.207	0.397	0.013	0.494
黄色	0.585	0.415	0.581	0.411	0.555	0.435	0.560	0.440

3.航标表面颜色

视觉航标的表面颜色分普通颜色和荧光颜色。普通颜色包括普通涂料或无光泽的塑料材料的颜色；荧光颜色包括荧光的颜色、透射的颜色及反光材料的颜色。

《中国海区视觉航标表面色规定》规定了普通表面色、荧光色和逆向反射物色的色度坐标值。图 2-14 是视觉航标表面色在 CIE1931 色度图中的位置；表 2-8 是普通表面色色度范围的界线方程式和界线交点坐标；表 2-9 是荧光色色度范围的界线方程式和界线交点坐标；表 2-10 是逆向反射物色色度范围的界线方程式和界线交点坐标。

物体的表面颜色也由可见度、显著性和识别性来评估。

表面颜色的可见度主要由背景和目标之间亮度对比度决定。在暗的背景下，白色、黄色、橙色有良好的可见度；在白色背景下，黑色和蓝色有良好的可见度。相对来说，黄色和红色的可见度受背景颜色改变的影响较小。荧光颜色比普通颜色可见度高。在暗的背景下，荧光黄色可见度最高，然后是荧光黄红、荧光绿和荧光红；在灰色背景下，可见度的顺序是荧光橙红、荧光黄、荧光绿和荧光红；在白色背景下，可见度的顺序是荧光红、荧光黄红、荧光绿和荧光黄。

红黑色组合和黑黄色组合在显示面积大时显著性好。一般来说，亮度低的颜色识别性差；在色调和亮度相同时，饱和度高的颜色识别性好。对于用字母、数字和图形提供信息的标志，易读性是重要指标。易读性的主要因素是字符的清晰度，然后是符号和衬底的颜色组合。

4.航标形状

为了识别出航标的形状，航标必须有一定的尺寸，并且和周围环境有一定的亮度对比度。关于外形的识别性，正三角形的可见度和识别性最好，方形、圆形和正多边形次之。关于外形的显著性,正三角形的显著性最好,然后依次是菱形、方形、矩形、五边形、圆形和六边形。

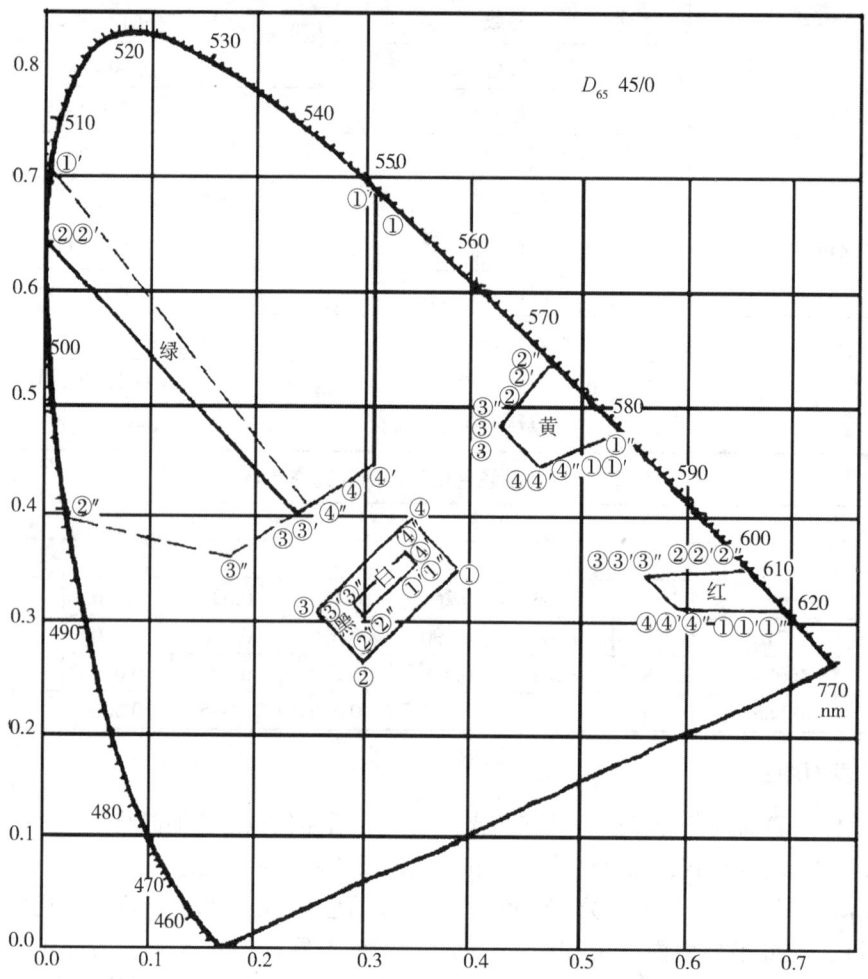

图 2-14　视觉航标表面色在 CIE1931 色度图中的位置

表 2-8　普通表面色色度范围的界线方程式和界线交点坐标

颜色	相邻色	界线方程	图 2-14 上标示	交点坐标(x,y),(x,y)	光反射比
红	白	$y=0.910-x$	③~④	$(0.569,0.341)$,$(0.595,0.315)$	≥0.07
	橙	$y=0.314+0.047x$	②~③	$(0.655,0.345)$,$(0.569,0.341)$	
	紫	$y=0.345-0.051x$	①~④	$(0.690,0.310)$,$(0.595,0.315)$	
绿	白	$y=0.243+0.670x$	③~④	$(0.238,0.402)$,$(0.313,0.453)$	≥0.12
	黄	$y=0.313$	①~④	$(0.313,0.682)$,$(0.313,0.453)$	
	蓝	$y=0.636-0.982x$	②~③	$(0.004,0.632)$,$(0.238,0.402)$	
黄	白	$y=0.910-x$	③~④	$(0.427,0.483)$,$(0.470,0.440)$	≥0.50
	橙	$y=0.108+0.707x$	①~④	$(0.522,0.477)$,$(0.470,0.440)$	
	绿	$y=1.350x-0.093$	②~③	$(0.465,0.534)$,$(0.427,0.483)$	

续表

颜色	相邻色	界线方程	图 2-14 上标示	交点坐标$(x,y),(x,y)$	光反射比
黑	黄	$y=0.740-x$	③~④	$(0.260,0.310),(0.345,0.395)$	≥0.30
	绿	$y=0.050-x$	①~④	$(0.385,0.355),(0,345,0.395)$	
	蓝	$y=0.570-x$	①~②	$(0.385,0.355),(0.300,0.270)$	
	紫	$y=x-0.030$	②~③	$(0.300,0.270),(0.260,0.310)$	
白	黄	$y=0.710-x$	③~④	$(0.290,0.320),(0.340,0.370)$	≥0.75
	绿	$y=0.030+x$	①~④	$(0.350,0.360),(0.340,0.370)$	
	蓝	$y=0.610-x$	①~②	$(0.350,0.360),(0.300,0.310)$	
	紫	$y=0.010-x$	②~③	$(0.300,0.310),(0.290,0.320)$	

注:表中①、②、③、④如图 2-14 所示。

表 2-9　荧光色色度范围的界线方程式和界线交点坐标

颜色	相邻色	界线方程	图 2-14 上标示	交点坐标$(x,y),(x,y)$	光反射比
红	白	$y=0.910-x$	③′~④′	$(0.569,0.341),(0.595,0.315)$	≥0.25
	橙	$y=0.314+0.047x$	②′~③′	$(0.655,0.345),(0.569,0.341)$	
	紫	$y=0.345-0.051x$	①′~④′	$(0.690,0.310),(0.595,0.315)$	
绿	白	$y=0.243+0.670x$	③′~④′	$(0.238,0.402),(0.313,0.453)$	≥0.25
	黄	$y=0.313$	①′~④′	$(0.313,0.682),(0.313,0.453)$	
	蓝	$y=0.636-0.982x$	②′~③′	$(0.004,0.632),(0.238,0.402)$	
黄	白	$y=0.910-x$	③′~④′	$(0.427,0.483),(0.470,0.440)$	≥0.80
	橙	$y=0.108+0.707x$	①′~④′	$(0.522,0.477),(0.470,0.440)$	
	绿	$y=1.350x-0.093$	②′~③′	$(0.465,0.534),(0.427,0.483)$	

注:表中①′、②′、③′、④′如图 2-14 所示。

表 2-10　逆向反射物色色度范围的界线方程式和界线交点坐标

颜色	相邻色	界线方程	图 2-14 上标示	交点坐标$(x,y),(x,y)$	光反射比
红	白	$y=0.910-x$	③″~④″	$(0.569,0.341),(0.595,0.315)$	≥0.05
	橙	$y=0.314+0.047x$	②″~③″	$(0.655,0.345),(0.569,0.341)$	
	紫	$y=0.345-0.051x$	①″~④″	$(0.690,0.310),(0.595,0.315)$	
绿	白	$y=0.243+0.670x$	③″~④″	$(0.177,0.362),(0.248,0.409)$	≥0.04
	黄	$y=0.313$	①″~④″	$(0.007,0.702),(0.248,0.409)$	
	蓝	$y=0.405-0.343x$	②″~③″	$(0.026,0.399),(0.177,0.362)$	
黄	白	$y=0.910-x$	③″~④″	$(0.427,0.483),(0.470,0.440)$	≥0.27
	橙	$y=0.108+0.707x$	①″~④″	$(0.522,0.477),(0.470,0.440)$	
	绿	$y=1.350x-0.093$	②″~③″	$(0.465,0.534),(0.427,0.483)$	
白	黄	$y=0.710-x$	③″~④″	$(0.290,0.320),(0.340,0.370)$	≥0.35
	绿	$y=0.030+x$	①″~④″	$(0.350,0.360),(0.340,0.370)$	
	蓝	$y=0.610-x$	①″~②″	$(0.350,0.360),(0.300,0,310)$	
	紫	$y=0.010-x$	②″~③″	$(0.300,0.310),(0.290,0.320)$	

注:表中①″、②″、③″、④″如图 2-14 所示。

第六节　航标建造基本知识

一、航标建造材料

航标建造材料主要有钢材、木材、砖石材料、钢筋混凝土和新型材料。新型材料包括玻璃纤维增强塑料(GRP)、聚乙烯塑料、逆向反射膜等。

1.钢材

钢材是广泛使用的航标建造材料,主要用于建造灯塔、灯桩和立标、灯浮和浮标、灯船、系碇设备及附属设备。钢材是经过压力加工成为具有一定形状、可供直接使用或再加工使用的钢半成品。钢材种类较多,有不同分类方法。钢材按化学成分不同分为碳素钢材和合金钢材。

碳素钢材根据含碳量不同,分为低碳钢、中碳钢和高碳钢;根据有害杂质含量不同,分为普通钢、优质钢和高级优质钢;根据用途不同,分为建筑钢、机械结构钢、弹簧钢、轴承钢、工具钢、特殊性能钢和专用钢。

合金钢材根据合金元素含量不同,分为低合金钢、中合金钢和高合金钢;根据品质不同,分为优质合金钢和高级优质合金钢;根据作用不同,分为合金结构钢、合金工具钢和特殊性能合金钢。

在航标建造领域主要使用碳素钢。钢材被广泛使用是因为它具有许多宝贵的性能,钢材性能主要表现在使用性能和工艺性能上。

使用性能反映钢材在使用过程中所表现出来的特性,包括机械性能、物理性能和化学性能。机械性能指强度、硬度、塑性、韧性、弹性模量;物理性能指比重、导电性、导热性、热膨胀性、磁性等;化学性能指抗氧化性、抗腐蚀性等。工艺性能反映钢材在加工制造过程中所表现出来的特性,包括压力加工性能、焊接性能、切削加工性能和热处理性能。

2.木材

木材是航标建造领域使用的辅助建造材料,主要用于建造简易适用的小型航标、灯塔的门窗和附属设施的一些结构。木材是质轻、强度大的材料,具有导热性小、电绝缘性好、共振性优良、易机械加工和可塑性强的特点。木材的缺点是吸水和干燥后易变形、易燃烧、易腐朽和虫蛀。

木材分针叶树材和阔叶树材两类。针叶树材木质较软,纹理顺直,容重小,易加工,胀缩变形较小,强度较高,耐腐性较强。各种松树、杉树、柏树均属针叶树。阔叶树材木质重而硬、加工较难、胀缩变形较大,但耐磨性好、纹理美观。榆树、桦树、杨树、柳树、樟树、柞树均属阔叶树。

木材性能主要表现在木材的含水率,容重和干缩系数,强度和硬度等性能上。木材强度包括抗压强度,抗拉强度,抗剪切和抗弯强度。

3.砖石材料

砖石材料是航标建造领域常用的材料,主要用于建造灯塔、灯桩和立标及附属设施。砖石材料具有就地取材、来源丰富、耐火性和稳定性较好、保温和隔热性优良等优点;其缺点是取材和施工劳动强度大,材料强度较低。

砖材以黏土、质岩或各种工业废渣和水泥、石灰、砂子等原料制成。根据生产工艺,砖材分为烧结砖和非烧结砖。烧结砖包括普通黏土砖、黏土空心砖、烧结页岩砖等;非烧结砖又称硅酸盐砖,包括灰砂砖、碳化灰砂砖、粉煤灰砖等。砖材性能主要表现在外形尺寸、抗压强度、抗折强度、抗冻性、吸水率和容重等性能上。

石材常用天然石材,如花岗岩、砂岩、石灰石和凝灰石等。根据天然石材的外形与加工程度,石材分为料石和乱毛石,其中料石又分为细料石、粗料石和毛料石。

4.钢筋混凝土

钢筋混凝土是航标领域广泛使用的建筑材料,主要用于建造灯塔、灯桩和立标及附属设施。

钢筋混凝土是由钢筋和混凝土两种物理、力学性能完全不同的材料组成的。混凝土是由胶凝材料、水、粗细骨料按一定比例配合和硬化而成的建筑材料,它耐腐蚀、价格低、抗压强度较强,但抗拉强度差。钢材抗压和抗拉强度高,但价格高、易腐蚀。钢筋混凝土具有取两者优点,去两者缺点的优越性。钢筋混凝土还具有耐久性和耐火性好、整体性和可模性优良、节省钢材等优点,其缺点是自重较大,抗裂性较差。混凝土按容重分为重混凝土、普通混凝土和轻混凝土;按胶凝材料又分为水泥混凝土、硅酸盐混凝土、石膏混凝土、聚合物混凝土和特种混凝土。

5.玻璃纤维增强塑料

玻璃纤维增强塑料又称玻璃钢,是航标使用的新型建造材料,主要用于建筑灯塔、灯桩、立标及灯船。

玻璃钢是一种新型复合材料,以合成树脂为基体、以玻璃纤维为增强材料制成。玻璃钢具有比重小、强度和弹性模量高、耐腐蚀性和绝缘性好、易成形等优点,其缺点是有老化期,有些性能有待在实践中验证。用玻璃钢制成的航标有标志颜色明显、维护量小、可分体工厂制造、现场安装方便等优点。

6.聚乙烯塑料

聚乙烯(PE)是五大合成树脂之一。聚乙烯主要分为线性低密度聚乙烯(LLDPE)、低密度聚乙烯(LDPE)、高密度聚乙烯(HDPE)三大类。

物料性能:抗腐蚀性、电绝缘性优良,可以氯化,辐照改性,可用玻璃纤维增强。低压聚乙烯(高密度聚乙烯)熔点、刚性、硬度和强度较高,吸水性小,有良好的电性能和耐辐射性;高压聚乙烯(低密度聚乙烯)柔软性、伸长率、冲击强度和渗透性较好;超高分子量聚乙烯(一种线性聚乙烯)冲击强度高、耐疲劳、耐磨。

7.逆向反射膜

逆向反射膜是逆向反光材料,主要用于粘贴在视觉航标标身上,从而使无灯航标的夜间视觉作用距离明显延长,并且当观察者接近投射光束时,改善航标识别性。

逆向反射膜是柔软的膜片材料,它由高折射率玻璃微珠(透镜)、金属材料和高分子材料组成,玻璃微珠紧密地封装在底基反射层上,且可覆盖透明膜。

适用的逆向反射膜包括封装式透镜膜、包装式透镜膜和外露式透镜膜三种,每种都有白色、黑色、红色、绿色和黄色等多种颜色。

逆向反射膜的逆向反射性能由逆向反射系数度量,逆向反射系数等于观察方向膜的亮度和从光源获得的照度之比,取决于膜的种类、入射光方向和观察方向。一般来说,与黄色逆向反射膜相比,白色逆向反射膜具有更高的逆向反射系数,且两者的逆向反射系数均比黑色、绿色、红色逆向反射膜高。但应注意,膜的日间颜色与夜间反射颜色有明显不同。

二、钢结构知识

钢结构是工程上广泛应用的建筑结构。在航标建造领域,用来建筑灯塔、灯桩和立标、导标及附属设施。

钢结构与钢筋混凝土结构和砖石结构相比,具有重量小、强度高、机械化程度高、安装周期短等优点,其缺点是易锈蚀,需定期维护涂漆,且造价较高。

1.钢结构对钢材的基本要求

钢结构所采用的钢材主要是普通碳素钢和低合金钢,而钢材规格是钢板和型钢。钢结构对钢材的基本要求由下列性能指标体现。

(1)强度

钢材的强度包括抗拉强度、屈服强度、压缩强度、弯曲强度和剪切强度等,其中以抗拉强度、屈服强度最重要。

(2)塑性

钢材的塑性是指当应力超过屈服强度后,产生明显残余变形而不立刻断裂的性质,其性能指标是断面收缩率。

(3)韧性

钢材的韧性是指钢材抵抗冲击载荷的能力,其性能指标是冲击韧性值。

(4)可焊性

钢材的可焊性是指钢材经焊接后焊接接头获得良好性能的能力。

(5)冷弯性

钢材的冷弯性是指钢材冷加工产生塑性变形而抗裂纹的能力。

(6)耐久性

钢材的耐久性是指钢材耐腐蚀的能力。

2.钢结构的设计原则

钢结构的设计原则如下:

(1)采用容许应力计算方法,即把钢材屈服强度作为最大应力除以安全系数得到容许应力。确定安全系数时应考虑所有因素和以往工程实际。

(2)在钢结构中,受拉杆件只需校核抗拉强度;对受压杆件和受弯曲杆件,除满足强度要求外,尚需满足稳定性条件。

(3)正确设计支撑体系是钢结构设计中的重要环节。

(4)对节点设计和连接构造应有足够重视。

（5）根据钢结构特定条件,确定钢材的品种和型号。

三、砖石结构

砖石结构是工程上使用较多的建造结构,在航标建造领域,用于建造灯塔、灯桩和立标及附属设施。砖石结构的主要材料是砖、石材、各种材料制成的砌块与砂浆,为加强强度,砌体内可含有钢筋或钢丝。

砖石结构的主要性能表现在砌体强度上,砌体强度包括抗压强度、抗拉强度、抗弯强度和抗剪切强度、弹性模量、摩擦系数和线性膨胀系数。砖石结构的砌体强度低,决定了砖石结构的形式是以承受压力为主的一些结构或部分,如房屋的墙体、柱子、拱、过梁、墙梁等。

四、钢筋混凝土结构

钢筋混凝土结构是现代工程建设中应用最广泛的建造结构,在航标建造领域,用于建造灯塔、灯桩和立标及附属设施。

1.钢筋混凝土结构对钢筋性能的要求

（1）强度
强度是指钢筋的屈服强度和极限强度。钢筋的屈服强度是设计计算的主要依据。
（2）塑性
塑性要求钢筋在断裂前应有足够的变形。
（3）可焊性
可焊性要求钢筋焊接后不产生裂纹及过大变形,保证焊接接头性能良好。
（4）黏结力
钢筋与混凝土有足够的黏结力。

2.钢筋混凝土结构对混凝土性能的要求

（1）混凝土的强度
混凝土的强度包括立方抗压强度、轴心抗压强度、轴心抗拉强度和复合应力状态下的强度。
（2）混凝土的变形性能
混凝土的变形性能包括一次短期加载时变形性能、重复荷载下变形性能、长期荷载下变形性能及收缩和膨胀变形性能。混凝土和钢筋混凝土的设计与施工遵照中华人民共和国交通部（今交通运输部）的《港口工程技术规范》有关要求进行。

第七节　固定航标受力分析

固定航标包括灯塔、灯桩和立标及导标。根据布设位置,固定航标分为陆上固定航标和水中固定航标。陆上固定航标主要受风荷载作用;水中固定航标主要受风荷载和波浪荷载作用。

一、风与风荷载

1.风的基本概念

风是大自然中常见的现象,它是由大气流动形成的。我国沿海地区主要流行季风、寒潮大风和台风。

季风是海洋与陆地之间热力差形成的。我国季风,从 10 月至翌年 3 月盛行偏北风;6 月以后盛行偏南风;而 4—5 月与 8—9 月为季风转换季节。季风的强弱与进退主要由四个大气活动中心相互影响而定。这四个大气活动中心是冬季亚洲大陆上蒙古高压和北太平洋上的阿留申低压,夏季北太平洋上的太平洋高压和亚洲大陆上的印度低压。上述四个大气活动中心又受地球大气环流影响。

寒潮大风是巨大的高压冷气团南侵形成的。我国从 9 月下旬至翌年 4 月为寒潮大风季节,寒潮一般持续 3~5 天,气温在昼夜间可下降 10 ℃以上。寒潮源于北极。

台风是热带地区海洋上空热气旋发展形成的急速逆时针旋转的低压旋涡。热带气旋常伴有狂风、暴雨、巨浪和大潮。

风速与风向随时间、地点、高度而变化,高度越高,风速越大;通常,海上风速比陆上大。

2.风荷载计算

为了计算风作用在航标上的风力,即风荷载,需要收集相应地点的风速和风向统计数据。

当掌握了风速和风向统计数据后,可根据稳定流的伯努利方程求基本风压强 p_0:

$$p_0 = \frac{\gamma \cdot V^2}{2g} \tag{2-22}$$

式中:p_0——基本风压强(Pa);

γ——在标准大气压,温度为 15 ℃时的空气容量(N/m³);

V——风速(m/s);

g——重力加速度(m/s²)。

将 $g = 9.8$ m/s²,$\gamma = 12$ N/m² 代入式(2-22),得:

$$p_0 \approx \frac{V^2}{1.633} \tag{2-23}$$

根据 p_0 和一些系数,可得作用于航标表面的风压强 p:

$$p = k_1 \cdot k_2 \cdot p_0 \tag{2-24}$$

式中:p——作用于航标表面风压强(Pa);

k_1——风压高度变化系数;

k_2——航标受风面形状系数。

风荷载按下式计算:

$$F = p \cdot A \cdot \sin\alpha \tag{2-25}$$

式中:F——风荷载(N);

A——航标受风表面积(m²);

α——风向与航标受风表面法线的夹角(°)。

在用表 2-11 查取 k_1 时,高度相同的 k_1 值分陆上和海上两种情况。这时陆上和海上的分界线不是以海岸分界,而是以过渡带分界的。过渡带宽度与风向和距地面或海面高度有关,过渡带宽度如表 2-12 所示。过渡带宽度是从海岸向海上算起的。在计算风压强时,过渡带内 k_1 取陆上数值,过渡带外 k_1 取海上数值。式(2-24)中受风面形状系数 k_2 与航标受风面的形状、尺度有关,具体值可查建筑结构荷载规范。

表 2-11 风压高度变化系数

距地面或海面高度/m	k_1		距地面或海面高度/m	k_1	
	陆上	海上		陆上	海上
<2	0.52	0.64	70	1.78	1.54
5	0.78	0.84	80	1.84	1.58
10	1.00	1.00	90	1.90	1.62
15	1.15	1.10	100	1.95	1.64
20	1.25	1.18	150	2.19	1.79
30	1.41	1.29	200	2.38	1.90
40	1.54	1.37	250	2.53	2.00
50	1.63	1.43	300	2.68	2.08
60	1.71	1.49	>350	2.80	2.15

表 2-12 过渡带宽度   (单位:km)

风向	距地面或海面高度/m									
	10	20	30	50	60	80	100	125	150	200
从陆上向海上	2.0	3.5	5.5	8.5	10.5	13.5	17.0	21.5	25.5	34.0
从海上向陆上	2.0	3.0	4.0	5.5	6.0	7.0	8.0	9.0	9.5	11.0

二、波浪与波浪荷载

1.波浪

波浪是海洋、江河、湖泊中的水体在外力作用下,水质点离开平衡位置做往复运动,并向一定方向传输的现象,生成波浪的外力有风、地震、气压突变和潮汐等;波浪恢复力是表面张力及重力。主要由风生成的波浪叫风成波。波浪是随机性很强的自然波,常用波高 H、波浪周期 T、波长 L 和波速 u 表征波浪的特征。在计算海中建筑物的波浪荷载时,波浪的统计数据应以 50 年或更长年数的最危险的海况为依据。

2.作用于孤立桩柱上的波浪荷载

波浪对海中建筑物的作用力称为波浪荷载。

(1)水平波浪荷载的计算

当桩柱直径与波浪波长之比小于 0.2 时,桩柱称为小直径桩柱。波浪经过小直径桩柱不改变波浪原来的运动状态。对于小直径桩柱,广泛采用莫里森(Morison)方程计算水平波浪荷载。莫里森的研究表明作用在单位高度桩柱上的总水平波浪荷载 P 由两部分组成：一部分是流过桩柱的流体，由于桩柱存在而引起流体运动速度变化所产生的力 P_I，称为惯性力；另一部分是流体流过桩柱时，黏性作用在柱壁产生的阻力和在柱后尾流中产生涡旋而引起的阻力，与流速有关，故称为速度力 P_D。

惯性力是由惯性引起的，与流体质点的加速度有关。在小直径桩柱情况下，由于假定柱体存在不影响整个流场的变化，那么流场中各点的加速度可按有关波浪理论计算。可以想象，由于桩柱的存在，桩柱所占体积内的流体本应以与流场相应的加速度运动，而被减速至静止状态，因此在桩柱上作用一惯性力，此惯性力应等于这个体积的流体质量乘以它的加速度。由于在流场中各点的加速度随水深不同而不同，因此，在深度 Z 处单位高度桩柱上作用的水平惯性力 P_I 为：

$$P_I = C_m \cdot \rho \cdot A \cdot \left(\frac{\partial u}{\partial t}\right)_Z \tag{2-26}$$

$$= C_m \cdot \rho \cdot \frac{\pi D^2}{4} \cdot \left(\frac{\partial u}{\partial t}\right)_Z$$

式中：C_m——质量系数或惯性系数；

A——桩柱的截面积（m^2），对于圆柱体，$A = \frac{\pi D^2}{4}$；

D——圆柱体桩柱的直径（m）；

ρ——流体的密度（kg/m^3）；

u——流体中深度 Z 处流体质点的水平速度（m/s）；

P_I——深度 Z 处单位高度桩柱上作用的水平惯性力（N/m）。

速度力与流体质点的速度有关。假设波浪的不稳定流在桩柱上产生的阻力与单向稳定流在桩柱上产生的阻力的模式相同，则速度力与流体质点速度的平方及桩柱与质点速度垂直方向的投影面积成正比，且由于波浪的波动是双向往复的，因此速度平方应为速度向量与速度绝对值之积。在深度 Z 处单位高度桩柱上作用的水平速度力 P_D 为：

$$P_D = \frac{1}{2} C_d \cdot \rho \cdot A_1 \cdot u_Z \cdot |u_Z| = \frac{1}{2} C_d \cdot \rho \cdot D \cdot u_Z \cdot |u_Z| \tag{2-27}$$

式中：C_d——阻力系数或速度力系数。

A_1——垂直于波向单位桩柱高度的投影面积（m^2），对于圆桩柱，$A_1 = 1 \times D = D$；
对于方桩柱，$A = 1 \times b = b$，b 为方桩柱宽度。

u_Z——流场中深度 Z 处水质点的水平速度（m/s）。

P_D——在深度 Z 处单位高度桩柱上作用的水平速度力（N/m）。

于是，在深度 Z 处单位高度桩柱上作用的总水平波浪荷载为：

$$P = P_I + P_D = C_m \cdot \rho \cdot A \cdot \left(\frac{\partial u}{\partial t}\right)_Z + \frac{1}{2} C_d \cdot \rho \cdot A_1 \cdot u_Z \cdot |u_Z| \tag{2-28}$$

对于圆桩柱：

$$P = C_m \cdot \rho \cdot \frac{\pi D^2}{4} \cdot \left(\frac{\partial u}{\partial t}\right)_Z + \frac{1}{2} C_d \cdot \rho \cdot D \cdot u_Z \cdot |u_Z|$$

对于方桩柱：

$$P = C_m \cdot \rho \cdot b^2 \cdot \left(\frac{\partial u}{\partial t}\right)_Z + \frac{1}{2} C_d \cdot \rho \cdot b \cdot u_Z \cdot |u_Z|$$

作用于圆桩柱 dZ 段高度上的总水平波浪荷载为：

$$dF = PdZ = \left[C_m \cdot \rho \cdot \frac{\pi D^2}{4} \cdot \left(\frac{\partial u}{\partial t}\right)_Z + \frac{1}{2} C_d \cdot \rho \cdot D \cdot u_Z \cdot |u_Z| \right]dZ \tag{2-29}$$

为了得到作用于 $Z_1 \sim Z_2$ 段桩柱上的总水平波浪荷载，需将式(2-29)从高度 Z_1 到高度 Z_2 进行积分，得：

$$F_h = \int_{Z_1}^{Z_2} P \cdot dZ = \int_{Z_1}^{Z_2} C_m \cdot \rho \cdot \frac{\pi D^2}{4} \cdot \left(\frac{\partial u}{\partial t}\right)_Z dZ + \int_{Z_1}^{Z_2} \frac{1}{2} \cdot C_d \cdot \rho \cdot D \cdot u_Z \cdot |u_Z| dZ \tag{2-30}$$

当 $Z_1 = 0$，$Z_2 = h + \eta$，η 为静水面以上波动水面平均高度，可得整个桩柱的总水平波浪荷载：

$$F = \int_0^{h+\eta} C_m \cdot \rho \cdot \frac{\pi D^2}{4} \cdot \left(\frac{\partial u}{\partial t}\right)_Z dZ + \int_0^{h+\eta} \frac{1}{2} \cdot C_d \cdot \rho \cdot D \cdot u_Z \cdot |u_Z| dZ \tag{2-31}$$

同样可得整个桩柱的总水平波浪力矩(对水底取矩)：

$$M = \int_0^{h+\eta} C_m \cdot \rho \cdot \frac{\pi D^2}{4} \cdot \left(\frac{\partial u}{\partial t}\right)_Z \cdot ZdZ + \int_0^{h+\eta} \frac{1}{2} \cdot C_d \cdot \rho \cdot D \cdot u_Z \cdot |u_Z| \cdot ZdZ \tag{2-32}$$

从以上公式可知，要计算总水平波浪荷载和总水平波浪力矩，需选择适宜的波浪理论确定波浪的水平速度 u 和水平加速度 $\left(\frac{\partial u}{\partial t}\right)_Z$；需选择合理的系数 C_m 和 C_d。

(2)波浪速度和加速度分析

研究表明，在不同的相对水深 h/L 和不同的相对波高 H/h 条件下，其波浪水质点运动规律是不同的。目前研究波浪水质点运动规律有四种不同波浪理论：微幅波理论，有限振幅波理论，椭圆余弦波理论，孤立波理论。微幅波理论是线性波理论，其余的为非线性波理论。

试验结果表明，当相对水深 $h/L \geqslant 0.2$ 和相对波高 $H/h \leqslant 0.2$ 时，可用微幅波理论计算波浪速度；当 $H/h > 0.2$ 和 $0.1 < h/L \leqslant 0.2$ 时，可用有限振幅波理论计算波浪速度；当 $0.04 < h/L \leqslant 0.1$ 时，可用椭圆余弦波理论计算波浪速度；当 $h/L < 0.04 \sim 0.05$ 时，可用孤立波理论计算波浪速度。

试验结果表明，在计算波浪对桩柱的最大水平速度力时，可分三种情况：$h/L > 0.2$ 时，用微幅波理论计算最大水平速度；$0.1 < h/L \leqslant 0.2$ 时，用有限振幅波理论计算最大水平速度；$h/L \leqslant 0.1$ 时，用椭圆余弦波理论计算最大水平速度。

对于加速度，在波浪破碎前，对不同的 h/L 和 H/h，根据四种波浪理论计算波浪质点的加速度极为接近，为此，一般用微幅波理论计算。

(3)计算波浪质点的速度和加速度及 C_d 与 C_m

下面用微幅波理论计算波浪质点的速度和加速度：

$$u = \frac{\pi H \cdot \mathrm{ch}\dfrac{2\pi Z}{L}}{\mathrm{sh}\dfrac{2\pi h}{L}} \cdot \cos(\omega t) \tag{2-33}$$

波峰通过桩柱中心时最大水平速度为：

$$u_{max} = \frac{\pi H \cdot \text{ch} \dfrac{2\pi Z}{L}}{\text{sh} \dfrac{2\pi h}{L}} \tag{2-34}$$

上两式中：ω——波浪的角速度（rad/s）；

Z——距水底高度（m）。

从式（2-33）和式（2-34）得波浪质点水平加速度和最大水平加速度为：

$$\frac{\partial u}{\partial t} = - \frac{2\pi^2 H \cdot \text{ch} \dfrac{2\pi Z}{L}}{T^2 \cdot \text{sh} \dfrac{2\pi h}{L}} \cdot \sin(\omega t) \tag{2-35}$$

$$\left(\frac{\partial u}{\partial t}\right)_{max} = - \frac{2\pi^2 H \cdot \text{ch} \dfrac{2\pi Z}{L}}{T^2 \cdot \text{sh} \dfrac{2\pi h}{L}} \tag{2-36}$$

在计算波浪荷载时，莫里森方程将许多影响因素统统用两个系数 C_m 和 C_d 来考虑。因此应用莫里森方程的重要问题是确定正确的 C_m 和 C_d。国内外许多研究表明，C_m 与物体形状有关，C_d 与雷诺数有关，其变化范围一般为 $1.7 \leqslant C_m \leqslant 2.0, 0.7 \leqslant C_d \leqslant 1.0$。

我国《海港水文规范》规定，圆形桩柱不考虑雷诺数影响，C_m 取 2.0，C_d 取 1.2。下面以微幅波理论为例，介绍桩柱上最大水平波浪荷载的计算过程。作用在圆形桩柱 $Z_1 \sim Z_2$ 段最大总水平波浪荷载为：

$$F_{hmax} = F_{Imax} + F_{Dmax}$$

作用在圆形桩柱 $Z_1 \sim Z_2$ 段最大水平速度力为：

$$F_{Dmax} = \int_{Z_1}^{Z_2} \frac{1}{2} \cdot C_d \cdot \rho \cdot D u_{max}^2 dZ \tag{2-37}$$

式中：u_{max} 用式（2-34）计算，将式（2-34）代入式（2-37），且考虑：

$$T = \sqrt{\frac{2\pi L}{g} \cdot \text{ch} \frac{2\pi h}{L}}$$

则式（2-37）积分后得：

$$F_{Dmax} = C_d \frac{\gamma D H^2}{2} \cdot K_1 \tag{2-38}$$

式中：$K_1 = \dfrac{\dfrac{4\pi Z_2}{L} - \dfrac{4\pi Z_1}{L} + \text{sh} \dfrac{4\pi Z_2}{L} - \text{sh} \dfrac{4\pi Z_1}{L}}{8 \text{sh} \dfrac{4\pi h}{L}}$；

γ——流体的比重（N/m³）。

作用在圆形桩柱 $Z_1 \sim Z_2$ 段最大惯性力为：

$$F_{Imax} = \int_{Z_1}^{Z_2} \frac{\gamma}{g} \cdot C_m \cdot \frac{\pi D^2}{4} \cdot \left(\frac{\partial u}{\partial t}\right)_{max} dZ \tag{2-39}$$

将式（2-36）在不考虑负号下代入式（2-39）积分后得：

$$F_{\text{Imax}} = C_{\text{m}} \frac{\pi \gamma D^2 H}{8} \cdot K_2 \tag{2-40}$$

式中：$K_2 = \dfrac{\text{sh}\dfrac{2\pi Z_2}{L} - \text{sh}\dfrac{2\pi Z_1}{L}}{\text{ch}\dfrac{2\pi h}{L}}$

将 F_{Dmax} 对底取力矩得：

$$M_{\text{Dmax}} = \int_{Z_1}^{Z_2} (Z - Z_1) \cdot F_{\text{Dmax}} \text{d}Z = C_{\text{d}} \frac{\gamma D H^2 L}{2\pi} \cdot K_3 \tag{2-41}$$

式中：$K_3 = \dfrac{1}{\text{sh}\dfrac{4\pi h}{L}} \left[\dfrac{\pi^2 (Z_2 - Z_1)^2}{4L^2} + \dfrac{\pi (Z_2 - Z_1)}{8L} \text{sh}\dfrac{4\pi Z_2}{L} - \dfrac{1}{32}\left(\text{ch}\dfrac{4\pi Z_2}{L} - \text{ch}\dfrac{4\pi Z_1}{L}\right) \right]$

将 F_{Imax} 对底取力矩得：

$$M_{\text{Imax}} = \int_{Z_1}^{Z_2} (Z - Z_1) F_{\text{Imax}} \text{d}Z = C_{\text{m}} \frac{\gamma D^2 H L}{16} \cdot K_4 \tag{2-42}$$

式中：$K_4 = \dfrac{1}{\text{ch}\dfrac{2\pi h}{L}} \left[\dfrac{2\pi (Z_2 - Z_1)}{L} \text{sh}\dfrac{2\pi Z_2}{L} - \left(\text{ch}\dfrac{2\pi Z_2}{L} - \text{ch}\dfrac{2\pi Z_1}{L}\right) \right]$

在实际工程中，桩柱常为等径的，且为简化计算，令 $Z_1 = 0$，$Z_2 = h + \eta_{\text{max}} - \dfrac{H}{2}$，$\eta_{\text{max}}$ 为静水面以上波动水面最大高度，则系数 K_1、K_2、K_3、K_4 可用下列公式表示：

$$K_1 = \frac{\dfrac{4\pi Z_2}{L} + \text{sh}\dfrac{4\pi Z_2}{L}}{8\text{sh}\dfrac{4\pi h}{L}} \tag{2-43}$$

$$K_2 = \frac{\text{sh}\dfrac{2\pi Z_2}{L}}{\text{ch}\dfrac{2\pi h}{L}} \tag{2-44}$$

$$K_3 = \frac{1}{\text{sh}\dfrac{4\pi h}{L}} \left[\frac{\pi^2 Z_2^2}{4L^2} + \frac{\pi Z_2}{8L} \text{sh}\frac{4\pi Z_2}{L} - \frac{1}{32}\left(\text{ch}\frac{4\pi Z_2}{L} - 1\right) \right] \tag{2-45}$$

$$K_4 = \frac{1}{\text{ch}\dfrac{4\pi h}{L}} \left(\frac{2\pi Z_2}{L} \text{sh}\frac{2\pi Z_2}{L} - \text{ch}\frac{2\pi Z_2}{L} + 1 \right) \tag{2-46}$$

为了便于计算，将四个系数绘制成如图 2-15～图 2-18 所示曲线。于是计算圆形桩柱总水平波浪荷载和力矩时，只要知道波高 H，最大波峰超高 η_{max}，水深 h 和波长 L，从图中查出四个系数值代入式(2-38)、式(2-40)、式(2-41)、式(2-42)即可。η_{max} 可从图 2-19 中查出。

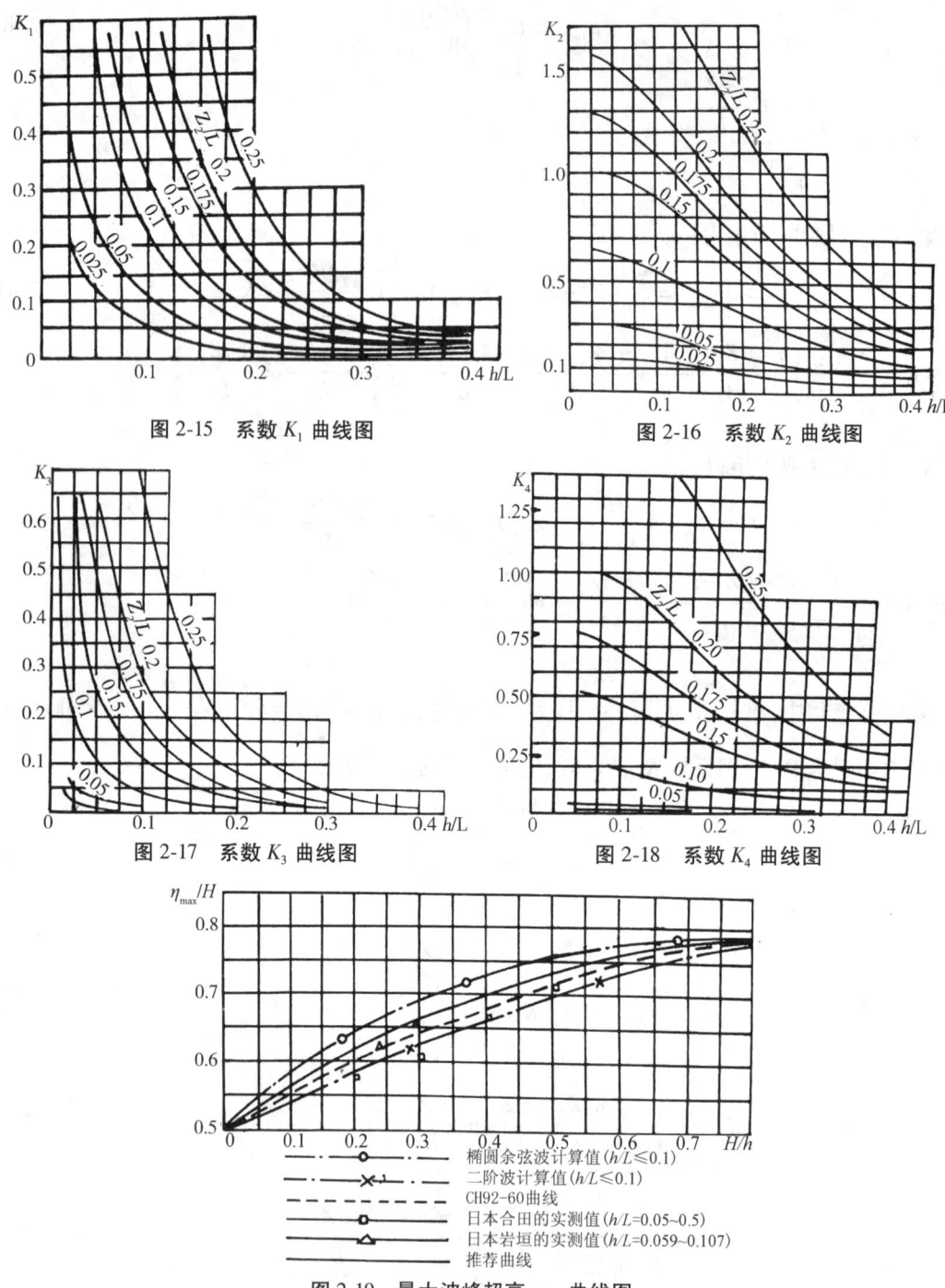

图 2-15　系数 K_1 曲线图

图 2-16　系数 K_2 曲线图

图 2-17　系数 K_3 曲线图

图 2-18　系数 K_4 曲线图

图 2-19　最大波峰超高 η_{max} 曲线图

3.最大水平速度力和力矩统一公式

从上述分析可知,以微幅波理论推导的式(2-38)和式(2-41)只适用于 $h/L>0.2$ 的情况。为使上述两个公式适用于更大范围,引进最大水平速度力修正系数 α 和最大水平速度力矩修正系数 β,于是统一公式为:

$$F_{Dmax} = C_d \frac{\gamma DH^2}{2} \cdot K_1 \cdot \alpha \qquad (2\text{-}47)$$

$$M_{Dmax} = C_d \frac{\gamma DH^2 L}{2\pi} \cdot K_3 \cdot \beta \qquad (2\text{-}48)$$

当 $0.1 < h/L \leq 0.5$ 时，系数 α 是二阶波理论计算的 F_{Dmax} 与微幅波理论计算的 F_{Dmax} 之比，系数 β 是二阶波理论计算的 M_{Dmax} 与微幅波理论计算的 M_{Dmax} 之比；$h/L \leq 0.1$ 时，系数 α、β 是椭圆余弦波理论计算的相应值与微幅波理论计算的相应值之比。将系数 α、β 值分别绘制成如图 2-20 和图 2-21 所示曲线，从而简化计算过程。

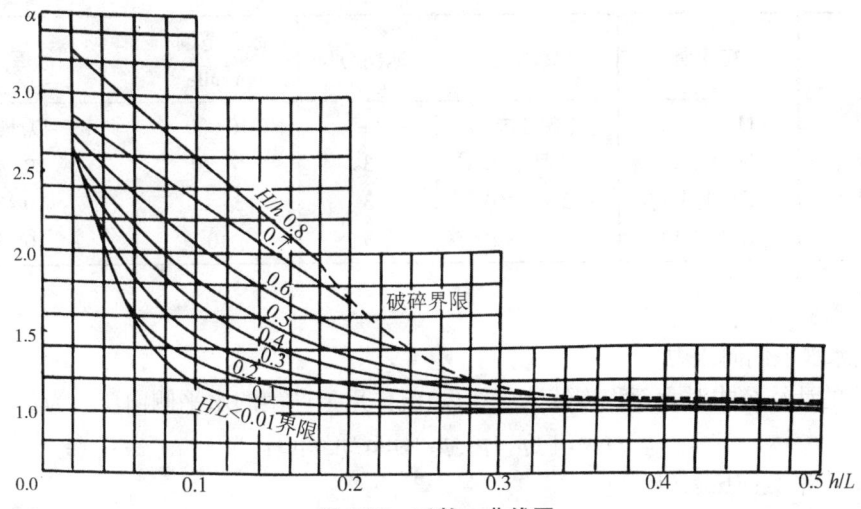

图 2-20　系数 α 曲线图

图 2-21　系数 β 曲线图

三、冰与冰荷载

1.冰与流冰

流冰、结冰与积雪对水中建筑物有较大影响。流冰往往产生巨大的水平侧向压力或冲击荷载。

表2-13是我国沿海冰情表。

表2-13　我国沿海冰情表

海区	初冰期	终冰期	冰期/月	冰区范围/ n mile	冰厚/cm
辽东湾北部	11月中旬	3月末	4	10~30	15~40,最大100
渤海湾北部	11月下旬	3月中旬	3	5~20	20~40
莱州湾	12月上中旬	3月中旬	3	3~15	10~30
黄海北部	12月上旬	3月中旬	3	10	10~30

2.冰荷载

（1）流冰水平侧向压力

取苏联的计算公式对大面积连续冰层在风、流作用下产生的水平侧向压力为：

$$F = S\left[(p_1 + p_2 + p_3)\sin\alpha + p_4\sin\beta\right] \tag{2-49}$$

式中：F——水平侧向压力（kN）；

　　S——冰层面积（m²）；

　　p_1——水流对单位面积冰层下表面的摩擦力（kN/m²），$p_1 = 5 \times 10^{-4} v_b^2$，$v_b$ 为冰层下水流速度（m/s）；

　　p_2——水流对单位面积冰边缘的作用力（kN/m²），$p_2 = 0.05\dfrac{h}{L}v_b^2$，$h$ 为冰厚（m），L 为冰层沿水流方向的平均长度（m）；

　　p_3——水面坡降对单位面积冰层产生的作用力（kN/m²），$p_3 = 0.92hi$，i 为水面坡降；

　　p_4——风对单位面积冰层上表面的摩擦力（kN/m²），$p_4 = 2 \times 10^{-6}w$，w 为风速（m/s）；

　　α——建筑物迎冰面与水流方向夹角（°）；

　　β——建筑物迎冰面与风向夹角（°）。

上述公式主要适用于内河冰荷载计算，考虑了冰层冲量。

另一类计算公式没有考虑冰层的冲量，它们是欧、美、日等采用的，即

$$F = f \cdot \sigma_c \cdot B \cdot h \quad (0.3 \leqslant f \leqslant 0.7) \tag{2-50}$$

$$F = C \cdot \sqrt{B} \cdot h \cdot \sigma_c \tag{2-51}$$

$$F = I \cdot m \cdot K \cdot \sigma_c \cdot B \cdot h \tag{2-52}$$

式中：σ_c——流冰抗压强度（N/cm²）；

　　B——建筑物迎冰面宽度（cm）；

　　h——流冰厚度（cm）；

C——形状系数,建筑物横截面为圆形取 5.0,矩形取 6.8,楔形取 4.5;

I——贯入系数,$B/h=1$ 时取 2.5,$B/h>1$ 时取 1;

m——形状系数,建筑物横截面为方形取 1.0,圆形 0.9,楔形取 0.6~0.9;

K——接触系数,当 $B=3~10$ m,$v=0.5~2.0$ m/s 时,K 取 0.4~0.7,v 为流冰速度。

（2）流冰冲击力

流冰冲击力计算公式为:

$$F_t = m \cdot A \cdot K_1 \cdot K_2 \cdot b \cdot h \cdot \sigma_y \qquad (2\text{-}53)$$

式中:F_t——流冰冲击力(N);

m——形状系数,同上;

A——温度系数,气温零上且冰温为 0 ℃时取 1.0,气温零下且冰温为−10 ℃及以下时取 2.0,两者之间用内插法确定;

K_1——局部挤压系数,取 2.0~3.0;

K_2——接触系数,取 0.20~0.40;

b——冰层与建筑物接触宽度(cm);

h——冰层厚度(cm);

σ_y——冰极限抗压强度(N/cm^2)。

（3）冰附着力

冰层附着建筑物产生的附着力分两种情况:一是冰层下水位降低,附着力以静荷载作用于建筑物;二是冰层下水位上升,附着力以上举力作用于建筑物。静荷载计算公式为:

$$F_B = \pi D h \tau_B \qquad (2\text{-}54)$$

式中:F_B——静荷载(N);

D——建筑物横截面直径或换算直径(cm);

h——冰层厚度(cm);

τ_B——冰层附着强度(N/cm^2),建筑物为钢材时取 $\tau_B = 10~30$ N/cm^2,为混凝土时取 $\tau_B = 20~40$ N/cm^2。

举力计算公式为:

$$F = \frac{\pi \sigma h^2}{2\lg \dfrac{50h}{d}} \qquad (2\text{-}55)$$

式中:F——举力(kN);

σ——冰层破碎强度(kN/m^2);

d——建筑物横截面直径(m);

h——冰层厚度(m)。

第八节　浮动航标受力分析

一、概述

浮动航标是具有一定形状、尺寸、颜色的漂浮物体,锚碇在指定位置用作助航标志,其上可装有灯器、音响设备、雷达反射器或其他设备。浮动航标包括灯浮标、浮标和灯船。灯浮标和浮标的区别只在于有无灯器,灯浮标一般由系碇设备、标身、灯器和顶标组成,而标身由灯架、浮体、尾管和平衡锤组成。

根据《中国海区水上助航标志》(GB 4696-2016),灯浮标和浮标的基本形状有罐形、锥形、球形、柱形和杆形五种。浮标形状是指标身水线以上部分在任何水平方向观察时所呈现的外形特征。浮标的浮体有罐形、杆形、球形和船形。浮标在标位上主要受风荷载和波浪荷载作用,水线以上部分受风荷载作用,水线以下部分受波浪荷载作用。

二、静态分析和稳性

当把浮动航标抛设地点的风、波浪看作稳定流或不考虑时,浮动航标受力分析可视为静态分析。静态分析的结果可作为动态分析的初始条件。静态分析主要计算浮动航标的浮力、浮心、冗余浮力、稳心半径和恢复力矩。

1.浮力与浮心

根据阿基米德原理,浸入密度为 ρ 的流体中的物体受向上的浮力,其大小等于物体排开流体的排量,即

$$F = \rho g V \tag{2-56}$$

式中:F——物体所受的浮力(N);

ρ——流体密度(kg/m³);

g——重力加速度(m/s²);

V——物体排开流体的体积(m³)。

浮心,即浮力的作用中心,是物体排开流体体积的几何中心。浮动航标用锚碇设备系浮在标位上,除了必须满足浮力等于重力的条件外,须在满负荷吃水线以上冗余一定的浮体的水密体积,以抗御无法预计的风、波浪的作用。浮体水线以上的水密体积所具有的浮力称为冗余浮力。冗余浮力的大小与浮动航标类型、尺度、风和波浪等因素有关,为简化计算,一般取浮动航标总的可能排量的一半。

2.浮标的稳性与稳心半径

(1)浮标的平衡状态

稳心是浮标正浮时浮力作用线和浮标微倾时浮力作用线的交点。可以证明,在倾斜角小于 $10° \sim 15°$ 的微倾条件下,稳心是个定点。

如图 2-22 所示为浮标的四种状态:G 表示浮标重心,M 表示浮标稳心,B 表示浮标正浮位置的浮心,B_1 表示浮标倾斜位置的浮心。由于浮标倾斜,其水线下排开流体体积的几何形状改变,故其浮心也随之改变。图(a)为稳定平衡状态,浮标处于正浮,稳心 M 位于重心 G 之上;图(b)为稳定平衡状态,重力与浮力组成恢复力矩,使浮标有恢复正浮状态的趋势,稳心 M 位于重心 G 之上;图(c)为不稳定平衡状态,重力与浮力组成倾覆力矩,使浮标有继续倾斜的趋势,稳心 M 位于重心 G 之下;图(d)为随遇平衡状态,重力与浮力作用于同一垂线上,稳心 M 与重心 G 重合,这是一种临界状态。

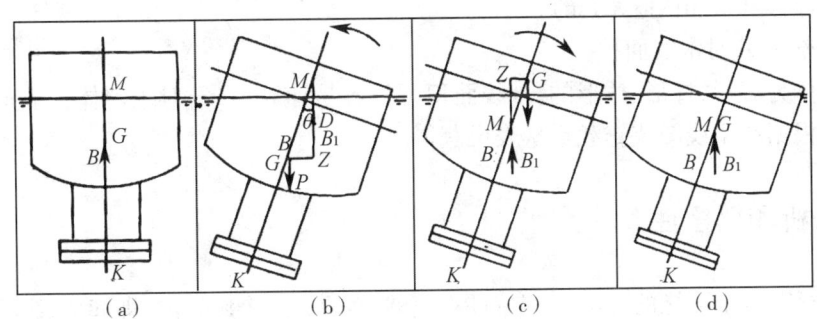

图 2-22　浮标平衡状态

从上述分析可知,浮标的平衡状态与浮标的重心 G 和稳心 M 的相对位置有关。对于浮标,为了处于稳定平衡状态,必须具备其重心低于稳心的条件。

(2)恢复力矩与稳心半径

稳性是浮标受外力作用发生倾斜而外力取消后能自行恢复稳定平衡状态的性能。评价浮标稳性的两个指标是恢复力矩和稳心半径。浮标的恢复力矩为:

$$M = D \cdot \overline{GZ} \tag{2-57}$$

式中:M——恢复力矩(N·m);

$\quad D$——浮标的排量(N);

$\quad \overline{GZ}$——浮标重力 P 与浮力 D 两作用线间的垂距(m)。

在微倾条件下,恢复力矩为:

$$M = D \cdot \overline{GM} \cdot \sin\theta \tag{2-58}$$

式中:θ——浮标倾斜角(°);

$\quad \overline{GM}$——初稳心高度(m)。

稳心半径是浮标在正浮状态时稳心与浮心之间的距离。浮标的稳心半径可用下式计算:

$$r = \frac{I_x}{V} \tag{2-59}$$

$$I_x = \int_A y^2 \mathrm{d}A \tag{2-60}$$

式中:r——稳心半径(m);

$\quad I_x$——浮标水线面积对通过其形心 O 的 x 轴的面积矩,用式(2-60)计算(m^4);

$\quad V$——浮标排开流体的体积(m^3)。

灯船的稳性概念和稳心半径公式与式(2-59)相同,只是水线面积对通过其形心 O 的 x 轴面积矩计算较复杂。

(3)浮标和灯船的排量计算

根据式(2-56),浮标和灯船的排量 $D=\rho gV$,而浮标和灯船排开流体的体积可用下式计算:

$$V = \int_0^h A \mathrm{d}Z \tag{2-61}$$

式中:V——浮标和灯船排开流体的体积(m^3);

　　h——浮标和灯船的吃水(m);

　　A——吃水 Z 时水线面积(m^2)。

对于浮体为罐形、杆形、球形的,水线面积可很容易计算出来;对于浮体为船形或灯船的,水线面积可根据船型线图或查载重量表尺获得。

三、动态分析和摇摆性

浮动航标有六个可能的自由度,它们是三个平移的和三个旋转的,即起伏、纵移、横移和纵摇、横摇、偏转,如图2-23所示。对于轴对称浮标,仅有三个自由度,即起伏、横移和横摇。因为横摇对浮动航标影响最大,所以下面仅分析横摇运动。

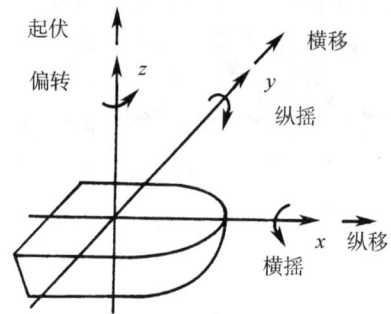

图 2-23　浮动航标运动示意图

1.浮标和灯船在静水中无阻尼自由横摇

考虑一浮体受外力作用倾斜,外力消失后,在恢复力矩作用下自由摇动,则自由横摇运动方程为:

$$I_\mathrm{V} \frac{\partial^2 \theta}{\partial^2 t} + D \cdot \overline{GM} \cdot \sin\theta = 0 \tag{2-62}$$

式中:θ——横倾角(rad);

　　I_V——浮体及附连水对通过重心的 x 轴转动惯量,一般取浮标对 x 轴转动惯量的 $1.1 \sim$
　　　　1.3倍($\mathrm{kg \cdot m^2}$);

　　D——浮体排量(N);

　　$\overline{GM}$——初稳心高度(m)。

当横倾角很小时,$\sin\theta \approx \theta$,于是式(2-62)简化为:

$$\frac{\partial^2 \theta}{\partial^2 t} + k^2 \theta = 0 \tag{2-63}$$

式中:$k^2 = \dfrac{D \cdot \overline{GM}}{I_V}$。

这就是无阻尼自由横摇的微分方程,该方程解为:

$$\theta = C_1 \cdot \cos(kt) + C_2 \cdot \sin(kt) \tag{2-64}$$

式中:$C_1 = \theta_0$;$C_2 = \dfrac{\theta_0}{k}$。

上面的 k 为横摇圆频率,相当于 2π 秒的横摇次数,于是自由横摇的固有频率为:

$$f = \frac{k}{2\pi} = \frac{1}{2\pi} \sqrt{\frac{D \cdot \overline{GM}}{I_V}} \tag{2-65}$$

无阻尼自由横摇的周期为:

$$T_\theta = \frac{2\pi}{k} = 2\pi \sqrt{\frac{I_V}{D \cdot \overline{GM}}} \tag{2-66}$$

2.浮标和灯船在无阻尼波中横摇

当浮体在波浪中横摇时,其恢复力矩为:

$$M = D \cdot \overline{GM} \cdot \sin(\theta - \varphi) \tag{2-67}$$

式中:φ——波浪斜度(rad)。

无阻尼波中横摇运动微分方程为:

$$I_V \frac{\partial^2 \theta}{\partial^2 t} + D \cdot \overline{GM} \cdot \sin(\theta - \varphi) = 0$$

当 θ 和 φ 很小时,上述方程简化为:

$$\frac{\partial^2 \theta}{\partial^2 t} + \frac{D}{I_V} \cdot \overline{GM} \cdot \theta = \frac{D}{I_V} \cdot \overline{GM} \cdot \varphi \tag{2-68}$$

波浪运动表达式为:

$$y = \frac{H}{2} \cos\left[2\pi \left(\frac{t}{T} - \frac{x}{L} \right) \right] \tag{2-69}$$

式中:y——波浪瞬时波高(m);

    H——波浪最大波高(m);

    L——波浪的波长(m);

    T——波浪的周期(s);

    x——波浪传播方向的位移(m);

    t——波浪传播的瞬时时间(s)。

对式(2-69)取导数,得波浪的斜率为:

$$\frac{\partial y}{\partial t} = \tan\varphi = \frac{\pi H}{L} \sin\left[2\pi \left(\frac{t}{T} - \frac{x}{L} \right) \right]$$

如令 $x = 0$,则:

$$\Phi \approx \tan\varphi = \frac{\pi H}{L} \sin\left(\frac{2\pi}{T}t\right)$$

$$\Phi_{max} = \frac{\pi H}{L}$$

则式(2-68)可转化为：

$$\frac{\partial^2 \theta}{\partial^2 t} + \frac{D}{I_V} \cdot \overline{GM} \cdot \theta = \frac{D}{I_V} \cdot \overline{GM} \cdot \Phi_{max} \sin\left(\frac{2\pi}{T}t\right) \tag{2-70}$$

令初始条件 $\theta_0 = \frac{\partial \theta}{\partial t} = 0$，则上述微分方程解为：

$$\theta = \frac{\Phi_{max}}{1 - \frac{T_\theta^2}{T^2}} \cdot \left[\sin\left(\frac{2\pi}{T}t\right) - \frac{T_\theta}{T} \cdot \sin\left(\frac{2\pi}{T_\theta}t\right) \right] \tag{2-71}$$

由式(2-71)得最大横摇角为：

$$\theta_{max} = \frac{\Phi_{max} \cdot T^2}{T^2 - T_\theta^2} = \frac{\pi H}{L} \cdot \frac{T^2}{T^2 - T_\theta^2} \tag{2-72}$$

从式(2-72)可知，当浮标自由横摇周期 T_θ 接近波浪周期 T 时，将发生谐振，θ 值最大，会导致浮标和灯船倾覆，应避免。

实际上，浮标和灯船在波浪中横摇是有阻尼波中的横摇。此时，横倾角与时间的关系曲线是衰减振荡曲线，但横摇周期近似等于自由横摇周期。

四、浮标风荷载和流荷载计算

1.风荷载计算

浮标水线以上部分受风荷载作用，其值可用式(2-25)计算，公式中参数和系数是浮标的参数和系数。

实际上，浮标的风荷载常用下述经验公式计算：

$$F = \frac{1.3}{1.6} \cdot \rho \cdot 0.514 \cdot v^2 \cdot S_a \tag{2-73}$$

$$S_a = h \cdot D \cdot k_1 + h_1 \cdot b \cdot k_2 + S \tag{2-74}$$

式中：F——风荷载(N)；

　　　ρ——空气密度(kg/m³)；

　　　v——风速(m/s)；

　　　S_a——浮标水线以上部分受风面积(m²)；

　　　h——浮标干舷高度(m)；

　　　D——浮标浮体直径(m)；

　　　k_1——浮体的流线系数；

　　　h_1——浮标的灯架高度(m)；

　　　b——浮标灯架平均宽度(m)；

k_2——灯架的满实系数,取 0.2;

S——浮标灯架上望板的受风面积(m^2)。

2.流荷载计算

浮标水线以下部分受流荷载作用。流主要是由潮流和风引起的风流合成的,它的流速随水深和时间而变化。为了简化计算,流可作为稳定流,不随水深而变。实际上,流荷载可用以下经验公式计算:

$$F_c = k \cdot \frac{\rho}{2} \cdot S_c \cdot 0.514\ 5 \cdot (v_t + v_c)^2 \tag{2-75}$$

式中:F_c——流荷载(N);

k——阻力系数,对于罐形取 1.2;

ρ——海水或水密度(kg/m^3);

S_c——浮标水线以下部分横剖面积(m^2),$S_c = D \cdot h_2 + d \cdot h_3$,其中 D 为浮标浮体直径(m),h_2 为浮标浮体吃水(m),d 为浮标尾管直径(m),h_3 为浮标尾管高度(m);

v_t——潮流流速(m/s);

v_c——风流流速,$v_c = \dfrac{0.012\ 6 \cdot v}{\sqrt{\sin\varphi}}$(m/s),其中 v 为风速(m/s),φ 为纬度(°)。

上面公式中使用的 h_1、h_2、h_3、h、D 和 d 如图 2-24 所示。

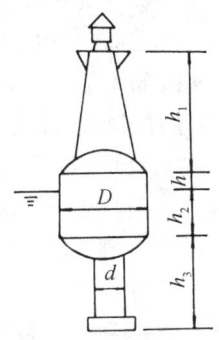

图 2-24 浮标各部分尺寸示意图

第三章 视觉航标

第一节 概述

视觉航标，又称目视航标，是供直接目视观测的固定或者浮动的助航标志。视觉航标具有易辨认的形状与颜色，可装灯器及其他附属设备。视觉航标具有设备简单、维护方便、投资小、使用直观等优点，广泛设置于海区和内河，是一种最重要、最基本、数量最多的助航标志。一般对视觉航标的基本要求是：标位准确，灯质正常，涂色鲜明，结构良好。

根据配布位置的可靠性，视觉航标可分为固定航标和浮动航标两大类，包括灯塔，灯桩和立标，导标和交通信号标志，灯船和大型浮标，灯浮标和浮标。视觉航标是人们用视觉可直接观察到的助航标志，因此，常用其标身的形状、颜色和顶标供航海人员白昼观察；而用灯质，即用灯光颜色、灯光节奏和灯光周期作为夜间识别的特征。

根据配布水域，视觉航标可分为海区视觉航标和内河视觉航标。海区视觉航标是设置于海区、港湾、通海河口的助航标志，分为海区陆上航标和海区水上航标两种。海区陆上航标又称岸标；海区水上航标包括灯船、大型浮标、灯浮标、浮标和水中固定航标。对于海区、港湾、通海河口的所有浮标和水中固定标志（不包括灯塔、扇形光灯标、灯船、导标和大型助航浮标），我国制定了《中国海区水上助航标志》。该标准规定了这类航标的种类、功能、形状、颜色、灯质及顶标。这个标准是根据国际航标协会海上浮标制度（A区域）原则，并结合我国具体情况制定的。

根据《中国海区水上助航标志》，所有浮标和水中固定标志按功能分为侧面标志、方位标志、孤立危险物标志、安全水域标志和专用标志。侧面标志包括左侧标、右侧标、推荐航道左侧标和推荐航道右侧标。方位标志包括北方位标、东方位标、南方位标和西方位标。

内河视觉航标是设置于江、河、湖泊、水库航道上的助航标志。内河视觉航标简称内河航标。对于内河航标，我国制定了《内河助航标志》《内河助航标志的主要外形尺寸》，规定了内河航标的种类、功能、形状、颜色、灯质、顶标及主要外形尺寸和涂色尺寸。

根据《内河助航标志》，内河航标按功能分为航行标志、信号标志和专用标志。航行标志包括过河标、沿岸标、导标、过渡导标、首尾导标、侧面标、左右通航标、示位标、泛滥标及桥涵标。信号标志包括通行信号标、鸣笛标、界限标、水深信号标、横流标及节制闸灯。专用标志包括管线标及专用浮标。

第二节 灯塔

一、灯塔的功能和种类

灯塔是设置于重要位置的塔形发光固定航标,是重要的视觉航标,也是人类最早使用的一种助航标志。灯塔是一种比较高大的塔形建筑物,塔顶高程几十米;顶部装有大型灯器,灯光射程较远,一般为 10 n mile 以上;有独立的能源系统,有完备的附属设施。

灯塔位于通航水域的沿岸、岬角、岛礁、港湾、险要碍航物或其附近。

灯塔可用于:标志危险的浅滩、沙滩、礁石等;获得位置线;标示初见陆地、岬角、江河入口、海港入口等。灯塔也可用于从事一些辅助工作,如海岸监视或海岸警卫的瞭望站及搜寻和救助活动的协调站、信号站、VTS 的一部分。

灯塔分有人值守灯塔和无人值守灯塔,近年来,灯塔向无人值守或少人值守方向发展。

按建筑材料,灯塔分为砖石结构灯塔、钢结构灯塔、钢筋混凝土灯塔。

根据灯光射程,灯塔分为:

(1)一级灯塔,灯光射程大于等于 22 n mile(使用灯器:PRB24,PRB21,直径大于等于 1 000 mm 的牛眼透镜灯器);

(2)二级灯塔,灯光射程大于等于 18 n mile,小于 22 n mile(使用灯器:PRB46,直径大于等于 500 mm,小于 1 000 mm 的牛眼透镜灯器);

(3)三级灯塔,灯光射程大于等于 7 n mile,且桩身高度大于等于 8 m(使用灯器:直径大于等于 250 mm,小于 500 mm 的鼓形透镜灯器)。

二、灯塔的结构和附属设施

灯塔是由下部的塔身和上部的灯器组成的(如图 3-1 所示),塔身作为白昼的识别标志,而灯器产生的灯质作为夜间的识别特征。

1.灯器

灯塔的灯器一般是大型灯器,其透镜直径一般在 500 mm 以上,它主要由灯笼、透镜、光源和回转机构组成。灯笼一般是圆筒形的,由钢化玻璃或有机玻璃及钢材制成的框架构成。灯笼必须具有防水、抗风和散热功能。透镜有鼓形透镜和牛眼透镜两种。光源主要有白炽光源、金属卤素光源、金属卤化物光源和 LED 光源。

灯塔的灯器是大型灯器,使用大功率、高光、强光源。为了产生灯器的闪光灯质,不采用开停光源的办法,而采用旋转灯器来实现。一般使用交流电机机械齿轮回转机构旋转灯器。为了减小灯器的旋转阻力,利用水银槽使灯器浮在水银上。正常情况下水银每两年清洗一次。

灯塔的能源主要是电能。电能一般由市电、柴油发电机组、太阳能发电、波力发电或风力发电供电。由于大型牛眼透镜制造困难、价格高昂,国外近年来采用封闭光束灯阵列代替牛眼

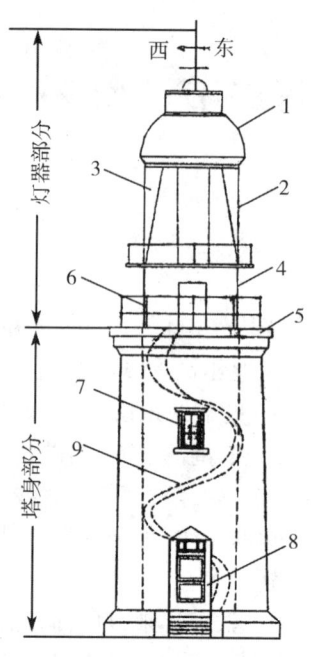

图 3-1　灯塔结构示意图

1—灯帽;2—灯框;3—灯玻璃;4—灯座;5—平台;6—栏杆;7—窗;8—门;9—扶梯

透镜。

为使灯器旋转平稳均匀、低速性能好,用无齿轮驱动的低速直流电机代替交流电机机械齿轮回转机构。这类的典型灯器是英国 AB Pharos Marine Pte Ltd 生产的 PRB 系列灯器。为了测定风向和风速,灯器顶端装有风速风向标。

灯塔应装有避雷保护设施,一般是在灯器顶端装有避雷器。避雷器实际上起引雷作用,用以把雷电通过避雷器引入大地中,从而避免雷电击中灯塔。

避雷器由接闪器、引下线和接地装置组成。接闪器一般用直径为 5～10 mm、长为 0.5～1.5 m 的钢棒制成。引下线采用铜绞线或截面积不小于 35 mm² 的镀镍或镀锌圆钢筋、扁钢或钢绞线。接地装置分垂直接地体和水平接地体两种:垂直接地体可由一根或多根角钢或钢管制成;水平接地体由圆钢或扁钢制成射线形或环形。接地体的接地脉冲电阻不应超过 10 Ω。

避雷器对灯塔的保护范围与安装高度有关,避雷器安装高度越高,保护范围越广。避雷器安装高度应使灯塔处在其保护范围内。避雷器的保护范围计算可参阅有关资料。

2.塔身

塔身是灯塔的昼标,也是支持灯器具有一定高度的建筑物。有的灯塔的塔身又是管理人员的值守、生活场所。塔身一般是圆形、方形、六角形或八角形的中空建筑物,墙上开有少数窗口和通气孔,底层有门,中间建有旋转楼梯,有的配有电梯。有的灯塔塔内建有管理人员的工作区、生活区、娱乐区和存放所有器材的仓库。由于灯塔所处地理条件和气候条件一般很恶劣,因此塔身需坚固、防水、防火、防风、防湿,应由专业工程部门设计施工。

塔身建造的高度、形式及所用建筑材料,视所处地形、背景、灯光射程和施工条件而定。

3.附属设施

灯塔作为重要的助航标志,除配有视觉航标设备外,对地处重要水域的灯塔,尚配有雾号、无线电航标。

为了给配置的设备提供动力、给管理人员提供工作和生活的能源,灯塔需配有独立的能源系统,能源一般是电能。为了保证航标设备连续、正常工作,常需配备2~3套能源设备。当灯塔配置有气雾号时,尚需空气压缩机(提供气源)和雾号机器间。当灯塔配置有无线电指向标时,尚需无线电指向标机器间和发射间、无线电发射天线和完善的避雷保护装置。

有人值守灯塔需配管理人员的工作区、生活区和娱乐区及存放器材的仓库。有些灯塔将这些设施建在塔内;有些灯塔需在塔外另建,一般建平房。这些设施建造要坚固、防水、防风、防湿,屋顶和塔身连接处多设锚系螺栓,窗口装百叶窗。为了给管理人员补给,需配码头和道路。对地处边远海岛的灯塔,生活用水主要依靠雨水供给,需建有蓄水池。

三、灯塔设计的要求

1.高度的确定

通常根据灯塔所建位置的高程和所需灯光射程来确定灯塔高度。

由于大型灯塔需要足够的视距,因此,选择高程较低的位置建设灯塔时,为了增加视距,就要把灯塔塔身适当加高。为了减少由于云雾等对高耸灯塔灯光的影响,且考虑到有效节省建设费用,一般选择在可容许的范围内尽量降低灯塔建设高度。

灯塔应具有足够的视野。

2.勘查

灯塔的勘查主要包括工程测量、工程地质勘查。

工程测量包括平面控制测量、高层控制测量、地形测量、线路测量等。通过工程测量,来确定灯塔建造高度,并决定巡检道路的长度和坡度。灯塔高度通常采用从一艘船上对设在拟建地点上的临时目标来进行衡量。

工程地质勘查包括选址勘查和地质勘查。选址勘查是通过勘查对灯塔选址的稳定性和适宜性做出评价,灯塔建设地点一般选择平坦而没有树木的地方;地质勘查通过地质勘测、钻探为灯塔基础设计、地基处理提供地质资料。

3.塔身颜色

根据灯塔背景的自然条件而使塔易于识别,灯塔颜色可采用红、白、黑三种颜色中的单色或双色。

4.避雷设施

灯塔应有避雷保护设计,一般是在灯器顶端装有避雷器。

5.附属设施

灯塔作为重要的助航标志,除配有视觉航标设备外,对地处重要水域的灯塔,尚配有雾号、无线电指向标、雷达应答器、AIS 岸基台、VTS 雷达站、DGPS 基准站等助导航设施。

为了给配置的设备提供动力,给管理人员提供工作和生活的能源,灯塔需配有独立的能源系统,能源一般是电能。

有人职守的灯塔,需配管理人员的工作区、生活区和娱乐区及存放器材的仓库。为了给管理人员补给,需配码头和道路。对地处边远海岛的灯塔,生活用水主要依靠雨水供给,需建有蓄水池。

6.灯塔的地基与基础结构

为了判断地基的承载能力,需进行地质钻探。

灯塔的全部荷载由灯塔的地基承担,而向地基传递荷载的灯塔下部结构称为基础。

地基是指承受整个结构物的全部荷载并受其影响的地层,常指基础周围数倍于基础尺度的范围内、直接承受荷载并相应产生变形的地层。当构筑物地基由不同土性的多层土组成时,一般直接与基础底面接触的土层称为持力层,而持力层以下的其他土层称为下卧层。

基础是灯塔在地面以下的结构部分,它将上部结构的各种荷载传至地基层中。基础是直接与地基接触的结构部分,与地基的关系比上部结构密切得多。一般而言,基础应埋入地面以下一定深度,并处于较好的持力层上。灯塔基础如图 3-2 所示。

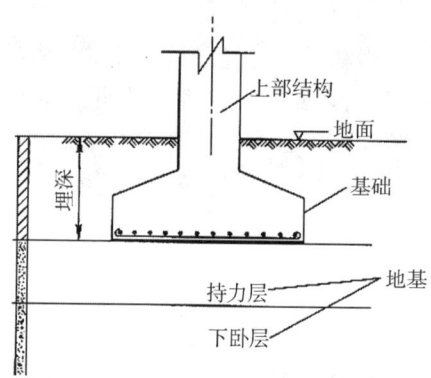

图 3-2　灯塔基础

地基基础设计应满足三个基本条件:一是地基应具有足够的强度和稳定性,保证灯塔在荷载作用下,不致出现地基的承载力不够或产生失稳破坏;二是控制基础沉降不超过地基的容许变形,保证灯塔不因地基变形过大而毁坏或影响灯塔的使用;三是基础结构本身具有足够的强度、刚度和耐久性,保证其正常工作。

地基和基础的勘查、设计与施工质量直接影响灯塔的寿命。

四、灯塔图例

花鸟山灯塔始建于 1870 年,铸铁塔身,位于浙江省舟山市嵊泗县舟山群岛的花鸟山,如图 3-3 所示。

（a）实景图

（b）镜机图

图 3-3 花鸟山灯塔

老铁山灯塔始建于 1893 年,铸铁塔身,位于辽宁省大连市旅顺口区老铁山岬,如图 3-4 所示。

图 3-4　老铁山灯塔

大沽灯塔始建于 1971 年,钢筋混凝土塔身,位于渤海天津港航道外端,如图 3-5 所示。

图 3-5　大沽灯塔

临高角灯塔始建于 1893 年,钢结构塔身,位于海南省临高县临高角,如图 3-6 所示。

图 3-6　临高角灯塔

华阳灯塔始建于 2015 年,钢筋混凝土塔身,位于南沙群岛华阳礁,如图 3-7 所示。

图 3-7　华阳灯塔

赤瓜灯塔始建于 2015 年,钢筋混凝土塔身,位于南沙群岛赤瓜礁,如图 3-8 所示。

图 3-8 赤瓜灯塔

渚碧灯塔始建于 2015 年,钢筋混凝土塔身,位于南沙群岛渚碧礁,如图 3-9 所示。

图 3-9 渚碧灯塔

永暑灯塔始建于 2016 年,钢筋混凝土塔身,位于南沙群岛永暑礁,如图 3-10 所示。

图 3-10　永暑灯塔

美济灯塔始建于 2016 年,钢筋混凝土塔身,位于南沙群岛美济礁,如图 3-11 所示。

图 3-11　美济灯塔

野柳灯塔始建于 1967 年,钢筋混凝土塔身,位于台湾地区基隆市野柳半岛,如图 3-12 所示。

图 3-12　野柳灯塔

Macquarie 灯塔始建于 1817 年,砖石结构塔身,位于澳大利亚,如图 3-13 所示。

图 3-13　Macquarie 灯塔

Green Point 灯塔始建于 1824 年，石砌结构塔身，位于南非，如图 3-14 所示。

图 3-14　Green Point 灯塔

Bremerhaven 灯塔始建于 1854 年，砖结构塔身，位于德国，如图 3-15 所示。

图 3-15　Bremerhaven 灯塔

Smalls 灯塔始建于 1776 年,石砌和混凝土结构塔身,位于英格兰,如图 3-16 所示。

图 3-16　Smalls 灯塔

Saplentza Methon 灯塔始建于 1885 年,砖石结构塔身,位于希腊,如图 3-17 所示。

图 3-17　Saplentza Methon 灯塔

Point Plate 灯塔始建于 1873 年,砖石结构塔身,位于法国,如图 3-18 所示。

图 3-18　Point Plate 灯塔

Green Point 灯塔始建于 1790 年,砖石结构塔身,位于波兰,如图 3-19 所示。

图 3-19　Green Point 灯塔

Vinga 灯塔始建年份不详,砖石结构塔身,位于瑞典,如图 3-20 所示。

图 3-20　Vinga 灯塔

Drum Point 灯塔始建于 1910 年,钢结构塔身,位于美国,如图 3-21 所示。

图 3-21　Drum Point 灯塔

Sergipe 灯塔始建于 1861 年,砖石结构塔身,位于巴西,如图 3-22 所示。

图 3-22　Sergipe 灯塔

第三节　灯桩和立标

一、灯桩的功能和种类

灯桩是设置在陆地上或水中指定位置上发光的固定助航标志。可以根据规定或背景条件要求,而选择不同的结构、形状、标身颜色和灯质,或加装顶标、雷达反射器等。灯桩大部分无人值守,但也有些标位重要的灯桩有人值守。立标是没有灯器的标桩。

对于海区水中灯桩和立标,《中国海区水上助航标志》对其种类、功能、形状、颜色、灯质及顶标做了规定;而《内河助航标志》《内河助航标志的主要外形尺寸》对内河的灯桩和立标种类、功能、形状、颜色、灯质、顶标、主要外形尺寸和涂色尺寸等做了规定。

灯桩和立标可用于:标示初见陆地的位置;作为导标的一部分;标示航道或航道附近的碍航物或危险物;标示航道或可航水道的侧面界限;标示某区域;标示水道的转向点或汇合点。因为灯桩和立标两者差异仅在于有无灯器,所以以下面的内容仅以灯桩作为对象来介绍。

根据所用的建造材料,灯桩分为木结构灯桩、钢结构灯桩、非钢质材料灯桩、石砌和钢筋混凝土灯桩等。钢结构灯桩又分为钢塔架灯桩和钢管灯桩;非钢质材料灯桩又分为玻璃钢灯桩、聚脲涂层钢管灯桩和聚乙烯灯桩;石砌和钢筋混凝土灯桩又分为石砌和钢筋混凝土灯桩。

木结构灯桩广泛用于内河水域,其结构从复杂的网状结构至具有三脚架的简单结构。钢结构灯桩、非钢质材料灯桩、石砌和钢筋混凝土灯桩是海区建造数量较多、使用较广泛的灯桩,其形状根据设标环境而有很大差异。

根据高度和灯光射程,灯桩分为:

(1)一级灯桩,灯光射程大于等于 7 n mile 且桩身高度大于等于 8 m(使用灯器:直径大于等于 250 mm,小于 500 mm 的鼓形透镜灯器);

(2)二级灯桩,灯光射程和桩身高度小于一级灯桩,高度大于等于 5 m 的灯桩;

(3)三级灯桩,高度小于 5 m 的灯桩。

二、灯桩的结构与附属设备

灯桩一般由灯器、桩身、桩基、能源和附属结构及附属设备组成。

1.灯器

灯桩所用灯器一般为中型灯器,规格为 90 mm、200 mm、300 mm、375 mm 和 500 mm,常用的是规格为 200 mm、300 mm 的灯器。

灯器的透镜一般是鼓形透镜和锥形透镜。光源一般是白炽光源、金属卤素光源、金属卤化物光源和 LED 光源。灯桩的能源主要是电能,一般由市电、柴油发电机组、太阳能发电、风力发电或蓄电池供电。

2. 桩身

正如前面讲述的,桩身可由木材、钢材、非钢质材料、砖石材料和钢筋混凝土材料制成,其形状从简单的杆形、三脚架形、柱形到复杂的塔形网状结构。桩身是灯桩的昼标,也是支持灯器具有一定高度的建筑物。

3.桩基

灯桩的桩基一般是浅基础,其埋置深度不大于 3~5 m。当然,也有的内河灯桩没有桩基。因为灯桩的桩基一般是浅基础,所以其形式基本与灯塔的浅基础相似,只是相对更简单些。灯桩的桩基一般由混凝土、钢筋混凝土浇筑而成或由砖石砌筑及桩基锚系而成。桩基的大小和强度视灯桩高度、重量、所受荷载、地基情况而定。桩基锚系是事先浇注在混凝土中的螺栓,用于固定钢结构灯桩。

4.附属结构

为使灯桩牢固、易于维护、保护管理维护人员的安全,视不同种类、结构及高度,灯桩有下列附属结构。

支索:用钢丝绳制成,一端固定于桩身,另一端做成琵琶头,用花篮螺丝连接在支索锚桩上,一般用于钢结构灯桩。

护身架:用圆钢、角钢或其他建筑材料制成,位于灯器下部的桩身上,用于保护登上灯桩的管理维护人员的安全。

踏步:用条石、钢材或其他建筑材料制成,供上、下灯桩使用。

支索锚桩:浇筑在桩基附近的混凝土桩,是支索在地面上的固定支承,一般用于钢结构灯桩。

5.附属设备

灯桩除作为视觉航标配置灯器外,对于标位重要的灯桩尚配置有雷达反射器、雷达应答器及气雾号或者电雾号。有的灯桩还配有燃料室、控制间、发电间、电池间、备用器材仓库等附属建筑物。灯桩顶端应安装避雷器,以防止雷击。避雷器的组成和安装的高度应考虑的因素同灯塔避雷器的相关内容。

三、灯桩设计的要求

根据标位海况条件来确定从基础到灯桩平台的高度,但是一般来说,大多数灯桩设计成在波浪作用区 3 m 以上高度。然而由于近来在很多情况下使用了太阳供电系统,设计适当的高度对保护太阳电池板等附属设备来说更安全些。

船舶登陆点对于灯桩日常维护工作是一项重要设施,可有独立的登陆点和利用灯桩基础作为登陆点。登陆点的形状和大小、距海面的高度是根据维护船只的大小来决定的,而且必须在任何时候、任何潮差都能靠船运送设备和人员。

灯桩的桩身可选用木材、钢材、非钢质材料、砖石材料和钢筋混凝土材料。

灯桩的基础是非常重要的,必须能够抵抗由外力造成的倾震和滑动。设计确定的形状和大小应使基础和地面任何部分所产生的最大应力不大于这些结构允许的应力值。

灯桩基础的类型可分为重力式和桩基式两种:

重力式基础是以自重抵抗外力的弯矩和以底面积摩擦力抵抗横向力以保持稳定性的一种型式。

桩基式基础由一根或数根单桩和承台两个部分组成,如图 3-23 所示。它的建造方法是:先将桩设置于地基中,然后在桩顶处浇筑承台,将若干根桩连接成一个整体,构成桩基式基础,然后在上面修建灯桩。

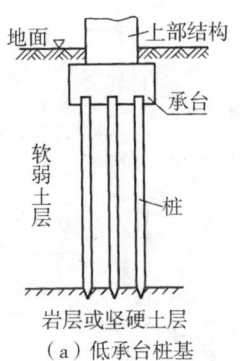
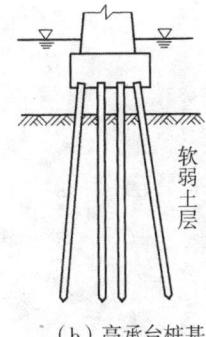

图 3-23 桩基式基础示意图

灯桩基础需考虑海底底质的强度、灯桩的高度、外力的强度和建造的可能性,从而选出最稳定和经济的类型。

灯桩桩身结构根据建造条件选择钢结构、非钢质结构、砖石和钢筋混凝土结构。

楼梯、扶手、附件的材料质量应选用抗腐蚀的材料。

灯桩建造前,对海上情况的勘测是一项重要工作。主要是要提供一份建造周期,建造费用,维护方法等的基本工作计划。勘测的内容是掌握关于设置海域的风力、波力、涌浪、潮流等资料,以及台风或寒潮影响的参考材料。

选择建造地点,应事先调研航行船舶使用需求,在海图上大概确定一下,然后进行周围海域的现场勘测并决定地点。现场勘测一般使用船舶。

海底的地形是靠在现场勘测时详细测量附近海水深度来弄清楚的。测深首先是用回声测深仪在设置范围内进行。在扫测结果中选出最合适的建造地点。

地质钻探也是一项重要项目。取出建造地点的底质材料做各种检验,并根据地面承载力的判断来研究基础的形式。应尽可能多地采用从不同深度取出的取样材料,使分析的结果更可靠。

四、活节式灯桩

如前所述,根据配布位置的可靠性分类,视觉航标可分为固定航标和浮动航标两大类。固定航标由于自身位置固定,指示位置准确,一般建于陆上或浅水区,当建于深水区时,则造价高;浮动航标因用系碇设备系定于设计标位,受风、浪、流作用,具有一定的回旋半径,指示位置不十分准确,且受波浪和水流作用容易离位,虽造价较低,但维护保养较困难。

活节式灯桩(Buoyant beacon,Resilient light beacon,Articulated beacon)充分利用固定航标和浮动航标两者的优点,克服其缺点,是一种变形灯桩。根据有关国家标准的定义,活节式灯桩是由标身、浮室、活络接头和锚碇装置组成的,装有灯器,以浮室的浮力保持标身在水中接近垂直状态的水中标志。有的活节式灯桩还装有雷达反射器。

活节式灯桩结构如图 3-24 所示。

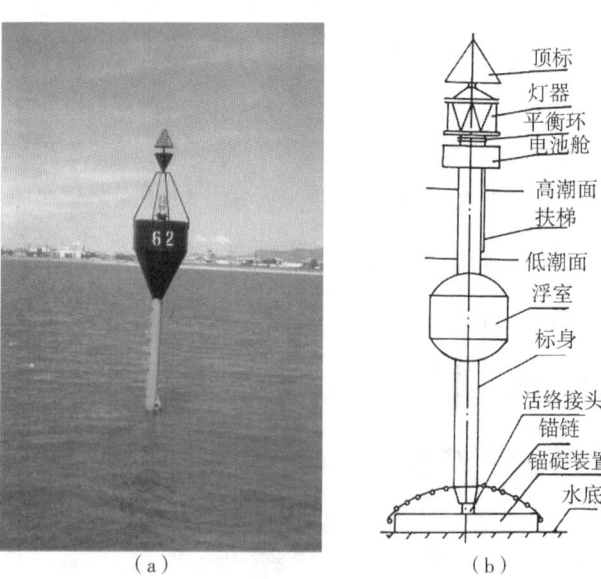

（a）　　　　　　　　　（b）

图 3-24　活节式灯桩结构

根据活节式灯桩的定义,活节式灯桩由标身、浮室、活络接头、锚碇装置和灯器组成。

标身一般是空心圆柱体,由无缝钢管制成,被浮室分成上、下两部分。标身的下部分用直径为 400~1 000 mm 的钢管与浮室连成一体,并用法兰与标身上部分相连;标身的上部分用尺寸小些钢管制成,它与灯器的平台制成一体。

浮室位于标身中部,是灯桩主体,由钢板制成圆柱体,其直径一般为 2~3 m。浮室通常隔成 4 个水密舱,以便在被船舶碰撞造成 1 个或 2 个水密舱损坏后,仍能保持标身接近垂直状态。当投放水域较深时,为了增加标身垂直稳定性,可设 2 个浮室。

活络接头,即万向节,位于标身下端,并固定在锚碇装置上,使标身在一定角度范围内(一般垂直倾角小于 10°)可以自由摆动。活络接头一般用特殊不锈钢制成,用钢性尼龙或者黄铜做轴套。

锚碇装置通常是开口朝上的矩形钢箱,箱内盛有混凝土沉石或者铸铁沉石,钢箱底部焊有带角的铁钩以增加对水底的抓驻力;有些锚碇装置是底部凹陷的铸铁沉石,用铸铁沉石是使沉石在重量上满足要求的前提下体积尽量小,便于抛设作业,沉石采用底部凹陷结构是利用负压原理,防止沉石陷入淤泥质水底而导致起吊困难。为了保护活络接头,常用 2 根适当直径的锚链把标身与锚碇装置固定连接。

灯器与普通灯桩灯器相同,只是活节式灯桩在灯器下安装有平衡环。平衡环的作用是,当标身倾斜时,保持灯器仍处于水平状态。灯器与平衡环安装在标身上端的平台上,灯器下方设电池舱或者加设雷达反射器。

活节式灯桩长期置于水中,特别是置于海水中,标身和浮室表面应设防腐、防污涂层。防腐、防污涂层一般由防腐涂料和玻璃钢保护层组成。

五、灯桩图例

钢管灯桩如图 3-25 所示。

图 3-25 钢管灯桩

钢塔架灯桩如图 3-26 所示。

图 3-26　钢塔架灯桩

石砌灯桩如图 3-27 所示。

图 3-27　石砌灯桩

钢筋混凝土灯桩如图 3-28 所示。

图 3-28 钢筋混凝土灯桩

玻璃钢灯桩如图 3-29 所示。

图 3-29 玻璃钢灯桩

聚脲涂层钢管灯桩如图 3-30 所示。

（a）

（b）

图 3-30　聚脲涂层钢管灯桩

聚乙烯灯桩如图 3-31 所示。

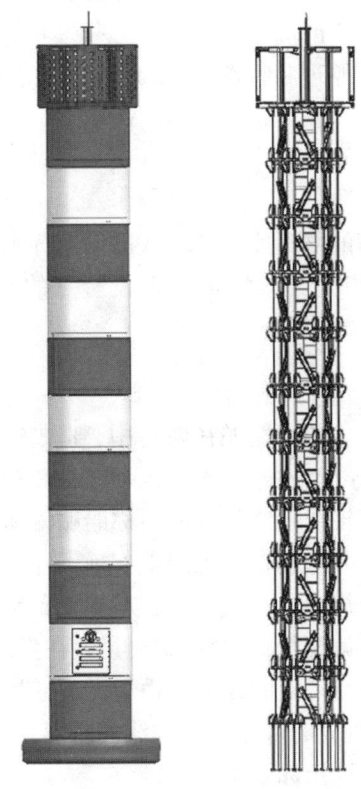

图 3-31 聚乙烯灯桩

第四节 导标

一、导标的功能和种类

导标(Leading marks,Range marks,Transit marks),又称叠标,是在垂直平面上,由一座或一座以上标志构成一条方位线的助航标志。导标主要适用于以下范围:

(1)标示狭窄航道的位置和方向;

(2)标示安全水域的界线;

(3)在宽阔水域推荐安全合理的航道;

(4)标示人工开挖航道的轴线和边线;

(5)标示锚地、调头区、禁航区的范围或有关参考点的位置;

(6)标示分道通航水域的分隔线;

(7)在测速场标示测速航道方向及起止点;

（8）在罗经校正场标示某一真方位。

导标按工作原理分类,有直线导标和开口导标。直线导标包括三角导标、测速标和罗经校正标;开口导标目前使用的是光弧导标。

下面介绍这两种导标的工作原理和特性,着重介绍直线导标的设计。

二、直线导标

直线导标是由两座前低后高的立标或灯桩组成的助航标志。直线导标分日间工作的导标和夜间或日间工作的导灯。两座立标或灯桩垂直投影点的水平连线及其延长线称为导标轴线。

1.工作原理

直线导标是根据导标轴线工作的。船舶在航行中,驾驶人员观察直线导标,若前、后两座标志重叠,则表明船舶正航行在导标轴线上;若前、后两座标志不重叠,则表明船舶偏离了导标轴线。船舶所处的偏离点至导标轴线垂线足的距离称船舶偏离量。

从理论上讲,船舶应沿着导标轴线航行,但船舶在航行中,会受到风、浪和流的作用,加上驾驶人员的操舵水平和眼睛的分辨力,不可能真正航行在导标轴线上,总会有些偏离。因此,在直线导标设计中允许有一定的偏离量,称容许偏离量。在直线导标设计中,需计算视觉偏离量和侧面灵敏度。视觉偏离量是在一定的导标间距情况下,船舶沿导标轴线航行时,在距前标一定距离处,由于人眼分辨能力造成的可能偏离轴线的距离。人眼分辨角一般取 $1'$ 。侧面灵敏度是评估直线导标设计的综合性指标。

2.导标设计

这里只对日间工作的直线导标进行设计。设计日间工作的直线导标主要是确定导标轴线位置、前标和后标位置、偏离量、前后标间的距离、前标标顶高程、后标标顶高程、导标标身特征及导标的测试和评估。设计直线导标是一项复杂的工作,需经过反复计算、调整、勘查、测试及评估,才能得到较好的设计结果。在设计中,需注意的是,侧面灵敏度不是评估导标设计优劣的绝对标准,而只能是相对标准。导标水平面计算图和垂直面计算图分别如图 3-32 和图 3-33 所示。

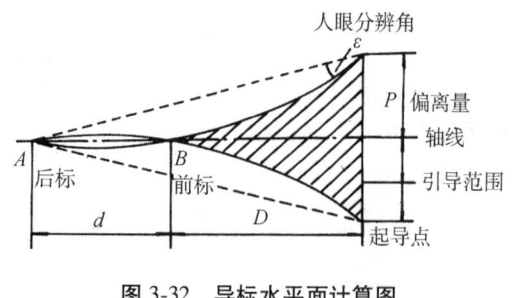

图 3-32 导标水平面计算图

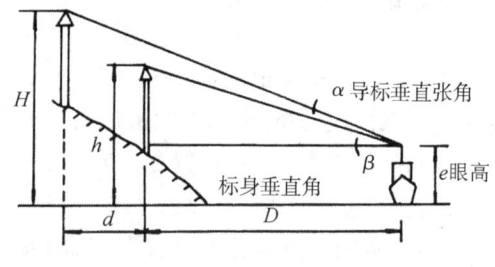

图 3-33 导标垂直面计算图

（1）导标设置原则和设计中应考虑的因素

导标设置应遵循以下原则:

①航道轴线延长线一方,在目视距离内(一般不大于 18.5 km)伸向陆地或具有设标条件

的水域；

②沿航道轴线延长线地面高程适当；

③沿航道轴线观察导标有良好的背景和通视条件。

导标设计应考虑以下因素：

①航道选线方案；

②有关地理、水文和气象资料；

③附近高大的固定建筑、移动机械和水上大型船舶、浮动设施靠泊及附近背景情况；

④船舶通航情况、对导标的使用要求和设计船型；

⑤港口及当地建设规划中可能影响导标效能的近期建设项目和污染源。

（2）导标轴线的确定

导标轴线设计应使用最新测绘的海图或航道图，比例尺一般不小于1∶10 000，重要部位或地形复杂时可根据需要适当加大。使用的海图或航道图应能详细反映有关水域的水深、底质、流速、流向、潮汐、障碍物和有关陆域的高程、地物、地貌等现实情况。

导标轴线应按以下原则确定：

①导标轴线通过陆域的地面高程，应有利于选择能够满足导标地理视距和前后标标顶张角要求的设标地点；

②沿导标轴线观察时应有比较明亮或深暗的背景，避开色彩杂乱的建筑群，并应通视良好，远离泊位、锚地和港口大型机械；

③在导标轴线两侧容许偏离范围内的水深应符合要求，其边线应与附近障碍物保持一定安全距离；

④导标轴线方向宜与水流方向一致或接近水流方向；

⑤导标轴线一般宜与两侧航道边缘保持相等距离，有条件时可靠近比较安全的一侧；

⑥导标轴线与相接的另一导标轴线或航道应平顺相接。

（3）偏离量计算

船舶沿导标轴线航行时，其容许偏离量应按下式计算：

双向航道：

$$P_r = \frac{A+b}{2} = \frac{W-A}{2} - C \tag{3-1}$$

单向航道：

$$P_r = \frac{A}{2}$$

式中：P_r——容许偏离量（m）；

　　A——航迹带宽带（m）；

　　b——船舶间富余宽度（m）；

　　W——航道宽度（m）；

　　C——船舶与航道底边间的富余宽度（m）；

船舶沿导标轴线航行时，其视觉偏离量应按下式计算：

$$P_S = \frac{D^2 + D \cdot d}{3\,438d} \tag{3-2}$$

式中:P_s——视觉偏离量(m);

    D——观察距离(m),自前标至使用段某观察点的距离;

    d——导标前后标间距离(m)。

设计偏离量应取容许偏离量的 2/3。在使用段任何部位处,视觉偏离量应不大于设计偏离量。

（4）前后标间的距离计算

前后标间的距离应按下式计算:

$$d = \frac{D^2}{3\,438P - D} \tag{3-3}$$

式中:P——设计偏离量(m)。

使用段各部位设计偏离量不同的航道,应在根据各部位处的设计偏离量和观察距离,计算得出的各导标间距中,取最大者为设计导标间距。人工开挖的航道和使用段各部位设计偏离量相同的航道,应取以前标至使用段起导点的距离为观察距离,计算得出的导标间距,为设计导标间距。

（5）前标位置确定及标顶高程计算

前标的位置应沿导标轴线选择在靠近岸边的陆地、岛屿、滩涂等具有适当的地面高程处,也可选择在具有设标条件的水中。前标标顶最小高程,应保持在平均大潮高潮时,观察者在搜寻区起点处至少能够看到前标标身最小高度。观察者眼高的地理视距应按下式计算:

$$D_e = 3\,895\sqrt{e} \tag{3-4}$$

式中:D_e——观察者眼高的地理视距(m);

    e——观察者眼高(m)。

满足地理视距需要的前标极限高程应按下式计算:

$$h_0 = \left(\frac{D_s}{3\,895} - \sqrt{e}\right)^2 \tag{3-5}$$

式中:h_0——满足地理视距需要的前标极限高程(m),即观察者通过水天线的视线在前标标位处的高程,自平均大潮高潮面起算;

    D_s——前标至搜寻区起点的距离(m),即前标至使用段起导点与使用段起导点至搜寻区起点的距离之和,后者可取自前标至使用段起导点距离的 10%~20%,根据具体情况可适当增减。

前标标顶最小高程应按下式计算:

$$h_{min} = h_1 + h_2 \tag{3-6}$$

式中:h_{min}——前标标顶最小高程(m),自平均大潮高潮面起算。

    h_1——前标标身最小高度(m),取标身顶部(标牌)宽度的 2~3 倍。

    h_2——前标标身最小高度的底部的高程(m),自平均大潮高潮面起算;当前标至搜寻区起点的距离大于观察者眼高的地理视距时,应取前标标位处满足地理视距需要的前标极限高程和该处自平均大潮高潮面起算的地面高程中较大者;当前标至搜寻区起点的距离等于或小于观察者眼高的地理视距时,应取前标标位处自平均大潮高潮面起算的地面高程,如前标标位处的地面低于平均大潮高潮面,应取 0。

前标标顶设计高程应不小于计算的前标标顶最小高程,根据具体情况可适当加大。

(6)后标位置确定及标顶高程计算

后标位置应沿导标轴线设置在前标后方,前后标间距离应符合前后标间的距离计算。该位置处如无设标条件,可沿导标轴线适当调整,必要时可同时调整前标位置,但调整后,使用段各部位处视觉偏离量不得大于设计偏离量,前标标顶高程仍能符合前标标顶高程的有关计算。

导标后标标顶高程,应保持在使用段的任何部位处观察时,前后标标顶垂直张角在 $2'\sim 14'$;重要部位处宜控制在 $3'\sim 4'$。导标后标标顶高程不宜大于 80 m。

导标后标标顶高程应按下式计算:

$$H = (D+d)\left(\frac{h-e}{D}+6.59\times10^{-8}d+0.000\,29\alpha\right)+e \tag{3-7}$$

式中:H——后标标顶高程(m),自平均大潮高潮面起算;

h——前标标顶高程(m),自平均大潮高潮面起算;

α——前后标标顶垂直张角(')。

导标后标至使用段某点的距离小于 8 km,并等于或小于观察者眼高的地理视距时,后标标顶高程可按下式计算:

$$H = (D+d)\left(\frac{h-e}{D}+0.000\,29\alpha\right)+e \tag{3-8}$$

后标标身最小高度不应小于标身顶部(标牌)宽度的 $2\sim 3$ 倍。前后标标顶垂直张角应按下式计算:

$$\alpha = 3\,438\left(\frac{H-e}{D-d}\cdot\frac{h-e}{D}-6.59\times10^{-8}d\right) \tag{3-9}$$

导标后标至使用段某点的距离小于 8 km,并等于或小于观察者眼高的地理视距时,前后标标顶垂直张角可按下式计算:

$$\alpha = 3\,438\left(\frac{H-e}{D-d}-\frac{h-e}{D}\right) \tag{3-10}$$

前后标标顶垂直张角最大处距前标的距离应按下式计算:

$$D_{\mathrm{D}} = d\cdot\frac{\sqrt{h-e}}{\sqrt{H-e}-\sqrt{h-e}} \tag{3-11}$$

式中:D_{D}——标顶垂直张角最大处距前标的距离(m)。

在使用段某点以符合规定的标顶垂直张角计算得出的后标标顶高程,如能保持在使用段内任何一点处在平均大潮高潮和平均大潮低潮潮位时的标顶垂直张角在 $2'\sim 14'$,则该后标标顶高程即可供选用,应选择能最大限度满足要求的数据作为后标标顶的设计高程。

当前后标标顶垂直张角在 $14'\sim 60'$ 时,可根据具体情况,适当加大导标间距。加大的导标间距可按下式计算:

$$d' = \frac{D^2}{\dfrac{3\,438P}{n}-D} \tag{3-12}$$

式中:d'——加大的导标间距(m);

n——系数,当标顶垂直张角等于 $14'$ 时为 1,大于 $14'$ 时,每增大 $1'$,则增加 0.035。

（7）导标标身（标牌）特征确定

导标标身可采用实体的塔形或在标架上置标牌。标牌形状可选用矩形、三角形、正方形、梯形、圆形等。导标标身（标牌）的外形轮廓应保持在沿导标轴线观察时具有明显的形状特征。标牌由有间隙的板条构成或牌面部分镂空时，其面积不得大于标牌面积的1/3。间隙或空孔应不少于10处，并均匀分布。导标标身（标牌）的表面色应根据背景明暗选用黑色、白色、红色或黄色。视具体情况，在标身正对轴线方向或标牌中间可涂其他色竖条：黑色标身（标牌）涂白色或黄色竖条；白色标身（标牌）涂黑色或红色竖条；红色标身（标牌）涂白色竖条；黄色标身（标牌）涂黑色竖条。竖条宽度为标身（标牌）宽度的1/4。

塔形标身表面应选用表面比较粗糙的材料。正对导标轴线的标身平面可向后倾斜5°～10°。标身（标牌）尺寸应以顶部（标牌）为计算部位。标身（标牌）宽度应取与导标轴线垂直的标身纵剖面顶部（标牌）的内切圆直径。标身（标牌）的初显宽度应按下式计算：

$$B_c = 0.000\ 29 \cdot D_m \tag{3-13}$$

式中：B_c——标身（标牌）的初显宽度（m）；

D_m——观察距离（m），自观察者至观察目标的距离。

标身（标牌）的显形宽度应按下式计算：

$$B_x = \frac{0.000\ 29 \cdot D_m}{C} \tag{3-14}$$

式中：B_x——标身（标牌）的显形宽度（m）；

C——显示系数，三角形标牌取0.6，塔形标身或矩形标牌取0.5，方形、梯形和圆形标牌取0.4。

前、后标标身（标牌）的设计宽度应分别计算，并与观察距离相适应；一般取在作用段起导点观察时的显形宽度为设计宽度；至少应保持在作用段的重要部位处观察时达到显形宽度，在搜寻区起点处观察时达到初显宽度。

（8）测试验证及评估

对导标设计的结果，应根据设计计算过程中遇到的问题及工程规模的大小和重要性，设置临时标对使用段各部位处的视觉偏离量和前后标标顶垂直张角进行全面或部分的水上测试验证。导标使用段某观察点的侧面灵敏度可按式（3-15）计算，并按表3-1评估。

$$K = \frac{W \cdot d}{D(H-h)} \tag{3-15}$$

式中：K——导标侧面灵敏度系数。

表 3-1　导标侧面灵敏度评估表

系数 K	说明
<1.0	不可用
1～1.5	尚可用
1.5～2.5	良好
2.5～3.5	很好
3.5～4.5	过于灵敏，操船困难

3.测速标

测速标(Measured-mile marks)是测定船速或校验船舶计程仪的一组直线导标。测速标一般由两对或两对以上的横向直线导标组成。在地理条件许可的情况下,还增设一对纵向直线导标。几对横向直线导标的导标轴线相互平行。导标轴线间距是固定的,一般约 1 n mile。设多对横线直线导标时,导标轴线间距也取 0.5 n mile 或 2 n mile,以供不同船速选用。

船舶测速时,须沿着纵向直线导标的导标轴线或与横向直线导标的导标轴线垂直的直线航行,在已知横向直线导标间距情况下,记录通过横向直线导标间距的时间,从而测定船速;或直接记录计程仪读数,从而测定计程仪误差。

4.罗经校正标

罗经校正标(Marks for compass adjustment)是供船舶校正罗经自差用的一种专用直线导标。罗经校正标由两对或两对以上较高大的直线导标组成。直线导标轴线所指的真方位经过精确测定,几对直线导标的轴线常交汇于一点。

船舶沿直线导标轴线航行时,即按所示的真方位航行,而真方位是已知的,通过观测罗经读数,比较真方位和罗经的读数得罗经差,从罗经差中减去当地的磁差,得罗经自差,从而可校正罗经自差。

三、光弧导标

光弧导标是扇形灯器(Sector light)构成的导标,也称扇形光灯标。

1.工作原理

因为光弧导标是由扇形灯器构成的,所以扇形灯器的基本原理就是光弧导标的基本原理。扇形灯器一般由长筒形金属灯壳、光源、光学装置、能源、闪光器与自动换泡器组成。光源一般是白炽光源、金属卤素光源和 LED 光源;光学装置由抛物面反射镜和颜色滤光器组成;能源可以是市电、风力发电、太阳能发电或电池供电;闪光器使光源产生的光具有特定的节奏和周期;当工作灯泡损坏,自动换泡器可自动切换到备用灯泡,保证光源正常工作。

扇形灯器基本原理是,光源产生的光,经抛物面反射镜反射成平行于光轴的、向前发射的光,再经颜色滤光器作用,形成具有一定角度,界面清晰而明确的红、白、绿三色扇形光。利用红、白、绿三色扇形光可指引船舶航行或避险。

根据产生扇形光束的总角度,扇形灯器可分为 5°、10°、20°三种规格。当然,有的光弧导标只能产生单色或双色光弧。

2.适用范围

光弧导标用来标示狭窄航道、扇形的可航水域或禁航水域。光弧导标只用单台扇形灯器就可构成,特别适用于地形不容许成对设置直线导标的场合。

四、导标图例

如图 3-34 所示为钢结构引导灯桩前。

图 3-34　钢结构引导灯桩前

如图 3-35 所示为钢筋混凝土引导灯桩后。

图 3-35　钢筋混凝土引导灯桩后

如图 3-36 所示为一组钢筋混凝土导标。

（a）

（b）

图 3-36　一组钢筋混凝土导标

第五节　交通信号标志

交通信号标志包括信号牌、潮流信号和可航水域桥梁助航标志。

一、信号牌

在沿海可航行水域设置的取水口、排污口、潜堤等水中构筑物上可设置信号牌，一般使用"水管"（如图 3-37 所示）、"警戒"等字样及箭头标识来表示此处碍航物的位置及性质。夜间用霓虹灯管、LED 灯带或投射灯照明方式来显示字样或标牌形状，向附近通航的船舶提供助航信息。还有的信息信号牌使用 LED 光源组成汉字，把信号文字按每个字顺序显示，使船舶驾驶人员可以直接读懂信号内容。

夜间使用单一或多个灯器采用同色或异色的定光或闪光等显示方式识别，但也存在以下不足：

（1）由于它的形状、大小、色彩等受安装和投资条件制约，距离较远时难以识别；

（2）简单代码化的显示方式，使信息量受到限制；

（3）使用不方便，耗电量大。

近年来，大型信号牌开始采用 LED 光源灯阵，耗电量大幅度降低。

图 3-37　信号牌

在日本，通过不同的海上交通信号来确保不同水域船舶航行安全。日本将海上交通信号分为管制信号，航路管制信号，信息信号。

管制信号是根据港口规章为进出港的特定船舶显示规定的安全航行的信息，是主要使用大量灯泡的阵列，把所要的灯泡点亮，组成文字、图形显示，发送各种信息的电光文字系统。大量灯泡在显示板上点亮，白天/黑夜显示各种文字或数字，通过它的直射光线为船舶驾驶人员提供有关通航的信息。

航路管制信号跟上文所述的管制信号在实质上没有区别，也是为了航行安全整顿船舶通航秩序。其不同点在于，管制信号是在特定港口实施的，而这里的航路管制信号是根据日本交通安全法在船舶密集的海域实行的。

信息信号是为确保在船舶密集的濑户海域和关门海峡航行的船舶的安全和提高航运效率而设置的。

信号文字是每一文字以 1 s 明 1 s 暗的闪光,依次反复显示的,文字长时需要 20~30 s 的明亮时间。这些信号灯的光度可以分成:白天(日出到日落),黎明薄暮(日出前 30 min 和日落后 30 min),夜间(从日落后 30 min 到日出前 30 min)三个时段来调整,此外,根据天气状态等进行适当调光,以船舶驾驶人员容易解读的状态显示。

二、潮流信号

潮流信号是在潮流快速变化的水域,用灯光、箭头形象和无线电信息广播等方式,把潮流的流向、流速及涨落潮趋势等指示给即将进入港湾或正在航行的船舶,白天和黑夜都可以在短时间内从远方得到信息的电光文字系统。

潮流信号有下面三种显示方式:

(1)白天和黑夜都用电光的文字,数字,箭头显示;

(2)白天和黑夜都用单一光源,用它的色光和发光节奏来显示;

(3)白天用信号杆式形象物,夜间用单一光源,用色光和发光节奏来显示。

电光文字的灯泡的光度可根据周围的亮度分成白天,黎明薄暮和夜间三个时段来调整。

三、可航水域桥梁助航标志

根据《中国海区可航行水域桥梁助航标志》,在中国海区及其港口、通海河口可航行水域的桥梁(包括跨越可航行水域的铁路、道路、管路和渡槽等固定建筑物)上需设置桥梁助航标志。

为保障桥梁和船舶航行安全,需在桥梁上设置视觉、音响和无线电航标,航标具有示位、警告危险和指示交通等功能。

视觉航标包括通航桥孔最佳通过点标志、通航桥孔左侧标志、通航桥孔右侧标志、桥孔禁航标志、桥墩警示标志等类别。

1.通航桥孔最佳通过点标志

(1)通航桥孔最佳通过点标志设置在通航桥孔的桥桁上,标示通航桥孔最佳通过点的位置。

(2)通航桥孔最佳通过点标志及其特征分别如图 3-38 和表 3-2 所示。

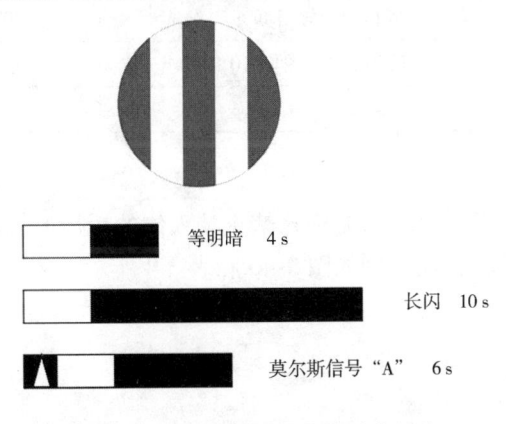

图 3-38　双向通航桥孔最佳通过点标志

表 3-2　双向通航桥孔最佳通过点标志的特征

颜色	红白相间竖条纹
形状	圆形标牌
灯质	白光,等明暗,周期 4 s
	白光,长闪,周期 10 s
	白光,莫尔斯信号"A",周期 6 s

2.通航桥孔左侧标志、右侧标志

(1)通航桥孔左侧标志、右侧标志设置在通航桥孔的桥桁上,分别标示桥孔下航道的左、右侧边界。

(2)通航桥孔左侧标志、右侧标志及其特征分别如图 3-39 和表 3-3 所示。

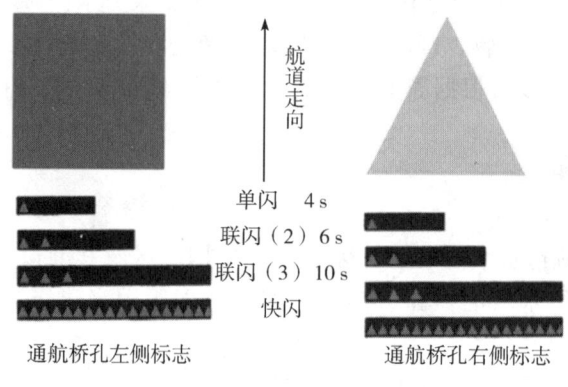

图 3-39　通航桥孔左侧标志、右侧标志

表 3-3　通航桥孔左侧标志、右侧标志的特征

标志	通航桥孔左侧标志	通航桥孔右侧标志
颜色	红色	绿色
形状	实心正方形标牌	尖端向上的实心正三角形标牌
灯质	单闪,周期 4 s,绿光	单闪,周期 4 s,红光
	联闪 2 次,周期 6 s,绿光	联闪 2 次,周期 6 s,红光
	联闪 3 次,周期 10 s,绿光	联闪 3 次,周期 10 s,红光
	连续快闪,绿光	连续快闪,红光

3. 桥孔禁航标志

(1)桥孔禁航标志设置在单向通航桥孔禁止驶入侧的桥桁上,标示禁止船舶驶入。

(2)桥孔禁航标志及其特征分别如图 3-40 和表 3-4 所示。

莫尔斯信号"P"　　15 s

莫尔斯信号"P"　　12 s

图 3-40　桥孔禁航标志

表 3-4　桥孔禁航标志特征

颜色	黄色底,黑色交叉
形状	正方形标牌,"X"形
灯质	黄色,莫尔斯信号"P",周期 12 s
	黄色,莫尔斯信号"P",周期 15 s

4. 桥墩警示标志

(1)桥墩警示标志设置在通航桥孔桥墩或桥墩的防撞设施上,标示桥墩或桥墩防撞设施。

(2)桥墩警示标志及其特征分别如图 3-41 和表 3-5 所示。

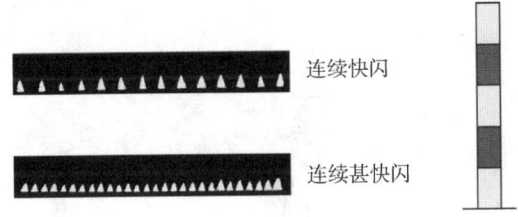

连续快闪

连续甚快闪

图 3-41　桥墩警示标志

表 3-5　桥墩警示标志特征

颜色	黄色与红色相间横带
形状	杆形
灯质	连续快闪,黄光
	连续甚快闪,黄光

第六节　灯浮标和浮标

　　灯浮标(Light buoy)和浮标(Buoy)是重要的水上助航标志。浮标是锚碇在指定位置具有一定形状、尺寸和颜色的浮动标志。灯浮标是装有灯器的浮标。

　　灯浮标和浮标是浮动航标,用系碇设备系留于设计标位,具有一定的回旋半径,自身位置不固定,且容易离位,位置可靠性较差。

对于海区灯浮标和浮标,《中国海区水上助航标志》规定了其种类、功能、形状、颜色、灯质和顶标。

对于内河的灯浮标和浮标,《内河助航标志》规定了其种类、功能、形状、颜色、灯质和顶标,《内河助航标志的主要外形尺寸》规定了其主要外形尺寸和涂色尺寸。

因为灯浮标和浮标两者差异只在于有无灯器,所以下面着重介绍灯浮标的种类、功能、结构和设备配置。一般来说,灯浮标由系碇设备、标身(支架、浮体、尾管、平衡锤)、灯器和顶标组成。

一、灯浮标和浮标的分类

灯浮标和浮标种类繁多,有许多不同的分类方法。根据《中国海区水上助航标志》,海区灯浮标和浮标按功能分为侧面标志、方位标志、孤立危险物标志、安全水域标志和专用标志。此外,海区灯浮标和浮标还有以下分类:

1.按标身形状分类

(1)柱形浮标

柱形浮标是在浮体上设灯架的浮标,其上可装灯器和顶标。柱形浮标结构如图 3-42 所示。

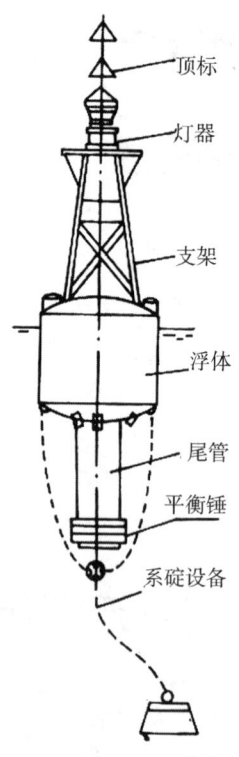

图 3-42　柱形浮标结构

柱形浮标的浮体是罐形,浮体直径为 0.6~3.0 m,用厚度为 4.5~8 mm 的钢板滚焊而成。浮体的底部装有尾管,尾管的末端放置平衡锤,尾管的作用是使浮标保持垂直,平衡锤的作用是增加浮标在水中的稳定性。尾管上装有垫木,防止锚链与尾管摩擦。在尾管和浮体连接处常焊有尾舵使浮标不受潮流影响,以阻止浮标在水中旋转。浮体底部焊有两个铁环,用于系碇设备。为布设和起吊方便,在浮体的底部和顶部焊有起吊环。灯架顶端设有平台,上面安装有灯器和顶标。在标位重要的浮标上装有雷达反射器。柱形浮标在海区水上助航标志中可作为侧面标志、方位标志、孤立危险物标志、安全水域标志和专用标志;在内河助航标志中可作为侧面标志、左右通航标志和专用标志。

（2）罐形浮标

罐形浮标是水线以上标身在任何水平方向上观察时呈现的外形轮廓均为矩形特征的浮标。罐形浮标的浮体也是罐形,其结构与柱形浮标的浮体相同。罐形浮标在海区水上助航标志中可作为左侧标和推荐航道左侧标;在内河助航标志中可作为侧面标志和专用标志。

（3）杆形浮标

杆形浮标是标体细长呈杆状,在水中近似垂直的浮标,水线以上标体的高度最少为其横截面宽度的 5 倍。杆形浮标,又称浮棒,是浮标中标体最小的一种,抛设在水中时呈倾斜状,适用于冬季北方港口和一些不夜航的港口及航道。在北方冰冻季节开始前,将原有灯船、灯浮标拆除,改用杆形浮标代替,把换下来的灯浮标、灯船进行保养,待到第二年春天解冻时,再设置到原来位置,将杆形浮标撤回。杆形浮标一般长 3~6 m,直径 30~50 cm,分钢质和木质两种。杆形浮标标体小,不易冻坏。杆形浮标在海区水上助航标志中可作为侧面标志、方位标志、孤立危险物标志、安全水域标志和专用标志;在内河助航标志中可作为侧面标志和专用标志。

（4）锥形浮标

锥形浮标是水线以上标身在任何水平方向上观察时呈现的外形轮廓均为顶端向上的三角形特征的浮标。锥形浮标的标身是上半部为圆锥体,下半部为半球形或罐形的浮标,浮体下面一般没有尾管而是将平衡锤装在浮体底部。系留环只有一个,焊在底部的中央。

锥形浮标一般设置在水流不急、水域较浅的地方。如果需设置在水域较深或水流较急的地方,浮体下可装有尾管,尾管装平衡锤,而系留环装在尾管上部。锥形浮标在海区水上助航标志中可作为右侧标和推荐航道右侧标;在内河助航标志中可作为侧面标志、左右通航标和专用标志。

（5）球形浮标

球形浮标是水线以上标身在任何水平方向上观察时呈现的外形轮廓为圆形特征的浮标。球形浮标的浮体也是罐形,其结构与罐形浮标的浮体相同。球形浮标在海区水上助航标志中可作为安全水域标志。

我国现在使用的浮标,几乎全是柱形浮标。这种浮标过去称为罐形浮标,因以其浮体形状而得名,它与《中国海区水上助航标志》中提到的罐形浮标是不同的。柱形浮标规格为 0.6 m、0.8 m、1.0 m、1.2 m、1.5 m、1.8 m、2.4 m 和 3.0 m。其规格由浮标的浮体直径确定。

实行《中国海区水上助航标志》《内河助航标志》后,从便于维护和经济方面考虑,不必再制造出罐形、锥形和球形等多种形状的浮标,而是采取在柱形浮标的标身上安装一种被称为翼板（Batwing）的附加装置的方式,使其外形轮廓在观察时呈现罐形、锥形或球形,以代替相应形状的浮标。

2.按能源种类分类

（1）乙炔灯浮标

乙炔灯浮标是灯器的能源为乙炔气的灯浮标。乙炔灯浮标的系碇设备、标身和顶标与一般灯浮标没有什么区别，只是灯器是乙炔气灯器，光源是乙炔光源。由于使用乙炔气作为能源，乙炔气筒应放在浮体内的气筒袋里，用垫木和木楔把气筒塞牢，并用乙炔气管把乙炔气通到乙炔灯里。常用的乙炔灯器规格为 90 mm、200 mm。乙炔灯浮标在我国已用得很少，逐渐被淘汰了。

（2）电灯浮标

电灯浮标是灯器能源为电能的灯浮标。电灯浮标的系碇设备、标身、灯器、顶标与本节前述的浮标相同。现在国内使用的灯浮标全部是电灯浮标。

二、回旋半径

由于潮汐、风、浪、水流等因素影响，灯浮标和浮标的锚链长度一般是标位水深的 2~3 倍，以增加其抓驻力。以沉石为中心，灯浮标的最大活动半径叫作最大回旋半径或者回旋误差。在一般风平浪静的情况下，灯浮标（浮标）锚链总是部分卧在海底，此时灯浮标（浮标）的回旋半径较小，当风大浪急时，全部锚链基本不着海底，此时为最大回旋半径。

浮标最大回旋半径（值守圆半径）：

$$r_m = \sqrt{L^2 - H^2}$$

式中：r_m——最大回旋半径（m）；

L——锚链长度（m）；

H——标位水深（m）。

推荐锚链的最小长度是：

（1）对于小于 50 m 的水深，$L_{min} = 2H$；

（2）对于大于 50 m 的水深，$L_{min} = 1.5H$。

灯浮标位置误差在回旋半径范围内，是允许的，也是不可避免的。回旋误差的大小取决于锚链的长度，而灯浮标的稳定性在很大程度上也取决于锚链的长度。锚链配置长度与标位水深基本是成正比的。一般港内的灯浮标的锚链为水深的 2~3 倍；在外海深水和风浪较大的海区，灯浮标的锚链长度可达水深的 4~6 倍。不能单纯为了缩小回旋误差，而任意缩短锚链的长度。

三、灯浮标的设计要求

本部分主要以常用 2.4 m 直径灯浮标为例。

1.灯浮标设置地的环境条件

（1）设置地水深小于 35 m；

（2）风速取值为 35 m/s；

（3）流速取值为 2.66 m/s；

（4）波浪高度取值为 5.5 m，波浪周期取值为 7 s，波浪长度取值为 50 m。

2. 灯浮标初始性能参数要求

（1）水线至灯光中心焦面高度大于 4.5 m；

（2）灯浮标加载标准系链后的剩余干舷高度不小于 1.0 m；

（3）初稳性高度 $G_m = 0.76$ m；

（4）摇摆周期 $T = 3.5$ s；

（5）最大摇摆角不大于 18°。

3. 浮体结构要求

（1）浮体外尺寸根据配布使用要求选型；

（2）浮体内部采用内套筒加四面纵向水密隔舱壁方式形成 5 个独立水密隔舱，设计要求确保任意两舱进水不沉，并确保浮态；

（3）浮体材质推荐采用 Q345C-NHY3 耐海水腐蚀钢板，外板厚度不小于 8 mm，内框加强框架和隔舱壁，厚度为 8 mm，内套筒厚度为 6 mm；

（4）浮体采用标准船用水密人孔道门，按需设置方便加工制作和检修；

（5）浮体上设置吊环（Lifting eye）4 只，系环（Mooring eye）4 只，在浮体上、下顶面均布排列，材料为圆钢铸造，尺寸应与钓钩和卸扣匹配，在拎环和系环与浮体的内、外连接处须专门设计加强；

（6）浮体上平面，在内套筒内设计内置式蓄电池箱，箱盖采用水密摇攀螺丝紧固，箱壁预留防溅式空气导流管和电缆穿线管 2 根；

（7）浮体内部钢板制作中全部喷砂除锈预处理并涂防锈漆 2 度；

（8）浮体内部螺栓连接体均采用碳铁螺栓、螺帽。

4. 尾管平衡铁要求

（1）灯浮标采用长尾型（浅水区除外），材质建议采用 Q345C-NHY3 耐海水腐蚀钢板，厚度为 8 mm。长尾管长度按浮态和摇摆计算设计但不大于 2.8 m，直径不大于 0.7 m。

（2）长尾管与浮体采用直接焊接连接方式，衬板设计加强。

（3）预留长尾管与浮体连接根部排气孔 2 只。

（4）长尾管上设置挡链木。

（5）配重压铁按需配置，并固定、牢靠。

5. 灯架要求

（1）灯架和浮体连接安装牢固可靠。

（2）按灯架尺寸和配载设备进行灯浮标初稳性和摇摆性及剩余干舷高度等灯浮性能计算，使之符合性能参数要求，满足使用需求。

（3）在灯架上安装总重量不大于 60 kg 的电池箱和备用蓄电池组；在灯架上安装总重不大于 20 kg 的无源雷达反射器；在灯架上安装总重不大于 15 kg 的太阳能电池板。

（4）所有电缆穿软管保护，并预留固定夹码。

6. 涂装要求

为达到延长浮标更换周期,保持色泽度的目的:

(1)浮标水线以下及尾管内部涂环氧底漆、环氧连接漆、防污漆;

(2)水线以上及灯架涂环氧底漆、环氧连接漆、聚氨酯面漆;

(3)各涂层喷涂厚度按照相关产品技术性能确定。

7.其他要求

(1)灯浮标设计应包含技术设计(稳性计算书)和施工图设计两方面内容;

(2)灯浮标设计须按《钢质海船入级与建造规范》并经中国船级社审核批准,方可投入加工制作;

(3)灯浮标产品应有船检合格证书。

四、冰区灯浮标

冰区灯浮标是北方海港在冬季使用的特种灯浮标,要求在冰冻海域能够保持良好的助航效能,以满足通航船舶的助航需求。目前,北海航海保障中心成功研制和使用了冰区四季通用灯浮标。

四季通用灯浮标采用主体骨架和聚乙烯模块单元组装结构。主体骨架采用钢板(管)组焊构成,聚乙烯模块单元采用线性低密度聚乙烯材料滚塑工艺制备。主结构为柱体和锥体结合的结构,总体长度约 7.1 m,标体的最大直径为 1.5 m。

浮体分为三段,包括下圆台、中圆柱和上圆台三个部分,上圆台顶部与灯器连接,下圆台底部为压重,压重采用装配式多块铸铁,可以调节配重的重量。浮体的三段设计,形成了能抗磨损,吸收撞击的整体,能有效抵御一般流冰的冲击和碰撞;如发生部分浮体损坏,可直接在海上更换相应浮体部分,不用进行浮标整体更换。

灯浮标显形面积大于 4 m²,灯光射程为 4 n mile,焦面高度大于 3.2 m。在流冰厚度小于 20 cm,冰块面积小于 100 m² 的海况下,浮体不发生移位、损坏。适用水深为 -20~-10 m,工作环境温度应满足 -35~+40 ℃,能源的维护保养周期不低于 2 年。

四季通用灯浮标浮体采用线性低密度聚乙烯材料,通过钢质模具三维旋转滚塑成型工艺制作,有着 10 mm 厚的坚固外壳。在进入模具制作之前,将聚乙烯原材料与彩色颜料充分混合,保证了浮体表面色均匀光滑,省去了后期喷砂和补漆施工;同时采用此种浮体材料和施工工艺,增加了浮体表面应力着力点的厚度,使其抗拉力更强,能有效抑制海生物污浊。

浮体内填充聚乙烯泡沫,通过蒸汽过程使材料融合并膨胀至最大体积,进而充满整个密封的浮体内部,使浮体强度增加,即使外壳受损,也能保持浮体内不进水,从而保证浮标重心和浮力。浮体材料和制作的特殊工艺,使其具备了在高盐碱度、潮湿、低温、流冰、紫外线照射等恶劣条件下长期使用后,表面不褪色、不脱落,维护周期和使用寿命更长等优点。

四季通用灯浮标助航效能技术指标如表3-6所示。

表 3-6　四季通用灯浮标助航效能技术指标

项目	技术指标要求		
目视效果	显形面积>4.0 m²	灯光射程 4 n mile	焦面高度>3.2 m
导(抗)冰性能	在流冰厚度小于 20 cm,冰块面积小于 100 m²的海况下,浮体不发生移位、损坏		
适应环境	适用水深−20～−10 m	工作环境温度应满足−35～+40 ℃	
维护要求	能源的维护保养周期≥2 年	易于小型航标船进行水上巡检维护	

直径($\varPhi$)为 1.5 m 的四季通用灯浮标如图 3-43 所示。

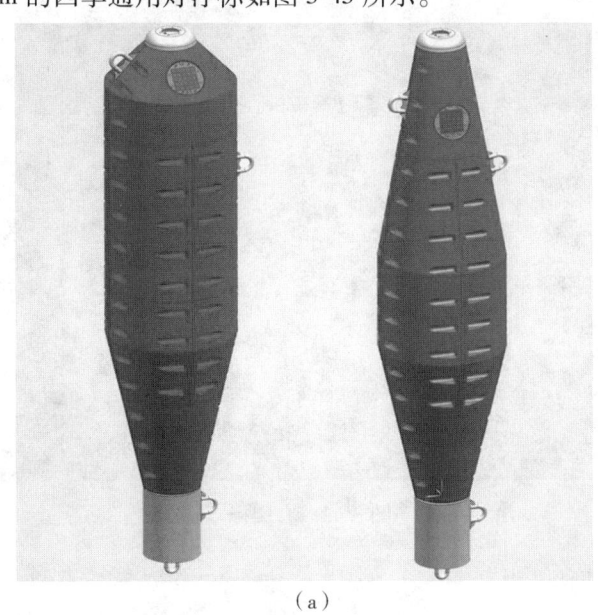

（a）

（b）

图 3-43　直径($\varPhi$)为 1.5 m 的四季通用灯浮标

五、灯浮标图例

右侧标如图 3-44 所示。

图 3-44　右侧标

左侧标如图 3-45 所示。

图 3-45　左侧标

西方位标如图 3-46 所示。

图 3-46　西方位标

孤立危险物标如图 3-47 所示。

图 3-47　孤立危险物标

安全水域标如图 3-48 所示。

图 3-48　安全水域标

专用标如图 3-49 所示。

图 3-49　专用标

第七节　灯船和大型浮标

灯船是具有船型标示港口口门、重要转向点等特定水域,供船舶测定船位和确定航向的浮动助航标志。

灯船一般是钢质船体,以系碇设备系碇于设计标位上,排水量为 100～500 t。船体机构与普通船舶基本相同,但水密要求更严格。

一、灯船级别和种类

根据自重(设计排水量),灯船分为自重(设计排水量)大于等于 100 t 的一级灯船和自重(设计排水量)小于 100 t 的二级灯船;根据自身有无自航能力,灯船分为自航灯船和不能自航灯船;根据有无人员值守,灯船分为有人值守灯船和无人值守灯船。

1.自航灯船

自航灯船即机动灯船,它与一般机动船结构和配置的设备相差不大,只是由于是灯船,甲板上建有灯架,安装有灯器、雾钟、雾号、雷达应答器、雷达反射器和无线电导航设备。船上有驾驶人员和看守人员。船上备有发电设备,可自行发电。

2.有人值守灯船

有人值守灯船是不能自航灯船的一种,除灯船没有自航设备和驾驶人员外,其余均与自航灯船相同。

3.无人值守灯船

无人值守灯船吨位较小,设备比较简单,一般设水密舱,舱内可放置备用器材、船用设备和蓄电池组。在补给检查时,需特别注意,当开启水密舱盖后,切勿立即进入舱内,以免舱内缺氧。

我国灯船均为无人值守灯船。无人值守灯船有两种锚泊方法,即船首八字锚泊法和首尾锚泊法。船首八字锚泊法,在灯船船首用一根锚链,通过三眼环和旋转环,再分别用两只有杆锚抛设成八字形,也可以在船首用两根锚链,通过两只三眼环,再分别用两只锚抛设成八字形,如图 3-50 所示。

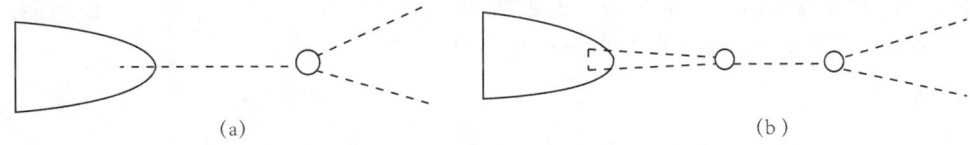

(a)　　　　　　　　　　　　　　　　(b)

图 3-50　船首八字锚泊法

首尾锚泊法,即在灯船首、尾各抛一只锚,如图 3-51 所示。

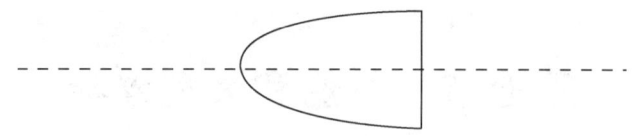

图 3-51　首尾锚泊法

船首八字锚泊法多用于较开阔水域。抛设时根据当地潮流情况,在涨潮方向和落潮方向各抛舍一只锚,锚链所形成的夹角为 30°～160°。首尾锚泊法一般用于狭窄且风浪小的水域,可限制灯船的活动范围。其缺点是船首不能随着风和流方向变换,增加了锚和锚链的拉力,故锚和锚链的强度应大些,以防断裂。

二、特征表示方法

灯船以标志的颜色、形状和标名表示白天特征,以规定的灯质表示夜间特征。灯船水线以上涂红色。灯船名称在灯船的两侧舷板的中部、水线以上,用白漆自左至右书写仿宋体汉字,并在其下书写汉语拼音。灯船甲板中部的灯架装有灯器,为使灯光在灯船摇摆时仍能保持按水平方向射出,故灯器安装在平衡架的上面。一般灯船灯光射程为 10 n mile 或者更远。可用灯质包括:

(1)单闪,白光,周期为 6 s(明 0.5 s,暗 5.5 s);

(2)单闪,白光,周期为 10 s(明 0.5 s,暗 9.5 s);

(3)联闪 2 次,白光,周期为 10 s(明 0.5 s,暗 1 s,明 0.5 s,暗 8 s);

(4)联闪 3 次,白光,周期为 15 s(明 0.5 s,暗 1 s,明 0.5 s,暗 1 s,明 0.5 s,暗 11.5 s)。

当设置雷达应答器时,其编码任选,但不能使用已被指定专门用途的莫尔斯信号"D"和"U"及以"点"为首的莫尔斯信号。

三、灯船结构

灯船主要由船体和灯架组成(如图 3-52 所示)。

1.船体

灯船的船体结构应满足我国《钢质海船入级和建造规范》《沿海小型船舶船体建造补充规定》;稳性应满足中国《海船稳性规范》对 Ⅱ 类航区船舶要求及 Ⅲ 类航区锚泊作业要求,并参考工程船舶避风要求校核船舶在锚泊作业时的抗台风稳性。一般情况,灯船的自摇周期为 4～5 s。灯船的船体一般为单甲板、单底船、横骨架式结构。

2.灯架

灯船的甲板中部设置有铁塔形灯架。灯架高度由灯器灯光射程确定。灯架的顶端为平台,用来设置灯器和雷达应答器。

图 3-52　灯船

四、附属设备的配置

灯船一般配置有单链双锚定位、灯器、雾钟等音响航标、无线电航标和能源系统。

1.单链双锚定位

灯船一般采用单链双锚定位,因此备有 2 只有杆锚和适当链径的锚链。

2.灯器

灯船的灯架上装有灯器,其常用规格为灯器直径 200 mm、300 mm 和 375 mm 三种,按照射程选用。

3.雾钟等音响航标

灯船上可安装有电雾号、浪动雾钟、雾哨等各种音响航标。

4.无线电航标

灯船上常装有雷达应答器和雷达反射器。

5.能源系统

目前,灯船均采用太阳能供电,有的灯船上还配有风力发电装置。

五、大型助航浮标(兰比)

大型助航浮标,又称兰比(LANBY),是大型浮动助航标志(如图 3-53 所示)。一般是无人值守的大型浮标。它用于标示港口口门、重要转向点等特定水域,供船舶确定航向或有其他专门目的。

　　大型助航浮标建造简单、费用低、能承受恶劣的海洋环境。大型助航浮标名称在上层建筑的相对两侧,用白漆自上而下或自左至右写仿宋体汉字、汉语拼音或缩写符号、代号。其他标示特征的方法与灯船相同。

图 3-53　大型助航浮标

1.主体结构

　　大型助航浮标主体结构一般由浮体、支架结构和灯笼平台组成。

　　浮体通常是圆盘形的,直径在 8 m 以上,由厚钢板制成并隔置多个水密舱,以提供足够的工作面积和浮力。

　　支架结构一般是具有一定高度的塔架,以支撑助航设备、平台和灯笼,并使灯器具有 8 m 以上的焦面高度。

　　灯笼平台在支架结构上端,用来安装主灯器和备用灯器;灯笼用来保护灯器的外壳,由玻璃或者有机玻璃制成圆筒形。

2.助航设备

　　大型浮标一般配置多种助航设备,如配置主灯器、备用灯器和应急灯器,主雾号和备用雾号,雷达反射器和雷达应答器,以及浮标位置监测和工作状况、工作参数遥测系统。

3.系碇设备

　　为使大型浮标系碇在设计标位上,并且能够承受恶劣的海洋环境而不离位,系碇设备一般由主锚链、沉石、副锚链和有杆锚组成。

4.附属结构

　　在浮体甲板上一般设有系缆桩、带缆桩,舷侧装有防撞护舷,以便船舶停靠。为了使维护人员登标和安全操作,甲板周围设有围栏、护手,甲板上铺设防滑通道;浮体上焊有拖带结构,以便浮标被拖入或者拖出标位。整个浮标的建造应满足我国《钢质海船入级与建造规范》《沿海小型船舶船体建造补充规定》。

第八节　系碇设备

系碇设备(Mooring equipment)是浮动航标的固定设备。系碇设备由标缆和锚碇组成,标缆是系结标身和锚碇的缆索。常用的标缆是锚链、合成纤维索和钢丝绳。锚碇是将标身借助于标缆固定于水底的设备。有杆锚和沉石是常用的锚碇。

一、锚链

锚链是沿海和内河最常用的标缆。锚链通常分有挡链和无挡链两种。有挡链强度较无挡链大,应用时绞缠现象少,但制造较困难,使用操作不方便。锚链又分为电焊和锻造两种。由于锻造工艺较复杂,目前锚链以电焊为主。

航标所用的锚链一般采用电焊无挡锚链。对于这种锚链,我国《浮标锚链》对其组成及规格、配套规则、零部件尺寸、技术要求、验收规则、试验方法、标记和保管等做了详尽的规定。下面就主要内容加以介绍。详细内容可参阅国家标准。

1.锚链的组成及规格

浮标锚链由马鞍链节、全链节、半链节和短链节等组成。

（1）马鞍链节

马鞍链节系于灯浮标或浮标的浮体系留环上,是连接灯浮标或浮标与锚链的马鞍形链节。它的作用是使灯浮标或浮标在水中保持平衡,防止锚链与灯浮标或浮标尾管绞缠。马鞍链节如图 3-54 所示。

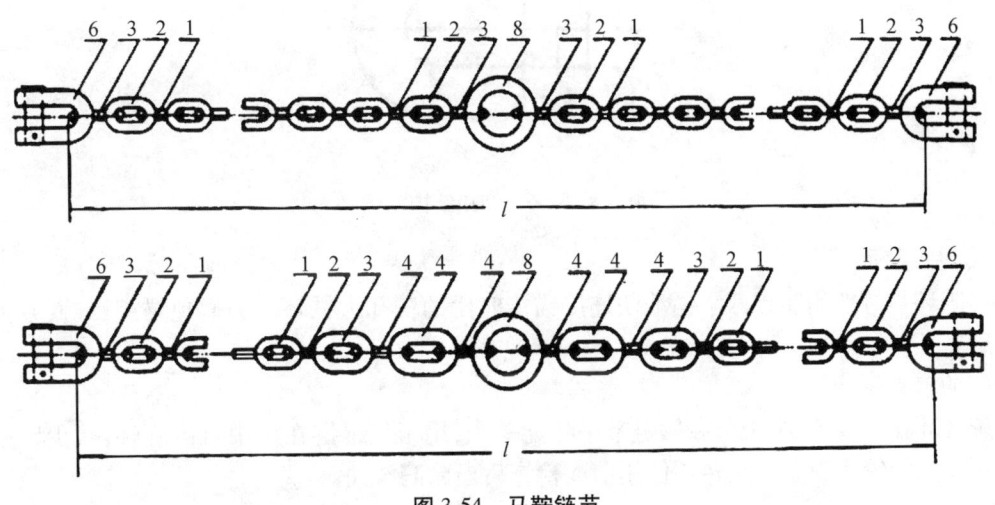

图 3-54　马鞍链节

（2）全链节

全链节一端系沉石（锚），另一端系马鞍链节或半链节或短链节。全链节长 27.5 m。各节链环的数目应为单数，并应有一个转环。全链节如图 3-55 所示。

（3）半链节

半链节一端系短链节，另一端系全链节。半链节长度约为全链节长度的一半，为13.7 m。各节链环的数目应为单数，并应有一个旋转环。半链节适用于狭窄水道对灯浮标锚链的回转半径有限制的场合。半链节如图 3-55 所示。

（4）短链节

短链节一端系马鞍链节，另一端系半链节或全链节。短链节长 4.5 m，各节链环的数目应为单数，并应有一个旋转环。装有短链节的灯浮标，工作时拆装容易。短链节如图 3-55 所示。

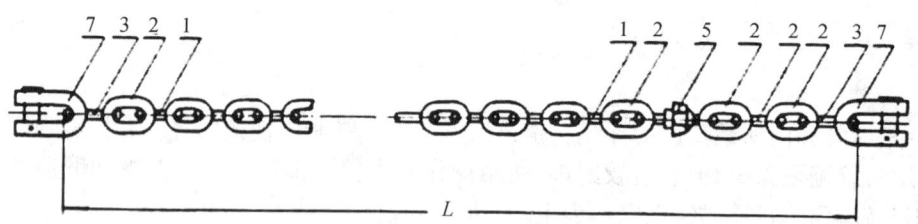

图 3-55　全链节、半链节和短链节

（5）卸扣

卸扣起连接作用，在各链节两端均有卸扣。卸扣分末端卸扣和连接卸扣，末端卸扣用于马鞍链节，连接卸扣用于全链节、半链节和短链节，同规格的末端卸扣尺寸大于连接卸扣尺寸。用卸扣连接时，需将横销插入销孔，并用圆锥销固定横销，再用青铅封住圆锥销。卸扣结构如图 3-56 所示。

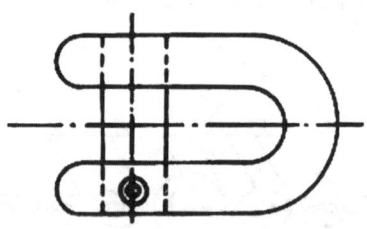

图 3-56　卸扣结构

（6）三眼环

三眼环是灯船用船首八字锚泊法连接锚链时用的三孔大铁环。为避免锚链绞缠，在上端装有旋转环。

（7）旋转环

旋转环在全链节、半链节和短链节中各配一个，用于使锚链在水中自由旋转，减少因潮流影响而发生的绞缠现象。旋转环使用前或检查后应涂润滑油。

2.配套规则

　　锚链通常由数节组成,节与节之间用连接卸扣相接,配套形式如图3-57所示。各种规格灯浮标配套的链环直径详见《浮标锚链》。

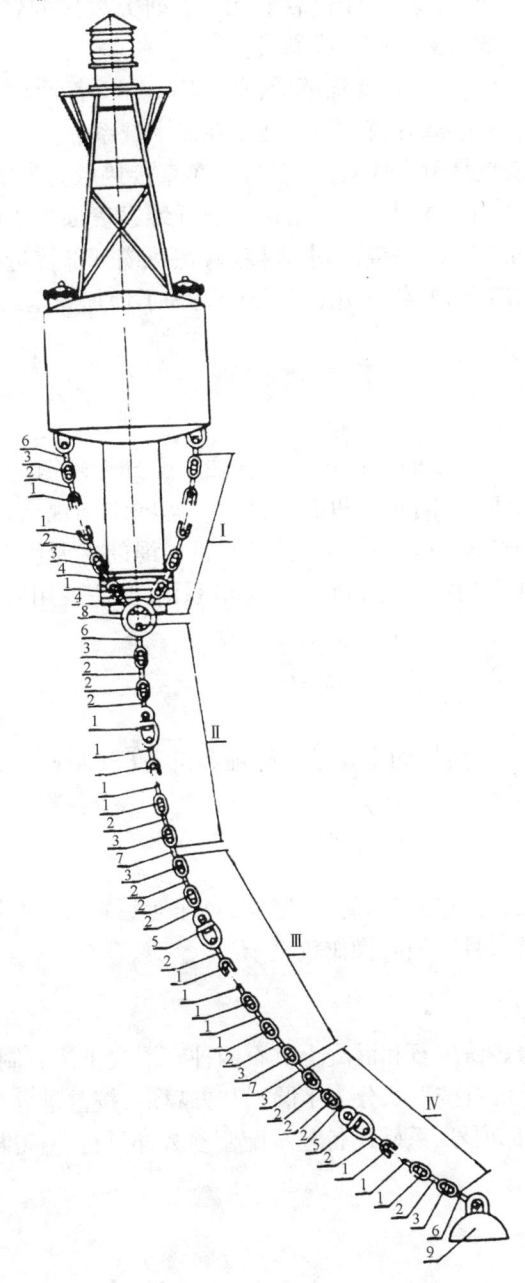

图3-57　锚链配套形式

二、合成纤维索

合成纤维索是国外从 20 世纪 60 年代后期就一直研究采用的轻型标缆,以代替锚链和镀锌钢丝绳。合成纤维索一般由聚酰胺纤维制成。

合成纤维索具有以下优点:造价比锚链低;重量小,可以缩小浮标的尺寸;具有弹性,容许使用较小的比长,可以缩小浮标的回转半径;适于在深水域系泊。

合成纤维索的主要缺点是耐磨性差,不能与水底直接接触。为解决合成纤维索与水底接触易产生磨损的问题,常采用两种办法:一是在合成纤维索表面涂以聚氨酯,增加其表面耐磨性;二是避免接近沉石端的合成纤维索与水底接触,在系缆下部接近沉石处,用两只球状浮子使系缆绷紧。浮子为钢质空心球体,采用两只浮子是为了增加安全系数。

三、钢丝绳

钢丝绳是多股钢丝扭制而成的。钢丝绳按软硬程度分为硬钢丝绳和软钢丝绳;按扭制方法分为左向捻、右向捻、交互捻、同向捻和混合捻。钢丝绳结构规格以股丝数表示,如 6×19＝114,其中 6 是 6 股,19 是每股 19 丝,中间为油芯。钢丝绳的主要优点是柔软,重量比锚链小,使用方便。钢丝绳主要用于内河浮标和船形浮标的系泊,且主要用软钢丝绳。

四、锚碇

锚碇的种类很多,但用于航标的主要是有杆锚和沉石(Sinker)。有杆锚用于灯船,沉石用于灯浮标。

1.有杆锚

有杆锚与其他锚相比,优点是结构简单、坚固,对任何底质抓力都较大;主要缺点是一只锚爪突出地面,影响船舶航行,且锚泊时操作较复杂。

2.沉石

沉石按制造材料分为铸铁沉石和混凝土沉石两种。混凝土沉石制造简便、造价低,广泛用于灯浮标和浮标。混凝土沉石按形状分为半圆形和方扁形;按重量分为 0.5 t、1 t、1.5 t、2 t、3 t 和 5 t 等规格。常用灯浮标型号、系碇设备基本配套参数详见行业标准《浮标通用技术条件》。

第四章　航标灯器

第一节　灯器的种类及组成

灯器是视觉航标重要的组成部分,以其不同的灯质和规定的灯光射程对船舶安全夜航起助航作用。性能良好的灯器,必须发光正常,射程足够,具有规定的灯质。

正如第一章第二节航标发展简史中所述,灯器的发展是随着航标能源和航标光源的发展而不断发展的。

一、灯器的种类

灯器的种类很多,常有以下几种分类:

1.按使用能源分类

按使用能源分类,灯器有煤油灯器、气体灯器和电航标灯器。煤油灯器已基本被淘汰;气体灯器又分乙炔灯器和丙烷灯器(在我国很少使用);目前使用的均为电航标灯器。本章主要介绍电航标灯器。

2.按使用电光源分类

按使用电光源分类,灯器有白炽灯器、金属卤素灯器、金属卤化物灯器、霓虹灯器、氙灯器和 LED 灯器。

3.按灯光特征分类

按灯光特征分类,灯器有定向灯器、环射灯器、分色灯器、定光灯器、闪光灯器、明暗灯器和莫尔斯信号灯器。

(1)定向灯器:只向指定方向发射灯光的灯器;

(2)环射灯器:向四周 360°发射灯光的灯器;

(3)分色灯器:向不同方向发射不同光色的灯器,又称扇形灯器;

(4)定光灯器:发射长明灯光的灯器;

(5)闪光灯器:能发射光色不变、每隔一定时间亮一次、亮的时间比暗的时间短的灯光的灯器;

(6)明暗灯器:灯光"明"的时间大于或等于"暗"的时间的灯器;

(7)莫尔斯信号灯器:发射莫尔斯信号的灯器。

4.按透镜直径分类

按透镜直径分类,灯器有 75 mm、90 mm、150 mm、200 mm、300 mm、375 mm 和 500 mm 几种规格。透镜直径小于 90 mm 的为小型灯器;透镜直径在 100~200 mm 的为中型灯器;透镜直径大于等于 300 mm 的为大型灯器。

二、几种常用的灯器

下面对目前常用的几种灯器进行简介。

1.旋转灯器

对于大型灯器,为了产生所需的闪光灯质,不采用开闭光源的方式产生闪光灯质,而是使用旋转灯器。

我国近代建设的大型灯塔多使用牛眼透镜旋转灯器(如图 4-1 所示),通过旋转机构将悬浮在水银槽上的大型灯器旋转。早期旋转机构由机械发条或重锤驱动,后期采用步进电机驱动。

20 世纪 80 年代中期至 90 年代初,引进了密封光束灯阵旋转灯器(如图 4-2 所示),通过旋转机构将悬浮在水银槽上的灯器旋转。

图 4-1　牛眼透镜旋转灯器　　　　　　图 4-2　密封光束灯阵旋转灯器

在中小型灯塔上多使用平板牛眼透镜旋转灯器(如图 4-3 所示)。根据闪光灯质对平板牛眼透镜数量进行四面、六面或八面组合,步进电机转台的转速可调,以满足不同灯质的要求。

（a）

（b）

（c）

图 4-3　平板牛眼透镜旋转灯器

2.闪光灯器

鼓形菲涅耳透镜与闪光器组合产生各种闪光灯质。闪光灯器中一般须具有以下三项功能：

（1）在日落、日出时分别自动控制灯器开灯和关灯。

（2）在光源上配有备用灯泡，当工作灯泡断丝故障时，能自动把备用灯泡切换至工作状态。

（3）使用市电供电时，配有 UPS 电源，能维持灯器持续发光。

近年来，LED 闪光灯器由于能耗小、亮度高、可靠性强，在灯桩和灯浮标上得到广泛应用。

模压灯壳和换泡器闪光器如图 4-4 所示，LED 航标灯闪光灯器和灯壳如图 4-5 所示。

（a） （b）

图 4-4 模压灯壳和换泡器闪光器

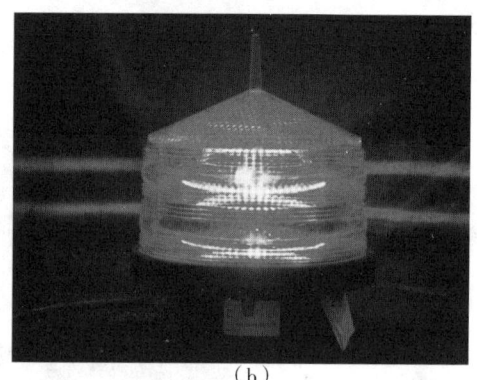

（a） （b）

图 4-5 LED 航标灯闪光灯器和灯壳

3.导标灯器

导标灯器又称定向灯器，如图 4-6 所示。灯器由反射镜、透镜、颜色滤光器、换泡器等组成。导标灯器有两种：一种是全色的导标灯器，可以产生白、红、绿等各种单一颜色的灯光；另一种是带有分弧角的光弧导标灯器，可以产生白、红、绿等组合颜色的光弧灯光。

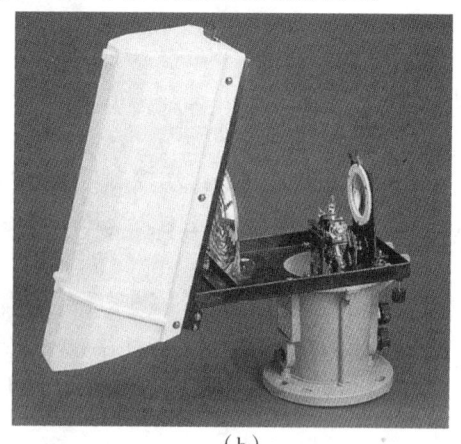

（a） （b）

图 4-6 导标灯器

4.气体灯器

气体灯器指的就是使用乙炔气或丙烷气燃烧作为光源的灯器。在航标发展历史上,气体灯器有着特殊的地位,因为在20世纪初期它是所有灯塔、灯桩和灯浮标的首选可靠发光装置,中国沿海航标直到20世纪60年代还在使用乙炔灯器(如图4-7所示)。早期使用的煤油灯器如图4-8所示。世界主要的乙炔灯光系统都标有AGA标牌,它们均来自Gustaf Dalen的发明,他本人因为这些发明而获得1912年诺贝尔物理学奖。

图4-7 我国沿海航标使用的乙炔灯器

图4-8 早期使用的煤油灯器

乙炔灯器技术通过 Dalen 混合器的开发得以进一步发展, Dalen 混合器将乙炔气和空气吸进燃烧器, 然后让乙炔在白炽纱罩中燃烧, 以产生比开放式火焰更明亮的光源。白炽纱罩在固定透镜中作为闪光光源工作或者在旋转透镜中作为连续光源工作。相关的开发包括气动机械旋转透镜和时钟发条驱动的自动白炽纱罩更换装置。

丙烷和丁烷气也常被用来作为乙炔的替代燃料。

5.一体化灯器

一体化灯器是可用于灯浮标和灯桩的小型灯器, 是将光源、太阳能阵列和蓄电池组组合成一体的灯器, 蓄电池组一般是锂电池或铅酸蓄电池, 如图 4-9 所示。这种灯器具有结构紧凑、体积小和模块化的特点。

图 4-9　一体化灯器

三、灯器的组成

航标灯器一般由灯壳、光源、光学系统、闪光器(Flasher)和自动换泡器(Lampchanger)组成。光学系统包括透镜、颜色滤光器、感光元件及遮光板和反射镜。

闪光器和自动换泡器是航标灯器中的重要组成部件。闪光器用于控制灯器的光源, 使其产生具有所需节奏和周期的灯光部件。根据工作原理, 闪光器分为电动闪光器、重型闪光器、半导体闪光器和电子闪光器。

自动换泡器是自动调换损坏的灯泡, 使灯器连续正常发光的部件。当工作着的灯泡损坏时, 自动换泡器会立刻自动旋转, 使备用灯泡在对准焦距的位置继续发光, 以保证灯器具有较高的发光正常率。自动换泡器根据装有的灯泡数量分为二位、四位、六位的自动换泡器。自动换泡器根据工作原理分为电气机械换泡器和电子换泡器。

第二节　灯壳和旋转机构

一、灯壳

灯壳是航标灯器中用来保护光源和光学系统的外壳。根据结构不同,灯壳有三种不同组成:由灯帽、框架和灯座等组成的灯壳;用塑料压制的整体灯壳;不用灯玻璃和框架,而以透镜本身代替,结合灯座、灯帽而组成的灯壳。

1.灯帽

灯帽用铁皮或铸铝、铸铁制成。大型灯帽边侧钻有散热孔。灯帽的作用是防止雨水或污物落入灯器内损坏或污染光源和透镜。灯帽一般制成圆锥形和扁圆形,以防止水珠的聚集。圆锥形灯帽还能防止飞鸟栖停,有些中小型灯器,特意安装惊鸟尖以防止飞鸟栖停。扁圆形灯帽可安装提手,方便提携。

2.框架

框架用于安装和保护透镜。框架由撑铁、颈圈、橡皮垫圈等组成。

（1）撑铁

撑铁用于保护透镜,分斜装和竖装两种。斜装撑铁由扁钢制成"V"字形,以减少对灯光的遮挡。它的内侧按配装透镜的外形割出切口,以便紧贴透镜。大型灯器的斜装撑铁空当还镶有三角弧形的玻璃以保护透镜。竖装撑铁一般用直径 6 mm 的圆钢制成。每只灯器一般有3~4 根撑铁均匀地安装在透镜外面,夹紧透镜。

（2）颈圈

颈圈由铁皮或铸铝、铸铁制成,用于固定透镜。铸铝、铸铁颈圈分上、下两个,有的将上颈圈与灯帽铸在一起,有的将下颈圈与灯座铸在一起,铁皮颈圈只有上颈圈,其下颈圈用灯座代替。上、下颈圈间距由配装透镜的高度决定,安装透镜的部位呈凸形。

（3）橡皮垫圈

橡皮垫圈起密封和软垫作用。橡皮垫圈呈扁平圆环状,其外径略大于透镜外径,内径略小于透镜内径,安装在透镜与颈圈之间。

3.灯座

灯座是下颈圈以下部分,用来安装自动换泡器或能源和将灯器固定在标身上。按照灯座的作用,灯座可分为两种形式:一种是只有安装能源的部位;另一种是将安装自动换泡器的部位和固定灯器的灯座脚铸在一起,灯座侧面有电源线水密接头,供穿接电源线用。灯座底板一般钻有 4~6 个椭圆孔,以备穿插螺栓紧固在航标身上。

对于大型灯器,常在外面安装笼式结构的外壳,称为灯笼。灯笼的形状一般是圆筒形或多角柱形,由骨框架、灯笼玻璃(不要灯光部分通常嵌遮光板)和灯笼顶盖(排气孔、排水槽)等组成。制作灯笼的材料,考虑到海水盐分的腐蚀,通常灯笼顶盖使用铜质材料,骨框架多使用合金钢铸件制造。

二、旋转机构

旋转机构有机械旋转和电动旋转两种方式。

在机械旋转方式中,设置有上部垂直贯穿到下部的一个重锤,以下落重锤重力作为灯器旋转驱动。有的透镜的重量超过 1.5 t,为了产生足够的驱动力,需要很大的重量载荷。当重锤降落到下端时,需要用人力再把它卷到上部去。为了减轻透镜转台承重,将透镜悬浮在水银槽上。

电动旋转方式中,旋转装置采用了转台加止推滚珠轴承,使用步进电动机驱动转台旋转,在转台上应用了电子磁通旋转驱动和检测新技术,提高了转台旋转稳定性和检测报警性能,同时,选用的高质量止推滚珠轴承能确保使用寿命达到 10 年以上。

第三节　航标光源

航标灯器中能发光的部件称航标光源。航标光源一般分三大类,即电光源、气体光源和煤油灯。煤油灯在航标中已基本被淘汰;气体光源(包括乙炔光源和丙烷光源)也很少使用。这里主要介绍电光源。电光源是用电能作为能源的光源。在航标中,电光源一般有白炽灯泡、金属卤素灯泡、金属卤化物灯管、霓虹灯管、氙灯管和发光二极管(LED)。

航标光源的基本要求是发光效率高、亮度高、发光稳定、光色明显、使用寿命长,同时要求安装简便、能经受恶劣工作条件、价格低。

一、白炽灯泡

白炽灯泡是航标的主要光源,它因灯丝通过电流时所产生的热效应而发光。白炽灯泡成本低,制造和使用简便,但发光效率低。

1.白炽灯泡的结构

白炽灯泡由灯丝、支架、引线、泡壳和灯头组成。灯丝是白炽灯泡的主体,用钨丝制成。钨丝的形状有直线形、平形、十字形、锥形、圆筒形和双螺旋形。灯丝形状与灯泡光强分布特性有关,光强分布特性用光强分布曲线表示。光强分布曲线有两种:一种是灯泡水平面上光强分布曲线;另一种是灯泡垂直面上光强分布曲线。航标光源要求水平面上光强分布均匀,分布曲线最好是圆形。图 4-10 表示各种灯丝形状与光强分布曲线,其中极坐标左半面是水平面上光强分布曲线,右半面是垂直面上光强分布曲线。小型航标白炽灯泡灯丝采用直线形,主要是因为制造简单。大型航标白炽灯泡灯丝采用圆筒形或双螺旋形,因为这种形状的灯丝在水平方向360°内没有照射死角,光强分布均匀,适用于环射灯器。泡壳用玻璃制成,壳中抽成真空或充有少量惰性气体。灯头用来将灯泡安装于灯座上,有双足插口式、螺口式和圆盘式三种。螺口式灯泡易松脱,不宜用于浮标上。

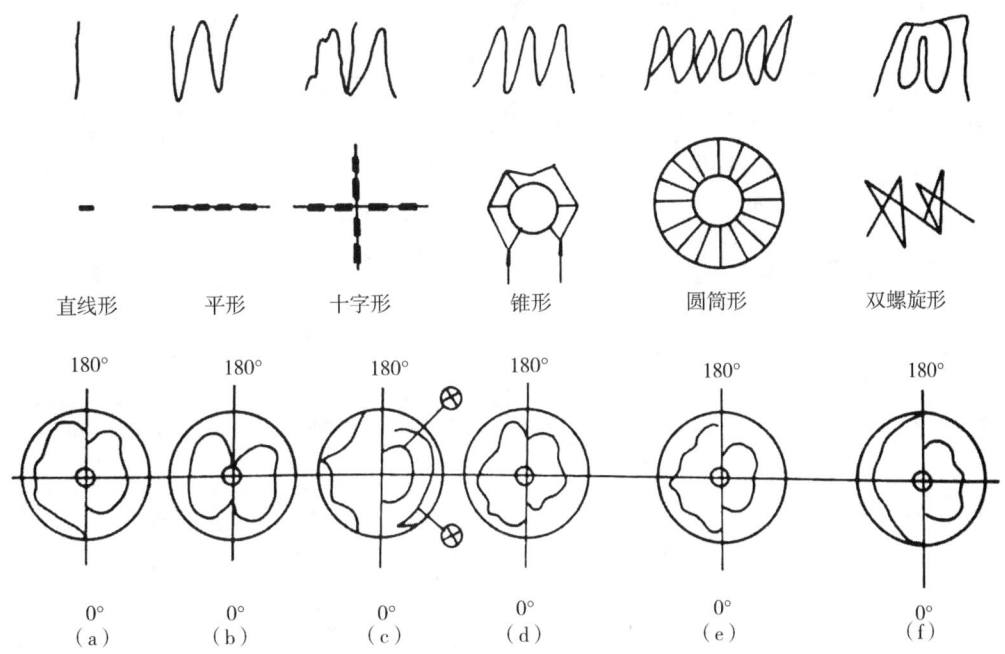

图 4-10　灯丝形状与光强分布曲线

2.白炽灯泡的光电参数

航标白炽灯泡型号由四部分组成:第一部分用符号 HB 表示航标白炽灯泡;第二部分用阿拉伯数字表示灯泡的额定电压值;第三部分用阿拉伯数字表示灯泡的额定电流值;第四部分表示设计序号或设计特征。

(1)额定电压

额定电压是灯泡正常工作的电压。如果灯泡在低于额定电压值下工作,灯丝温度将降低,影响光通量;如果电压太高,虽增加了光通量,但灯泡寿命大为缩短。

(2)额定电流

额定电流是灯泡在白炽时的电流。灯泡的启动电流往往是额定电流的几倍。

(3)发光效率

发光效率是灯泡的光通量与功率之比,单位用 lm/W 表示。

(4)光强分布曲线

光强分布曲线是灯泡在水平面或垂直面上的光强分布特性。

(5)全寿命

全寿命是白炽灯泡连续点燃直至灯丝烧坏的时间。如间歇闪光使用,由于受冲击电流的影响,其寿命按全寿命的 70%~80% 计算。

3. 双丝灯泡

双丝灯泡是一种特殊结构的白炽灯泡。双丝灯泡的其他结构与一般白炽灯泡没有什么区别,只是它具有两根灯丝,两根灯丝呈现"X"形,每根均位于透镜焦点上,当灯泡工作时,一根灯丝工作,另一根灯丝备用;一旦工作灯丝损坏,备用灯丝自动进入工作状态。双丝灯泡可使灯器省去自动换泡器。航标白炽灯泡光电参数与最短的闪光"明"时间关系如表4-1所示。

表 4-1　航标白炽灯泡光电参数与最短的闪光"明"时间关系

透镜直径/mm	白炽灯泡			最短的闪光"明"时间/s	灯光视距/n mile		
	电压/V	电流/A	功率/W		白光	红光	绿光
75	4.4	0.30	1.5	0.06	2.0	0.8	0.6
90	6.2	0.25	1.5	0.05	2.5	1.2	0.7
90	6.0	0.60		0.08	3.5	1.4	1.0
90	6.5	0.80	5.0	0.11	4.5	1.8	1.3
150	6.0	0.60		0.08	4.5	1.8	1.3
150	6.5	0.80	5.0	0.11	5.5	2.2	1.6
200	6.5	1.40	9.0	0.20	60	2.4	1.8
200	12.0	0.77	9.0	0.11	7.0	2.8	2.1
300	6.5	1.40	9.0	0.20	8.0	3.2	2.4
300	12.0	0.77	9.0	0.11	9.0	3.6	2.7
300	32.0	2.00	60.0	0.25	2.0	4.8	3.6
300	32.0	3.00	100.0	0.30	14.5	5.6	4.2
300	32.0	8.00	250.0	0.60	15.0	6.0	5.0
375	32.0	2.00	60.0	0.25	13.0	5.2	4.0
375	32.0	3.00	100.0	0.30	15.0	6.0	4.5
375	32.0	8.00	250.0	0.60	16.0	6.4	4.8
500	32.0	8.00	250.0	0.60	18.0	7.2	5.4
500	110.0	4.50	500.0	0.40	20.0	8.0	6.0
500	220.0	1.40	300.0	0.20	17.5	7.0	5.1
500	220.0	2.30	500.0	0.27	18.0	7.2	5.4
500	220.0	5.00	1 000.0	0.45	20.5	8.2	6.0

注：所配透镜为鼓形透镜。

二、金属卤素灯泡

航标中使用的金属卤素灯泡是卤钨灯泡。由于港口、沿海工业区和城市的发展,发光航标的背景光加强,增加了航行人员误认航标发生航行事故的可能,因此发达国家采用强光源并改进灯器透镜来增加航标的光强。卤钨灯泡具有体积小、发光效率高等优点,因此,被推广应用于灯器上。卤钨灯泡发光效率大于 20 lm/W,而白炽灯泡发光效率小于 15 lm/W。

1.卤钨灯泡的结构

卤钨灯泡是在普通白炽灯泡基础上发展起来的一种充气白炽灯泡,因此它的结构与白炽灯泡相似。卤钨灯泡有管状和泡状两种,但不论管状或泡状,均由灯丝、支架、引线、泡壳和灯头组成。卤钨灯泡的灯丝用钨丝制成,钨丝多采用双螺旋形。泡壳一般由石英玻璃制成,因为石英玻璃透明度高、化学性能稳定、机械强度高。泡壳内充有一定量的卤素元素(即氟、氯、溴、碘元素),经常充气的卤素是溴和碘。灯头以双足插口式最常用。

2.卤钨灯泡的发光原理

白炽灯泡发光效率低,是因为钨丝的熔点及蒸发率上升特性限制了其工作温度的提高。钨丝工作温度一般不超过 2 400 K,发光效率为 6 ~ 15 lm/W。当将钨丝的工作温度提高到 3 000 K 时,由于钨丝蒸发率大大上升,钨丝寿命将缩短 1 000 倍;当工作温度提高到 4 000 K 时,钨丝只工作几分钟就会烧断。为解决白炽灯泡发光效率低的问题,只能提高灯丝工作温度。为此,经研究试验,在石英玻璃钨丝灯泡内充一定量的卤素,灯丝工作温度可达 3 000 K 以上,发光效率也可提高到 20 lm/W 以上,从而制成了卤钨灯泡。

卤钨灯泡能提高灯丝工作温度,原因在于充入卤素后,形成了钨的再生循环。当卤钨灯泡通电时,从灯丝蒸发出来的钨向泡壳方向扩散,与在泡壳附近卤素化合生成卤化钨。当泡壳附近温度高于 250 ℃ 时,生成的卤化钨为蒸气状态,并向灯丝方向扩散,当扩散到灯丝周围温度较高区域中又分解为卤素和钨,钨沉积在灯丝上,形成钨的再生循环,从而解决了因提高灯丝工作温度而导致钨蒸发率上升缩短灯丝寿命的矛盾。

3.卤钨灯泡的特性

卤钨灯泡具有体积小、发光率高、寿命长(超过 2 000 h)等优点。卤钨灯泡为了保证钨的再生循环,泡壳温度需在 250 ℃ 以上,因此对闪光特性、明灭比应有一定限制,即"明"的时间不应太短。

三、金属卤化物灯管

金属卤化物灯管主要作为灯塔的旋转灯器光源和导标的定光光源。金属卤化物灯管属于金属气体放电光源。但目前用于航标中的主要是碘化钠-碘化铊-碘化铟灯,简称钠铊铟灯管。

1.金属卤化物灯管的结构

灯管由管壳和电极组成。管壳由石英玻璃拉制成形,按一定比例和特定的工艺要求,内充各种金属卤化物及少量汞。灯管两端封入钨电极。

2.金属卤化物灯管的发光原理

当高频、高压作用于灯管电极两端时,由金属卤化物分解出来的金属蒸气被迅速电离,大量金属原子在其本身固有的共振频谱上产生共振放电,形成电弧而发光。在有限体积的灯管内,由于管壁和电弧中心温度相差很大,金属卤化物会产生分解和复合的循环过程。这个循环过程是这样的,在管壁的工作温度下,金属卤化物被大量蒸发,因浓度梯度向电弧中心扩散。在电弧中心,由于温度达 4 000 ~ 6 000 K,金属卤化物分解为金属原子和卤素原子,并以蒸气形式存在。金属原子参与放电,产生光辐射,同时由于电弧中心金属原子和卤素原子浓度较高,而向管壁扩散,在接近管壁的低温区重新复合成金属卤化物分子。靠着这种循环不断向电弧中心提供足够浓度的金属原子参与放电而发光。

3.金属卤化物灯管的特性

钠铊铟灯管的主要特性参数如表 4-2 所示。

表 4-2　钠铊铟灯管的主要特性参数

参数名称	工作电压	额定功率	发光体直径	触发电压	光效	光色	使用环境温度
参数值	220 V AC	500 W 1 000 W	φ25 mm φ35 mm	10 kV	60 lm/W	白	−25~60 ℃

金属卤化物灯管有以下特性:

(1)色温在 4 000~6 000 K,有较好的色表和显色性。

(2)同白炽灯泡相比,光效高,寿命长。

(3)由于灯管存在一个启动过程,因此不能作闪光光源,只能作定光光源。

(4)灯管在工作时,如遇特殊情况而熄灭,那么须待灯管完全冷却后方可进行第二次启动,因为热态时灯管内呈高气压,用常态触发电压无法使金属蒸气电离。表 4-3 列出了几种我国生产的作为定光光源的金属卤化物灯泡的型号及光电参数。

表 4-3　金属卤化物灯泡型号及光电参数

灯泡型号	功率/ W	电源电压/ V	工作电流/ A	光通量/ lm	平均寿命/ h	色温/ K	灯头型号	主要尺寸/mm	
								直径	全长
ZJD150−2	150	220	1.50	11 500	10 000	4 300	E27	81	184
ZJD175−2	175	220	1.50	14 000	10 000	4 300	E40	91	215
ZJD250−2	250	220	2.15	20 500	10 000	4 300	E40	91	215
ZJD400−2	400	220	3.25	36 000	10 000	4 000	E40	122	280
ZJD1000−2	1 000	380	4.10	110 000	10 000	3 900	E40	182	400

四、霓虹灯管

霓虹灯管作为航标光源,主要用于标志密度较大的内河河段或设计成一定几何形状作导标灯光源用,但是由于发光效率低、灯管结构的限制,不能做成适于菲涅耳透镜的点光源,因此很少使用。

1.霓虹灯管的结构

霓虹灯管的结构如图 4-11 所示,灯管上部用玻璃管弯成"∩"形或螺旋形,使光源面积增大,提高了发光效率。灯管内部充有惰性气体,下部两端各有一铁制或镍制的电极,用环氧树脂固定在灯脚上。

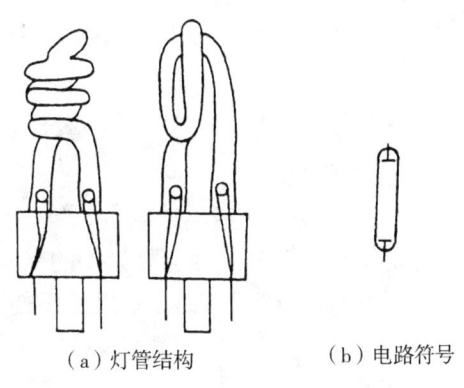

（a）灯管结构　　　　　　　（b）电路符号

图 4-11　霓虹灯管

2.霓虹灯管工作原理

霓虹灯管是辉光放电气体光源,工作在高电压、小电流状态,其发光效率主要与工作电压大小和工作电压频率有关。一般工作电压为 1 000 V 左右,频率为 2~3 kHz。当在霓虹灯管两极加上一定频率的高电压交流电时,灯管内惰性气体电离放电,发出不同色光。

霓虹灯管有红、绿、白三种光色。红光灯管是透明的,管内充氖气;绿光灯管与白光灯管内壁涂有不同荧光粉,管内充汞气,灯管导电时汞气游离,刺激管壁涂的荧光粉发出绿光或白光。绿光灯管和白光灯管的灯光射程小于红光灯管的灯光射程,特别是在周围温度很低时,管内汞气不易游离,内阻增大,光效降低,但这对红光灯管无影响。

3.霓虹灯管的特性

霓虹灯管具有以下特性:

(1)霓虹灯管不需要颜色滤光器,直接产生色光,光色明显;

(2)霓虹灯管使用寿命长,每天开关使用,可用三个月以上,质量好的在正常条件下可用半年;

(3)霓虹灯管光效低,每瓦功率只产生几个流明光通量;

(4)霓虹灯管使用低压电源时,需配高压变压器;

(5)霓虹灯管长、体积大,在运输、安装、使用中要十分小心,以防破损。

五、氙灯管

氙灯管作为航标光源目前使用不多。氙灯管是利用高压惰性气体放电现象制成的光源。氙灯管根据氙气放电产生电弧的长短和时间分为长弧氙灯管、短弧氙灯管和脉冲氙灯管三种。

1.长弧氙灯管

长弧氙灯管一般是管状结构。管壳由石英玻璃制成,管两端封入电极,电极通常由钨丝绕制在钨杆上,管内充入一定气压的纯净氙气。

当灯的两端加有高压时,在灯管内产生一个高压电场,使氙原子被激发并迅速地电离,从而在充满氙气的灯管内产生了一条由大量正离子和自由电子组成的导电通道形成电弧,发出很强的光。长弧氙灯管由于管内气压低,光效不如短弧氙灯管。长弧氙灯管一般是大功率的交流供电的氙灯,作为航标光源用于大型灯器。

2.短弧氙灯管

短弧氙灯管又称超高压氙灯。灯管常为球体,两个电极之间距离很短,阴极通常用铈钨、钍钨或钡钨材料制成,顶部呈尖端状;阳极通常用纯钨制成。管壳用石英玻璃制成,内充较高压力的纯氙气。短弧氙灯管中氙原子的浓度比长弧氙灯管中的高得多,因此电离度高,光色更趋近日光,光效比长弧氙灯管高。短弧氙灯管目前尚未在航标中使用。

3.脉冲氙灯管

脉冲氙灯管由管壳、阳极、阴极和触发丝组成。管壳用石英玻璃制成,顶部弯成螺旋形,内充适量氙气。阳极用铈钨合金制成,为圆柱形。阴极也用铈钨合金制成,为小头细颈形。触发丝由镍铬合金制成。

脉冲氙灯管发光原理与其他种类的氙灯一样,运用一种惰性气体放电发光,但脉冲氙灯管发出的光不连续,是高能量的脉冲闪光。脉冲氙灯管工作时配有贮能电容,贮能电容首先被充电到工作电压,当在灯管的阴极和触发丝间加数万伏高压脉冲电压时,管内氙气被电离,从而形成导电通道,贮能电容中能量在极短时间内被释放,产生极为强烈的闪光。闪光的持续时间一般在毫微秒级。目前使用的脉冲氙航标光源,实际上是一种高重复频率的脉冲闪光灯。脉冲氙灯管的单次闪光时间仍为毫微秒级,但通过电子线路控制,在要求"明"的时间里,使单次脉冲闪光重复出现,利用人眼对强光的视觉暂留效应,从而使人主观上看到"明"了一段时间。

4.氙灯管的特性

氙灯管具有以下特性:

(1)氙灯管发出的光亮度高,仅次于激光;

(2)氙灯管发出的光色白接近于日光的色表;

(3)氙灯管寿命长;

(4)氙灯光易被大气吸收,射程不远;

(5)氙灯管工作时不能触摸,以防电击;

(6)氙灯管闪光中有强烈紫外线辐射,近处直看会损伤眼睛。

六、发光二极管(LED)

发光二极管(LED)是运用半导体PN结通电致热发光的光源。当给发光二极管两端加正向电压时,从P区注入N区的空穴和从N区注入P区的电子在PN结附近数微米内分别与N区的电子和P区的空穴复合,产生自发辐射的荧光。不同的半导体材料中电子和空穴所处能级不同,当电子和空穴复合时释放的能量不同,释放的能量越多,则发出光的波长越短。常用的是发出红光、绿光或黄光的发光二极管(LED)。

发光二极管(LED)具有以下特性:

(1)典型的寿命超过 25 000 h;

(2)单色光输出,不使用耗能的颜色滤光器就可获得色光,寿命期内无颜色变化;

（3）开关频率高达 2 kHz,上升和下降时间短,不产生大的启动电流;

（4）与灯丝灯泡相比,抗冲击和振动的能力强。

发光二极管（LED）的光色输出:

（1）不同的二极管有明显的变化;

（2）与施加的电流没有线性关系;

（3）随着发光二极管 PN 结的工作温度变化而产生剧烈变化。

第四节　光学系统

一、航标透镜

航标中所用的透镜是球面透镜和棱镜及它们的组合,其用途是使灯器的光源所发出的光线,经透镜后,会聚射向需要的空间方向。航标透镜属于菲涅耳透镜,菲涅耳透镜是法国物理学家奥古斯汀·菲涅耳（Augustin Fresnel）在 1822 年发明并用于灯塔上的。

1.航标透镜的基本要求

为了使光源所发出的光线,产生会聚效果,射向需要的空间方向,对航标透镜的基本要求如下:

（1）能充分利用光源所辐射的光线,最大限度地投射到需要的空间方向;

（2）能把光源四周辐射的光线会聚成光束,在地理视距允许的条件下达到所需射程;

（3）应具有一定的散射角,以扩大光束的能见范围;

（4）应具有均匀的折射率和最小的光损耗;

（5）应具有较高的强度,受气候条件影响要小。

2.航标透镜的种类

航标透镜主要分鼓形透镜、锥形透镜、牛眼透镜。

（1）鼓形透镜

鼓形透镜是形状如鼓的透镜,是环射式透镜,如图 4-12 所示。鼓形透镜的作用是把位于焦点上的点光源所发出的光线,经透镜后,形成平行于光轴的光线。

图 4-12　鼓形透镜

鼓形透镜的主要参数是透镜焦距、透镜内径、透镜高度和透镜包角,参数的意义如图 4-13 所示。图中 f 是透镜焦距,D 是透镜内径,H 是透镜高度,α 是透镜包角,OO 是光轴,$O'O'$ 是纵轴,F 是焦点。

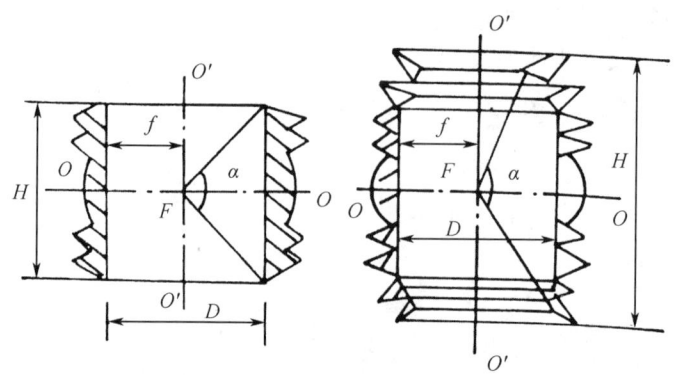

图 4-13 鼓形透镜参数示意图

透镜内径是焦距的两倍,它表示鼓形透镜的规格。鼓形透镜的规格如表 4-4 所示。

表 4-4 鼓形透镜的规格

规格	焦距/mm	内径/mm	制造方法
75 mm 鼓形透镜	37.5	75	压制
90 mm 鼓形透镜	45.0	90	压制
150 mm 鼓形透镜	75.0	150	压制
200 mm 鼓形透镜	100.0	200	压制
300 mm 鼓形透镜	150.0	300	磨光
375 mm 鼓形透镜	187.5	375	磨光
500 mm 鼓形透镜	250.0	500	磨光

鼓形透镜根据光学原理分为折射鼓形透镜和折反射鼓形透镜。

折射鼓形透镜的主要特点是它的阶梯形结构。折射鼓形透镜的纵剖面是简单平凸透镜的改进,纵剖面外曲线不是一条连续的圆弧或曲线,而是一条阶梯形曲线。由于平凸透镜厚度和重量大,球面像差及光在透镜的光损大,因此阶梯形结构减小了透镜的厚度和重量,可通过增加阶梯的阶数增加透镜的包角,从而增大每个阶梯部分的曲率半径,减小球面像差。折射鼓形透镜的阶梯形结构实际上由多个内壁呈圆筒形的棱镜圈组合而成,并把棱镜圈从光轴向上或向下按序编号。折射鼓形透镜虽然具有上述优点,但也存在着缺点,虽然棱镜圈重叠的叠边是平行于光线在透镜中的折射路线,减去了不起作用的这部分透镜,减小了重量,却造成了不透光的部分。只不过这种缺点,在实际透镜工作时,肉眼难以觉察到。

对于直径在 200 mm 以下的折射鼓形透镜,一般采用压制成型,整个透镜用金属模一次压制成型,不再加工研磨。对于直径在 200 mm 以上的折射鼓形透镜,一般采用压制后磨光成型,即把每个棱镜圈用金属模压制成坯,然后研磨,把多个棱镜圈组合成透镜。当然磨光成型透镜精度高。

折反射鼓形透镜是在折射鼓形透镜基础上发展起来的。对于大型鼓形透镜,为了充分使用光源辐射的光线,在折射鼓形透镜的上、下两部分加折反射棱镜圈,从而有效地利用了光源上、下两部分辐射的光线。折反射鼓形透镜是磨光成型的。鼓形透镜一般是由玻璃制成的。

（2）锥形透镜

锥形透镜是鼓形透镜的一种变形,是环射式透镜,如图 4-14 所示。锥形透镜的作用与鼓形透镜相同。锥形透镜是由多个内壁呈圆锥形的棱镜圈组合而成的。锥形透镜一般由聚碳酸酯和丙烯酸盐等塑料压铸成型。其特点是重量小,光效好,耐腐蚀和不易破碎。其规格有 90 mm、155 mm、300 mm 等几种。

图 4-14　锥形透镜

（3）牛眼透镜

牛眼透镜又称盘形透镜,是定向式透镜。牛眼透镜的作用是使光源辐射的光线,经透镜后,形成与光轴共轴的光柱射出。牛眼透镜一般由圆形平凸透镜、环形折射棱镜和环形折反射棱镜组成。从光学原理上讲,牛眼透镜分为折射牛眼透镜和双射牛眼透镜。折射牛眼透镜由圆形平凸透镜和环形折射棱镜组成,其结构如图 4-15(a)所示。双射牛眼透镜由圆形平凸透镜、环形折射棱镜和环形折反射棱镜组成,规格大、光源利用率高,其结构如图 4-15(b)所示。如图 4-15(c)所示是一种由圆形平凸透镜、环形折射棱镜和环形折反射棱镜组成的板式牛眼透镜。

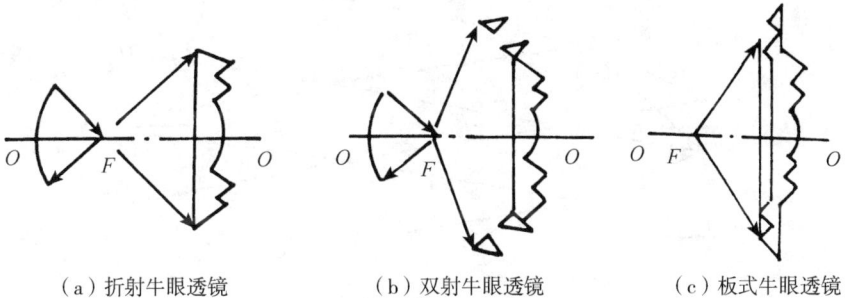

（a）折射牛眼透镜　　　　　　（b）双射牛眼透镜　　　　　　（c）板式牛眼透镜

图 4-15　牛眼透镜

牛眼透镜(如图 4-16 所示)根据应用形式分为固定式和旋转式。固定式牛眼透镜一般用于导灯上。为了充分利用光源,光源后面常装反射镜。旋转式牛眼透镜一般由一组或几组牛眼透镜组成。每一组构成一个面,多组构成一个多面柱体,每组都能射出等亮度的光束,当透镜旋转时,产生闪光效果。旋转式牛眼透镜用于大型灯塔,一般用玻璃磨光制成。

图 4-16　牛眼透镜

3.航标透镜的散射角

如果在透镜的焦点上放置一个点光源,光源辐射的光线经过透镜,形成平行于光轴光线射出。在实际的航标灯器中,光源不是一个点而是一个立体的点的集合。因此,在某一方向上,经过透镜射出的光线为一束与光轴成一定角度的散射光。散射的角度叫散射角,散射角分为垂直散射角和水平散射角。

（1）垂直散射角

由于光源是一个立体的点的集合,因此,在包括透镜纵轴和光轴的垂直平面内。由于光源的高度产生了垂直散射角,其构成原理如图 4-17 所示。

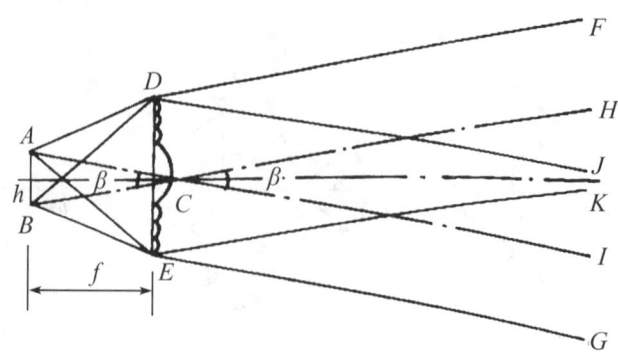

图 4-17　垂直散射角的构成原理

在图中,设 AB 为光源,高度为 h,DCE 为透镜,焦距为 f。从光源最高点 A 发出的光线,经透镜后形成与辅轴 AI 平行的光束 $JDEG$,从光源最低点 B 发出的光线,经透镜后形成与辅轴 BH 平行的光束 $FDEK$,而 A 点与 B 点之间的点发出的光线,经透镜后均落在 $FDEG$ 间。两个光束的夹角 β 就是垂直散射角。垂直散射角可用下式计算:

$$\tan\beta = \frac{h}{f} \tag{4-1}$$

（2）水平散射角

在包括光轴、垂直于纵轴的水平面内,由于光源的宽度产生水平散射角,其原理与垂直散射角产生原理相同。水平散射角 α 用下式计算:

$$\tan\alpha = \frac{b}{f} \tag{4-2}$$

式中:b——光源在水平面上的宽度（mm）。

（3）散射角的作用

散射角的存在减弱了光束的强度,但在航标中也具有一定的优点。垂直散射角可以扩大灯光照射的范围,并且减轻因浮标摇摆而使灯光观察不到的影响。在使用旋转式牛眼透镜时,水平散射角的大小与灯器闪光的持续时间 t 有以下关系:

$$t = \frac{T}{2\pi} \cdot \frac{b}{f} \tag{4-3}$$

式中:T——透镜的旋转周期（s）;

　　b——光源在水平面上的宽度（mm）。

二、颜色滤光器

航标灯器除了使用一些光源直接产生灯光颜色外,有时使用颜色滤光器（Colour filter）从白光中获得各种不同的灯光颜色。

航标中用的颜色滤光器,又称滤光器,通常用颜色玻璃或塑料制成,有红、绿、黄等颜色。

颜色滤光器的形状有平板形、圆筒形和圆弧形三种。平板形颜色滤光器用于牛眼透镜的灯器,圆筒形和圆弧形颜色滤光器用于鼓形透镜的灯器。圆筒形颜色滤光器常用规格如表 4-5 所示。当灯器使用圆弧形颜色滤光器时,存在着半色光角,这与使用遮光板产生半光角原理相同。

表 4-5　圆筒形颜色滤光器常用规格

直径/mm		高度/mm	重量/kg	适用灯器
外径	内径			
184	180	165	0.5	375 mm、500 mm 电闪灯器
141	137	151	0.32	200 mm、300 mm 电闪灯器
84	80	105	0.15	90 mm 电闪灯器

颜色滤光器的透射系数是透过颜色滤光器的光强与原来白光光强的比值。透射系数的大小与颜色滤光器所用玻璃的材质、厚度,有色玻璃中的颜料成分和浓度有关。使用颜色滤光器除了要考虑它的外形尺寸和强度外,在保证需要光色的情况下,透射系数应尽可能大,以获得更大的灯光视距。同样颜色的颜色滤光器,其透射系数值差别较大,更换颜色滤光器时,必须注意透射系数值是否与原来的相同。

灯光透过颜色滤光器后,光强与透射系数成正比例减小,为此对一些灯器应规定颜色滤光器的最小透射系数,以免影响灯光视距。

三、感光元件

为构成日光开关电路,配合闪光器控制灯器白天不工作,夜晚发光,从而节省电源,常用感光元件作为自动控制元件。常用的感光元件有光敏电阻和硅太阳能电池两种。在灯器中,感光元件虽然是组成闪光器的重要元件,但为了直接感受到太阳光,常独立安装于灯器的显著位置上。对于大型灯器,虽然不用闪光器形成闪光,但也用感光元件组成日光开关电路,自动控制灯器的开关。

1.光敏电阻

光敏电阻是利用光导效应制成的电阻。光敏电阻是由半导体构成的,当受到光线照射后,其阻值随着光的强弱而改变。由于光敏电阻对光很敏感、体积小、工作稳定、使用方便,因此广泛用作光电控制元件。制作光敏电阻的材料有许多种,根据材料,光敏电阻分为硅光敏电阻、硒光敏电阻、硫化铝光敏电阻和硫化镉光敏电阻。在可见光领域,硫化隔光敏电阻的灵敏度较好,因此广泛用于自动控制中。

2.硅太阳能电池

硅太阳能电池(Silicon solar cell),即硅光电池,是由硅片经扩散工艺制成的半导体器件,有明显的光生伏打特性,当被光线照射时能产生约 0.5 V 电压,其短路电流由面积大小决定。硅太阳能电池除作为感光元件外,还可作为航标能源。其工作可靠,维护简单,没有污染,具有广泛的应用前景。因此,硅太阳能电池光生伏打机理、特性和其他有关内容将在航标能源章节中详细介绍。

四、遮光板

在布设灯标时,根据航道实际情况,有时需要在灯器上安装具有一定角度的遮光板和圆弧形颜色滤光器。遮光板的作用是将灯器的一部分灯光遮蔽,使灯光局限于规定的范围内发射。圆弧形颜色滤光器可在规定范围内射出所需光色的光束,以标示出安全航道或危险区域。但由于光源不是一个点,而是一个点的集合,可近似看作具有一定高度、一定直径的柱形体。因此,在通过透镜光轴、垂直于纵轴的水平面上,当使用遮光板时产生半光角(如图 4-18 所示),使用圆弧形颜色滤光器时产生半色光角。因为半色光角产生原理、有关计算与半光角的一样,所以下面只讨论半光角。

假设光源直径为 $2r$,要求产生的光弧度为 α,如果光源是一个点,那么只要遮光板安装时

留出 α 的光弧度即可。但因为光源在水平面上是一个圆,所以产生的实际光弧度大于 α,等于 $\alpha+2\Delta\alpha$,$\Delta\alpha$ 就是半光角。

为了标示安全航道或危险区域,半光角应在允许范围内,一般不超过 $1°$,并在设计时将半光角置于安全航道或危险区域内。当然,遮光板离光源越远,半光角 $\Delta\alpha$ 越小。

为了使光弧度的精度比较高,半光角应在一定范围内,为此可根据光源直径、透镜焦距等参数计算遮光板应离开光源的距离。

1.遮光板离开光源的距离 L 的计算

从图 4-18 可知:

$$\sin\Delta\alpha=\frac{r}{L}$$

$$L=\frac{r}{\sin\Delta\alpha}$$

如需 $\Delta\alpha\leqslant1°$,则:

$$L\geqslant\frac{r}{0.017\ 5} \tag{4-4}$$

2.遮光板高度 H_1 的计算

从图 4-19 可知,当根据规定的半光角计算出遮光板离开光源的距离 L 时,即已知遮光板与透镜距离 l 时,由于光源存在着垂直散射角,为使光源光束不越出遮光板,遮光板应有一定高度。如光源高度为 h,透镜高度为 H,透镜焦度为 f 时,遮光板高度 H_1 可用下式计算:

$$H_1=H+\frac{h}{f}\cdot l \tag{4-5}$$

式中:$l=L-f$。

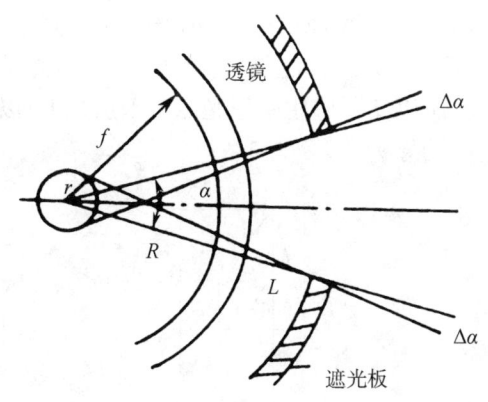

图 4-18　半光角的产生原理

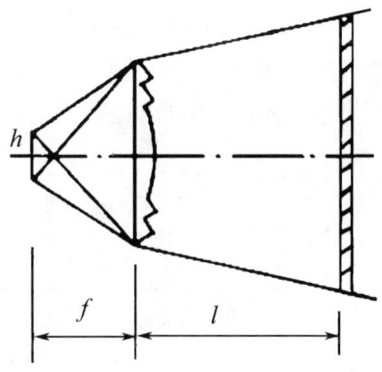

图 4-19　遮光板高度的计算

五、反射镜

航标灯器中所用的反射镜(Mirror)是一种反射器,具有将入射光的光通量大多数通过规律的反射而折转到新方向的特性。反射镜根据反射面的形状分球面反射镜和抛物面反射镜两种。球面反射镜适用于固定或旋转的航标灯器;抛物面反射镜常用于定向的导标。反射镜用金属或玻璃制成,反射面镀铝、铬或银以提高反射系数。一般来说,当白炽灯泡作为光源时,镀铝抛光反射镜和镀银反射镜可使原光强度增加0.4倍,镀铬反射镜可使原光强度增加0.2倍。

1.球面反射镜

如图4-20所示为球面反射镜。MN为反射面,球面中心即反射镜的曲率中心为O,反射镜的焦点为F,焦距为f,焦距f为曲率半径R的一半,角α称角孔径,D称光孔。

如在焦点F上置一光源,光线经MN面反射,形成与光轴平行的光线射出。根据射线行径可逆性原理,如光线平行于光轴方向入射到MN面上经反射,反射光线必通过F点。由于球面反射镜存在着很大的球面像差,特别当角孔径较大,也就是光孔较大时,平行于光轴方向入射的光线经MN面反射不会全部聚于一点F,而是形成一个散焦面;反之,在F点上的光源,经MN面反射后,并不全部平行于光轴射出。为此,在实际应用中,不是把光源置于焦点上,经反射形成与光轴平行的光线,而是把光源置于曲率中心上,使光线经反射面反射,返回光源上,从而增加光源的光强。

2.抛物面反射镜

如图4-21所示为抛物面反射镜。OO'是抛物面反射镜的光轴,F是焦点,焦距为f,D是发光口的直径,H是反射镜的深度,α是反射镜的平面包角。平面包角大小表明了反射镜的深度大小,一般称$2\alpha \geq 180°$为深抛物面反射镜,$2\alpha < 180°$为浅抛物面反射镜。

如有一束平行于光轴的光线入射到反射器上,经过MN面反射,反射光线必通过焦点F。根据射线行径可逆性原理,位于焦点F处光源所产生的光线,经反射镜反射,形成与光轴平行的光束射出。因为抛物面反射镜的球面像差较小,所以实际应用中把光源置于焦点上,以产生平行于光轴的光线。为此,抛物面反射镜用于定向的导标。

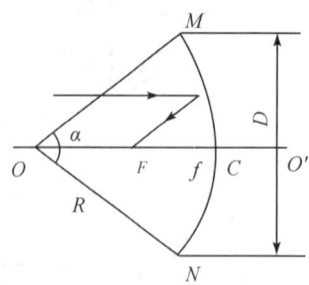

图4-20　球面反射镜

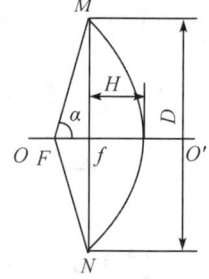

图4-21　抛物面反射镜

第五节 闪光器与自动换泡器

闪光器和自动换泡器是航标灯器中的重要组成部件。闪光器(Flasher)是控制灯器的光源使其产生具有所需节奏和周期的灯光部件。根据工作原理,闪光器分为电动闪光器、重型闪光器、半导体闪光器和数字电路闪光器。自动换泡器(Lampchanger)是自动调换损坏的灯泡,使灯器连续正常发光的部件。根据工作原理,自动换泡器分为电气机械换泡器和电子换泡器。

一、电动闪光器

电动闪光器,简称电闪器,是具有一定灵敏度的小型直流电动机,自身耗电极小,为 1～6 mA。电动闪光器接上电源后,开始转动,经减速齿轮减速,推动闪光桃板,桃板上刻有凹进凸出的齿形成灯光节奏和周期,用来推动光源开关触片,接通或断开电路,使光源产生所需节奏和周期的灯光。改变桃板,可改变灯光的节奏和周期。电动闪光器由于机械传动部件多,易磨损和损坏,工作不可靠,所以现已很少使用。

1.技术性能

常用的电动闪光器有四种规格,线圈和容许工作电压不同,但工作原理与结构相同。常用的电动闪光器规格和性能如表 4-6 所示。

表 4-6 电动闪光器规格和性能

规格/ V	容许工作 电压/V	工作电流/ mA	线圈数据				用途
			漆色标志	漆包线 直径/mm	圈数	绕组电阻/ Ω	
4.5	4.0～6.0	3.0～6.0	黄	φ 0.16	1 200±10	150	90 mm 灯器
6.0	4.8～8.0	1.5～6.0	绿	φ 0.16	1 500±10	190	90 mm、200 mm 灯器
12.0	10.0～14.0	1.0～4.0	红	φ 0.10	2 600±10	750	200 mm、300 mm 灯器
24.0	22.0～26.0	0.6～3.0	黑	φ 0.10	3 400±10	900	需 24 V 电源时

工作温度:−30～+50 ℃;灯触点容量:6～12 V,2 A;闪光周期:桃板每转(12±0.5)s;电压变化 40% 时,桃板转速变化<0.5 s。

2.结构与工作原理

电动闪光器主要由电动机、调速器、桃板开关组成。详细结构如图 4-22 所示。

电动闪光器电路如图 4-23 所示,工作原理如图 4-24 所示。电动机的组装部位在电动闪光器的中部。电动机主要由两个线圈和两块永久磁钢组成。线圈 C_1 和 C_2(如图 4-22 中的 34 所示)构成电动机的定子。两线圈绕线方向相反,且轮流导电。线圈 C_1 上端电流向外,当它导电时,根据右手螺旋定则,其外端是 N 极,内端与 C_2 相连处是 S 极;线圈 C_2 则相反,上端电流向内,故当它导电时,其外端也是 N 极,另一端是 S 极。因为这两个线圈是轮流导电的,所以在线圈两端交替出现 N 极和 S 极,形成了旋转磁场。从图 4-24 可见,线圈电流的通断是通过

触片 T_1、T_2 来完成的。电容器(如图 4-22 中 62 所示),用来消除因触片 T_1、T_2 断开时线圈上的自感应电压产生的火花,保证接触良好。

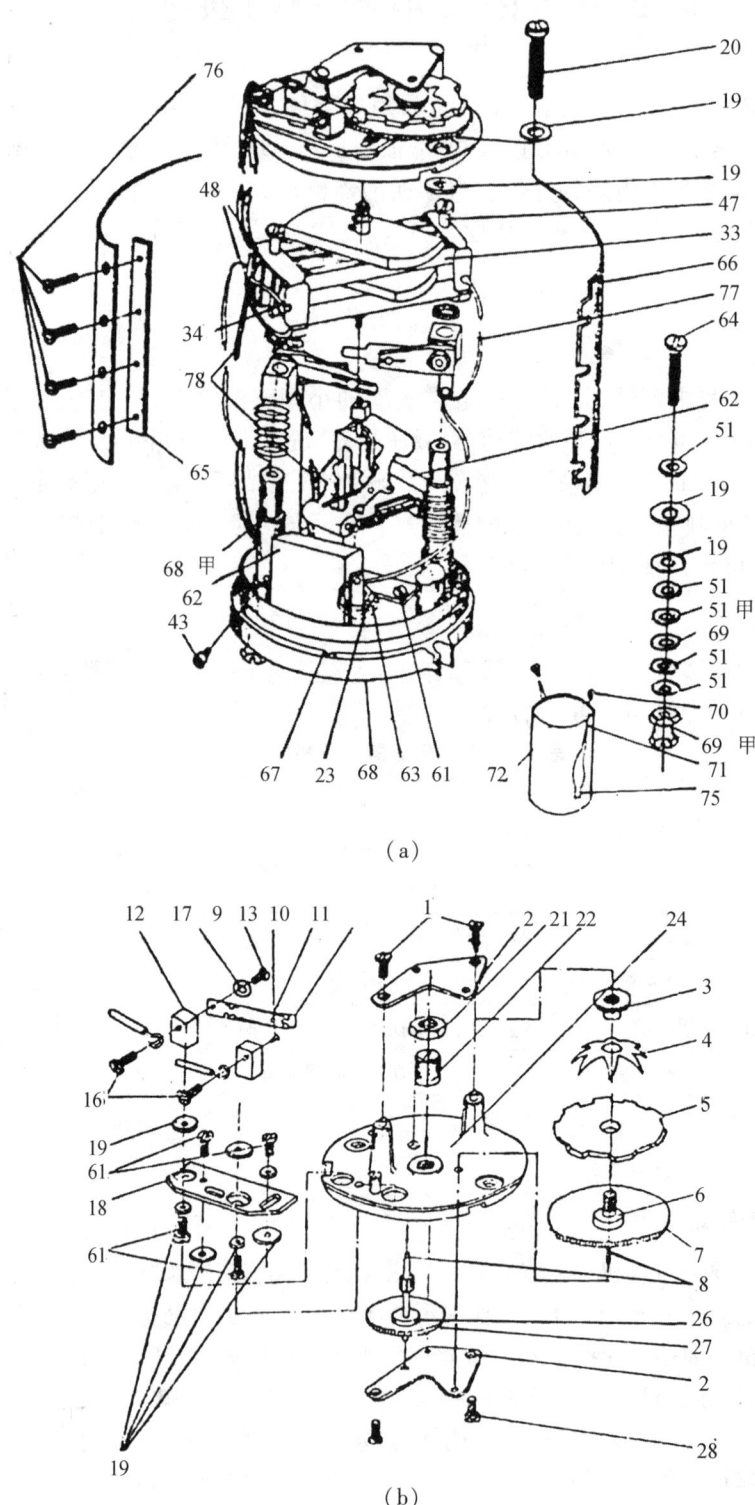

（a）

（b）

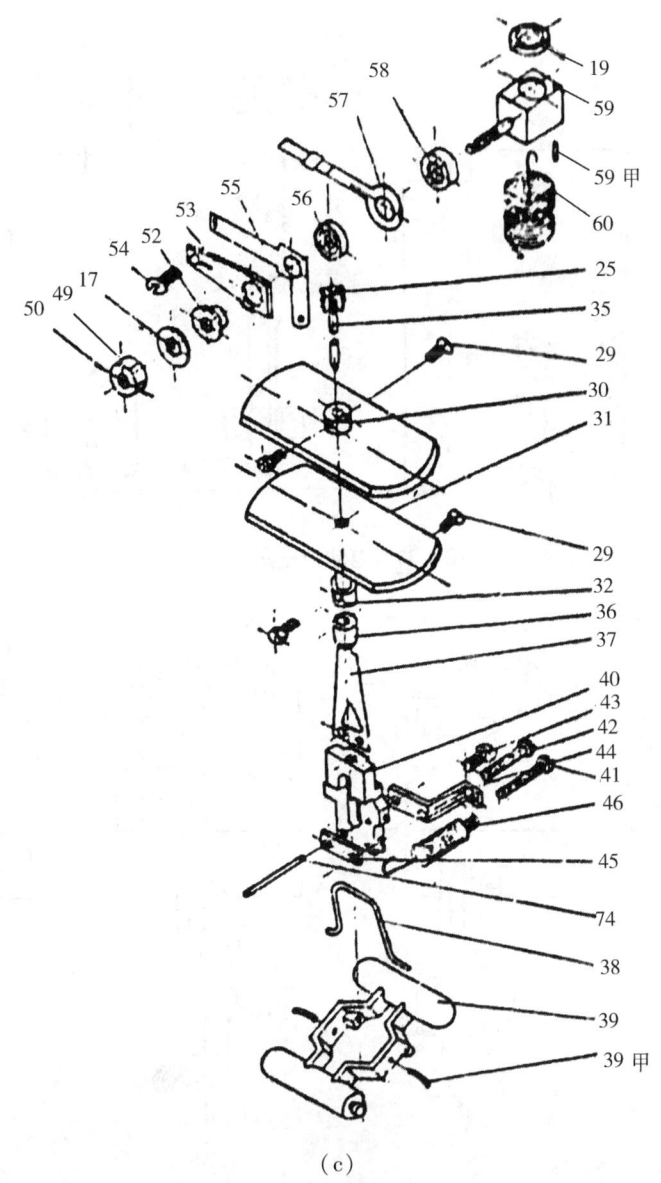

（c）

图 4-22　电动闪光器的结构

1—上轴承板螺钉;2—轴承板;3—桃板螺母;4—梅花垫;5—桃板;6—桃板齿轮颈圈;7—桃板齿轮;8—齿轮轴心;9—螺钉;10—灯上接触马;11—灯上接触片;12—灯上接触片桩柱;13—灯上接触点;16—螺钉;17—铜垫圈;18—绝缘垫板;19—绝缘垫圈;20—定位螺钉;21—钢珠杯螺母;22—上钢珠杯;23—钢珠盖板;24—盖板;25—主齿轮;26—60 牙齿轮颈圈;27—60 牙齿轮;28—轴承板平头螺钉;29—磁钢柱头螺钉;30—上磁钢座;31—磁钢;32—下磁钢座;33—胶木线圈架;34—线圈;35—主轴;36—偏心圈;37—偏心弹簧片;38—调速器轭;39—调速飞球架;39 甲—钢丝;40—调速器中央板;41—螺钉;42—螺钉;43—螺钉;44—调速器弹簧架;45—弹簧架夹板;46—调速弹簧;47—线圈夹与螺钉;48—线圈夹马;49—摇攀颈圈;50—摇攀螺母;51—铜垫圈;51 甲—弹簧垫圈;52—胶木垫圈;53—接触校正片;54—接触校正螺钉;55—接触片;56—接触片绝缘垫圈;57—弹簧接触片;58—摇攀主圈;59—接触片摇攀螺钉;59 甲—止柱;60—摇攀弹簧;61—螺钉;62—电容器;63—下钢珠杯;64—螺钉;65—防尘罩封条;66—防尘罩;67—保护橡皮圈;68 甲—电闪器底板;68—止钉;69—电源桩固定螺母;69 甲—电源柱上螺母;70—辊花螺母;71—外壳螺钉;72—外壳;74—调速止杆;75—铝铆钉;76—螺钉;77—软接线;78—硬接线连套管

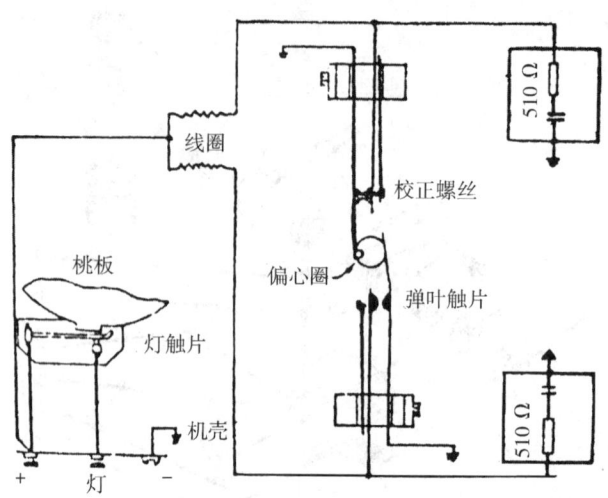

图 4-23   电动闪光器电路

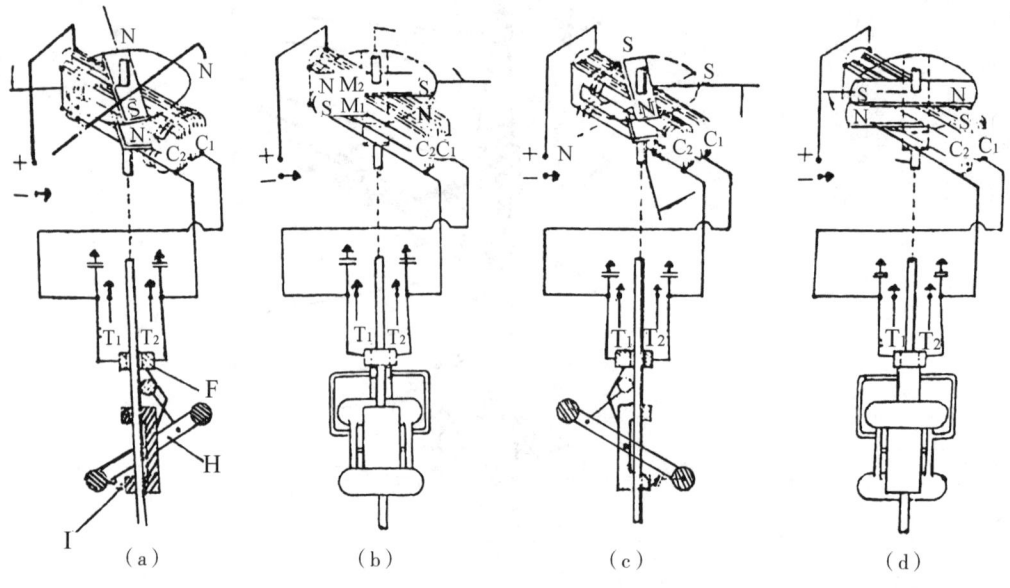

图 4-24   电动闪光器工作原理

电动机的转子由磁钢 M_1 和 M_2（如图 4-22 中的 31 所示）组成。M_1 装在线圈中间，M_2 装在线圈上面，M_2 平行于 M_1，且两端极性和 M_1 相反。M_2 与 M_1 组成磁回路，使 M_1 不易消磁，并保证电动闪光器停转时，磁钢处于图 4-25 所示位置，以保证启动灵敏。

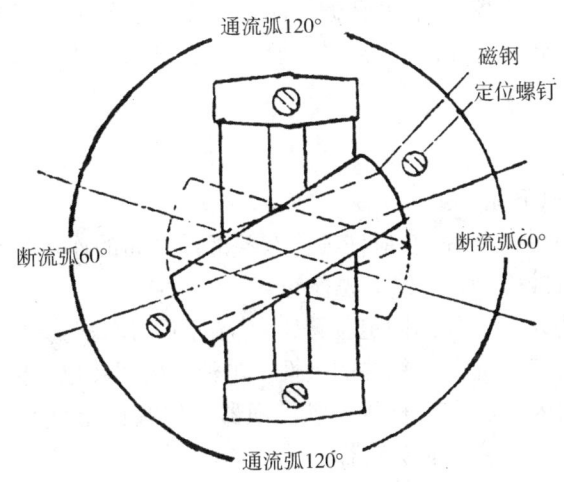

图4-25　电动闪光器启动时磁钢位置

调速器在电动闪光器下部,由偏心圈F(如图4-22中的36所示)和飞球调速器H(如图4-22中的38、39所示)等组成。偏心圈F安装在主轴下部,当主轴转动时,它能开闭触片T_1和T_2,使线圈C_1和C_2轮流导电。偏心圈由飞球调速器控制,当转速偏高时,飞球因离心力增加而弹出,弹簧片将偏心圈推至中间,以减小其偏心度,借此改变与触片T_1和T_2闭合时间的长短,改变转矩,使转速得以稳定。调节调速弹簧I(如图4-22中的46所示),可改变飞球的弹力,从而改变电动闪光器的转速,即调节了闪光周期。桃板开关部分在电动闪光器上部,由两对减速齿轮、闪光桃板、灯接触片等组成。闪光桃板(如图4-22中的5所示)是由胶木板制成带凸齿的圆盘,转动时,依靠凸齿压合灯接触片接通电路使光源发光。因此,凸齿数就是闪光次数,改变凸齿数可改变灯器的灯质。

为了更清楚地了解电动闪光器的工作原理,请看图4-24。电动闪光器在停转时,磁钢应在图4-24的(a)或(c)所示位置。现在从位置(a)开始说明工作原理。

位置(a):触片T_1闭合,线圈C_1导电,线圈上端电流向外,磁钢M_1和M_2构成磁场。根据电动机左手定则,线圈受力方向向外,但因线圈是固定的,而磁钢装在轴上可转动,故磁钢受反作用力逆时针旋转。

位置(b):磁钢逆时针转过一个角度后,偏心圈使触片T_1开路,两个线圈均不导电,但因惯性磁钢仍继续按逆时针方向旋转,滑过断电点。

位置(c):偏心圈使触片T_2闭合,线圈C_2导电,线圈上端电流向里,同样根据电动机左手定则,线圈受力方向向外,而磁钢受反作用力逆时针旋转。

位置(d):磁钢逆时针转过一个角度后,偏心圈使触片T_2开路,两线圈均不导电,但因惯性磁钢仍继续按逆时针方向旋转,并重复上述过程。

由以上分析可知,电动闪光器在一周中,磁钢转到图4-24的位置(a)和(c)时是通电产生动力的;转到位置(b)和(d)时是不通电的,磁钢靠惯性旋转。

电动闪光器停转时,磁钢应停在图4-24的(a)和(c)位置,才能保证下次顺利启动,为此加定位螺钉,如图4-25所示。

磁钢转一周,在两个120°角的弧上电路闭合,称最大通流弧;在两个60°角的弧上电路断开,称最小断流弧。电动闪光器在启动时,偏心圈使触点处在最大的通流弧度上,故启动电流较大,约 30 mA。正常运转时飞球因离心力拉动偏心圈,自动使通流弧度逐渐减少,直到规定转速时,工作电流仅需 1~6 mA。

3.安装和使用

安装和使用应注意以下几点:

(1)在将电动闪光器装入灯壳前,应仔细检查各部件之间的连接是否紧固,通电试验运转是否正常,闪光周期是否准确,如异常,应先检修。

(2)灯壳内有安装电动闪光器的固定位置,将其装入后,用螺母紧固,使其不摇晃。

(3)接线时要注意电动闪光器接线柱的极性。电池正极线接电动闪光器的"+"柱,负极线接电动闪光器外壳,电动闪光器"灯"柱接自动换泡器。如有日光开关,电动闪光器"灯"柱接日光开关进线,日光开关出线接自动换泡器;

(4)电动闪光器安装好后,应接通电源,使其发光,观察灯光的节奏和周期;

(5)对暂不使用的电动闪光器,保管时应注意干燥、通风、防止撞摔。

二、重型闪光器

重型闪光器主要用于灯桩或小型灯塔等固定标志的灯器中。

重型闪光器包括电动重型闪光器和半导体重型闪光器两种。半导体重型闪光器在下节介绍,这里主要介绍电动重型闪光器。

上节介绍的电动闪光器由于产生的转矩小,灯开关接触片容量不大,因此不能控制大型电闪灯器,为此代之产生了电动重型闪光器,简称重闪器。因为电动重型闪光器是在电动闪光器的基础上发展起来的,所以下面只讲其结构、调整等内容。

1.电动重型闪光器的结构

电动重型闪光器的结构如图 4-26 所示。电动重型闪光器实际上是两只电动闪光器并联,用齿轮间接配合传动桃板,桃板凸处推动连杆,使连杆上两个水银开关来回倾斜,从而接通、断开电路,控制光源闪光。

电动重型闪光器的结构特点是:用两只电动闪光器来增加转矩。用水银开关来提高灯开关接触片容量。当两只电动闪光器的转速稍有差别时,齿轮不会轧住,若一只电动闪光器损坏停转,则另一只照常工作。

水银开关外壳是一个真空密封的玻璃管,内部有两个金属触点,当玻璃管摆动时,管内水银因重力倾向一方,使触点通路或断路。由于触点在真空中,故不易氧化烧蚀,同时因水银流动快,能迅速灭弧。水银开关耐压为 250 V,容许电流为 10 A。为了保证可靠性,常将两个水银开关并联使用。电动重型闪光器有 12 V 和 24 V 两种,常用的是 12 V 的,如加整流器可用220 V 交流电源。

2.电动重型闪光器的调整

电动重型闪光器的水银开关和连杆装置要求调整正确,即水银开关的闭合和断开必须同步,否则会使闪光时间不准,发生抖动或不稳定现象。其调整方法如下:

（1）将电动重型闪光器放稳，保持水平，然后旋松水银开关锁紧螺钉。

（2）把连杆上触头放在中间，将其紧固，把两个平衡铁碰到橡皮柱上，然后用螺钉锁紧。

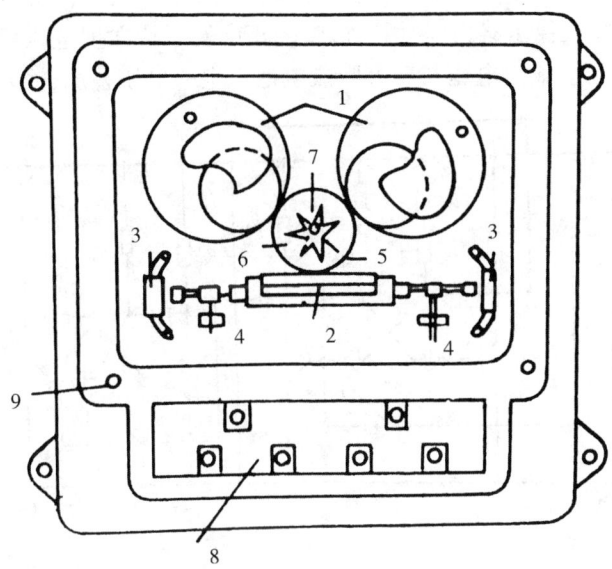

图 4-26　电动重型闪光器的结构

1—电动重型闪光器；2—连杆；3—水银开关；4—平衡铁；5—触头；6—桃板；7—弹簧螺钉；8—接线盒；9—弹簧螺栓

（3）将触头对准桃板凹处，调整水银开关倾斜位置，使水银稍许离开触点一点，将水银开关锁紧螺钉锁紧。两个水银开关要分别进行调整。

（4）将触头对准桃板凸处，检查水银开关触点是否正好相接；否则，要重新调整水银开关的倾斜位置。

（5）接上电源及光源，使电动重型闪光器工作，务使正好在桃板凸处水银开关触点相接而发光，而在桃板凹处水银开关断开而灯灭。如无灯光抖动现象，则表示水银开关已调整好。

（6）再次将锁紧螺钉锁紧。在盖上外壳时，注意不要使外壳压住水银开关的软接线，以免影响水银开关的摆动。

三、半导体闪光器

半导体闪光器是由半导体器件组成的闪光器。以前常用的半导体闪光器有半导体白炽闪光器、半导体重型闪光器、半导体霓虹闪光器。

半导体闪光器是由分立的半导体器件组成的。随着大规模集成电路的广泛应用，半导体闪光器开始逐渐被集成电路闪光器所取代，但半导体闪光器的工作原理依然是集成电路闪光器工作的基础。由于各种半导体闪光器都具有许多不同形式的电路结构，因此下面只能通过一些典型电路来介绍各种半导体闪光器的组成和工作原理。

1.半导体单双闪白炽闪光器

半导体单双闪白炽闪光器主要由日光开关、单双闪时间脉冲发生器和功率开关三部分组成。图 4-27 是它的电路原理图。

（1）日光开关

日光开关由电容 C_2、电阻 R_1 和 R_2、电位器 W_1、二极管 D_1、三极管 BG_1、硅太阳能电池组成。R_1 和 D_1 组成并联式稳压器，它利用二极管的正向稳压特性把电压稳定在 0.7 V，W_1 可调节其稳压器的输出电压。输出电压与硅太阳能电池产生的电压叠加，输入 BG_1 的基极。

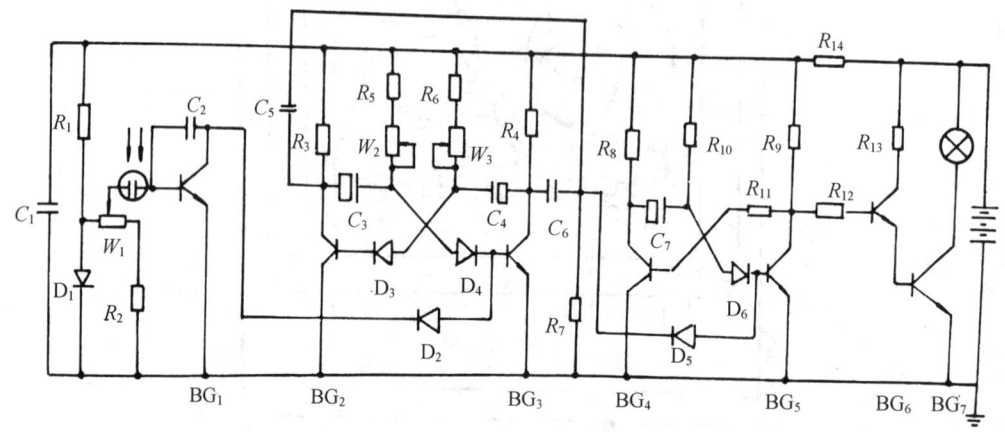

图 4-27　半导体单双闪白炽闪光器电路原理图

BG_1 是个反相器，当基极电压大于 0.7 V 时，BG_1 完全导通，BG_1 集电极接地，单双闪时间脉冲发生器停止工作，白炽光源不闪光。当基极电压小于 0.5 V 时，BG_1 截止，单双闪时间脉冲发生器正常工作，白炽光源正常闪光。

注意：硅太阳能电池的正极应接 BG_1 基极，负极接 W_1 中性头。调节 W_1 可调节日光开关灵敏度，如图 4-27 所示，中性头向左，灵敏度高；中性头向右，灵敏度低。一般日光开关的灵敏度调在 300 lx。C_2 的作用是减少日光开关的傍晚或拂晓时乱闪光的临界现象。

（2）单双闪时间脉冲发生器

单双闪时间脉冲发生器由多谐振荡器、微分电路、单稳态触发器三部分组成。电阻 R_3、R_4、R_5、R_6，电容 C_3、C_4，电位器 W_2、W_3，二极管 D_3、D_4，三极管 BG_2、BG_3 组成集基耦合多谐振荡器。电容 C_5、C_6，电阻 R_7 组成微分电路。电阻 R_8、R_9、R_{10}、R_{11}，电容 C_7，二极管 D_6，三极管 BG_4、BG_5 组成集基耦合单稳态触发器。

参看图 4-28，单双闪时间脉冲发生器工作原理如下，接上电源，多谐振荡器开始工作，三极管 BG_2、BG_3 交替工作，在 BG_2 和 BG_3 的集电极输出如图 4-28（a）、（b）所示的方波信号，其电压幅值为 E，宽度 $T_1 = 0.7(R_6 + W_3)C_4$，$T_2 = 0.7(R_5 + W_2)C_3$。T_1 和 T_2 的大小通过调节电位器 W_2 和 W_3 实现。因为电容 C_3 和 C_4 充电有一个过程，所以 BG_2 和 BG_3 集电极输出的方波信号上升比较大，上升沿的时间分别是 $3R_3C_3$ 和 $3R_4C_3$。BG_2 集电极输出方波信号经过微分电路，得正、负两个尖脉冲，如图 4-28（c）所示。BG_3 集电极输出方波信号经过微分电路同样得正、负两个尖脉冲，如图 4-28（d）所示。这两组正、负尖脉冲，由于两个集电极输出方波信号的上升沿因电容充电产生失真，正尖脉冲的幅值明显比负尖脉冲幅值小。两组正、负尖脉冲经合成得到如图 4-28（e）所示的一组双闪负脉冲。这组双闪负脉冲加到单稳态触发器中 BG_5 的基极，触发单稳态触发器，基极输入一个负脉冲，BG_2 的集电极输出一个正方脉冲，如图 4-28（f）

所示。这样的双闪时间脉冲加到功率开关,光源即产生双闪光。

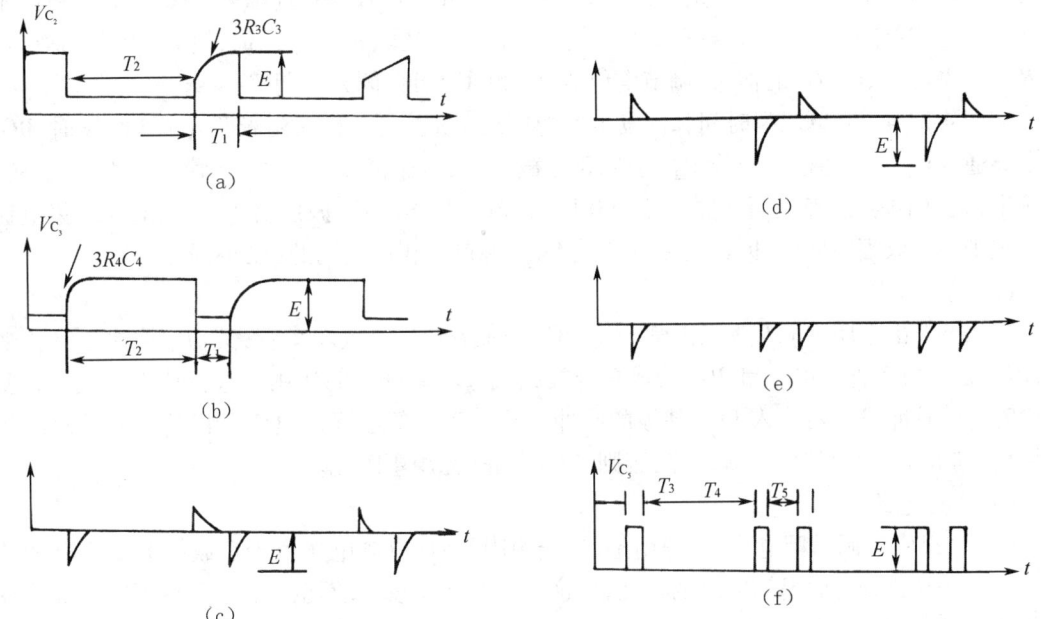

图 4-28　波形示意图

我国海区水上助航标志的双闪灯质有两种:一种是 6 s 双闪,另一种是 5 s 双闪。现以 6 s 双闪为例来说明是如何实现的。6 s 双闪是 0.5 s 亮+1 s 暗+0.5 s 亮+4 s 暗,参看图 4-28(f)。

$$T_3 = 0.7 R_{10} C_7$$
$$T_5 = T_1 - T_3 = 0.7 (R_6 + W_3) C_4 - 0.7 R_{10} C_7$$
$$T_4 = T_2 - T_3 = 0.7 (R_5 + W_2) C_3 - 0.7 R_{10} C_7$$

其中,

$$T_3 = 0.5 \text{ s}$$
$$T_5 = T_1 - T_3 = T_1 - 0.5 \text{ s} = 1 \text{ s}$$
$$T_1 = 1.5 \text{ s}$$
$$T_4 = T_2 - T_3 = T_2 - 0.5 \text{ s} = 4 \text{ s}$$
$$T_2 = 4.5 \text{ s}$$

即:

$$T_3 = 0.7 R_{10} C_7 = 0.5 \text{ s}$$
$$T_1 = 0.7 (R_6 + W_3) C_4 = 1.5 \text{ s}$$
$$T_2 = 0.7 (R_5 + W_2) C_3 = 4.5 \text{ s}$$

从以上公式可见,只要适当选取 R_{10}、C_7,可使 T_3 为 0.5 s。适当选取 R_6、W_3、C_4、R_5、W_2、C_3,并调节 W_2 和 W_3,可使 T_1 为 1.5 s,T_2 为 4.5 s,这样可得到 6 s 双闪灯质。

如果想得到单闪灯质,只要在图 4-27 中去掉任一微分电容 C_5 或 C_6 即可。若去掉微分电容 C_6,BG$_3$ 的集电极电压不能加到下一级,只有 BG$_2$ 的集电极电压能加到下一级,这时加到单

稳态触发器中 BG_5 基极只有单一负尖脉冲,使 BG_5 的集电极产生一个方脉冲,从而驱动功率开关产生单闪光。此时 $T_3 = 0.7R_{10}C_7$,$T = T_1 + T_2 = 0.7(R_6 + W_3)C_4 + 0.7(R_5 + W_2)C_3$。我国海区水上助航标志的单闪灯质是 0.5 s 亮 + 3.5 s 暗。同样,适当选取 R_{10}、C_7 的值,使 $T_3 = 0.5$ s,适当选取 R_5、R_6、W_2、W_3、C_3、C_4 的值,并调节电位器 W_2 和 W_3,可使闪光周期 $T = 4$ s。

从图 4-27 可知,单双闪时间脉冲发生器受日光开关控制。白天当光照大于 300 lx 时,BG_1 完全导通,BG_3 基极通过二极管 D_2 接地,BG_3 截止,多谐振荡器不工作,单稳态触发器的 BG_5 无输出,光源不闪光;晚上当光照小于 300 lx 时,BG_1 截止,多谐振荡器正常工作,BG_5 集电极输出规则的单双闪时间脉冲,经功率开关放大,光源产生相应规则的单双闪光。

（3）功率开关

功率开关由电阻 R_{12}、R_{13},三极管 BG_6、BG_7 组成。BG_7 是大功率管,其功率取决于光源功率,BG_6 是中功率管。BG_6 和 BG_7 接成复合放大式。功率开关的作用是进行功率放大。只要单双闪时间脉冲发生器输入 BG_6 基极的脉冲电流大于或等于光源电流除以功率开关总的放大倍数,则 BG_7 完全导通,光源闪光;否则,BG_7 截止,光源不闪光。

（4）其他电路

C_1、R_{14} 组成电源退耦电路,其作用是,当光源闪光时,电源电压由于负载的突变将有大的跌落,产生干扰脉冲,而退耦电路的存在,使这种干扰脉冲减小,不至于影响单双闪时间脉冲发生器的正常工作。

D_3、D_4、D_6 隔离二极管的作用是,保护相应三极管的基极,使之在电容放电时,不被反向电压击穿,同时也提高了闪光周期的稳定性。

2.半导体双泡多闪白炽闪光器

半导体双泡多闪白炽闪光器电路原理如图 4-29 所示。

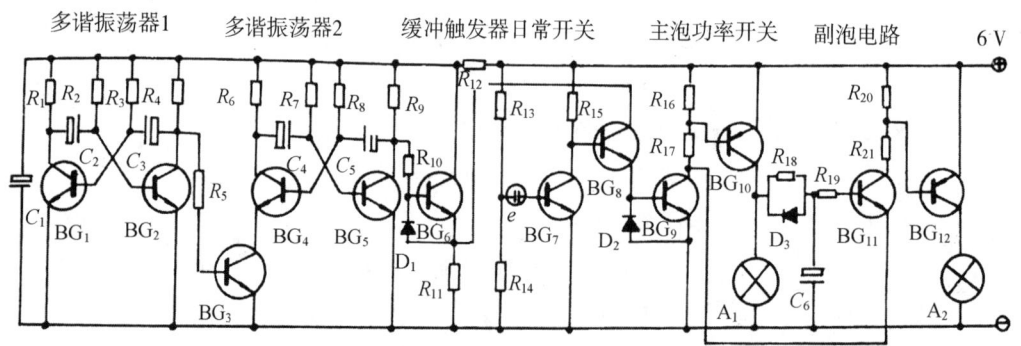

图 4-29　半导体双泡多闪白炽闪光器电路原理图

半导体双泡多闪白炽闪光器由日光开关、多谐振荡器 1、多谐振荡器 2、缓冲触发器日常开关、主泡功率开关和副泡电路组成。闪光器可接两只灯泡,在正常情况下发光的灯泡称主泡,备用的灯泡称副泡。主泡工作时,副泡备用。当主泡损坏时,电路自动换泡,副泡工作。

（1）日光开关

日光开关由电阻 R_{13}、R_{14},硅太阳能电池和三极管 BG_7 组成。电源经 R_{13} 和 R_{14} 分压加到硅太阳能电池上。白天当太阳光照使太阳能电池产生的电压与经 R_{13} 和 R_{14} 分压所得的电压叠加大于 0.7 V 时，BG_7 导通，使 BG_8 基极接地，BG_8 截止，BG_9 截止，BG_{10} 截止，主泡不亮。晚上太阳能电池不产生电压，BG_7 基极电压小于 0.7 V，BG_7 截止，BG_8 导通，BG_9 和 BG_{10} 是否导通取决于 BG_8 集电极信号。

（2）多谐振荡器

多谐振荡器 1 由电阻 R_1、R_2、R_3、R_4，电容 C_2、C_3，BG_1 和 BG_2 组成。当电源接通时，多谐振荡器 1 就工作，从 BG_2 集电极输出如图 4-30（a）所示的方波。

多谐振荡器 2 由电阻 R_5、R_6、R_7、R_8、R_9，电容 C_4、C_5，三极管 BG_3、BG_4 和 BG_5 组成。多谐振荡器 2 的起振由外电路控制，当 BG_2 集电极输出低电平时，BG_3 截止，多谐振荡器 2 不工作；当 BG_2 集电极输出高电平时，BG_3 导通，多谐振荡器 2 工作。BG_5 集电极输出如图 4-30（b）所示的脉冲（为双闪灯质）。

（3）缓冲触发器日常开关

缓冲触发器日常开关由电阻 R_{10}、R_{11}，二极管 D_1，三极管 BG_6 组成。当 BG_5 集电极输出低电平时，BG_6 截止，BG_8 集电极接地；当 BG_5 集电极输出高电平时，BG_6 导通，BG_8 集电极接高电平。

（4）主泡功率开关

主泡功率开关由电阻 R_{15}、R_{16}、R_{17}，二极管 D_2，三极管 BG_8、BG_9、BG_{10} 组成。在 BG_7 截止和 BG_8 集电极输入高电平时，BG_8 导通，BG_9 导通，，BG_{10} 导通，主泡亮。因为 BG_{10} 集电极输出波形与图 4-30（b）相同，所以主泡产生相同闪光。

（5）副泡电路

副泡电路由电阻 R_{18}、R_{19}、R_{20}、R_{21}，电容 C_6，二极管 D_3，三极管 BG_{11} 和 BG_{12} 组成。当 BG_{10} 导通时，由于主泡电阻小，BG_{10} 集电极流出电流绝大部分流经主泡，供主泡亮。只有极少电流经 R_{18} 分为两路，一路向 C_6 充电，另一路通过 R_{19} 触发 BG_{11}，但电流微弱，BG_{11} 截止，BG_{12} 截止，副泡不亮。如主泡损坏，BG_{10} 集电极给 C_6 和 R_{19} 加高电平，当给 C_6 充满电后，BG_{11}、BG_{12} 导通，副泡工作。

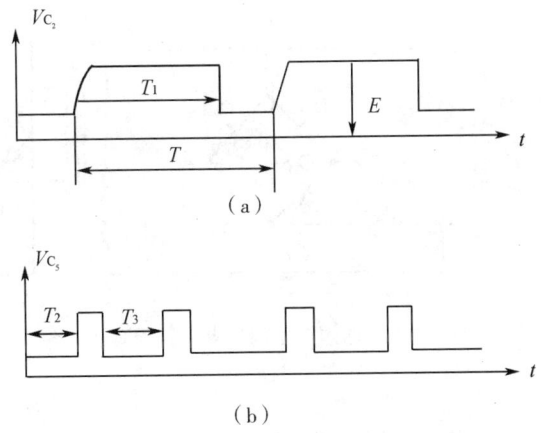

图 4-30　波形示意图

从上面分析可知，多谐振荡器 1 的振荡周期就是灯光的闪光周期 T。多谐振荡器 2 的振荡周期决定了灯光的"明"时和"暗"时，其中：

$$T = 0.7R_2C_2 + 0.7R_3C_3$$

$$T_1 = 0.7R_2C_2$$

$$T_2 = 0.7R_7C_4$$

$$T_3 = 0.7R_8C_5$$

这样,调节电路中 R_2 的值,就可使多谐振荡器2在 T_1 时间内振荡一次、两次或三次,以至于形成单闪、双闪或多闪灯质。如需快闪,将 R_5 断开,短路 BG_3 的发射极和集电极即可;如需单闪,将 R_5 断开,短路 BG_3 的发射极和集电极,并调节 C_4 和 C_5 或 R_7 和 R_8 即可。

3.半导体重型闪光器

如图 4-31 所示是半导体重型闪光器电路原理图。半导体重型闪光器由日光开关、单双闪时间脉冲发生器、交流功率开关和直流电源组成。从图 4-30 可知,日光开关、单双闪时间脉冲发生器与本节第一部分所介绍的半导体单双闪白炽闪光器完全相同,所以这里主要介绍交流功率开关和直流电源。

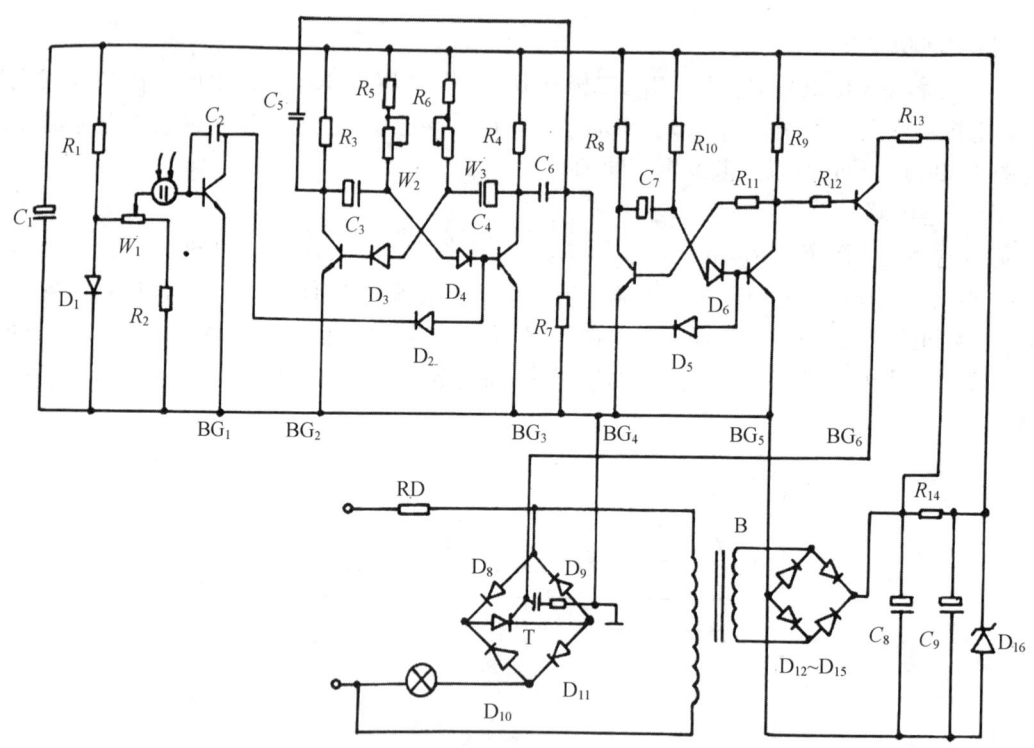

图 4-31　半导体重型闪光器电路原理图

(1)交流功率开关

交流功率开关由大功率硅整流二极管 D_8、D_9、D_{10}、D_{11},晶闸管 T,保险丝 RD、电阻和电容组成。四只大功率硅整流二极管组成桥式整流电路,把 220 V 交流变成全波脉冲直流。晶闸管 T 起开关作用。交流功率开关工作原理是,当晶闸管控制极加正向脉冲信号时,晶闸管导通。若交流电源为上正下负,电流经 RD、D_8、T、D_{11} 到光源,光源工作;若交流电源为上负下正,电流经光源、D_{10}、T、D_9、RD 构成回路,光源工作。当晶闸管控制脉冲信号为零时,晶闸管截止,桥式整流电路不工作,光源不亮。

从本节"半导体单双闪白炽闪光器"中已知,BG_5 集电极输出如图 4-28(f)所示的正方脉冲,通过 BG_6 的导通或截止,把具有相同波形的电源电压加到晶闸管 T 的控制极,从而使光源产生与图 4-28(f)所示波形相同的闪光。

(2)直流电源

直流电源由降压变压器 B,整流二极管 D_{12}、D_{13}、D_{14}、D_{15},电阻 R_{14},电容 C_8、C_9 和稳压二极管组成。降压变压器 B 把 220 V 交流电压变为低压交流。四只整流二极管组成桥式整流电路,把低压交流整流为脉动直流。电阻 R_{14} 和电容 C_8、C_9 组成 π 型滤波网络,将脉动直流滤为平滑直流。平滑直流经稳压二极管 D_{16} 稳压,以一个恒定电压供给日光开关和单双闪时间脉冲发生器。

(3)缓冲触发器

缓冲触发器由电阻 R_{12}、R_{13} 和三极管 BG_6 组成。单双闪时间脉冲发生器输出信号通过 BG_6 加到晶闸管 T 的控制极。缓冲触发器可减小交流功率开关对单双闪时间脉冲发生器的影响。半导体重型闪光器工作电压是交流 220 V,配用光源为交流 220 V、1 000 W 白炽灯泡。

4.半导体霓虹闪光器

半导体霓虹闪光器与霓虹灯管一起组成半导体霓虹闪光灯。因为霓虹灯管自身能发出不同光色,所以不需颜色滤光器。半导体霓虹闪光器与半导体白炽闪光器一样,根据电路组成不同,可制成单闪、双闪和多闪闪光器。下面仅以半导体霓虹双闪闪光器为例,介绍电路的组成与工作原理。

半导体霓虹双闪闪光器电路原理如图 4-32 所示。电路由稳压器、多谐振荡器、微分电路、单稳态触发器、缓冲触发器、日光开关和直流变换器组成。

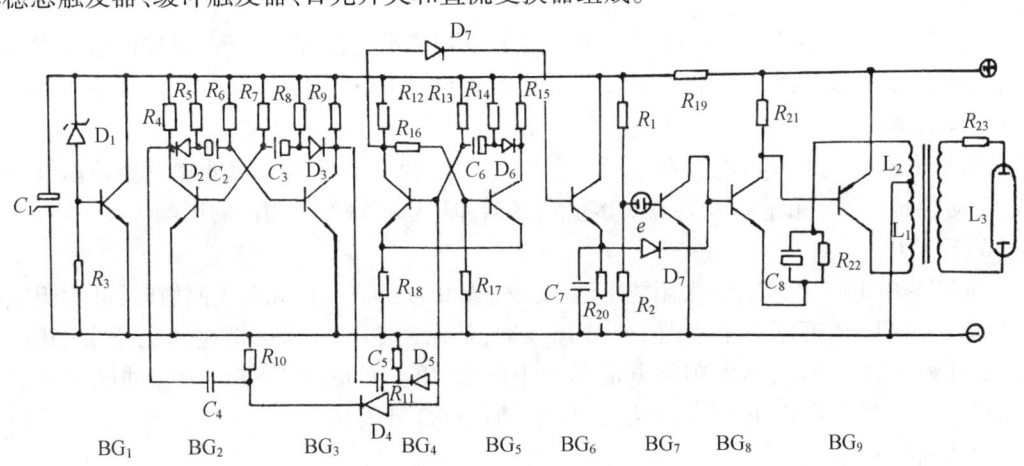

图 4-32 半导体霓虹双闪闪光器电路原理图

(1)稳压器

稳压器由稳压二极管 D_1、电阻 R_3 和三极管 BG_1 组成。它使多谐振荡器和单稳态触发器在稳定的电压下工作,保证闪光周期不因电源电压的变化而受到明显的影响。

从稳压二极管特性可知,稳压二极管两端的电压基本保持不变。如电源电压因某种原因升高,电阻 R_3 两端电压相应地升高,使 BG_1 基极电位上升,集电极电流增大,消耗在 R_{19} 两端的电压降也增加,由此加在多谐振荡器和单稳态触发器上的工作电压也就相应降到一定限度;反之,若电源电压下降,则 R_3 两端电压也会相应地降低。BG_1 基极电位下降,集电极电流减小,R_{19} 两端电压降减小,加在多谐振荡器和单稳态触发器上的工作电压就相应地升高。就这样,保持多谐振荡器和单稳态触发器的工作电压基本不变。

（2）多谐振荡器

多谐振荡器由电阻 R_4、R_5、R_6、R_7、R_8、R_9,电容 C_2、C_3,二极管 D_2、D_3,三极管 BG_2 和 BG_3 组成。多谐振荡器工作原理与前面讲的几种半导体闪光器中多谐振荡器工作原理相同,只是为了改善多谐振荡器的开关特性和输出波形,在电路中增加了电阻 R_5、R_8 和二极管 D_2、D_3。由于增加了 R_5、R_8、D_2、D_3,从而使 BG_2 和 BG_3 集电极电压不受电容 C_2 和 C_3 充电过程的影响,多谐振荡器输出方波的上升沿变陡。多谐振荡器的输出是 BG_2 集电极的方波电压和 BG_3 集电极的方波电压。

（3）微分电路

微分电路有两组:一组由电阻 R_{10}、电容 C_4 组成,用于对 BG_2 集电极输出进行微分;另一组由电阻 R_{11}、电容 C_5 组成,用于对 BG_3 集电极输出进行微分。二极管 D_4 和 D_5 使负尖脉冲对单稳态触发器有效。用两组电路是防止 BG_2 集电极输出和 BG_3 集电极输出经微分后产生的正、负尖脉冲抵消。

（4）单稳态触发器

单稳态触发器由电阻 R_{12}、R_{13}、R_{14}、R_{15}、R_{16}、R_{17}、R_{18},电容 C_6,二极管 D_6,三极管 BG_4 和 BG_5 组成。当无外来信号触发时,C_6 充电,BG_4 基极为高电平,BG_4 导通,BG_5 截止,单稳态触发器输出低电平;当有负尖脉冲加到 BG_4 基极时,BG_4 截止,BG_5 导通,单稳态触发器输出高电平。

因为多谐振荡器的 BG_2 和 BG_3 集电极输出经两组微分电路和二极管,形成两组负尖脉冲信号,加到 BG_4 的基极,所以单稳态触发器的输出为双闪正向脉冲。

（5）缓冲触发器

缓冲触发器由电阻 R_{20}、电容 C_7、二极管 D_7 和三极管 BG_6 组成。缓冲触发器使前级与后级隔离,防止日光开关和直流变换器对多谐振荡器和单稳态触发器输出的影响。

（6）日光开关

日光开关由电阻 R_1、R_2,硅太阳能电池和三极管 BG_7 组成。白天阳光照射时,硅太阳能电池产生电压,它与 R_2 的分压相叠加,使 BG_7 导通,从而使 BG_8 的基极接地,BG_8 截止,BG_9 截止,霓虹灯管不亮。夜间,硅太阳能电池不产生电压,BG_7 截止,BG_8 基极由缓冲触发器输出(即单稳态触发器的输出)控制,从而控制 BG_9,使霓虹灯管闪光。

（7）直流变换器

霓虹灯管是气体放电光源,需要高频高压电才能使灯管内的气体电离放电发光。但闪光器的电源是低压直流电,不能直接触发霓虹灯管发光,为此需把低压直流电变换成具有一定频率的高压交流电,而实现这一变换的电路叫作直流变换器。这样,直流变换器有两个功能:一是将直流变换为交流,二是升高交流电的电压。前者依靠晶体管振荡电路完成,后者用变压器升高。

直流变换器由电阻 R_{21}、R_{22}，电容 C_8，三极管 BG_8，大功率管 BG_9 和变压器组成。它能将 6 V 直流电变为频率为 2~3 kHz 的交流电，由变压器升高到 1 000 V 左右。在 BG_8 导通时，电流经 R_{21}、BG_8 集电极和发射极、电容 C_8、变压器初级绕组 L_2 接地。R_{21} 两端压降，使 BG_9 基极电位低于其发射极电位，而使 BG_9 导通。BG_9 导通，变压器初级绕组 L_1 产生下正上负的感应电动势，在 L_2 上也产生下正上负的感应电动势。由于 L_2 的正反馈作用，BG_9 基极电位降低，BG_9 很快饱和。同时，随着电容 C_8 充电，C_8 两端电压上升，使 BG_9 基极电位升高，BG_9 由饱和向截止转化，由于流经 L_1 电流减小，在 L_1 上产生下负上正的感应电动势，L_2 也产生下负上正的感应电动势，L_2 正反馈作用，使 BG_9 基极电位进一步升高，BG_9 很快截止，接着 C_8 通过 R_{22} 放电，又使 BG_9 基极电位降低，准备使 BG_9 导通。就这样，在 BG_8 导通时，由于 C_8 充放电，L_2 的正反馈，在 L_1 上感应出交流电。在 BG_8 截止时，BG_9 截止，所以在 L_1 上无交流电。

综上所述，接通电源，多谐振荡器工作，经微分电路和单稳态触发器输出双闪正脉冲。晚间 BG_7 截止，使经过缓冲触发器的双闪正脉冲加到 BG_8 基极，从而开关直流变换器，触发或停止氖虹灯管闪光。

四、数字电路闪光器

从半导体闪光器内容可知，半导体闪光器主要由日光开关、脉冲发生器和功率开关组成。灯器灯质有定光、等明暗光、闪光、快闪光、甚快闪光和莫尔斯灯光等几种（闪光又包括单闪光、长闪光、联闪光和混合联闪光，快闪光包括连续快闪光和联快闪光，甚快闪光包括连续甚快闪光和联甚快闪光，莫尔斯灯光包括十几种莫尔斯码灯质），造成了脉冲发生器在结构上的差异。例如，单闪闪光器、脉冲发生器由多谐振荡器、缓冲触发器组成；双闪闪光器、脉冲发生器由多谐振荡器、单稳态触发器、缓冲触发器组成；多闪闪光器、脉冲发生器由两个多谐振荡器、缓冲触发器组成。

再考虑到灯光灯质周期不同，半导体闪光器的脉冲发生器中某些半导体元器件值有所不同。多闪闪光器只是结构可适用于多闪的灯质，在对某一具体灯质的应用中，其脉冲发生器具体线路和元器件值都有所不同。灯光灯质的千差万别，造成了脉冲发生器电路的千差万别，以至于半导体闪光器的千差万别。这种千差万别给使用者和生产厂家带来了困难。

为了解决上述困难，实现闪光器生产的标准化、通用化，便于使用和维护，人们一直试图研制出一种多功能的脉冲发生器或灯质编码器，以便可用一只闪光器适用于更多的周期不同的闪光灯质。

随着数字电路的广泛使用，这一目的得以实现，研制出了目前广泛使用的数字电路闪光器。数字电路闪光器是由数字电路组成的闪光器，其基本功能与半导体闪光器相同。下面介绍数字电路闪光器的组成与工作原理。

1.数字电路闪光器的组成

数字电路闪光器主要由灯质编码器和功率开关组成。灯质编码器是可编程和存储的灯质发生器，最多可产生 256 种灯光节奏和周期。功率开关实质上是半导体闪光器的日光开关和功率开关的组合。为了使数字电路闪光器工作稳定、可靠和寿命长，数字电路闪光器常使用稳压功率开关，因此功率开关应具有稳压功能。

2.灯质编码器

灯质编码器是可编程和存储的灯质发生器。灯质编码器主要由灯质编码存储器和控制电路组成。

灯质编码存储器一般采用可编程序的存储器(EPROM)。灯质编码存储器一般采用把所需的灯质编成汇编程序或机器码,利用开发系统或微型计算机把程序调好,然后固化到灯质编码存储器中。控制电路用来生成灯光节奏和周期,并选择、输出灯光节奏和周期。

灯质编码器由地址生成器、灯质选择生成电路、降耗电路和置零电路组成。晶体振荡器产生时钟信号,使地址生成器产生地址码,去查询 EPROM 的存储单元。因为灯质选择开关的具体位置对应某一存储单元的通道,所以灯质选择开关的具体位置一确定,当查询 EPROM 存储单元时,则相应单元信息输入灯质生成电路,生成相应灯光节奏和周期,且输出;同时给置零电路输入信号,使地址生成器置零,完成灯光节奏和周期的生成、选择和输出。降耗电路是使 EPROM 在低功耗方式下工作,以减少功率消耗。

稳压功率开关一般由日光开关、稳压器和开关稳压电源组成。其功能是根据环境光照度自动开关灯器,对灯质编码器产生的灯质进行功率放大以驱动光源,为闪光器电路和光源提供稳压工作电压。

目前,数字电路闪光器一般由电源、两个 4 位编码开关、微控制单元(Microcontroller Unit,MCU)及外部时钟等组成,如图 4-33 所示。

外部时钟为闪光周期提供时间基准,4 位编码开关对应了 0000～1111 的 16 种开关状态,同时使用 2 个编码开关就可以有 256 种开关组合状态,能够满足 IALA 建议案中的 256 种闪光节奏和周期的需求。MCU 通过这一组开关的开关状态为发光源发出发光控制信号,控制发光源根据设定的闪光节奏和周期进行发光。

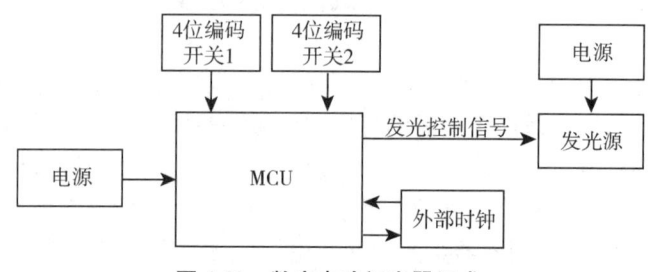

图 4-33　数字电路闪光器组成

五、电气机械换泡器

1.电气机械换泡器的特性

曾经使用的电气机械换泡器有三种不同的规格,其特性参数如表 4-7 所示。

表 4-7　电气机械换泡器特性参数

技术性能	规格		
	70 型换泡器	大型换泡器	小型换泡器
工作电压	6~12 V	6~12 V	4~6 V
配用灯泡	6 V,1.4 A	6 V,1.4 A(加分流电阻)	6 V,1.5 W
	6 V,0.8 A	6 V,0.8 A(加分流电阻)	
	12 V,0.77 A	12 V,0.77 A(加分流电阻)	
灯头型号	1C-15 型单触插头	1JP-30/20 圆盘灯头	1C-9 型单触插头
环境温度	-30~+50 ℃能可靠地工作		
换泡时电流	约 200 mA	约 120 mA	约 150 mA
串联线圈数据	φ1.0 mm 漆包线 70 圈	φ0.71 mm 漆包线 135 圈	φ0.55 mm 漆包线 200 圈
串联线圈直流电阻	0.066 Ω±10%	0.25 Ω±10%	
并联线圈数据	φ0.31 mm 漆包线 704 圈	φ0.23 mm 漆包线 1250 圈	φ0.31 mm 漆包线 704 圈
并联线圈直流电阻	8.5 Ω±10%	21 Ω±10%	8.5 Ω±10%

2.电气机械换泡器的结构与工作原理

三种规格的换泡器结构基本相似,工作原理相同,仅串联线圈、并联线圈、灯头等的结构、线圈数据不同。现以 70 型换泡器为例,介绍其结构与工作原理。

换泡器主要由灯头 1、灯触片 2、串联线圈 3、并联线圈 4、触点 5、牵引钢丝 6 及棘齿轮 7 等组成,如图 4-34 所示。图 4-35 是其电路原理图。

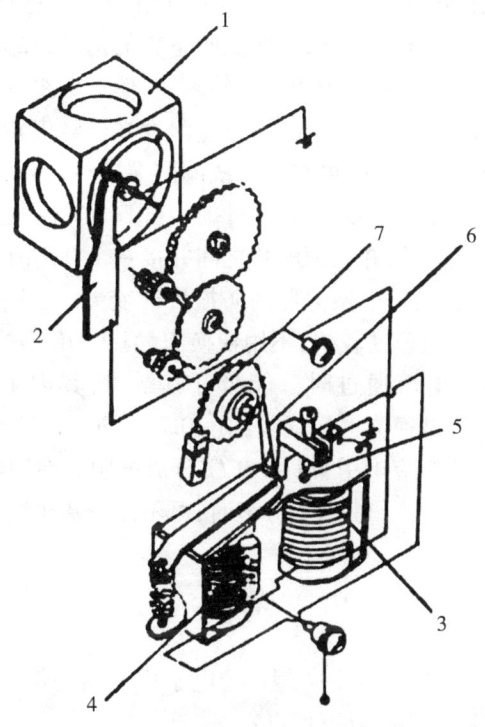

图 4-34　换泡器结构图

1—灯头;2—灯触片;3—串联线圈;4—并联线圈;5—触点;6—牵引钢丝;7—棘齿轮

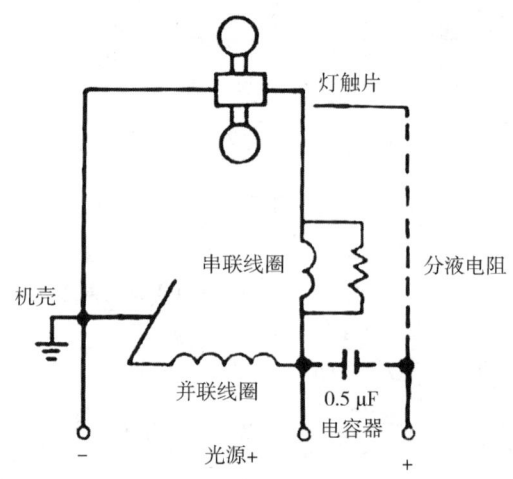

图 4-35　换泡器电路原理图

当灯泡工作时,电源接通,电流方向是:光源正极→串联线圈 3→灯触片 2→灯头 1→灯泡→接地,形成回路,灯泡发光。这时串联线圈因通过电流而产生磁场,吸引其衔铁,使触点分开,并联线圈不导通。

当工作灯泡损坏时,串联线圈 3 电路不通,其衔铁因失磁和弹簧拉力而释放,使触点 5 闭合。这时电流方向是:光源正极→并联线圈 4→触点 5→接地,形成回路。并联线圈导电产生磁场,吸下它的衔铁,其顶端撞击串联线圈衔铁,使触点断开。这时并联衔铁和串联衔铁都失磁,因弹簧力作用而释放,触点又闭合,并联线圈又吸下它的衔铁,如此往复运动。当衔铁上下运动时,其牵引钢丝拖动棘齿轮旋转,再经两个齿轮减速,使灯头跟着旋转,直到备用灯泡处于工作状态,串联线圈导电吸开触点,换泡动作结束,灯泡发光。棘齿轮下侧装有撑牙,它保证棘齿轮前转,防止倒转。为防止触点烧蚀,可在并联线圈两端接一个 0.047 μF 的电容器。

大型换泡器的换泡速度较慢,为使灯泡在损坏时,在“暗”时也能不停地转动,在灯触片前面再加一块快换泡触片接电源正极,并在两触片之间并接一个 0.5 μF 电容器消除快换泡触片与灯触片间的火花。多装了这个触片,换泡器的防振性能变差,在强烈振动下,会产生误换泡动作。70 型及小型换泡器因换泡速度较快,不用快换泡触片。70 型换泡器的串联线圈用线较粗(φ1.0 mm),在 0.5～1.5 A 电流通过时都能吸开其触点,其内阻小于 0.08 Ω,压降小于0.05 V,不会影响灯光强度。大型换泡器用线较细(φ0.71 mm),内阻较大,应并接分流电阻来减小压降。在使用 1.4 A 灯泡时,应配用 1.1～1.9 Ω 分流电阻;在使用 0.77 A 灯泡时,要配用0.5～0.8 Ω 分流电阻;使用 0.5 A 以下小功率灯泡时,可不用分流电阻。

六、电子换泡器

下面以美国 API 公司生产的 APL-1297 型六位电子换泡器为例,介绍电子换泡器的特点、结构与工作原理。这种换泡器主要有以下特点:

(1)用步进电机驱动灯泡座实现换泡。因为步进电机具有较低的转动惯量,所以能快速转动和停止,防止灯泡座过位。

(2)采用电容电路供电,以保证在灯泡"暗"时,电路仍工作,使换泡动作连续,缩短了换泡时间。

(3)采用窄感光区的光敏三极管检测灯泡工作状态,不受环境光照的影响。

(4)电压稳压器以开关方式工作,把5~16 V闪光电压稳定在4.5~5.3 V供给步进电机。

(5)如6个灯泡全部损坏,CMOS控制电路自动停止换泡,防止电能损失,并使这种状态保持到换泡器电源断开时止。

电子换泡器工作原理如图4-36所示。电子换泡器由控制电路、步进电机和六位灯泡座组成。控制电路包括灯泡检测电路、换泡控制电路和电机控制电路。灯泡检测电路用光敏三极管 Q_1 作检测元件。当闪光器有信号输出使灯泡亮时,光敏三极管导通,并把信号输入换泡控制电路;当灯泡灭时,光敏三极管截止,无信号输入换泡控制电路。

换泡控制电路由振荡器和十四级计数器组成。由于电子换泡器采用步进电机,故换泡控制电路中有振荡器,它由与非门 G_4、G_5 和电阻、电容组成。振荡器输出一定频率的脉冲信号,经分频去开关电机控制电路。十四级计数器由CD4020B集成块组成,它由振荡器产生的48 Hz脉冲信号触发。当6个灯泡全部损坏时,CD4020B的第十三级输出脉冲信号关闭振荡器,使步进电机停转。

电机控制电路由三极管 Q_3、Q_4、Q_5、Q_6、Q_7 及相应的电阻、电容、二极管组成。当换泡控制电路输出信号给电机控制电路时,电机工作;当无输出信号时,电机控制电路使电机不工作。电机控制电路实际上是一个稳压电路,它使输入换泡器5~16 V的闪光电压稳定在4.5~5.3 V,以供给步进电机。

如果灯泡亮,光敏三极管 Q_1 导通,Q_2 导通,G_1 脚3输出高电平,使 G_2 置零,使振荡器停止振荡,G_2 脚9输出低电平,电机控制电路不工作,步进电机不转。

如灯泡不亮,Q_1 截止,Q_2 截止,电容 C_3 充电。当 C_3 的电压达到电源电压的2/3时,G_1 脚3从高电平变为低电平,从而使 G_2 脚3输出低电平,G_4 输出高电平,振荡器开始振荡,并加在 G_2 脚10上,使 G_2 脚9输出振荡器频率的二分频,这个输出脉冲使 Q_3 导通或截止,从而使电机控制电路工作,给步进电机输入4.5~5.3 V的脉冲电压进行换泡。当备用灯泡亮,Q_1 导通,Q_2 导通,G_2 置零,振荡器停止振荡,电机控制电路不工作,步进电机不转。如果6个灯泡全部损坏,步进电机工作直至 G_2 脚2输出高电平,使振荡器停止工作。步进电机从最后一个损坏灯泡开始工作,经90 s时间,完成6个灯泡的重新检测。

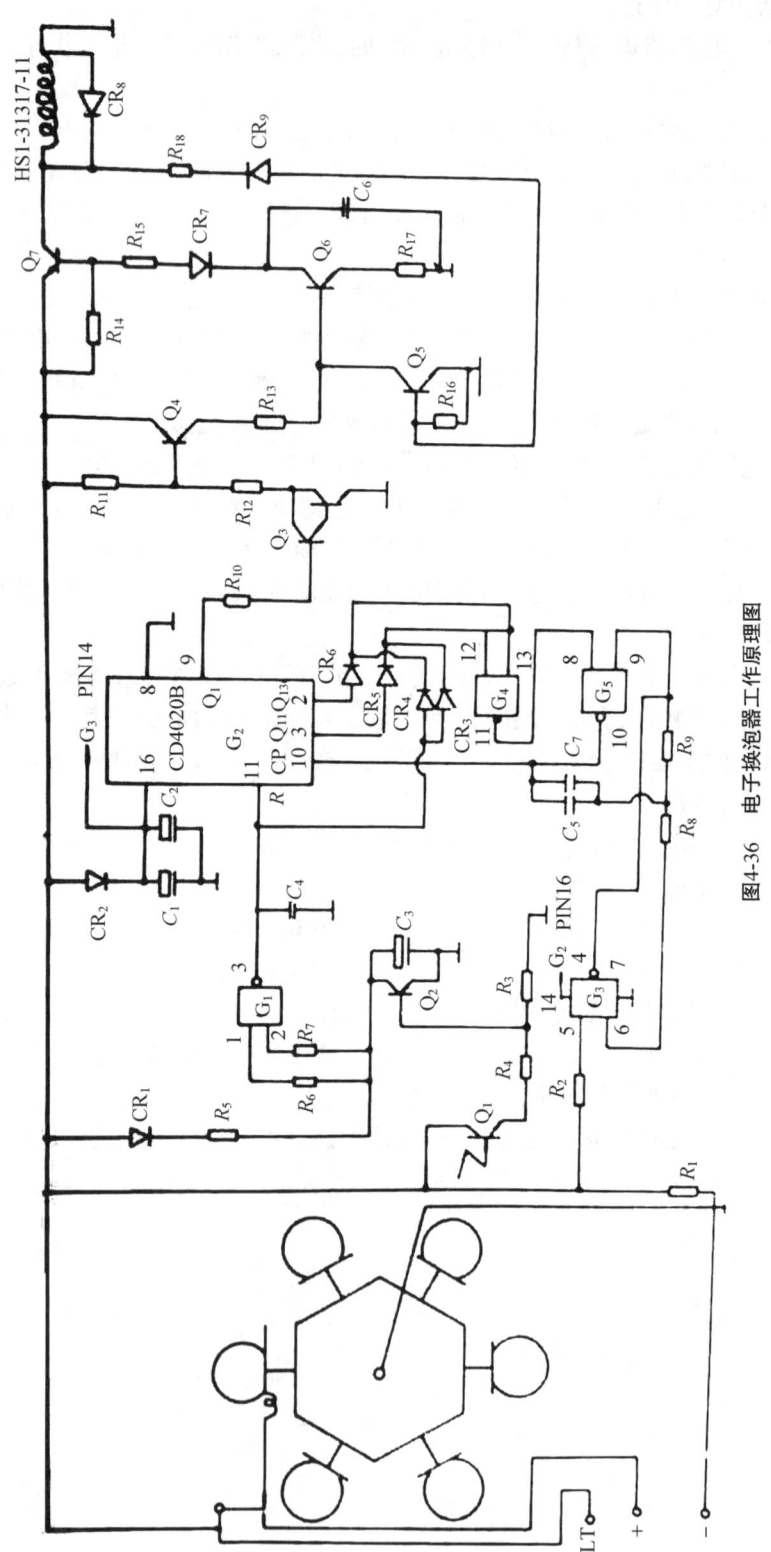

图4-36　电子换泡器工作原理图

第六节　航标灯质

　　灯质,即灯光性质(Characteristics of a navigation light),是航标灯器所显示出的特定的光色、节奏和周期,作为标志的夜间识别特征。某一灯标或某一类灯标为区别于其他灯标或其他类灯标,常用灯光的颜色、灯光的节奏和灯光的周期组成灯质,表示自身的识别特征,因此灯质有三要素,即光色、节奏和周期。对于海区水上助航标志,《中国海区水上助航标志》对各类灯标的灯质做了规定。对于海区陆上助航标志虽然没有标准规定,一般也有自己的特殊灯质。

一、光色

　　沿海、内河灯标常用的灯光颜色是白光、红光、绿光、黄光。光色除了从光源直接产生外,也采用颜色滤光器从白光中取得。灯光颜色的色度坐标值应符合《航标灯光信号颜色》。

二、节奏

　　灯光节奏(Rhythm of light)是指灯光周期性的明暗变化的规律。航标中常用的灯光节奏有定光、等明暗光、闪光、快闪光、甚快闪光和莫尔斯灯光等几种。下面简要介绍其特征和代号:

1.定光

　　定光(Fixed light)是指工作时间内颜色和亮度不变的长明不断的灯光。代号:定,F。

2.等明暗光

　　等明暗光(Isophase light)是指有明暗节奏的不变色的灯光,在一个周期中明与暗的时间相等,并有规则地重复,其周期不得少于 2 s,最好不少于 4 s。代号:明暗,I_{so}。

3.闪光

　　闪光(Flashing light)是指有明暗节奏的不变色的灯光,在一个周期中明的时间之和比暗的时间之和短,并且明的时间通常是相等的。

　　闪光包括单闪光、长闪光、联闪光、混合联闪光。

　　单闪光(Single-flashing light):在一个周期中只显示单次闪光,并有规则地重复,暗的持续时间不少于明的持续时间的 3 倍(每分钟闪光少于 50 次)。代号:闪,Fl。

　　长闪光(Long-flashing light):在一个周期中明的持续时间不少于 2 s 的单闪光。代号:长闪,LFl。

　　联闪光(Group-flashing light):在一个周期中以 2 次或 2 次以上的闪光组成一个组,并有规则地重复。每组闪光的明及其间暗的持续时间各自相等。这个暗的持续时间明显地比分隔每一组的暗的持续时间短。代号:如联闪 2 次,闪(2),Fl(2)。

　　混合联闪光(Composite group-flashing light):在一个周期中相继出现几个不同闪光次数的

闪光组的联闪光。代号:如混合联闪 2 次加 1 次,闪(2+1),Fl(2+1)。

4.快闪光

快闪光(Quick light)是指有明暗节奏的不变色的灯光,其明暗次数每分钟不少于 50 次,不超过 80 次。

快闪光包括连续快闪光、联快闪光。

连续快闪光(Continuous quick light):不间断的快闪光。代号:快,Q。

联快闪光(Group quick light):在一个周期中以 2 次或 2 次以上的快闪光组成一组并有规则地重复。代号:如联快闪 3 次,快(3),Q(3)。

5.甚快闪光

甚快闪光(Very quick light)是指有明暗节奏的不变色的灯光,其明暗次数每分钟不少于 80 次,不超过 160 次。

甚快闪光包括连续甚快闪光和联甚快闪光。

连续甚快闪光(Continuous very quick light):不间断的甚快闪光。代号:甚快,VQ。

联甚快闪光(Group very quick light):在每一周期中以 2 次或 2 次以上的甚快闪光组成一组并有规则地重复。代号:如联甚快闪 3 次,甚快(3),VQ(3)。

6.莫尔斯灯光

莫尔斯灯光(Morse code light)是指有明暗节奏的不变色的灯光,清楚地显示以短明(点),长明(划)或"点"与"划"混合组成的代表莫尔斯信号特征的闪光组,两明之间暗的持续时间同"点"相等,"划"的持续时间为"点"的 3 倍。代号:如莫尔斯信号 A,莫(A),$M_o(A)$。

三、周期

周期(Period)是有节奏的灯光,自开始到以同样的节奏重复时的时间间隔。

第七节　几种大中型灯器

一、PRB-46 型灯器

PRB-46 型灯器是一种中、近程灯器,射程一般在 20 n mile 左右,适用于小型灯塔或灯桩,如图 4-37 所示。它除了作为主灯单独使用外,也可与 PRB-21 型、PRB-24 型或其他大型灯器配合使用,作为备用灯。

PRB-46 型灯器不用透镜聚光,采用封闭光束灯泡作为光源。整个灯器有 6 块独立的灯泡阵列板,每块板上有 2 个封闭光束灯泡,灯泡阵列板位置均可调节。灯泡阵列板由电子换向的低速直流电机驱动旋转。通过安排不同的灯泡发光和不同灯泡阵列板的组合,获得多种灯质。

PRB-46 型灯器采用直流供电,直流电源经逆变器、旋转变压器、换泡板电路至灯泡。灯器具有灯泡自动切换电路。根据每块灯泡阵列板上同时工作的灯泡数不同,有多种备用灯泡组,最多的备用灯泡组是 5 组,故灯器能在无人看守维护的情况下可靠地工作 1 年左右。

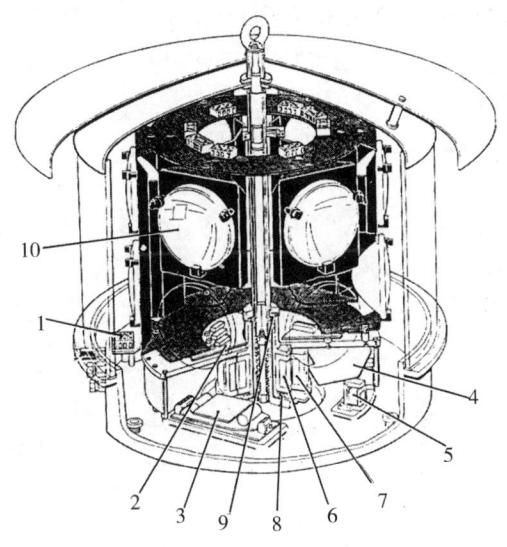

图 4-37　PRB-46 型灯器

1—接线端子板;2—换泡板;3—逆变器板;4—驱动板;5—驱动线圈;6—变压器次级;7—变压器初级;8—下轴承;9—上轴承;10—灯泡 LASE-28/6

1.技术性能

(1)光源:LASE-28/6 型封闭光束灯泡,灯泡工作电压为 5.6 V,工作电流为 4.6 A,有效寿命为 1 000 h。

(2)灯阵:6 个灯泡阵列板,每板 2 个灯泡。主光束最多同时使用 6 个灯泡。

(3)灯泡特性:每个灯泡定光光强为 54 000 cd,垂直散射角 8°,水平散射角 4°,可组合单闪或多闪灯质。

(4)换泡:当工作灯泡损坏时,自动切换到备用灯泡。

(5)旋转速度:1~6 r/min 连续可调,当输入电压在 18~36 V 变化时,旋转稳定性小于 ±0.2 r/min。

(6)日光开关:内装日光开关。

(7)灯泡端电压调节:当输入电压在 21~30 V 变化时,灯泡端电压变化为 ±2%。

(8)电源电压:18~36 V 直流(一般选用 24 V)。

(9)功率消耗:灯泡最大功耗为 210 W,低速直流电机 1~3 W。

(10)电源:交流/直流电源装置或由交流市电、风力发电、太阳能发电充电的 24 V 浮充电池。

(11)工作温度:-25~+55 ℃。

2.灯器结构

灯器由接线端子板、逆变器、旋转变压器、换泡板、灯泡阵列和驱动板组成,如图 4-38

所示。

（1）接线端子板

供给 PRB-46 型灯器的电源通常是 24 V 直流,接在接线器 P1 上,电源正极接端子 3,负极接端子 1。接线端子板配有一些开关和指示灯,它们是:工作灯开关(Lamps)、电机开关(Motor)、手动开关(Manlamps)、电机调速电位器(Speed)、日间工作开关(Day op)、速度报警指示灯(Speed alarm)和灯泡检测指示灯(Lamp check)。工作灯开关和电机开关线路配有空气熔断器,当使用电流超过额定值时,会自动断开,起保护作用。

（2）逆变器

逆变器有两种功能,首先主要将输入的 18～36 V 直流转为 300 Hz 的交流供给旋转变压器;其次是调整供给灯泡的交流电压,调整电压通过电位器(Lamp voltage)进行,在低压时,电流波型为方波,当电压升到约 20.5 V 时,电流波形的上半部导通角逐步减小。调整后用均方根电压测出灯泡端电压应为 5.6 V。逆变器是用集成电路与半导体电路组成的固态变流器。

（3）旋转变压器

旋转变压器将交流电压由固定的初级线圈,经磁耦合至旋转的次级线圈,再接到灯泡端,从而完成无触点无滑环的感应供电。

（4）换泡板

换泡板有 6 V 直流稳压电源供本板集成电路用电,另配有电流传感器、步进计数器和 6 个继电器,每一继电器经接线器 P9 和 P10 各与一灯泡组相连,并通过步进计数器控制。在正常工作状态时,交流电流经过电流传感器,并连续将步进计数器清零。当第一组工作灯泡损坏时,经几秒延迟,步进计数器控制灯泡阵列板转换到下一备用灯组,然后重复上述工作,直到灯泡组寿命再次终止。当所有备用灯组均被使用过后,步进计数器计数到最后灯组,随后保持关闭状态。

（5）灯泡阵列板

灯泡阵列板共有 6 个面,分别注明 A、B、C、D、E、F,每面装有 2 个封闭光束灯泡,这 2 个灯泡接成串联。一般先用第一面 A 的 2 个灯泡,若灯泡损坏,由换泡板控制换用另一面 B 的灯泡,依此类推。根据使用灯泡数目,应接相应的交流电压,接线器 P8 的端子 1 是公用端,当使用 1 个灯泡时,自动换泡器抽头接端子 2(电压峰值 15 V),用 2 个灯泡时接端子 3(电压峰值 30 V),用 3 个灯泡时接端子 4(电压峰值 45 V),用 4 个灯泡时接端子 5(电压峰值 60 V),用 6 个灯泡时接端子 6(电压峰值 90 V)。总之,每个灯泡两端交流电压峰值均为 15 V,即有效值保持在约 5.6 V。

（6）驱动板

驱动板是灯器控制与旋转的主要部件,由下列部分组成。日光开关由灯器外部安装的光敏电阻、接线端子板上的日间工作开关和驱动板上日光开关电路组成,白天当环境光照度大于设定值时,灯器自动关闭电源,晚上自动接通电源。

电机驱动器和速度控制器:灯器的转台下面有 2 个环形窗口带,这 2 个环形窗口带,1 个有 30 个窗口,用于电机驱动;1 个有 418 个窗口,用于速度控制。2 个环形窗口带位于 2 组光耦合器中间。红外发光二极管的光线按预定间隔通过 2 个环形窗口带,并被 2 组光源和传感器开关检测,顺序产生 2 组脉冲分别控制电机驱动器和速度控制器。电机驱动器产生一系列脉冲顺序驱动电机线圈,使转台顺时针旋转。当转速增加时,3 个速度传感器连续产生多位脉

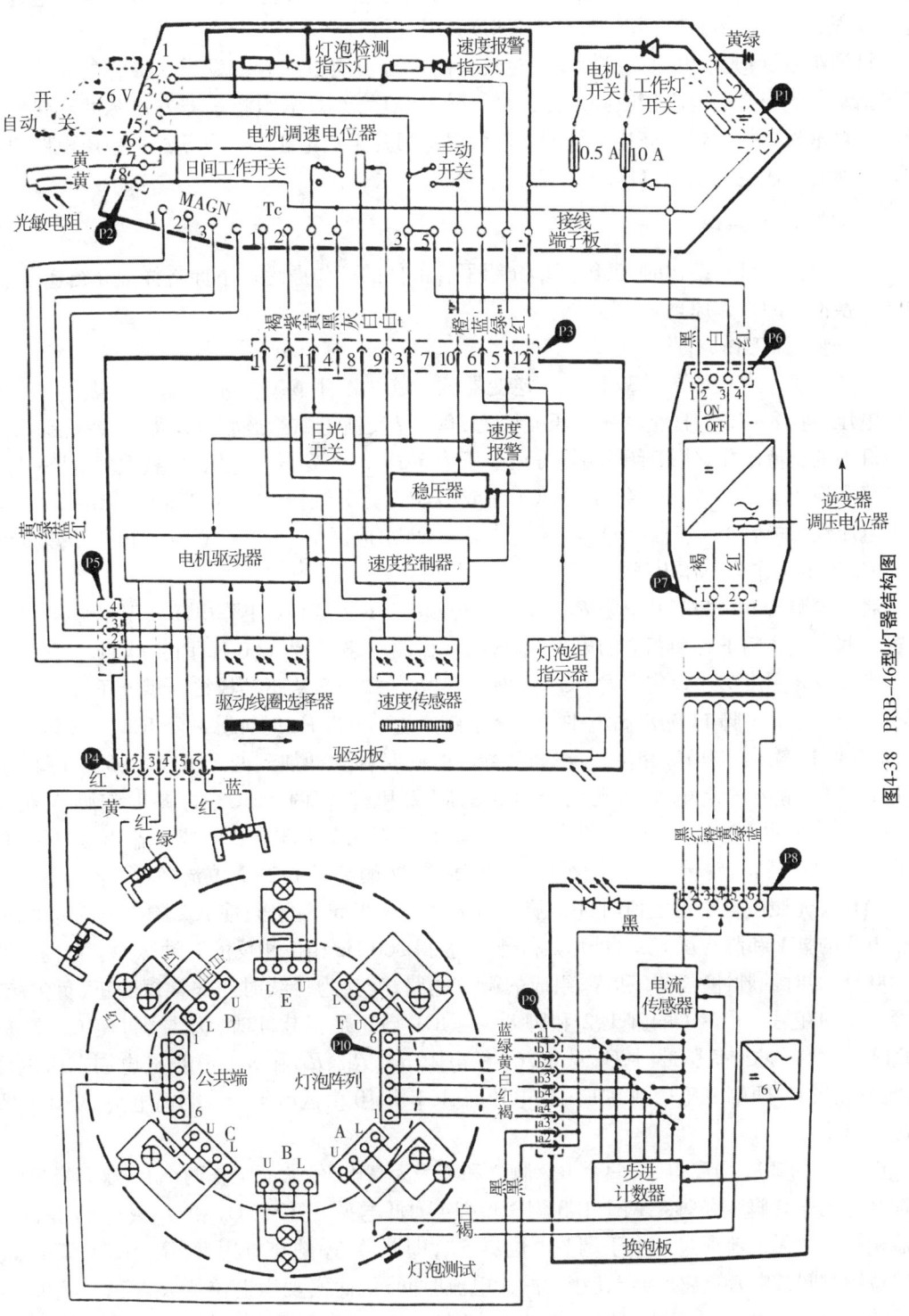

图4-38　PRB-46型灯器结构图

冲给速度控制器,速度控制器可通过接线端子板上的电位器进行调整。不过,一旦转速超过预置的界限,速度报警将使灯阵熄灭,同时速度报警二极管亮。

灯泡组指示:光敏电阻通过接受穿过转台的来自换泡板上 6 个发光二极管的光线控制灯泡组指示器。当光敏电阻接收到发光二极管的光线后,经灯泡组指示器发出脉冲给接线端子板上的灯泡检测指示灯。该指示灯闪光数就对应第几组灯泡正在工作。6 V 稳压电路供给驱动板上所有集成电路工作电压。

3.灯器的工作原理

在上面介绍灯器结构时,已经简单介绍了各部件的工作原理。下面将详细介绍逆变器、驱动板和换泡板的工作原理。

(1)逆变器工作原理

逆变器工作原理如图 4-39 所示。逆变器的功能是产生 6 V 稳定电压供给集成电路作为工作电压,将 18~36 V 直流输入电压变换为 300 Hz 交流电供给旋转变压器初级线圈,并调节供给灯泡的交流电压,使灯泡两端均方根电压为 5.6 V。逆变器由稳压电路、振荡电路、电压调节电路和逆变电路组成。图 4-39 中,IC1 是或门,IC2 是分频器,IC3 是或非门。18~36 V 直流输入电压经二极管 D_5、三极管 Q_{12} 和齐纳二极管 D_6 组成网络,产生 6 V 稳定电压,供集成电路 IC1、IC2 和 IC3 作为工作电压。

启动电源,经电容 C_9 和电阻 R_{23} 构成的微分电路,IC2 从 6 V 工作电压获得正脉冲,使本身预置。两个或非门 IC3 和相应的电阻、电容组成振荡电路,产生 600 Hz 时钟脉冲。

当环境光照度大于设定值时,IC2 的脚 5 经 P6 的端子 3 从驱动板接受零电压,使 IC2 的脚 2 输出高电平,IC1 脚 11 输出高电平。振荡电路产生的 600 Hz 时钟脉冲经 IC2 二分频,在 IC2 脚 12 和脚 13 输出 300 Hz 相位相反的时钟脉冲,此时钟脉冲加到两个 IC3 的脚 1 和脚 6。由于 IC1 脚 11 输出的高电平加到两个 IC3 的脚 2 和脚 5,两个 IC3 的脚 1 和脚 6 获得的 300 Hz 时钟脉冲无法达到两个 IC3 的脚 3 和脚 4,从而两个 IC3 脚 3 和脚 4 输出低电平,使三极管 Q_9 和 Q_{10} 截止,旋转变压器初级线圈(接线器 P7 的端子 1、2)无电流通过。

当环境光照度低于设定值时,IC2 脚 5 从驱动板获得 6 V 电压,使 IC2 脚 2 为低电平;同时两个 IC3 的脚 1 和脚 6 从 IC2 的脚 12 和脚 13 获得 300 Hz 相位相反的时钟脉冲。振荡电路产生 600 Hz 的时钟脉冲,经 C_5 和 R_{18} 组成的微分电路,变换为持续时间非常短的正、负尖脉冲,再经 IC1 加在另一个 IC1 的脚 1、2 和脚 8。当 IC1 脚 3 是正脉冲时,Q_{11} 导通,使 C_4 放电;当 IC1 脚 3 是零脉冲或负脉冲时,Q_{11} 截止,C_4 经电阻 R_{15}、R_{16}、R_{17} 和 R_{24} 充电,充电周期由电位器 R_{15} 调节。当 C_4 两端电压达到 IC1 门坎电压时,IC1 脚 10 由低电平变换为高电平,使 IC1 脚 11 输出高电平。

由于 IC1 脚 11 为高电平,两个 IC3 脚 2 和脚 5 为高电平,从而阻止两个 IC3 脚 1 和脚 6 的时钟脉冲到达其脚 3 和脚 4,两个 IC3 脚 3 和脚 4 为低电平,三极管 Q_9 和 Q_{10} 截止,于是旋转变压器初级线圈无电流通过。由于调节电位器 R_{15},即调节 C_4 的充电周期,调节 IC1 脚 11 高电平的持续时间,调节旋转变压器初级线圈无电流时间,从而实现用电位器 R_{15} 调节灯泡端电压的目的。当 IC1 脚 10 为低电平时,IC1 脚 11 为低电平,两个 IC3 脚 1 和脚 6 的 300 Hz 相位相反时钟脉冲到达两个 IC3 脚 3 和脚 4,且时钟脉冲依然相位相反。当 IC3 脚 4 输出高电平时,IC3 脚 3 输出低电平,Q_9 导通,Q_{10} 截止,Q_3、Q_1、Q_8 和 Q_6 导通,电流从电源正极经 Q_1 到达旋转

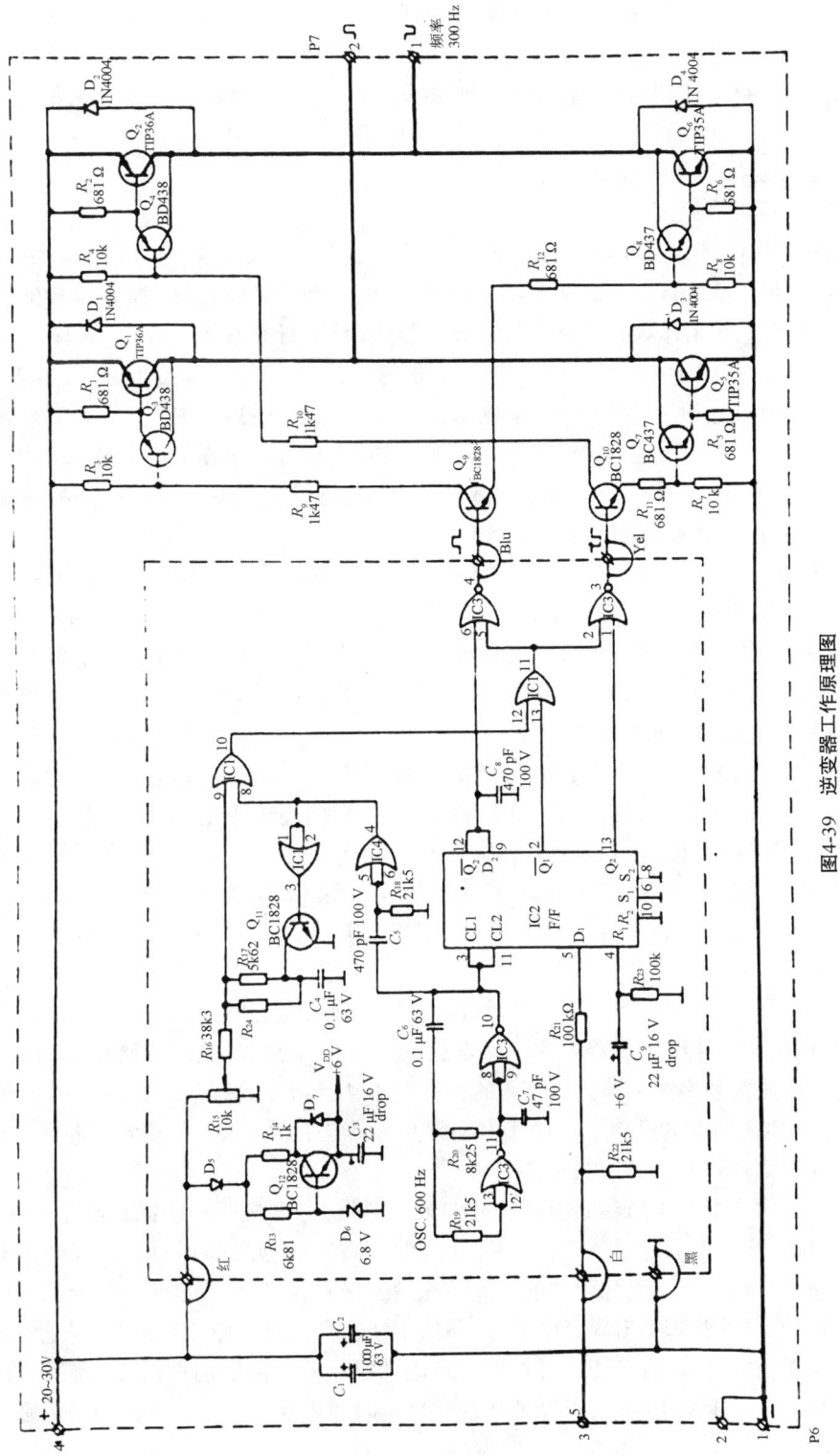

图4-39 逆变器工作原理图

变压器初级线圈,再经 Q_6 返回电源负极,完成交流的第一位。当 IC3 脚 3 输出高电平时,IC3 脚 4 为低电平,Q_{10} 导通,Q_9 截止,Q_4、Q_2、Q_7 和 Q_5 导通,电流从电源正极经 Q_2 到达旋转变压器初级线圈,再经 Q_5 返回电源负极,完成交流的第二相位。因为两个 IC3 脚 3 和脚 4 的时钟脉冲频率是 300 Hz,所以旋转变压器初级线圈产生 300 Hz 交流电。二极管 $D_1\sim D_4$ 起保护作用,用于散失旋转变压器初级线圈中的残余能量。

(2)驱动板工作原理

驱动板工作原理如图 4-40 所示。驱动板的功能是产生 6 V 稳定电压供给集成电路作为工作电压,控制光源的自动开启和关闭,驱动直流电机带动转台旋转,控制转台旋转速度和超限报警,指示灯泡组工作状态。驱动板由 6 V 稳压电路、日光开关电路、电机驱动和速度控制电路、灯泡组指示电路组成。图 4-40 中,IC1 是与门,IC2 是与门,IC3 是或门,IC4 是计数器,IC5 是非门。驱动板通过接线器 P3 上的端 1 和 2 进行测试;通过 P3 上的端子 8 和 9 与调速电位器相连,进行速度设定;通过 P3 上的端子 4 和 11 与日间工作开关和光敏电阻相连;通过 P3 上的端子 3 和 10 与手动开关相连;通过 P3 上的端子 3 接逆变器;通过 P3 上的端子 5 和 12 与速度报警指示灯相连;通过 P3 上的端子 6 和 12 与灯泡检测指示灯相连。

驱动板通过接线器 P4 与转台电机的三个驱动线圈相连。接线器 P5 上的端子均为测试点。输入直流电压经三极管 Q_4、齐纳二极管 D_7、二极管 D_{11}、电阻 R_{15} 和电容 C_1 组成的网络产生稳定的 6 V 电压,供给驱动板上所有集成电路作为工作电压。驱动板由外部的光敏电阻控制工作,光敏电阻随环境的光照度变化而改变阻值(看 P3 的端子 11 和 4),同时驱动板也可以通过日间工作开关手动进入工作。

在驱动板工作状态,经由 R_{25}、R_{26} 和 R_{28} 组成的电阻网络建立的电压使或门 IC3 的脚 10 有高电平输出,这个信号输入到或门 IC3 的脚 3、4 和 5,使高电平的输出加到与门 IC1 的脚 9。同时,IC3 脚 10 输出的高电平也输入三极管 Q_5,使 Q_5 导通,从而使光耦合器 OC1~OC6 有电流通过,6 个发光二极管亮。IC3 脚 10 的输出经 R_{29}、R_{23} 和 C_{12} 加到三极管 Q_8,使 Q_8 在短时间内导通,电容 C_9 放电,IC5 脚 4 为高电平,使 IC2 脚 10 输出为 6 V 电压到逆变器。

由于 IC5 脚 4 为高电平,IC5 脚 6 为低电平,三极管 Q_7 截止。当电容 C_{12} 充满电时,Q_8 截止,电容 C_9 通过 R_{21} 充电。C_9 充电产生的延迟足以使转台达到正常转速。两个非门 IC5 和相应的电容、电阻组成速度振荡器由 50 kΩ 电机调速电位器调节,电位器接在驱动板 P3 端子 8 和 9 上。速度振荡频率加到计数器 IC4 的脚 1,使 IC4 计数直到高电平出现在 IC4 的脚 3,并使电容 C_7 充电,IC1 脚 8 为高电平。由于 IC1 脚 8 为高电平,IC1 脚 10 输出高电平,分别使 3 个与门 IC1 的脚 2、6 和 12 为高电平。

在转台下面 2 个支撑凸台的内侧安装 1 个环形带,称电机驱动线圈选择带。选择带在光耦合器 OC1、OC2 和 OC3 的发光二极管和相应的光敏三极管之间通过。选择带上有 30 个窗口,通过这些窗口,发光二极管产生的光到达光敏三极管,顺序使光敏三极管导通,依次使 3 个与门 IC1 脚 13、脚 5 和脚 1 出现高电平,从而依次使复合三极管 Q_1、Q_2 和 Q_3 导通,使低速直流电机驱动线圈被激励,转台旋转。二极管 D_4、D_5 和 D_6 用来保证前面的复合三极管在后面复合三极管导通时处于截止状态,以保证在任一给定时间内仅有 1 个驱动线圈被激励,从而使转台低速稳定。

另一条环形带叫速度传感器带,它被安装在转台外侧支撑凸台上,有 418 个窗口。这条环形带在光耦合器 OC4、OC5 和 OC6 间通过,构成转台速度传感电路。由于光顺序在每个光耦

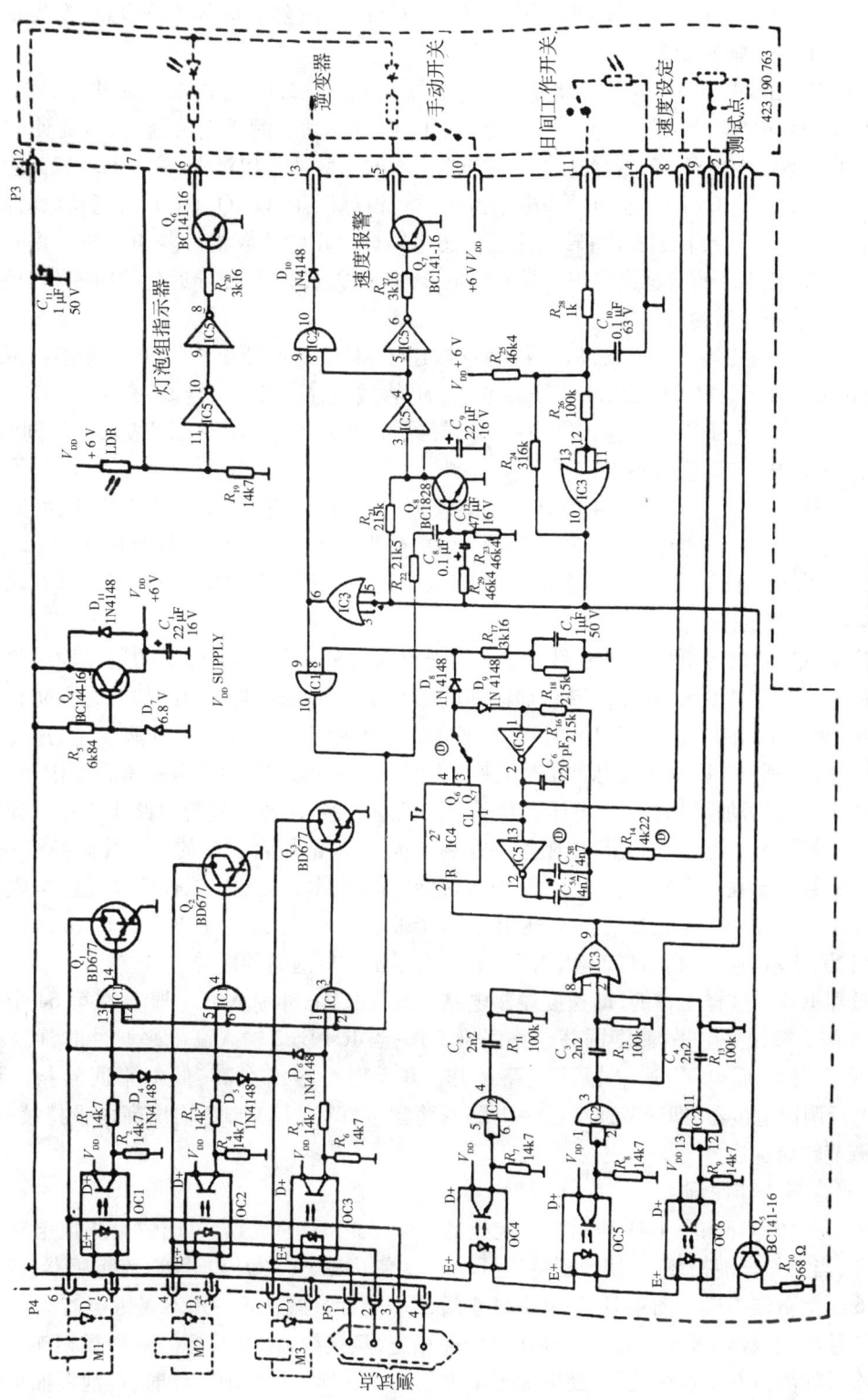

图4-40 驱动板工作原理图

合器上通过,3 个与门 IC2 交替地把高电平在脚 4、3、11 输出,经相应的微分电路,变为正尖脉冲加到或门 IC3 的脚 8、1、2。

或门 IC3 的脚 9 把一系列正尖脉冲加到计数器 IC4 的脚 2,IC4 脚 3 输出低电平,IC1 脚 10 输出低电平,从而使复合三极管 Q_1、Q_2 和 Q_3 截止,电机驱动线圈无电流通过,从而使转台转速下降。由于转台转速下降,转台速度传感电路产生的正脉冲数相对少,输入 IC4 脚 2 的正脉冲数相对少,计数器 IC4 脚 3 输出的高电平持续时间相对长,而 Q_1、Q_2 和 Q_3 导通持续时间长,转台转速上升。当转台转速较高,转台速度传感电路产生正脉冲数相对多,IC4 脚 2 得到的正脉冲数相对多,使 IC4 脚 3 输出高电平持续时间相对短,Q_1、Q_2 和 Q_3 导通持续时间相对短,转台速度下降,这样使转台转速恒定。

如因某种原因使转台转速太高,计数器将被连续预置,从而使 IC4 脚 3 为低电平,IC1 脚 10 为低电平。由于电容 C_8 无脉冲信号通过,Q_8 仍然截止,C_9 充电。当 C_9 充到一定程度时,IC5 脚 4 输出低电平,IC5 脚 6 输出高电平,Q_7 导通,产生速度报警,发光二极管亮。同时 IC2 脚 10 输出零电压,使逆变器不工作。

如转台转速太低,计数器 IC4 的脚 3 将继续输出高电平,使 C_7 充电,IC1 脚 8 为高电平,IC1 脚 10 为高电平。随着通过 C_8 脉冲的消失,Q_8 截止,C_9 充电。当 C_9 端电压达到 IC5 门坎电压时,IC5 脚 4 输出低电平,IC2 脚 10 输出零电压,使逆变器不工作。同时 IC5 脚 6 输出高电平,Q_7 导通,产生速度报警,发光二极管亮。

在启动或转台转速低时,IC4 连续计数被阻止是必要的,因为 IC4 脚 3 的逻辑输出将在高电平和低电平间交替变换,从而在转台加速期间阻止了连续驱动电流的施加。为了防止上述情况发生,当 IC4 的脚 3 输出高电平时,二极管 D_9 导通,把高电平加到 IC5 脚 1 上,速度振荡电路不工作,直到 IC3 脚 9 出现脉冲信号,使 IC4 脚 3 输出低电平,振荡电路重新工作。

当使用手动启动控制时,6 V 电压在端子 3 加到逆变器,使速度报警电路不工作。光敏电阻(LDR)和换泡板一起工作,光敏电阻安装在驱动板上,对准转台上钻的 6 个孔。换泡板的 6 个发光二极管安装在 6 个转台孔的上面,当转台旋转时提供了从发光二极管到光敏电阻的光通路。当正在工作的发光二极管的光输出达到光敏电阻时,通过 2 个 IC5 到达 Q_6,使 Q_6 导通,灯泡检测指示灯亮。指示灯产生的闪光数代表了工作灯泡组的序号。

计数器 IC4 是这样工作的,即速度振荡电路工作,振荡脉冲输入 IC4 脚 1,在第 64 个脉冲时刻,IC4 脚 3 输出高电平,速度振荡电路停止工作;当 IC4 脚 2 输入高电平脉冲时,IC4 被预置,IC4 脚 3 输出低电平,速度振荡电路工作。IC4 脚 3 输出在高、低电平间转换。调节 50 kΩ 电机调速电位器,即调节速度振荡电路振荡频率,调节 IC4 脚 3 输出高电平持续时间,也就是调节转台速度。

(3)换泡板工作原理

换泡板工作原理如图 4-41 所示。换泡板的功能是产生 6 V 稳定电压供给集成电路作为工作电压,当工作灯泡损坏时,切换到备用灯泡。换泡板由 6 V 稳压电路、电流传感器、步进计数器和 6 个继电器组成。图 4-41 中,IC1 是或门,IC2 是计数器,RE1~RE6 是继电器。

换泡板经接线器 P8 与旋转变压器次级线圈相连,经接线器 P9 与灯泡阵列板相连。旋转变压器次级线圈有 6 个接线端子,其中端子 1 为公共端。当 1 个灯泡工作时,换泡板抽头接端子 2;当 2 个灯泡工作时,换泡板抽头接端子 3;当 3 个灯泡工作时,换泡板抽头接端子 4;当 4 个灯泡工作时,换泡板抽头接端子 5;当 6 个灯泡工作时,换泡板抽头接端子 6。换泡板集成电

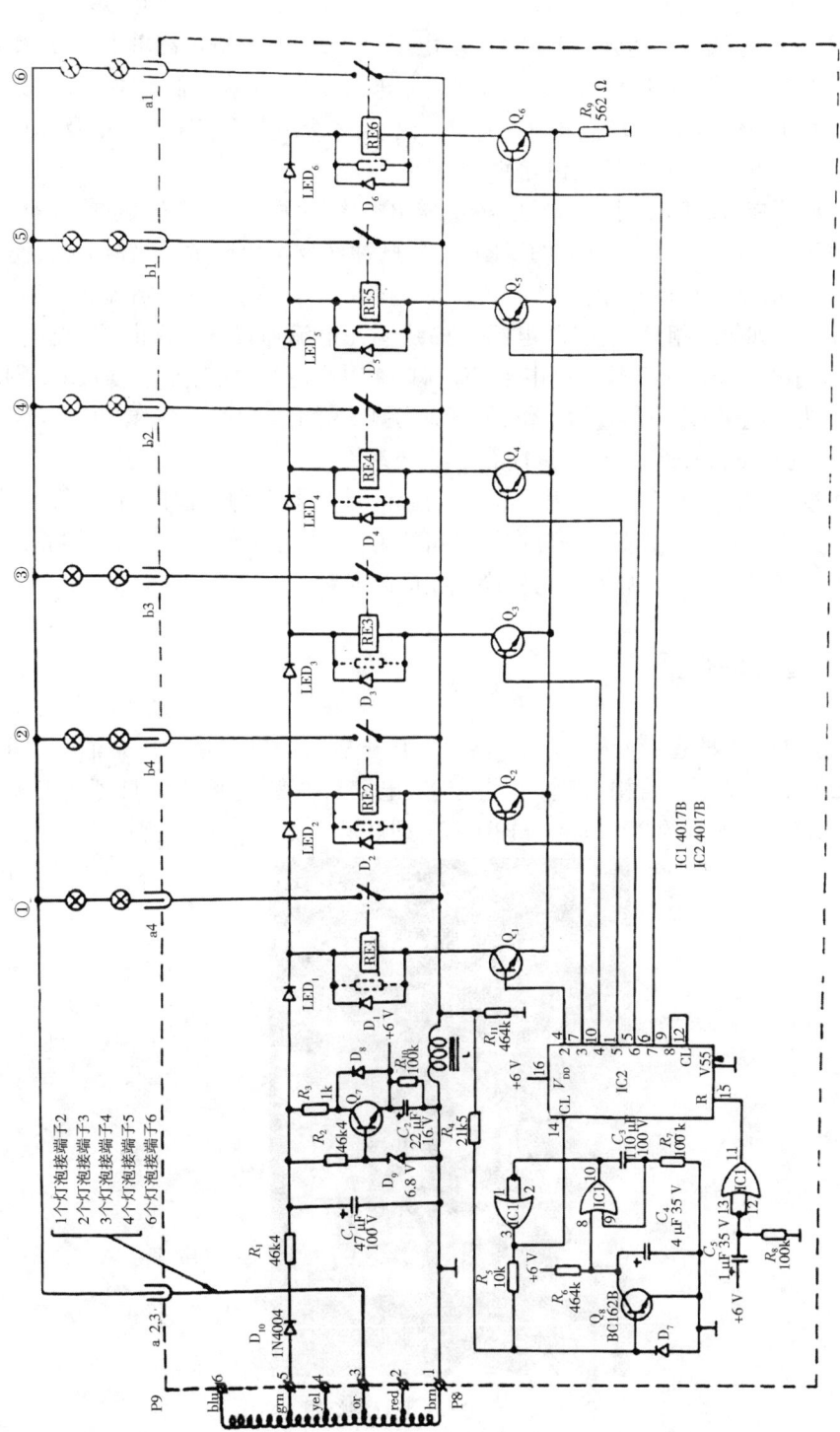

图4-41 换泡板工作原理图

路工作电压由三极管 Q_7 发射极给出,为 6 V。

为了简化描述,假设仅有 1 组灯泡(2 个灯泡)工作,5 组备用。启动电源,C_4 经 R_6 充电,发生短时延迟。当 C_4 端电压达到 IC1 脚 8 门坎电压时,IC1 脚 10 输出高电平,IC1 脚 3 输出高电平给计数器 IC2 脚 14。同时 Q_8 开始导通,C_4 放电,IC1 脚 10 输出低电平,IC1 脚 3 输出低电平,使 IC2 脚 14 为低电平。Q_8 截止,C_4 充电。这样,2 个或门和三极管 Q_8 及相应电阻、电容组成振荡电路给 IC2 脚 14 提供时钟脉冲。

当高电平出现在 IC2 脚 2 时,Q_1 导通,继电器 RE1 被激励,接通它的触点,使第一组灯泡电路闭合。由于交流电流流过电感 L 的线圈,电压脉冲经反馈电阻 R_4 反馈给 Q_8,使 Q_8 重复出现导通、截止状态,C_4 不能充满电,阻止 IC1 脚 10 输出高电平,使在电流流过灯泡电路期间计数器停止计数。如第一组灯泡损坏,电感 L 的线圈无电流通过,Q_8 截止,C_4 充电,经延迟,IC1 脚 10 输出高电平,IC1 脚 3 输出高电平,IC2 脚 14 得高电平;同时 Q_8 导通,IC1 脚 10 为低电平,IC1 脚 3 为低电平,振荡器开始工作,使 IC2 的脚 3 输出高电平。Q_2 导通,继电器 RE2 被激励,接通它们的触点,第二组灯泡电路闭合。

重复上述过程,直到所有 5 组备用灯泡全部损坏,计数器在脚 8 输出高电平,使计数器脚 CE 为高电平,关闭计数器。随着每一灯泡组电路的工作,相应发光二极管指示器亮,这样依次激励光敏电阻电路,使灯泡检测指示灯亮,产生相应闪光数。

二、PRB-21 型灯塔灯器

PRB-21 型灯塔灯器是一种大型灯塔灯器,适用于有人看守灯塔。用柴油机发电或市电供电。灯器整体设计新颖,结构合理,工艺先进,电路性能稳定可靠。灯器主灯灯阵射程 25 n mile,备用灯灯阵射程约 20 n mile。PRB-21 型灯塔灯器如图 4-42 所示。

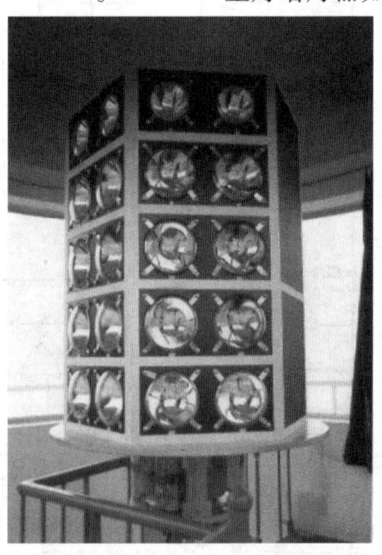

图 4-42 PRB-21 型灯塔灯器

1.技术性能

(1)光源系统:旋转封闭光束阵列,有或没有应急灯。

（2）光源定光光强：560 000～3 840 000 cd。

（3）主灯：封闭光束灯泡，25 V，150 W。

（4）备用灯和应急灯：封闭光束灯泡，6 V，28.5 W。

（5）主灯电源：110～220 V AC。

（6）备用灯电源：12～24 V DC。

（7）转台电源：12～18 V DC，5 W。

（8）备用灯和转台电源：蓄电池组加浮充充电机。

2.灯器结构

PRB-21 型灯塔灯器主要由控制单元、光电池、灯阵、转台、充电机、电池组和变压器组成，如图 4-43 所示。

另外，可根据需要配有遥控报警单元和无线电监测及控制。

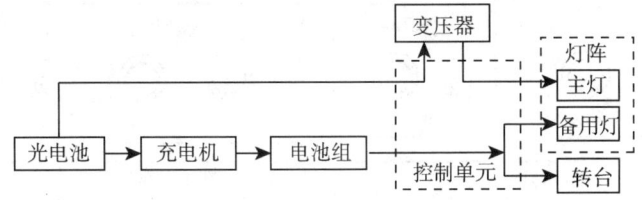

图 4-43　PRB-21 型灯塔灯器结构图

（1）控制单元

控制单元，即控制箱，是灯器的控制部分，它由控制电路和控制面板组成，用来驱动和监测转台工作，并为光源提供动力。控制电路主要是转台控制电路，包括磁通计电路、稳压器和驱动故障检测电路、转台速度检测电路。控制面板装有开关、电表、指示灯、保险丝及继电器等（如图 4-44 所示），具体有以下功能。

交流电源转换与显示功能。在控制面板左上角有交流电压表，它由转换开关控制，显示电源 AC1、AC2、主灯电压，并用蓝色指示灯表明电源 AC1 或 AC2 正在工作。左下方有供电转换开关，可选择用电源 AC1 供电或电源 AC2 供电。

直流电源转换与显示功能。在控制面板右上角有直流电压表、2 块电流表、3 个转换开关和 3 个指示灯，用来控制两组转台驱动电路同时或分别工作，并显示其工作电流、工作电压及工作状态。右下方有备用灯指示灯和转速指示灯，备用灯的蓝色指示灯表明备用灯正工作；转速指示灯表明转台工作状态。

灯器工作控制与显示功能。在控制面板右下角有转换开关和 3 个指示灯，用来控制主灯关、开、自动或遥控状态，并显示主灯正工作、主灯故障和备用灯工作情况。

检验测试功能。控制面板左下角有 1 个开关错位指示灯和 3 个按钮，用来显示开关位置错误和检测一些控制作用。

（2）光电池

光电池安装在灯器外。当环境光照度大于设定值（约 300 lx）时，自动关闭灯器；当环境光照度小于设定值时，自动开启灯器。光电池外壳是可调的，用来调整感光的灵敏度。顺时针旋转黑色六角螺帽罩，光照面增大并且灵敏度升高；逆时针旋转，则灵敏度降低。

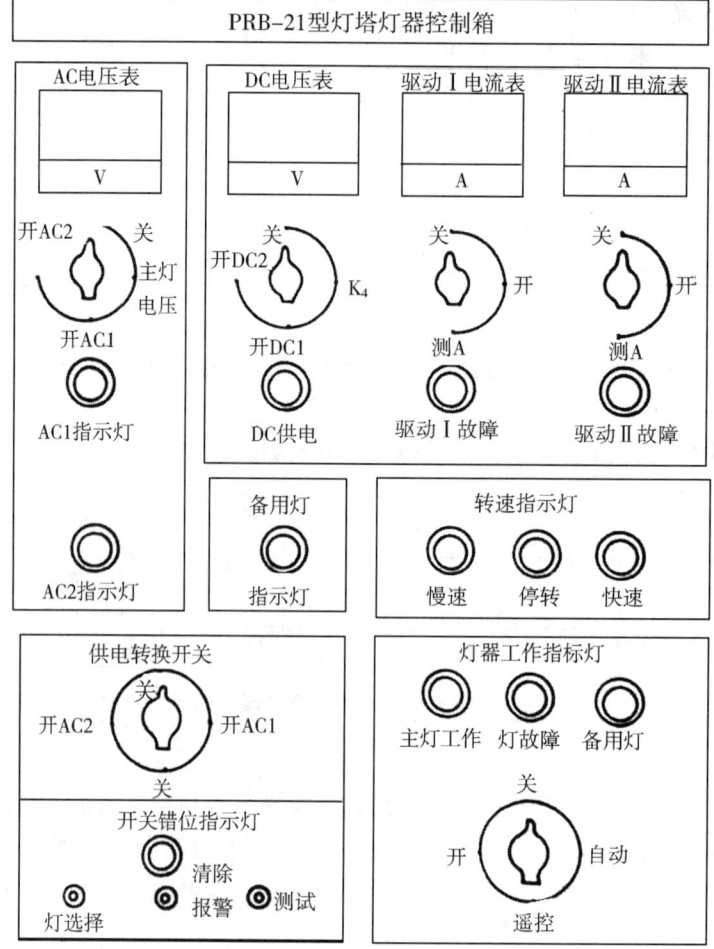

图 4-44 控制面板功能图

（3）灯阵

灯阵由多面箱体组成,底部与转台连接,主灯和备用灯电源由转台电缆管内 3 根电缆供电。箱体的面板上装有封闭光束灯泡,用来作为主灯和备用灯,当主灯损坏时,备用灯开始工作。备用灯泡最多为 8 只,采用 PAR-46 型封闭光束灯泡。当用 4 只作为备用灯时,采用两串两并连接,灯泡为 6 V、28.5 W,由 12 V 蓄电池组供电。主灯光源采用 PAR-200 型封闭光束灯泡,可根据灯器所需射程组合灯阵。当用 16 只 30 V、200 W 封闭光束灯泡组成主灯时,采用四串四并连接,由主灯变压器供电,主灯变压器初级输入 220 V、50 Hz 交流,次级输出 100 V 交流,向四组并联主灯供电,为此主灯泡每只是 25 V、150 W,这样大大延长了光源的寿命。

在灯阵主灯每组供电电路内,均串联一个特殊装置,这个装置意译为浪涌电路。在主灯每组光源启动瞬间,浪涌电路起限制灯丝瞬间电流、逐步加热灯丝的作用,这样灯器从冷态逐渐变为热态后,再继续供电,因而也延长了光源使用寿命。

（4）转台

PRB-21 型灯器转台采用霍尔元件为磁电传感器的无刷无齿轮低速大转矩直流电机驱动。这个驱动装置具有功率大、噪声小、转速可控性好、消耗能量低、效率高、工作安全可靠、寿命长等优点,是灯塔灯器较理想的驱动装置。转台结构如图 4-45 所示。

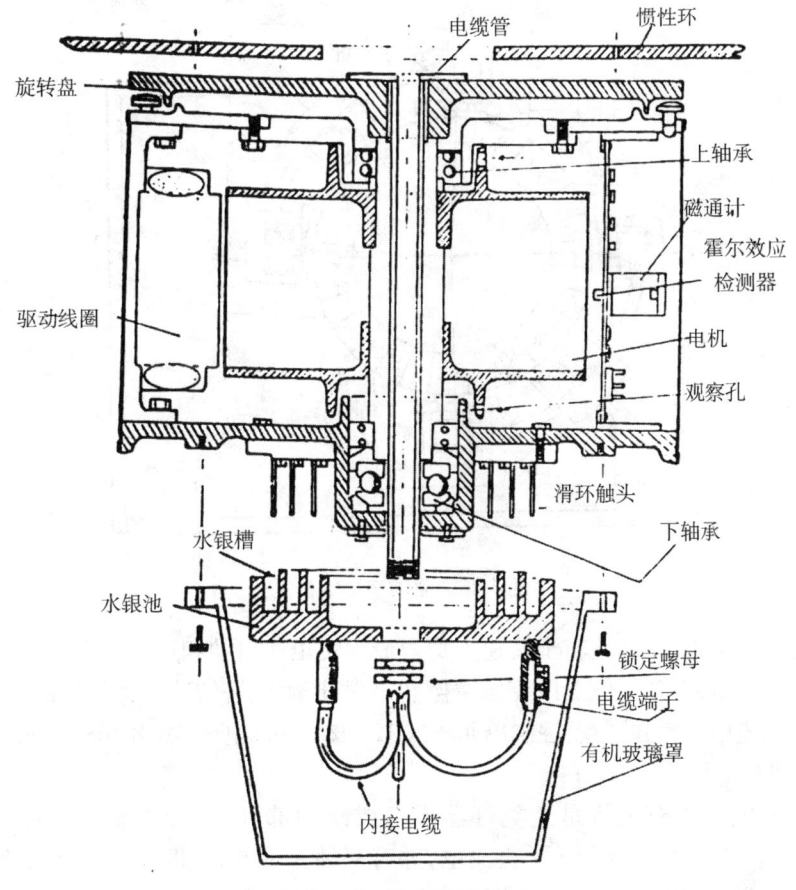

图 4-45 转台结构图

转台被设计与封闭光束灯阵配套使用,这里光源可自由转动。电源通过 3 个独立的水银槽滑环给灯阵供电,3 个水银槽滑环有内连接电缆通过旋转盘的电缆管向上引向灯阵。水银槽滑环之间最大允许电压是 250 V,每个滑环的最大电流是 100 A。驱动装置由转子、定子、霍尔效应检测器和磁通计组成,如图 4-46 所示。

转子由 15 对 NS 磁极条组成,均布在转子圆周上。转子两端有 3 套球轴承,上端有 1 套向心轴承,下端有向心和止推轴承各 1 套,止推轴承止推力达 8 t。定子由 4 只驱动线圈 DC1~DC4 组成,分为两组。驱动线圈以夹角 90°均布于转子外围。为保证转台在任意位置上启动,其中一组线圈中心位置偏离均布位置 2°左右。

霍尔效应检测器安装在磁通计内。霍尔效应检测器有 4 只,它们由半导体材料制成的薄片组成。霍尔效应检测器用于检测转子磁场和识别其实际位置,以便以正确顺序给驱动线圈输入电流,从而保证转子按给定方向连续转动。1 只霍尔效应检测器控制 1 只驱动线圈。

磁通计有 2 只,它们由线圈组成。磁通计用于检测和控制转子转速,1 只磁通针控制 1 组驱动线圈。4 只驱动线圈、4 只霍尔效应检测器和 2 只磁通计构成 2 组独立的驱动系统,可分享驱动负载,并可互相补偿,增加可靠性。

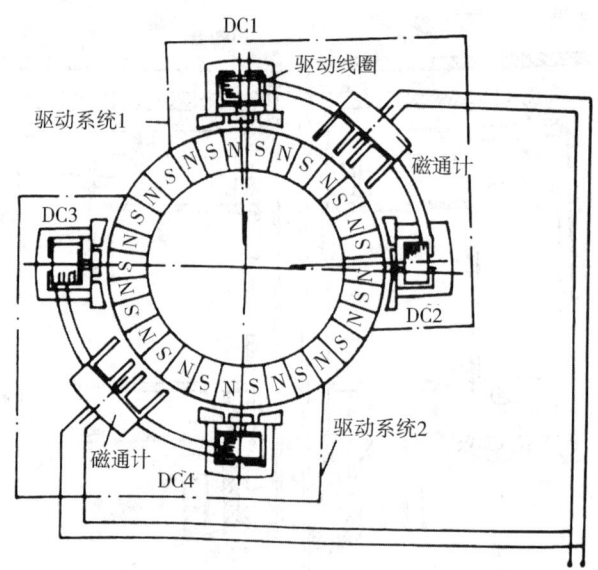

图 4-46　驱动装置结构图

转台有足够的惯性,以防止转子转速不稳。最大转矩在启动和加速时获得。当达到预置转速时,转矩减小和保持在某一值以上以克服摩擦和磁损,产生经济转速。为保证准确的转速,应给驱动系统稳定直流电压,为此驱动控制单元输入 12~18 V DC 电压,输出 108 V DC 电压。

(5)充电机

灯器配有充电机。充电机是这类灯器不可或缺的部件,它专供蓄电池组充电用,输入 220 V、50 Hz 交流电,输出 14~16 V 直流电,并有两种充电方式,即浮充电和补充充电。充电机是一台硅整流器,电路采用开关方式,充电效率高。充电机内主要有元件变压器和大功率半导体器件,体积小,不易损坏,可长期工作。充电机在浮充电时,电源脉冲较大,是将蓄电池组作滤波电容用,平时不能直接用充电机作 12 V 电源供电,必须配足够容量的蓄电池组。

(6)蓄电池组

蓄电池组用于为转台驱动电路和备用灯提供 12 V 直流电源。蓄电池组容量是 12 V、400 A·h,它由 10 个单体镉镍蓄电池串联而成,电解液是氢氧化钾。

(7)变压器

灯器的主灯变压器有 2 个,它们将交流电压转换为主灯的额定交流电压 100 V。变压器初级线圈有多种抽头可接不同的电源电压。当电源电压为 220 V 时,2 个初级线圈接成串联;当电源电压为 110 V 时,2 个初级线圈接成并联,次级线圈输出始终为 100 V。变压器额定功率为 3 kV·A。

(8)遥控报警单元

灯器可根据需要配置遥控报警单元。遥控报警单元与控制单元连接,利用电缆传输,可在远离灯塔的地方,用 20 个指示灯复示灯器的有关工作状态,以便工作人员及时了解灯器的工作情况。

3.转台控制电路工作原理

转台是 PRB-21 型灯塔灯器的重要部件,转台的技术性能优劣直接影响到灯器的技术性能高低。为了使转台具有很高的技术性能,在控制单元中有转台控制电路,用于驱动和控制转台工作。转台控制电路主要包括磁通计电路、稳压器和驱动故障检测电路、转台速度检测电路。下面介绍这几个电路的工作原理。

（1）磁通计电路工作原理

灯器具有 2 块完全相同的磁通计电路板，分别控制两组驱动线圈。磁通计电路由磁通计、2 只霍尔效应检测器、2 只驱动线圈和半导体元件组成，其工作原理如图 4-47 所示。

磁通计电路用来驱动转台转动，并控制其转速恒定。当转子转动时，磁通计通过转子上的 15 对磁极，在转子转动时切割磁力线产生磁感应，形成 15 个对应的正弦脉冲信号，经三极管 Q_1、Q_2 和 Q_3、Q_4 组成的两级差分放大器放大，驱动 Q_5 和 Q_6，并将放大的电流作为 2 只霍尔效应检测器的工作电流。霍尔效应检测器安装在磁通计速度控制线圈内，其目的是提高转子磁对磁通输出密度 B。两组霍尔效应检测器均垂直地装于感应磁场中，产生的霍尔电势分别加于 Q_7、Q_8 和 Q_{12}、Q_{13} 组成的差分放大器的基极输入端，放大后驱动 Q_{10}、Q_{11} 和 Q_{15}、Q_{16}，再输入驱动线圈，产生转动力矩使转台转动。2 只驱动线圈中间抽头，形成 4 只线圈，由 Q_{10}、Q_{11}、Q_{15}、Q_{16} 轮流驱动使转台转动。检测控制是一个闭环速度控制系统，并由 Q_9 和 Q_{14} 组成的差分输出恒流源及几组保护二极管保证转台稳定工作，且不易失控和容易启动。霍尔电势由下式计算：

$$E = K_0 \sin\Phi \cdot B \cdot I \tag{4-6}$$

式中：K_0——霍尔磁灵敏度系数 $[\mathrm{mV/(mA \cdot T)}]$，一般约 15 $\mathrm{mV/(mA \cdot T)}$；

　　　B——磁通输出密度（T）；

　　　I——霍尔效应检测器工作电流（mA）；

　　　Φ——磁通输出密度和霍尔效应检测器平面的法向线夹角，当转子转动时，磁铁在转动中的相位角。

使转台转动和控制转台转速的是无触点低速霍尔直流电机，其转速控制过程如下：

①当转台停转时，磁通计速度控制线圈没有感应的正弦脉冲信号，Q_1、Q_2 导通，Q_3 截止，Q_4 导通，Q_5 导通，Q_6 导通，霍尔效应检测器工作电流最大，且 2 只检测器总有 1 只处在磁对的垂直磁场中，$\sin 90° = 1$，霍尔电势最大，驱动线圈产生驱动电流最大，驱动转矩最大，转台加速。

②当转台超速时，磁通计速度控制线圈感应出高频率的正弦脉冲信号，使 Q_1、Q_2 截止，Q_3 导通，Q_4、Q_5、Q_6 截止，霍尔效应检测器工作电流为零，霍尔电势为零，驱动线圈产生的驱动电流为零，驱动转矩为零，转台减速。调速微调电位器 R_{V1} 可调节转台转速。磁通计电路工作电压由稳压器和驱动故障检测电路提供，工作电压稳定在 10.8 V。

（2）稳压器和驱动故障检测电路工作原理

稳压器和驱动故障检测电路工作原理如图 4-48 所示。电路用来为磁通计电路提供稳定工作电压，并在转台停转时产生报警。稳压器由三极管 Q_1、Q_2、Q_3、Q_{10} 与相应元件组成，其中 Q_1 和 Q_2 组成稳压差分取样放大电路，Q_{10} 组成参考电压，Q_3 为磁通计电路提供 10.8 V 稳定工作电压。

在电路中，场效应管 Q_8 是 C94n 沟通结型场效应管，当栅极和源极之间电压 V_{GS} 大于 0 V 时，Q_8 导通。当转台停转时，Q_3 发射极上的 R_5 无波动电压产生，而使 Q_5 截止，Q_4 导通，Q_6、Q_7 导通，Q_8 的 V_{GS} 大于 0 V，Q_8 导通，Q_9 导通，继电器 Z_2 吸合，转台驱动故障报警。当转台启动时，启动电流约为 1.2 mA，将在 R_5 上产生波动电压约 1.2 mA·1 kΩ = 1.2 V，经 C_1、R_{10}、R_{10a} 和 R_{23}，加在 Q_5 基极，这个电压随转台转速上升而形成斜坡电压，使 Q_4、Q_5 导通，Q_6 截止，Q_7、Q_8 和 Q_9 截止，继电器 Z_2 释放，转台驱动故障报警解除。

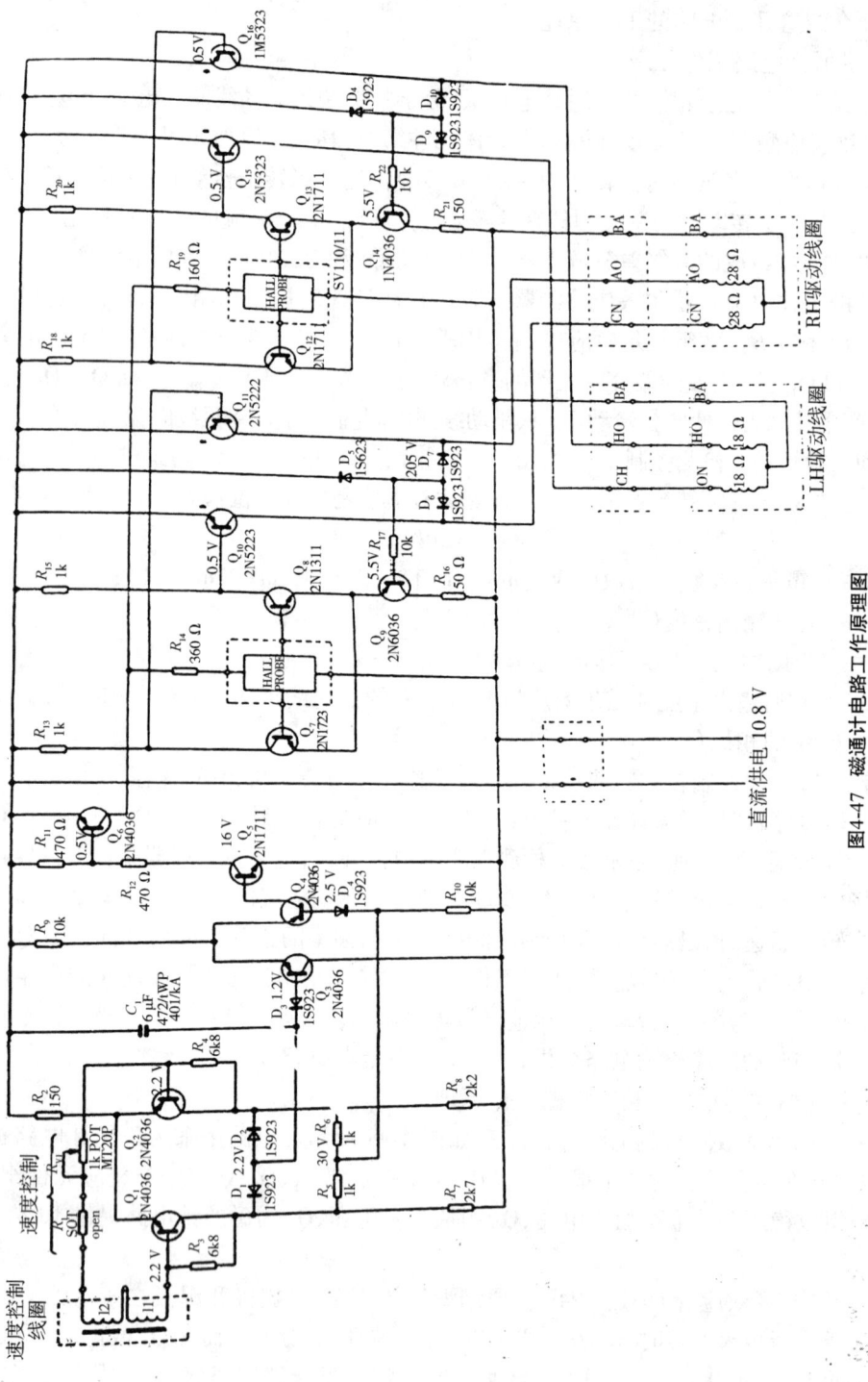

图 4-47 磁通计电路工作原理图

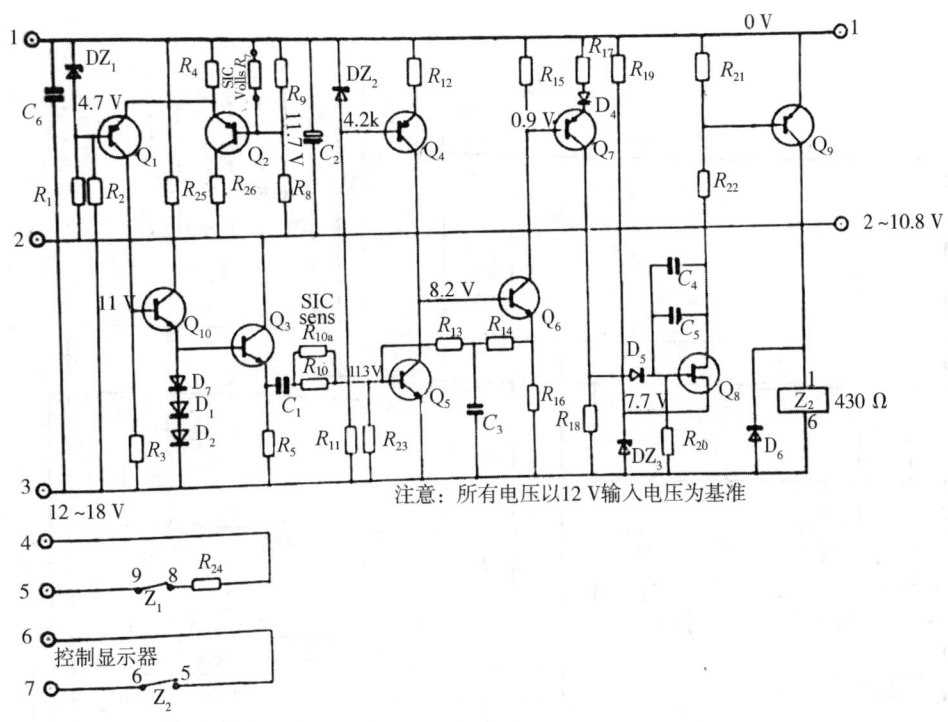

图 4-48 稳压器和驱动故障检测电路工作原理图

当转台正常转动时,在 R_5 上产生的波动电压很小,使 Q_5 处于放大状态,Q_6、Q_7 处于放大状态,在 R_{18} 上产生的电压降减小,Q_8 的 V_{GS} 小于 0 V,Q_8、Q_9 截止,Z_2 释放,转台驱动故障报警解除。

(3)转台速度检测电路工作原理

转台速度检测电路由半导体元件和 SN7474N 双 D 触发器组成,如图 4-49 所示。

转台速度检测电路用于检测转台转速,并对超速、低速和停转用指示灯做指示。转台转速通过转子下面转速传感器接收转子转速信息。转速传感器是只磁开关,转子在转动时,转子磁极将开关连续不断地接通、断开,产生与转子转速相对应的脉冲信号,经端子 3 进入转台速度检测电路。

当转台速度检测电路接收到转速脉冲信号,首先通过三极管 Q_1 放大,再输入由三极管 Q_2、Q_3 分别组成的时间常数为 5 μs 和 200 μs 两级阻容耦合放大器,它们均工作在脉冲状态。经由三极管 Q_5、Q_6、电容 C_1 和电阻 R_{10} 组成的密勒积分电路积分,来完成转台在各工作状态所对应的输出电平。超速时,三极管 Q_7 集电极输出为 3 V;低速时输出为 5 V;正常时输出为 4.5 V。要求放电电阻 R_{11} 阻值应和转台转速周期吻合,见图 4-49 中转速周期与 R_{11} 阻值表。

当转台转速周期为 10 s 时,那么密勒积分电路会将输入的方波脉冲变为三角波,而此时放电电阻值 R_{11} 为 47 kΩ。当转台转速要求变动时,必须计算 R_{11} 值,并检测转台转速。当更换磁通计时,也必须调整 R_{11} 值,使转速周期正确。

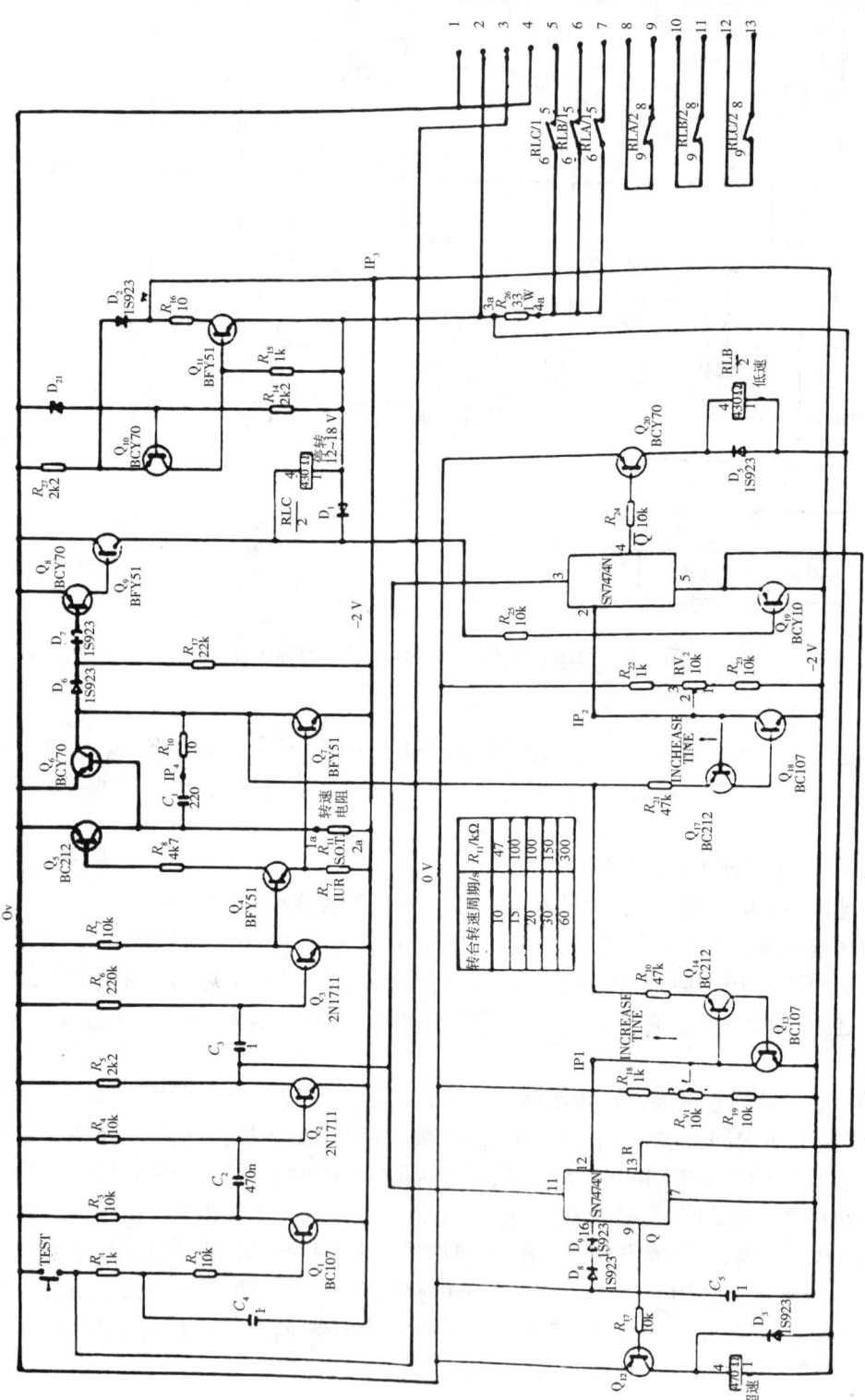

图4-49 转台速度检测电路原理图

转速传感器产生的与转子转速相对应的脉冲信号,经端子 3 输入转台速度检测电路。当脉冲信号为高电平时,Q_1 导通,Q_2 截止,Q_3 导通,Q_4、Q_5 和 Q_7 截止,Q_6 导通,向 C_1 充电;当脉冲信号为低电平时,Q_1 截止,Q_2 导通,Q_3 截止,Q_4、Q_5 和 Q_7 导通,Q_6 截止,C_1 经 Q_7 放电。当转台转速高时,脉冲信号频率高,C_1 两端电压低,控制电平低;当转台转速低时,脉冲信号频率低,C_1 两端电压高,控制电平高。当转台停转时,Q_1 截止,Q_2、Q_3 导通,Q_4、Q_5 和 Q_7 截止,C_1 经 Q_6 充电。当 C_1 两端电压达 7 V 时,Q_8、Q_9 截止,停转继电器释放,停转指示灯亮。正常转速时,Q_8、Q_9 导通,停转继电器吸合。由于 Q_9 截止,经 D_1,Q_{19} 基极为低电平,Q_{19} 导通,右边双 D 触发器 S 端为低电平,$\overline{Q}$ 端为低电平,Q_{20} 导通,低速继电器吸合,低速指示灯不亮;左边双 D 触发器 R 端为低电平,Q 端为低电平,Q_{17} 导通,超速继电器吸合,超速指示灯不亮。正常转速时,Q_{19} 截止,S 端、R 端为高电平。

电路中 R_{18}、R_{V1} 和 R_{19} 组成分压器,可通过 10 kΩ 电位器 R_{V1} 调节 Q_{14} 基极电位;同样,R_{22}、R_{V2} 和 R_{23} 组成分压器,可通过 10 kΩ 电位器 R_{V2} 调节 Q_{17} 基极电位。一般调 R_{V1} 使 Q_{14} 基极电位为 3 V,调 R_{V2} 使 Q_{17} 基极电位为 5 V。当转台低速时,控制电位大于 5.8 V,使 Q_{17}、Q_{18} 导通,TP2 点为低电平,右边双 D 触发器 $\overline{Q}$ 端为高电平,Q_{20} 截止,低速继电器释放,低速指示灯亮。同时,Q_{14} 和 Q_{13} 导通,TP1 点为低电平,左边双 D 触发器 Q 端为低电平,Q_{12} 导通,超速继电器吸合,超速指示灯不亮。当转台超速时,控制电位小于 3.8 V,使 Q_{14} 和 Q_{13} 截止,TP1 为高电平,左边双 D 触发器 Q 端为高电平,Q_{12} 截止,超速继电器释放,超速指示灯亮。同时,Q_{17} 和 Q_{18} 截止,TP2 为高电平,右边双 D 触发器 $\overline{Q}$ 端为低电平,Q_{20} 导通,低速继电器吸合,低速指示灯不亮。

Q_{10} 和 Q_{11} 组成的网络为电路提供 7 V 稳定工作电压。

三、PRB-24 型灯塔灯器

PRB-24 型灯塔灯器是一种强光源低能耗的灯器,由太阳能发电或风力发电给蓄电池组充电来供电,适用于无人看守的灯塔,无人维护期可超过 1 年。PRB-24 型灯塔灯器如图 4-50 所示。

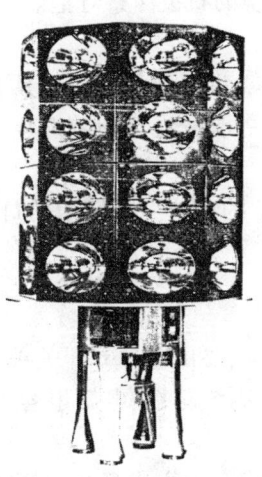

图 4-50   PRB-24 型灯塔灯器

灯器采用石英卤素灯泡配抛物面反射镜作为灯器的光源,灯阵由六面箱体构成,每面可装2个、4个或6个配有抛物面反射镜的石英卤素灯泡。通过安排不同的灯泡发光和不同灯阵面组合,可产生多种灯质。

灯器根据灯阵六面箱体每面安装的灯泡数,可分为三种型号,即PRB-24/2,PRB-24/4和PRB-24/6。

PRB-24型灯塔灯器主要由转台、控制单元、灯阵、灯泡选择单元、光电池、太阳能电源系统组成,并可根据需要配有监测器,其灯器结构如图4-51所示。

因为PRB-24型灯塔灯器的转台和光电池分别与PRB-21型灯塔灯器的转台和光电池相同,所以这里只介绍控制单元、灯阵和灯泡选择单元。

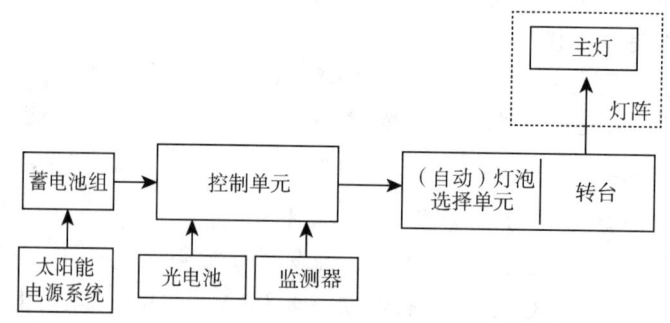

图4-51　PRB-24型灯塔灯器结构图

1.控制单元

控制单元由控制面板和转台控制电路组成。控制单元用于驱动和监测灯器的工作。转台控制电路包括磁通计电路、稳压器和驱动故障检测电路、转台速度检测电路。转台控制电路与PRB-21型灯塔灯器的转台控制电路完全相同。

2.灯阵

灯阵与转台一起旋转,并由3个独立的水银槽滑环供电。灯阵由六面箱体构成,每面可安装2个、4个或6个带有抛物面反射镜的石英卤素灯泡。这种石英卤素灯泡具有高光强、低能耗的优点。

石英卤素灯泡通过抛物面反射镜,将点光源反射成具有一定散射角的平行光束。调节光源在抛物面反射镜焦面附近的位置,可改变光束的散射角。由于反射镜的曲率在特定半径上各点相同,因此光束的水平散射角与垂直散射角相同。

灯阵能按单组、双组、三组,即12的倍数给出期望的灯质,灯泡最多为36个,其灯光射程可超过25.5 n mile。

3.灯泡选择单元

灯泡选择单元安装在灯阵内,它主要由Ledex开关单元、开关继电器、故障电流传感器、12个舌簧开关、二极管阵、指示灯、印刷线路板、电解电容器组成,其中Ledex开关单元由L_1、L_2、L_3、L_4开关组构成。

灯泡选择单元的功能:当工作灯泡有1个或多个损坏时,能自动对灯阵依次进行搜索,直到搜索到1组完好灯泡为止;能对灯阵进行监测,指示出灯阵的工作状态。灯泡选择单元可手动搜索和自动搜索。当主控制开关置"ON"状态时,按下双联手动按钮,并保持按钮在按下状态,可进行手动搜索。Ledex 开关单元一次置一种状态,可检查某灯泡组是否完好。当重复按手动按钮时,可实现手动连续搜索。当主控制开关置"AUTO"状态时,可实现对灯阵的自动搜索和监测。

第五章　音响航标

第一节　概述

音响航标(Audible aids)是指依靠产生的音响传递信息以引起航行人员注意其概略方位的助航标志。音响航标能在能见度不良的天气或在水中发出具有一定识别特征的音响信号,使船舶知道其概略方位,起警告危险作用。根据传播介质,音响航标可分为空中音响航标和水中音响航标两种。

(1)空中音响航标以空气作为传播介质,是使用最早、最普遍的音响航标。空中音响航标包括雾钟、雾锣、雾角、雾哨、雾炮和雾号。

雾号是最常用的音响航标,分气雾号和电雾号。气雾号利用压缩空气驱动发声器产生音响,设备庞大,需专人管理,听程一般为3~10 n mile。电雾号以电能作为动力驱动发声器产生音响,设备规模小、造价低,听程一般为2~6 n mile。为使电雾号自动开启和关闭,尚配有自动雾情探测器(Automatic fog detector)。

雾号的听程受气象条件影响很大,如气候适宜,有的雾号听程能达10 n mile以上,当遇到气候变化时,同样雾号的听程只能达1~2 n mile,甚至会出现在较远处能听到而在雾号所在山脚听不到的现象。这些情况主要是由风向及空气层变化引起的。因为雾号听程极不稳定,所以限制了其使用范围。考虑到视觉航标和无线电航标的发展,国际航标协会在第十一届国际航标会议上通过决议,指出"目前,雾号主要装在近海建筑物、桥梁、防坡堤上用来起危险警告作用以及保护像灯船和兰比这样的航标"。

(2)水中音响航标以水作为传播介质,常用的有水中钟、水中定位系统和水中振荡器。由于水中音响航标使用极少,这里不予介绍。

第二节　气雾号

气雾号利用压缩空气驱动发生器产生音响,根据发生器结构的不同分为活塞式气雾号、旋转式气雾号和振荡膜片式气雾号三种。三种气雾号中,活塞式气雾号性能最好,它的音质清晰洪亮,初音及尾音迅速敏捷,声音稳定,可用莫尔斯信号播发,听程为3~10 n mile。旋转式气雾号性能次之,听程与活塞式气雾号相同,但造价较低;缺点是声音带有初音和尾音,不能用莫尔斯信号播发,只能用长短不同的发声周期来表征自己的识别特征。振荡膜片式气雾号性能差,听程较近,且设备规模与前两种气雾号相似,现已基本被淘汰。

一、活塞式气雾号和旋转式气雾号的组成

活塞式气雾号和旋转式气雾号除发声器的结构不同外，其他组成部分完全相同。两种气雾号均由空气压缩机组、贮气包、发声控制器和发声器组成。空气压缩机组的型号和贮气包的配备数量是由气雾号发生器的耗气量来决定的。

1.空气压缩机组

空气压缩机组是气雾号的主要设备，用来向发声器提供压缩空气。空气压缩机组由柴油机和空气压缩机组成。柴油机通过离合器驱动空气压缩机。常用的空气压缩机有离心式和活塞式两种。空气的压缩靠离心力的作用来实现的称为离心式空气压缩机；空气的压缩靠气缸内往复运动的活塞改变气缸工作容积来实现的称为活塞式空气压缩机。气雾号使用的主要是活塞式空气压缩机。

活塞式空气压缩机主要由进气阀、排气阀、曲轴、连杆、活塞、气缸、气缸盖和曲轴箱组成。

2.贮气包

贮气包用来保存一定容量的压缩空气，使发声器在发声过程中，基本上保持气体压力不变，声音稳定。气雾号通常配备 6~8 个贮气包，高压、低压各半，高、低压气包之间设有减压阀，使低压气包的压力保持不变。高、低压气包的另一作用是当大雾突然来临时，能见度降低，在空气压缩机组启动前，即可施放雾号，不致延误时间。贮气包呈圆筒形，由钢板焊接而成。

减压阀设置在连接高压贮气包与低压贮气包的管路之间，用来保持低压贮气包压力不变，使发声器有较稳定的音量。

3.发声控制器

发声控制器用来控制压缩空气定时输向发声器，以控制声音节奏和周期。活塞式气雾号发声控制器由气阀组成，而旋转式气雾号发声控制器由旋转控时板组成。

4.发声器

发声器是用压缩空气产生音响的装置。在发声器上部接有喇叭，以引导音响传播和提高音量。喇叭应对航道方向，覆盖扇形角度为 120°~140°，有时可达 180°。

二、活塞式发声器的结构和工作原理

活塞式发声器由活塞、气缸、外壳、喇叭、活塞往复运动控制气阀和发声控制气阀组成。外壳内侧前、后各有一环状半圆槽，前面的环状槽较大，用来输送发声所需的压缩空气；后面的环状槽较小，用来输送活塞往复运动的压缩空气。活塞和气缸壁周围开有许多环形槽孔。

推动活塞往复运动所需的压缩空气由活塞往复运动控制气阀控制，压缩空气经由后面的环状槽进入，推动活塞往复运动，膨胀后的气体由外壳后侧的小孔排出。活塞往复运动可达90 次/秒，由活塞往复运动控制气阀控制。发声所需的压缩空气由发声控制气阀控制，根据调整好的发声周期，定时将压缩空气输入前面的环状槽。活塞式发声器的工作原理是，由于活塞

的往复运动,活塞和气缸壁周围的环形槽孔时开时闭,压缩空气断续地冲出槽孔,产生振荡而发声。如果活塞往复运动频率是 90 次/秒,那么压缩空气被切割的频率是 180 次/秒,因而产生音调为 180 Hz 的低音。音量的强度取决于活塞的直径。

三、旋转式发声器的结构和工作原理

旋转式发声器由外壳、圆形旋转筒和气缸组成。气缸在外壳内,气缸与外壳之间为进气孔道,圆形旋转筒装在气缸内。在气缸和圆形旋转筒周围开有若干个相同尺寸的长方形槽孔,相互对称。根据发声音调的要求,一般开有 6~10 个槽孔。每个槽孔的面积约 26 cm^2。

圆形旋转筒用铜合金铸成,中间为一旋转轴,上、下由轴承支持,旋转筒下部装有一个叶轮。压缩空气在控制器的控制下,一路推动圆形旋转筒的叶轮,使其高速旋转,另一路定时输入进气孔道。当圆形旋转筒高速旋转时,旋转筒和气缸壁上的槽孔时开时闭,压缩空气便断续地通过槽孔,产生振荡而发声。如气缸和圆形旋转筒周围各开有 6 个槽孔,圆形旋转筒转速为 20 r/s,则压缩空气每秒切割 120 次,即发声器发出的音响频率是 120 Hz。如圆形旋转筒转速不变,槽孔越多,则频率越高。音频太高或太低都不利于声波的远距离传播。通常采用 120~240 Hz 的频率。

镆铘岛气雾号如图 5-1 所示,成山角气雾号如图 5-2 所示。

图 5-1 镆铘岛气雾号

图 5-2 成山角气雾号

第三节　电雾号

电雾号是用电能驱动发声的音响航标,听程一般为 2~6 n mile。使用的电雾号有旋转式电雾号、电喇叭式电雾号和固态电雾号。

一、旋转式电雾号

旋转式电雾号由底座、电动机、套筒、圆形旋转筒、喇叭、减速箱、凸轮、拉杆和封闭圈组成。

旋转式电雾号由市电供电,电动机带动圆形旋转筒旋转,在圆形旋转筒外有套筒,圆形旋转筒和套筒周围有若干个大小相同的槽孔。当圆形旋转筒高速旋转(1 500 r/min)时,由于圆形旋转筒和套筒之间空气不断地被切割,空气振荡发声。圆形旋转筒前设有喇叭,用来引导音响的传播方向。发声周期可由设在套筒外缘的封闭圈控制,封闭圈也开有相同的槽孔,改变封闭圈与套筒的相对位置,可使套筒的槽孔开启或封闭。套筒槽孔开启时,空气进入圆形旋转筒发声;当套筒槽孔封闭时,空气不能进入圆形旋转筒发声。封闭圈由减速箱经凸轮和拉杆控制,减速箱的减速比和凸轮的形状决定发声的节奏和周期。

二、电喇叭式电雾号

电喇叭式电雾号由变流机、控制器和电喇叭发声器组成。变流机为一中频发电机。它由市电驱动,产生 300 Hz 的交流电供给电喇叭发声器。电喇叭发声器由电磁铁和振荡膜片及喇叭筒组成。当中频电流通过电磁铁时,振荡膜片振荡,并由喇叭筒引导声音传播。发出的音频是中频发电机频率的两倍。变流机产生的中频电流经继电器供给电喇叭发声器,发声的节奏和周期由控制器控制。控制器是一微型电动机,带动凸轮使继电器按规定的发声特征给电喇叭发声器供电。

三、固态电雾号

下面以 SA-850/4A 电雾号为例介绍固态电雾号的结构和工作原理。

固态电雾号主要由集成电路组成,听程一般为 2 n mile,直流电源供电,电源电压为 12 V,声音强度在 1 m 处是 133.6 dB。

固态电雾号由程序计时器(Program timer)、振荡器(Oscillator)、功率模块(Power modules)和发声器(Emitter)组成。

1.程序计时器

程序计时器由集成电路组成,用来控制电雾号发声的节奏和周期。程序计时器用 12 V 直流电供电,有遥控端子,可进行远距离遥控操作;有测试端子,可进行工作参数测试;有同步端子,可控制几台电雾号同步工作。

2.振荡器

振荡器用来把直流信号变为 840 Hz 交流信号,以驱动发声器。

3.功率模块

功率模块起推挽放大作用,以驱动发声器。

4.发声器

发声器由变压器 T_2、振荡膜片、喇叭筒组成。

八斗银子电雾号如图 5-3 所示。

图 5-3　八斗银子电雾号

第四节　雾情探测器

为了自动开启和关闭电雾号和测量能见度,常使用自动雾情探测器(Automatic fog detector),简称雾情探测器。下面以 FD-300 型雾情探测器为例,介绍其技术性能和工作原理。

FD-300 型雾情探测器是反向散射型,用发光二极管作为探测器探头,采用集成电路,使用寿命长,具有故障自检及报警功能。通过特殊设计,FD-300 型雾情探测器克服了可能覆盖于透镜表面的灰尘、盐雾所造成的对检测的影响。为了节约功耗,设备可间隔测量,且间隔时间在 1~6 min 可调。

雾情探测器由主灯、辅灯、灯驱动器、电平检测电路、振荡器电路、雾情指示电路、雾情驱动电路、报警显示电路、编程电路、伺服控制电路、能见度测量电路、数模转换电路、电源电路等组成。雾情探测器在编程电路的控制下按一定重复间隔周期性测量,每一测量循环包含 2 个周期,时间为 20 s,每个周期中主灯亮 2.5 s,辅灯亮 7.5 s。主灯和辅灯均调制在 15 kHz 上。主灯和辅灯均由发光二极管组成。

第六章　无线电航标

第一节　无线电导航概论

一、无线电导航在船舶导航中的地位

导航的基本含义是引导运载体（船舶、飞机与车辆等）运行。利用无线电技术对运载体运动进行引导，称为无线电导航。能够完成一定的无线电导航任务的技术装置总体，称为无线电导航系统。

在船舶导航技术发展初期，人们只是凭视力观测岸上和岛上的目标或天空中星体的相关参数来确定船舶的位置，后来出现了罗经、计程仪、天文钟和六分仪等普通船舶导航设备。用这些普通船舶导航设备进行观测，往往在条件和能见距离或精度上受到限制。

无线电导航系统是利用无线电波传播特性测量目标的相关参数，一般来说，受气候条件影响较小，因而它是在复杂气象条件及能见度不良情况下的一种很有效的导航方法，可以在近、中、远距离和全球范围内较顺利地完成导航任务。

二、用无线电方法测定船舶位置的基本原理

用无线电测定船舶位置的基本方法有无线电测向法、无线电测距法和无线电测距差法三种。目前使用无线电测向法的典型系统是无线电指向标系统，使用无线电测距法的典型系统是全球导航卫星系统，使用无线电测距差法的典型系统是罗兰 C 导航系统。

1.无线电测向法

空间任意点到无线电辐射源的方向都可以表示为给定坐标系中的角度值。用无线电方法测定空间方向的过程叫作无线电测向。假若以观测者本地的地理子午线北作为读数起点的参考方向，所测得的目标角度称为真方位。

A 点为已知地理坐标的固定导航台，运载体 M 测得导航台 A 的真方位为 α_A，则可通过 A 点作直线 AM，在 AM 线上任何一点测得的 A 点真方位均等于 α_A。在测向法中，所测量的几何参数是方位，几何参数值相等的点的轨迹称为运载体的位置线。两条位置线相交，就可以确定运载体在地球表面的位置。

2.无线电测距法

通过对电磁波传播时间或相位的测量可以确定运载体到导航台的距离。假定电磁波由 A

点沿直线以恒定速度 c 传播到 M 点,则传播时间 t_{AM} 与经过的距离 r_{AM} 成正比。

$$r_{AM} = c \cdot t_{AM} \tag{6-1}$$

式中:c——电磁波的传播速度。

在真空中电磁波的传播速度等于光速 c_0。根据国际米定义咨询委员会 1974 年提出的数据,$c_0 = 299\ 792\ 448\ \text{m/s}$,从而只要测量出传播时间 t_{AM},就可以确定距离 r_{AM}。

由于电磁波由 A 点传播到 M 点的相位差:

$$\Delta\varphi_{AM} = \omega \cdot t_{AM}$$

式中:ω——振荡角频率。

因此,也可以通过测量相位差角的方法来计算 r_{AM},即:

$$\Delta\varphi_{AM} = \frac{2\pi}{\lambda} c \frac{r_{AM}}{c} = \frac{2\pi}{\lambda} r_{AM}$$

$$r_{AM} = \frac{\lambda}{2\pi} \Delta\varphi_{AM} \tag{6-2}$$

设 A 为已知地理坐标的固定导航台,M 为运载体,保持 r_{AM} 不变时,地表面上的运载体 M 的位置线是以 A 为圆心的一族同心圆。运载体 M 测量地面两个已知点 A 与 B 的距离 r_{AM} 和 r_{BM} 所得两条等距离线的交点就是运载体的位置,如图 6-1 所示。因为用这种方法测得的 $r_{AM} =$ 常数、$r_{BM} =$ 常数的两个圆周相交于两点 M 与 M',所以确定的位置有多值性,需要用其他方法消除多值性。

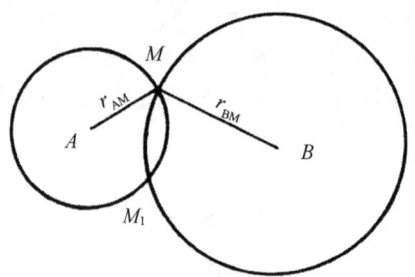

图 6-1　测距系统位置线

在测距系统中,要精确地测定时间间隔 t_{AM},要求运载体的时钟与导航台的时钟在长时间内精确地保持严格同步。

3.无线电测距差法

如果两个已知地理坐标的地面台发射的无线电信号在时间上或相位上保持严格的同步,则运载体通过接收两个无线电信号就可以确定运载体到导航台的距离差。由几何原理可知,距离差为常数的地球表面的位置线是曲面双曲线,不同的距离差对应为一族曲面双曲线。由图 6-2 可见,运载体若能同时测得两对导航台 A、B 和 C、D 的两个距离差,则可获得两条双曲线位置线,其交点 M 即为运载体位置。

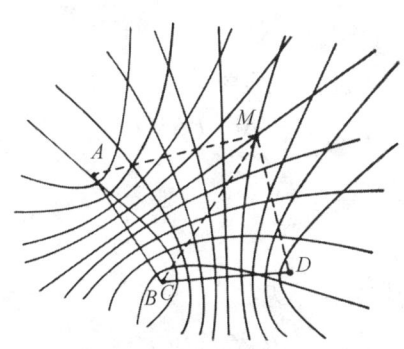

图 6-2　测距差系统位置线

第二节　定位精度与工作区

一、导航定位误差的一般特性

　　无线电导航系统的定位精度是衡量无线电导航系统性能的最主要指标。定位误差的产生首先是由于在导航参量(振幅、频率、相位、传播时间)的测量过程中,不可避免地存在着由导航设备和传播条件所引起的误差;其次是由于信号的电参量和导航参量(角度、距离、距离差)之间存在一定的对应关系。因此,电参量的测量误差必然会引起对应的导航参量误差,相应地产生位置线误差。另外,由于无线电导航系统在定位过程中至少需要测量两条位置线,因此,定位误差不仅与每条位置线本身的误差有关,还与两条(或几条)位置线的相互位置(夹角)有关。

　　根据误差在测量过程中出现的特性,可将所有误差分为系统误差与随机误差。通常将测量时数值和符号都按一定规律重复出现的误差称为系统误差。产生系统误差的原因是完全确定的,而且是可以估计出来的,因此,误差本身可以引入修正量或者通过消除引起误差的原因来消除之。随机误差是由测量过程中许多偶然因素产生的,而这些因素中,单独就其中任何一个来说,其影响是十分微小的。因此,无法确定出每一次具体测量时产生随机误差的原因,也就不能计算出每一次具体测量时的误差。单独一次测量的随机误差是不能消除的,只能用统计的方法来估计它的特性。

二、位置线误差

　　根据各种导航系统的工作原理,很容易确定信号电参量的测量误差与对应的导航(几何)参量误差之间的关系。在变化量很小的范围内,这一关系可以看成一个线性关系。基于这样的理由,我们可以把导航参量误差也看成零均值的正态随机变量。

1.测向系统的位置线误差

经有关公式推导,测向系统的位置线误差为:

$$\Delta n = R \Delta \alpha \tag{6-3}$$

式中:Δn——位置线误差;

R——测定点 M 到导航台的距离;

$\Delta \alpha$——测向误差。

测向系统的位置线误差的均方误差为:

$$\sigma_n = R \cdot \sigma_\alpha \tag{6-4}$$

式中:σ_n——位置线误差的均方误差;

σ_α——测向误差 $\Delta \alpha$ 的均方误差。

2.测距系统的位置线误差

经有关公式推导,测距系统的位置线误差为:

$$\Delta n = \Delta R \tag{6-5}$$

式中:ΔR——测距误差。

测距系统的位置线误差等于测距误差,均方误差也相等,即:

$$\sigma_n = \sigma_R \tag{6-6}$$

式中:σ_R——测距误差 ΔR 的均方误差。

3.测距差系统的位置线误差

经有关公式推导,测距差系统的位置线误差为:

$$\Delta n = \frac{\Delta R_d}{2\sin\frac{\varphi}{2}} \tag{6-7}$$

式中:ΔR_d——测距差误差;

φ——测定点对基线 d 的张角,其中 d 为测距差系统两座导航台的基线长度。

测距差系统的位置线误差的均方误差为:

$$\sigma_n = \frac{\sigma_H}{2\sin\frac{\varphi}{2}} \tag{6-8}$$

式中:σ_H——测距差误差 ΔR_d 的均方误差。

从上述三个导航系统不同位置线的公式可以看出,位置线误差是导航参数误差乘以一个比例系数。这个比例系数的形式取决于位置线的形状,因此称为几何因子。在具有相同导航参数误差的条件下,几何因子越小,位置线误差也越小。上述三种位置线的几何因子分别为:

测向系统位置线: $\qquad\qquad K_\alpha = R \tag{6-9}$

测距系统位置线: $\qquad\qquad K_R = 1 \tag{6-10}$

测距差系统位置线: $\qquad\qquad H = \frac{1}{2\sin\frac{\varphi}{2}} \tag{6-11}$

三、定位误差

在无线电导航技术中,运载体在平面上的位置可以通过平面上两条位置线的交点来确定。假设 u、v 是运载体所在位置的真实位置线,它们的交点就是运载体的真实位置 M。由于存在测量误差,实际测量得到的位置线分别为 $u+\Delta u$、$v+\Delta v$,这时,根据测量结果得到的运载体的位置将为 M_1 点,定义测量所得位置与真实位置之间的距离称为定位误差。如图 6-3 所示,距离 MM_1 就是定位误差。

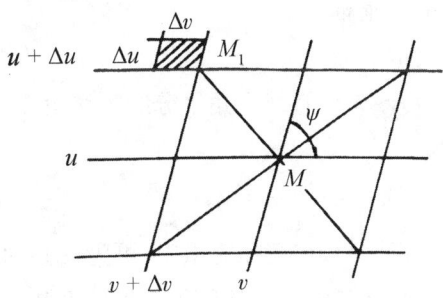

图 6-3　定位误差

如前所述,位置线误差是正态分布的随机变量,因此,定位误差也将是一个随机变量。对这一随机变量通常采用等概率误差椭圆的方法进行描述。

1.定位误差的等概率误差椭圆理论

我们在讨论定位误差时,假定系统误差已经消除,位置线 u 与 v 的随机误差均服从正态分布,则其概率密度函数分别为:

$$f(\Delta u)=\frac{1}{\sqrt{2\pi}\,\sigma_u}e^{-\frac{\Delta u^2}{2\sigma_u^2}} \tag{6-12}$$

$$f(\Delta v)=\frac{1}{\sqrt{2\pi}\,\sigma_v}e^{-\frac{\Delta v^2}{2\sigma_v^2}}$$

式中:σ_u 与 σ_v 分别为两条位置线误差的均方误差。

经过相关公式推导,当 $f(\Delta u$、$\Delta v)=$ 常数时,就有下式成立:

$$\frac{1}{2}\left(\frac{\Delta u^2}{\sigma_u^2}+\frac{\Delta v^2}{\sigma_v^2}\right)=\lambda^2 \tag{6-13}$$

式(6-13)是等概率误差曲线方程,是个斜坐标系中的椭圆方程。它与位置线的形状及相对位置有关。但若运载体离无线电导航台的距离很远,确定位置线时误差的均方误差也会很小。这时位置线可用平行的直线来代替,如图 6-3 所示。

在式(6-13)中,λ 的值越大,则由它所确定的椭圆上的概率密度越小,测量所得位置 M_1 出现在该椭圆内的概率越大。

2.等概率误差椭圆的长、短半轴及取向

根据式(6-13),经过将斜坐标系中的椭圆方程转换为直角坐标系中的椭圆方程,得等概率误差椭圆的长半轴、短半轴和长轴取向如下：

$$a = \sqrt{\frac{4\sigma_u^2 \sigma_v^2 \lambda^2}{\sigma_u^2 + \sigma_v^2 - \sqrt{(\sigma_u^2 + \sigma_v^2)^2 - 4\sigma_u^2 \sigma_v^2 \sin^2\psi}}} \tag{6-14}$$

$$b = \sqrt{\frac{4\sigma_u^2 \sigma_v^2 \lambda^2}{\sigma_u^2 + \sigma_v^2 + \sqrt{(\sigma_u^2 + \sigma_v^2)^2 - 4\sigma_u^2 \sigma_v^2 \sin^2\psi}}} \tag{6-15}$$

$$\gamma = \frac{1}{2}\arctan\left(\frac{\sigma_u^2 - \sigma_v^2}{\sigma_u^2 + \sigma_v^2}\tan\psi\right) \tag{6-16}$$

式中，a——等概率误差椭圆的长半轴；

$\quad\quad b$——等概率误差椭圆的短半轴；

$\quad\quad \gamma$——长轴取向，即长轴与两条位置线夹角平分线的交角；

$\quad\quad \psi$——两条位置线夹角。

3.等概率误差椭圆概率的计算

与误差椭圆的尺寸及取向相比较，在实际应用中，更为关心的是测量位置 M_1 落入具有一定尺寸的误差椭圆范围内的概率，或是在给定概率时，测量所得位置以该概率落入误差椭圆的大小。

经过相关公式推导得测量位置 M_1 落入具有一定尺寸的误差椭圆范围内的概率为

$$p(\lambda) = \int_0^\lambda 2\lambda e^{-\lambda^2} d\lambda = 1 - e^{-\lambda^2} \tag{6-17}$$

或

$$\lambda = \sqrt{-\ln[1 - p(\lambda)]} \tag{6-18}$$

表 6-1 列出了概率 p 与常数 λ 之间的某些对应值。

表 6-1　p 与 λ 之间的某些对应值

p	0.000	0.050	0.200	0.500	0.633	0.800	0.950	0.990	1.000
λ	0.000	0.227	0.472	0.832	1.000	1.268	1.730	2.147	∞

这样，当给定概率 p 时，利用式(6-18)，可以求出常数 λ，然后根据测量点所在点位置线的夹角 ψ 和位置线误差的均方误差 σ_u 与 σ_v，代入式(6-14)、式(6-15)和式(6-16)，就可以计算出该定点处误差椭圆的长、短半轴及取向。这里要求两条位置线误差的相关系数为零。

四、无线电导航系统的工作区

任何一种无线电导航系统都只能在一定的空间区域内向运载体提供导航信息。这一空间区域的大小，取决于所选用的工作频段、发射机功率、天线的方向性和被测导航参数的类型及无线电导航台在地面上的配置情况。运载体接收无线电信号，确定出位置线，根据位置线的交点确定出运载体的位置。定位精度不仅与导航参数的测量精度有关，还与运载体相对于导航台的位置有关。随着运载体的位置变化，运载体所在地点的位置线、位置线误差和位置线的交角都会在很大范围内产生变化，从而也会使定位精度随之变化，通常用无线电导航系统工作区的概念来说明定位精度与运载体位置之间的关系。

在给定的概率下,定位误差不超过给定值的空间区域,称为无线电导航系统的工作区。根据无线电导航系统工作区的形状和大小,可以判断在任意方向上,按规定精度确定运载体位置时,无线电导航系统的作用距离。由此可见,确定工作区的边界范围,对于正确使用无线电导航系统具有十分重要的意义。

对于给定的无线电导航系统,在导航台坐标和导航参数测量精度已知的条件下,根据前一节所给出的方法,我们可以在该导航系统的覆盖范围内,求出任一点的等概率误差椭圆。在确定误差椭圆的长、短半轴时,λ 值的选择应保证定位时落入误差椭圆内的总概率等于给定的概率值。

一个无线电导航系统在其覆盖区域内的误差椭圆的分布,我们称为椭圆误差场。根据对定位精度的要求,我们可以在椭圆误差场中划定一个区域使在划定的区域内,误差椭圆的长轴 a 不大于该系统要求的定位误差。这一区域就是该系统的工作区。

第三节　雷达反射器

雷达反射器(Radar reflector)是一种具有较强反射能力向平行于入射方向反射雷达波的设备。雷达反射器主要用于下述目的:

(1)在远距离改进对目标的识别。

(2)在海浪和雨雪干扰下,提高目标的识别。

(3)加强对目标的保护,防止碰撞造成损害。

雷达反射器通常设置在浮标、灯船或其他助航标志上,以增强目标的雷达回波强度。从有关雷达的知识可知,把能量反射到接收天线的能力是任何雷达目标的基本特性。描述这个能力的参数一般有三种,即雷达目标有效截面(RCS)、方向图宽度和反向散射图。

雷达目标有效截面一般定义为,返回接收机单位立体角内的回波功率与入射功率密度之比的 4π 倍。对于简单几何形状的目标,雷达目标有效截面可用公式计算。对于复杂几何形状的目标,雷达目标的有效截面只能通过实测得到。

方向图宽度定义为,雷达目标的有效截面降为最大雷达目标有效截面的 1/2 时的角度范围。

反向散射图是极坐标图,它表示了在对数尺度下以方位角为自变量的雷达目标有效截面的变化。

对反射器有以下要求:

(1)以小的尺寸和重量,获得尽可能大的雷达目标有效截面。

(2)要具有足够的方向图宽度和全向的反向散射图。

常用的雷达反射器有两种:一种是角反射器;另一种是龙伯透镜反射器。

一、角反射器

角反射器由三个互相垂直的金属平板组成。金属平板由钢和铝制成。根据组成角反射器各个面的形状,角反射器分为三角形、圆形、方形三种。

1.角反射器的雷达目标有效截面

角反射器可以在较大的角度范围内,将入射的雷达波经过三次反射,按原入射方向反射回去,因而具有很大的雷达目标有效截面。角反射器的最大反射方向称为角反射器的中心轴,它与三个垂直轴的夹角相等,且等于54°45′。在中心轴方向,角反射器雷达目标有效截面最大。三种角反射器最大雷达目标有效截面的表达式为:

三角形角反射器:
$$\sigma_{max} = \frac{4\pi a^4}{3\lambda^2} \qquad (6\text{-}19)$$

圆形角反射器:
$$\sigma_{max} = \frac{16\pi a^4}{3\lambda^2} \qquad (6\text{-}20)$$

方形角反射器:
$$\sigma_{max} = \frac{12\pi a^4}{\lambda^2} \qquad (6\text{-}21)$$

从上述三个表达式可以看出,在垂直轴 a 相等的情况下,三角形角反射器的雷达目标有效截面最小,圆形角反射器次之,方形角反射器最大(即为三角形角反射器的 9 倍)。

角反射器的雷达目标有效截面与其垂直轴的 4 次方成正比,因此增加 a 可以得到很大的雷达截面。角反射器的雷达目标有效截面与雷达波长 λ 的平方成反比。同样尺寸的角反射器对于 X 波段雷达(波长为 3.2 cm)和 S 波段雷达(波长为 10 cm),其雷达目标有效截面亦不同。

角反射器对制造精度要求很高。如果三个面的夹角不是 90°或反射面凹凸不平,则将引起雷达目标有效截面的显著减小。

当三个面之间的夹角不是 90°时,雷达目标有效截面 σ 的减小程度随角反射器尺寸 a/λ 的增大而增大。通常当 $a = 60\lambda \sim 70\lambda$ 时,要求 $\sigma/\sigma_{max} \geq 0.5$(即 −3 dB)时,角度偏差不能大于 ±0.5°。

2.角反射器的方向性

角反射器的方向性以其方向图宽度和反向散射图表示。角反射器的方向性分水平面的方向性和垂直面的方向性。它们表明了角反射器的反射能力和全向特性。

实验证明,角反射器的方向图越宽,就越能在较宽的角度范围内对雷达产生较强的回波。

三角形角反射器的水平方向图宽度约为 40°,圆形角反射器的水平方向图宽度约为 30°,方形角反射器的水平方向图宽度约为 25°。

三角形角反射器的垂直方向图宽度约为 40°,圆形角反射器的垂直方向图宽度约为 31°,方形角反射器的垂直方向图宽度约为 29°。

以上讨论的是单体角反射器的方向性。从上述分析可知,无论何种角反射器,其水平方向宽度都是有限的,不能满足作为无线电航标在水平方向的全向特性。为了使角反射器具有全向特性,常采用单体角反射器的组合结构,从而形成 4 波瓣八面体角反射器、6 波瓣八面体角反射器、10 单元角反射器、20 单元角反射器和 6 单元角反射器。

对于组合式角反射器,常用反向散射图表示其水平和垂直的方向性。如图 6-4 和图 6-5 所示为两种组合式角反射器的结构图和在不同张角时的反向散射图。反向散射图是实测得出的。

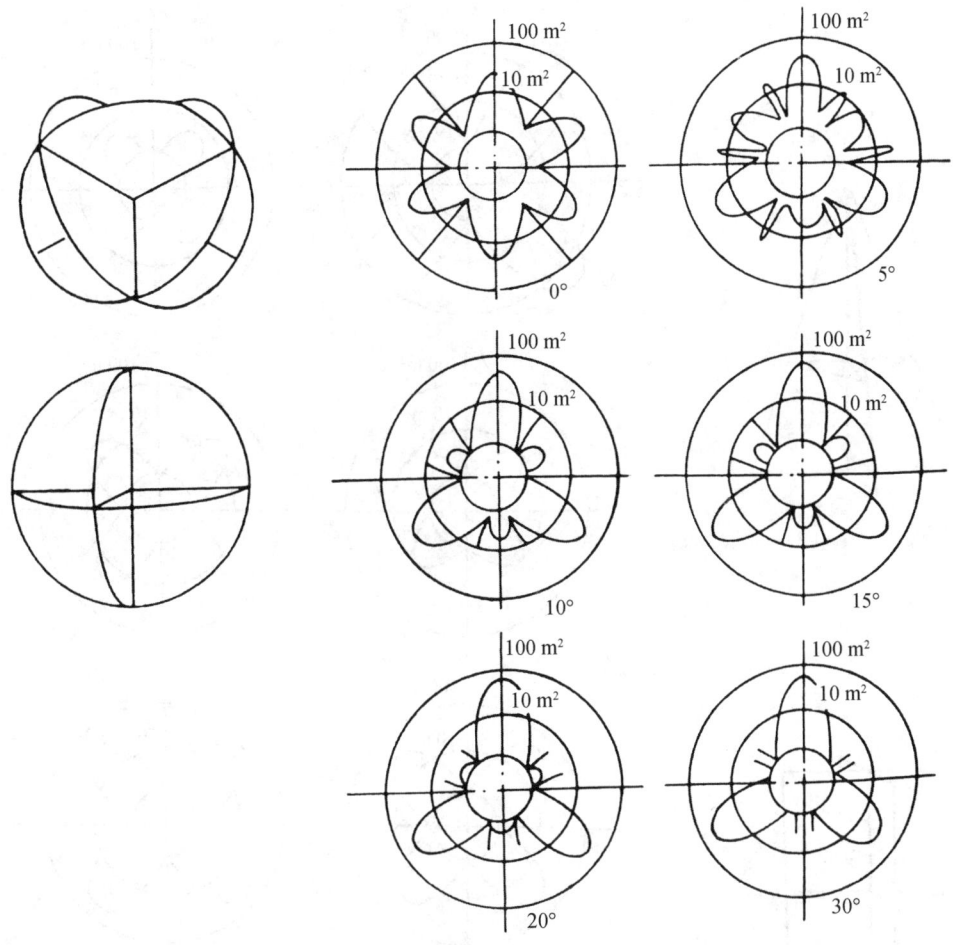

图6-4　6波瓣八面体角反射器不同张角的反向散射图,角反射器直径为0.5 m

二、龙伯透镜反射器

龙伯透镜反射器是在龙伯透镜的局部表面加上金属反射面而构成的。龙伯透镜是一种折射率不均匀的、由多层泡沫性物质制成的同心圆球。龙伯透镜的突出特性如下:可在张角为 $-150° \sim 150°$ 时全面、均匀地反射,并能提供一个稳定的没有衰减的雷达回波。下面具体介绍龙伯透镜反射器的原理和特性。

1.工作原理

龙伯透镜反射器由龙伯透镜和金属反射面组成,而龙伯透镜是折射率不均匀的球体。为什么龙伯透镜需要不均匀的折射率呢? 对于龙伯透镜,希望当 F 为焦点时,从 F 点发出的任一射线到达平面 QQ_1 时相位相等;或者说,平行波束来的射线经龙伯透镜折射应聚焦于点 F。这就是确定龙伯透镜内折射率的依据。根据光学中的费马原理,射线轨迹应符合下述方程:

$$\int_F^Q n(r)\mathrm{d}s = 常数 \tag{6-22}$$

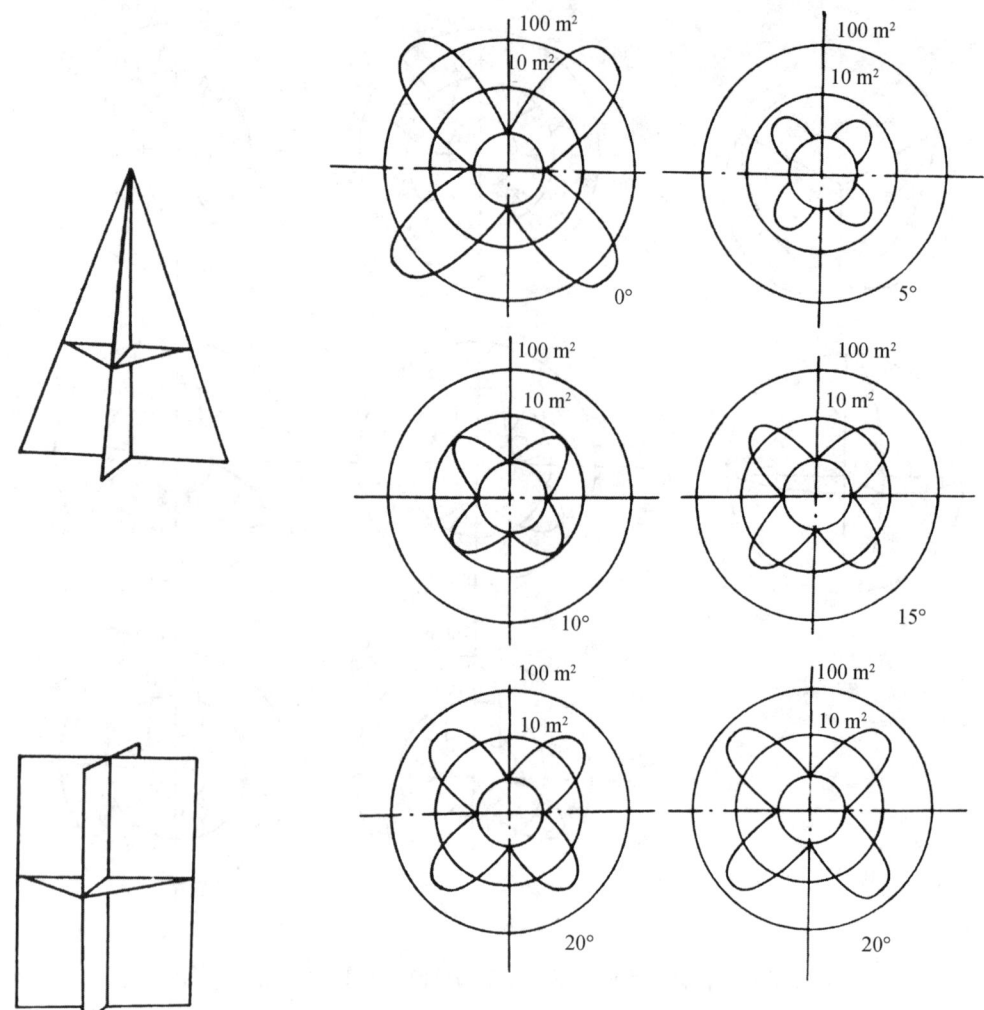

图 6-5　4 波瓣八面体角反射器不同张角的反向散射图,角反射器直径为 0.5 m

式中: $n(r)$ ——待求的透镜折射率分布函数,它是球体半径 r 的函数;

　　　ds——射线轨迹的弧长增量。

经推导得龙伯透镜的折射率方程:

$$n^2(r) = 2 - \left(\frac{r}{R}\right)^2 \tag{6-23}$$

此时 $n(R) = 1$。

射线轨迹方程为:

$$r^2\left[\sin^2\theta + \sin^2(\theta - \theta_1)\right] = R^2\sin^2\theta_1 \tag{6-24}$$

式中: θ_1 ——对应极径为 R 的极角;

　　　r ——极坐标系的极径;

　　　θ ——极坐标系的极角。

从式(6-24)可知,龙伯透镜内射线轨迹是一个椭圆族。理论上讲,龙伯透镜的折射率应按式(6-23)随半径 r 连续变化。这样的龙伯透镜是制造不出来的,实际的龙伯透镜是由多层球壳构成的,每一层的折射率都是均匀的,层与层的折射率按式(6-23)变化。这样层数越多,越逼近理想的龙伯透镜,制造工艺也越复杂,成本也越高;同时层数太多,由于层间的黏结和间隙,也会带来附加的相位差。

由式(6-23)可知,龙伯透镜在球心附近的介电常数,即 $n^2(r)$,变化缓慢。当 $\dfrac{r}{R}$ 从 0 变化到 0.3 时,介电常数 ε 从 2 变到 1.91;而 $\dfrac{r}{R}$ 变到 0.5 时,ε 也才变到 1.75。这就使我们得到启发,提出用均匀介电常数的球核代替介电常数连续变化的球核。当龙伯透镜球心附近有一直径为整个球体直径的 40% 的均匀介电常数球核时,性能影响不大,制造工艺却大大简化。实际的龙伯透镜中心是一个均匀介质球核而中心外是非均匀介质球壳。

在赤道线上安装有金属反射面和底座有安装面时,雷达目标有效截面明显减小,即为:

$$\sigma = \frac{4\pi^3 R^3}{\lambda^2}\left(1 - \frac{\Phi - \sin\Phi}{2\pi} - \frac{\theta + \sin\theta}{\pi}\right)^2 \tag{6-25}$$

式中:θ——金属反射面宽度对球心的张角;

Φ——底座安装面对球心的安装角。

龙伯透镜反射器一般由聚苯乙烯泡沫塑料制成。其制造工艺是,先将聚苯乙烯泡沫塑料的珠料适当发泡,后按粒度进行筛选分组,使每组珠料有相同的粒度。将两组混合,以便控制比重,提供所需介常数。再用黏合剂和珠料搅拌,灌入尺寸合适的球形模具中。由于黏合剂中可挥发成分的蒸发,其余成分便会把珠料黏合硬化。这种冷成型工艺不需加热,介电常数易控制。用类似方法可制成多层龙伯透镜,再在适当部位贴上金属反射材料,形成反射器。为使反射器坚固,外层包有一层如玻璃钢材料制成的保护层。

2.反射特性

当龙伯透镜反射器在赤道线上贴有宽度 L 的环形反射面时,水平方向图宽度是 360°,而垂直方向图宽度是宽度 L 对球心的张角。为了增加反射器的垂直方向图宽度,需增加环形反射面的宽度 L。由式(6-25)可知,这将使雷达目标有效截面减小。为此,需把环形反射面用倾斜角为 45° 的金属平行丝线组成的栅状反射面代替,雷达波就会通过栅状反射面进入龙伯透镜。这种 45° 的栅状反射面会对通过的雷达波产生极化损失,其损失约 3 dB。因为雷达波进入龙伯透镜再反射出来,经过两次栅状反射面,所以共有 6 dB 的损失。当然,如果龙伯透镜反射器的水平方向图宽度不需要 360°,可根据需要调整金属反射面的大小,即调整金属反射面在水平方向上的球心角大小,产生水平方向图宽度为 90°、140°、180° 的反射器。

当需龙伯透镜反射器具有向空中反射的能力时,可在球体底部装一个圆碗形反射面。此时反射器向上反射的雷达目标有效截面为:

$$\sigma = \frac{4\pi^3 R^4}{\lambda^2}\cos^4\frac{\theta}{2} \tag{6-26}$$

式中:θ——圆碗形反射面对应的球心角。

当龙伯透镜反射器在赤道线上贴有环形反射面时,反射器在水平方向的反向散射图近似为一圆形。因此,龙伯透镜反射器可在张角为 -15°~15° 时具有全向、均匀的反射特性。

三、雷达反射器使用中基本参数的选择

如前所述,对雷达反射器的要求是,尽可能大的雷达目标有效截面,足够宽的方向图宽度和全向的反向散射图。为达到上述要求,应合理地选择雷达反射器的三个基本参数,即雷达反射器的类型、雷达反射器的尺寸和雷达反射器的高度。

1.雷达反射器的类型

航标中主要用角反射器和龙伯透镜反射器,而角反射器又包括三角形角反射器、圆形角反射器、方形角反射器。每种角反射器根据单体角反射器组合形式不同,又有不同的结构。当然这些反射器的反射特性各有优缺点。

龙伯透镜反射器的突出优点是可以在张角为-15°~15°时全面、均匀地反射。其缺点是多路传输现象使电波跨过大海影响雷达反射器的反射,结果龙伯透镜反射器不能提供一个稳定的没有衰减的回波。它不如角反射器坚固,潮湿的空气进入泡沫层可使其特性降低。虽能批量生产,但雷达目标有效截面被限制在较小数值内(通常在 10 m^2 量级),因而不能在深海或远距离区域有效地使用。由于需精心制作,龙伯透镜反射器单位平方米雷达目标有效截面造价较高。

如前面所述,角反射器中,综合各方面特性,以三角形反射器特性最佳。在几种形式的三角形角反射器中,反射特性最好的是6单元角反射器,6波瓣八面体角反射器次之。由于6单元角反射器结构复杂,成本高,其使用受到限制,所以6波瓣八面体角反射器应用最多。

2.雷达反射器的尺寸

雷达反射器的尺寸连同反射器的类型决定了反射器的雷达目标有效截面,同时也决定着最大可能的作用距离和在噪声区目标的能见度。雷达目标有效截面对反射器的尺寸变化非常敏感。理论表明,无论是角反射器还是龙伯透镜反射器,雷达目标有效截面与反射器直径的4次幂成正比,但反射器作用距离的增长不是线性的。从雷达目标有效截面与反射器尺寸的关系,可得出实际使用的重要结论:首先,反射器尺寸尽可能大,尺寸小特性差;其次,在反射器直径相同条件下,包含单体多的角反射器不如包含单体少的角反射器特性好。当雷达反射器被安装在浮标这样的小目标上时,应对浮标的形状、浮标的稳性、最大顶部负载、浮力和风阻等设计参数综合考虑来决定反射器的尺寸。如图6-6所示为装有雷达反射器的灯浮标。

3.雷达反射器的高度

雷达反射器的高度就是反射器相对于海平面的高度。对于远距离视觉目标,由于地球曲率的影响,目标和观测者的高度与视距(n mile)由下式决定:

$$视距 = 2.08(\sqrt{H} + \sqrt{e}) \tag{6-27}$$

式中:H——目标高度(m);

e——观测者眼高(m)。

用式(6-27)也可对雷达的作用距离进行粗略估算。此时目标高度和观测者眼高分别由雷达天线高度和雷达反射器高度所代替。应指出,在正常的大气条件下,这个公式的结果是令人满意的。但保守的作用距离为式(6-27)结果的60%~90%。这个距离上的减小是由海上多路传输干扰引起的。

图 6-6　装有雷达反射器的灯浮标

第四节　雷达应答器

　　雷达应答器(Radar responder),又称雷达信标(Radar beacon)和雷康(RACON),它与船用雷达配合使用是为改善雷达目标识别能力而工作在航海雷达频段内的接收/发射设备。当雷达应答器被询问雷达触发时,它能自动地发射出在询问雷达显示器上显示的特征编码,以便提供雷达目标的距离、方位和识别信息。雷达在最初发明并用于军事目的时,就迫切需要增强目标的反射波,提高对目标的识别能力,从而产生了雷达应答器。因此,雷达应答器与雷达几乎具有同样长的发展历史。

　　雷达应答器用于航运事业是在20世纪50年代初。随着水运事业的不断发展,船舶数量和尺度的不断增加,各种海上事故时有发生。为使船舶航行更加安全,避免和减少海上事故的发生,20世纪50年代初,美国首先研制安装在特定水域和特定目标上的雷达应答器;60年代,日本和西欧一些国家也开始研制雷达应答器。我国20世纪70年代中期开始研制雷达应答器。目前,雷达应答器具有很多使用优点,使之应用相当普遍,对船舶安全航行起到了积极的助航作用。

　　各种使用过的雷达应答器如图6-7所示。

图 6-7　各种使用过的雷达应答器

一、雷达应答器的使用目的

在通航水域,可靠的雷达导航不仅取决于一个大功率的船用导航雷达,也要求配置一些能在雷达显示屏上清晰地显示出航道的雷达应答器。通常标示航道界限和碍航物的视觉航标及特定目标对雷达波的反射能力是有限的。为了改进船用导航雷达的使用性能,需要在这些标志上安装雷达应答器。由于雷达应答器的主要作用是提高雷达目标的识别能力,因此常用于下述目的:没有明显特征的海岸线的识别和测量;对水中和陆上助航标志的识别;初见陆地的识别;警戒区或分道通航制中线和转向点的识别;标志新的海图上未标绘的危险物;标示桥梁下可航行的桥拱。

二、雷达应答器的种类

根据发射方式不同,早期和现在使用的雷达应答器分两大类:在询问雷达频率的频率上应答的雷达应答器和在不同于询问雷达频率上应答的雷达应答器。

第一类雷达应答器有两种,即扫描频率雷达应答器和同频响应的鉴频雷达应答器。扫描频率雷达应答器又分慢扫描、快扫描和步进扫描频率雷达应答器。

第二类雷达应答器也有两种,即固定频率雷达应答器和固定补偿频率鉴频雷达应答器。

由于同频响应的鉴频雷达应答器具有能对发射的信号进行编码,响应时间延迟短,不需对船用雷达改装等优点,目前使用广泛。

三、鉴频雷达应答器的结构和主要参数

下面以美国 Tideland Signal 公司生产的雷达应答器为例,介绍鉴频雷达应答器的结构和主要性能参数。

1.鉴频雷达应答器的结构

鉴频雷达应答器一般由钢体基座、射频处理电路、中频和视频处理电路、基线板(BLM)、控制处理板(CPM)、电源管理电路、远程监测板(RMM)、雷电保护电路和 X 波段天线、S 波段天线组成。

2.鉴频雷达应答器的主要性能参数

(1)频率:

X 波段:9 300~9 500 MHz;

S 波段:2 900~3 100 MHz。

(2)频率精度:

雷达脉冲长度小于或等于 450 ns:±2.5 MHz;

雷达脉冲长度大于 450 ns:±2.0 MHz。

(3)补偿频率:中心频率+10 MHz。

(4)输出到天线的功率:两种波段,即 0.40 W 或 1.0 W。

（5）接收机型号：具有对数中频的单变换、超外差式。

（6）天线边缘处接收机灵敏度：

工厂调整：−35 dBm；

调整范围：−50~0 dBm。

（7）接收机动态范围：60 dB。

（8）接收机噪声极限：在天线边缘处−35 dBm 灵敏度时大于 25 dB。

（9）最大响应频率：大于 10 kHz。

（10）响应延迟：

当雷达脉冲宽度：

小于 125 ns 时：小于 400 ns；

在 125~525 ns 时：小于 800 ns；

大于 525 ns 时：小于 1 200 ns。

（11）电源输入电压：

标准值：12 V DC；

最小值：10 V DC；

最大值：18 V DC。

四、鉴频雷达应答器的工作原理

图 6-8 是鉴频雷达应答器工作原理方框图。从图可知，X 波段天线或 S 波段天线接收到的船用雷达 X 波段射频脉冲或 S 波段射频脉冲，经 X 波段接收/发射开关或 S 波段接收/发射开关，进入 X 波段降频变频器和中频滤波器或 S 波段降频变频器和中频滤波器，将射频转换为中频，以利于后续处理。

变频器输出的中频脉冲经波段开关，进入对数放大器进行电平放大。对数放大器有两路输出：一路经鉴频器，得到模拟频率，再经 A/D 转换器，得近似数字频率，输入给频率校正电路和旁瓣抑制电路；另一路经检波成为对数视频脉冲，再经 A/D 转换器转换为两组数字码。一组数字码包含对数脉冲宽度信息，另一组数字码包含对数脉冲幅值信息。脉冲宽度信息输入应答编码产生器，使应答编码长度与脉冲宽度成比例。脉冲幅值信息输入旁瓣抑制电路，与近似数字频率一起用于鉴别是否为主瓣或旁瓣信息。如果脉冲幅值低于以前询问脉冲所建立的频率−脉冲幅值组合参数的门限，雷达脉冲信号被定为旁瓣信息，应答信息被抑制。如果幅值信息与近似数字频率经鉴别为主瓣信息，则近似数字频率经频率校正电路校正为精确数字频率。精确数字频率经 D/A 转换器转换为模拟频率信号，并对压控振荡器产生的发射中频脉冲频率进行调整，使发射频率与接收频率相同。

启动和关闭压控振荡器是由应答编码产生器控制的。如果压控振荡器受键控时间短，则产生莫尔斯码的点符号；否则产生莫尔斯码的划符号。

根据接收到射频脉冲的波段范围，压控振荡器编码的中频脉冲，经波段开关，输入 X 波段升频变频器和射频放大器或 S 波段升频变频器和射频放大器，转换为 X 波段发射射频脉冲或 S 波段发射射频脉冲，再经 X 波段接收/发射开关或 S 波段接收/发射开关和 X 波段天线或 S 波段天线发射出去，以应答船用雷达。

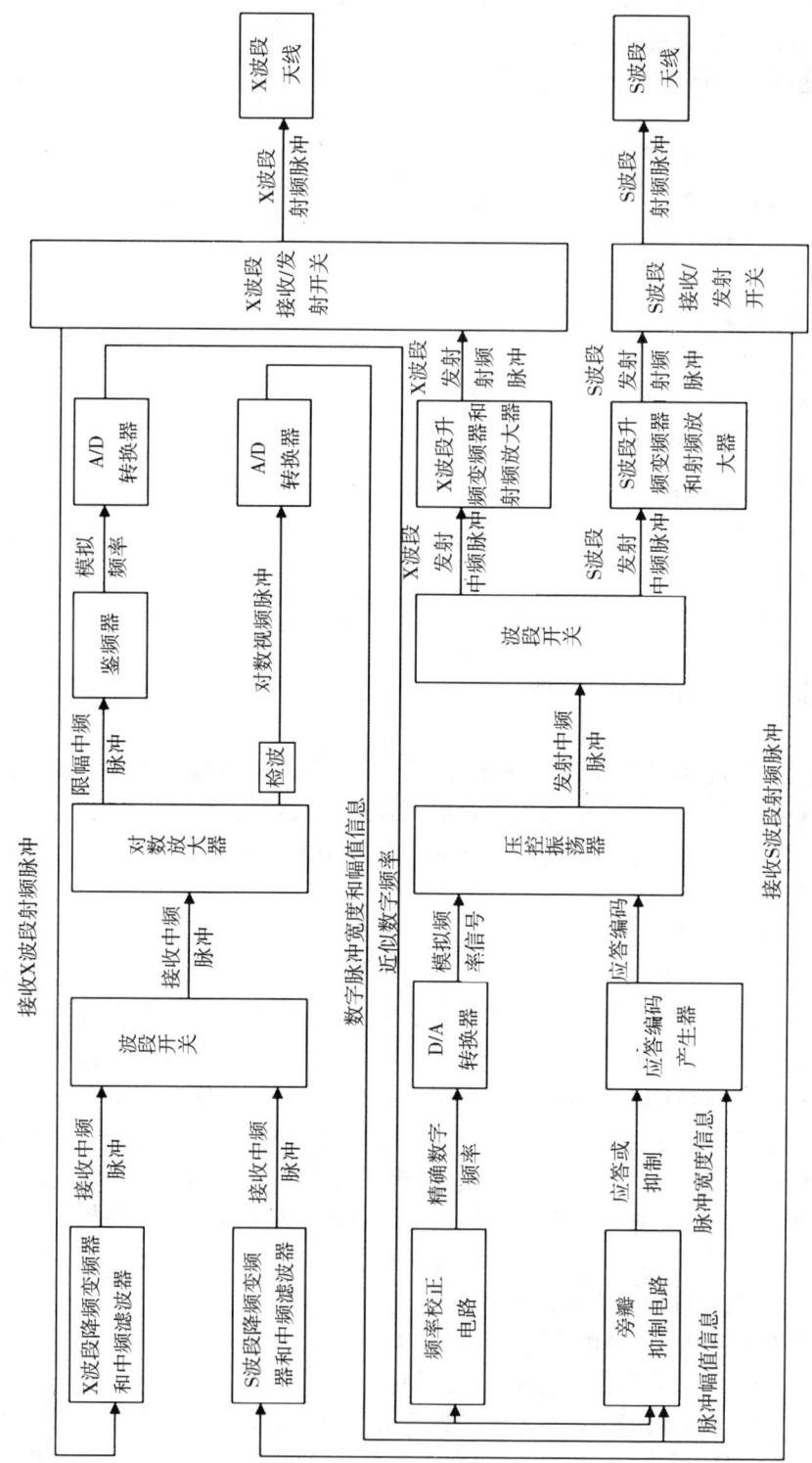

图6-8 鉴频雷达应答器工作原理方框图

上面介绍的主瓣和旁瓣概念是指,在定向天线辐射图中,发射能量集中在若干个类似于花瓣形状的区域。波段大小和形状描绘了各个方向上信号的强度。具有大信号强度的区域称为主瓣,其他区域称为旁瓣。

五、雷达应答器使用中的注意事项

1.雷达应答器的安装要求

雷达应答器应安装在水平安装面上,以便使雷达应答器垂直轴线与地面垂直。其不垂直度绝对不应超过 1°,以免造成作用距离缩短及工作盲区扩大。雷达应答器应具有一定的安装高度,以保证有足够需要的作用距离。

2.雷达应答器的作用距离

雷达应答器的作用距离与雷达应答器的输出功率、灵敏度和天线增益有关,也与雷达应答器天线和船用雷达天线的海拔有关。足够远的作用距离要求雷达应答器具有足够大的输出功率、足够的灵敏度和足够的安装高度。

3.雷达应答器天线的选择

目前,雷达应答器使用的天线有 5 种类型,即 X 波段标准全向天线、X 波段定向天线、X 波段浮标天线、S 波段标准全向天线、S 波段定向天线。全向天线一般增益较低,定向天线增益较高,而浮标天线因为具有全向和宽垂直波束的特点,增益最低,X 波段天线增益较高,S 波段天线增益较低。

雷达应答器天线的类型和增益通常根据雷达应答器使用场合和要求来确定。浮标要求浮标天线,固定标志要求窄垂直波束天线,适用于 360°全向工作范围的标志要求全向天线,工作范围为扇形区域的标志要求定向天线,在沿海水域安装雷达应答器,一般需配置 X 和 S 波段组合天线。

4.雷达应答器的编码

为了对雷达应答器进行识别,雷达应答器的应答码采用莫尔斯码,并有下列要求:
(1)为了更好地对雷达应答器进行识别,要求采用以"划"开始的莫尔斯码;
(2)莫尔斯 D(— · ·)专门用于标志新的、海图上未注明的危险物,如沉船。

5.旁瓣干扰

大部分干扰问题是由雷达天线的旁瓣引起的。一般认为雷达应答器的应答被雷达天线主瓣接收的距离称为雷达应答器的作用距离。但是,当船舶驶近雷达应答器时,不仅雷达天线主瓣发出的脉冲能触发雷达应答器产生应答,雷达天线旁瓣发出的脉冲也能触发雷达应答器产生应答。这些应答均能被雷达天线的主瓣和旁瓣接收。在极端情况下,旁瓣响应在雷达显示屏上以船舶位置为中心产生连续响应环,从而遮掩许多雷达目标。旁瓣干扰可采取下列措施克服或减少:
(1)雷达应答器的位置应设在距航道足够远处;
(2)以缩短雷达应答器作用距离为代价,降低雷达应答器的灵敏度和输出功率;

（3）雷达询问频率间断地作用于雷达应答器；

（4）在船用雷达上使用灵敏时间控制（反杂波控制）和快速时间常数（或微分）控制；

（5）对雷达应答器使用旁瓣抑制技术。

6.相互遮掩

在某些情况下,雷达应答器信号和雷达目标的反射信号在雷达显示屏上会相互干扰和遮掩。这种遮掩,一方面使雷达应答器应答信号能遮掩小目标的雷达回波,特别在有旁瓣干扰的情况下;另一方面强雷达回波也能遮掩雷达应答器的应答。避免相互遮掩的有效办法是使用工作频率不同于询问频率的雷达应答器。

第五节　无线电指向标系统

一、概述

无线电指向标系统属于无线电测向系统。

无线电指向标系统由岸基的无线电指向标发射台和船载的无线电测向仪组成。

无线电测向仪作为一种导航设备,具有以下优点:结构简单,使用维护方便,价格低廉,通用性好。无线电测向仪曾广泛应用于船舶和飞机导航,并成为一种常备的设备。早期的无线电指向标设备如图6-9所示。

图6-9　早期的无线电指向标设备

无线电测向仪用于船舶导航中,可以确定船舶位置,引导船舶在不良视距下通过狭水道和进出港,在海洋中接收遇险船舶的SOS呼救信号,确定该船的方位,援救遇险船只。无线电测向仪是用来测定发射某一频率信号的岸台的方位的。这种专供无线电测向用的发射台称为无线电指向标。测到了发射台的方位以后,如果知道这座发射台在海图上的位置,就能得到一条位置线。如果测得两座或两座以上的发射台的位置线,那么两条或两条以上位置线的交点就是船位。为了提供多条位置线,由一定数目的无线电指向标组成若干组,每组由 1~6 个发射台组成。同组的发射台以相同的频率发射调幅或等幅电波,周期大约为 6 min。为区分组中的各座发射台,每座发射台发射它们各自的特征信号。例如,在大连由老铁山、圆岛、大三山岛三个无线电指向标构成一组,从 00 min 开始各台轮流发射 2 min 的特征信号,周期为 6 min,每小时播发 10 次,其发射频率为 308 kHz。它们的特征信号分为 LT、YD、DL 的调幅或等幅的电报波。

无线电指向标的频率为 150~700 kHz,可发射等幅报、音频报及电话,采用 220 V、5 Hz 单相交流电源。机内有电源调压器,其调压为 180~240 V。天线采用 T 形或倒 L 形。在全部工作频率范围内,频率稳定度不低于 1×10^{-4}。经晶体校准器校准后频率准确度不低于 4×10^{-4}。晶体校准器的频率准确度不低于 5×10^{-5}。工作的环境温度为 -20~$+45$ ℃。

由于定位精度低,信号覆盖范围不完整,无线电指向标系统现已被其他无线电导航系统所取代。

二、无线电指向标的组成和功能

MRB-712 是较先进的海上无线电指向标,该设备生产于 20 世纪 70 年代,这里主要介绍其组成和各部分功能。

MRB-712 无线电指向标由控制单元、测试单元、发射机和天线调谐单元组成,其组成框图如图 6-10 所示。

1.控制单元

控制单元是系统的心脏,由带两个相同的定时器显示面板的控制板和插入式印刷电路模块板组成,用来控制和检测发射信号。

控制单元包括时钟模块(CLM)、编码模块(CDM)、发射检测模块(CTM)、接口模块 1FM-1 和 1FM-2、电源模块(PSM)。

时钟模块(CLM)包括一个 1 MHz 的高精度晶体振荡器,产生控制信号输入编码电路和时钟显示器。

编码模块(CDM)中有一片 PROM,规定发射格式和发射码,还有一个可选择的码速振荡器,以满足振荡信号产生器需要的码速变化要求。

发射检测模块(CTM)连续检测下列功能:时钟速率是否正确;是否发射正确的识别码;发射格式是否正确;在每次发射开始载波是否中断;两个时钟之间的差别是否超过预置值;输出功率是否降到预置值以下;调制电平是否正确。如果上述功能有一个产生故障,则各定时器或发射机将自动转换,并在面板上显示。

接口模块 1FM-1 和 1FM-2 提供故障和状态显示及控制命令。状态显示输出可以连到编码/解码单元,用来作为无线电指向标的遥控操作。最多可提供 4 个附加设备供用户选择。

电源模块(PSM)由可充电镉镍蓄电池组和稳压电路组成。稳压电路给所有控制单元中的模块电路供电。当电源有故障时,蓄电池组将使控制单元继续工作 24 h 以上。

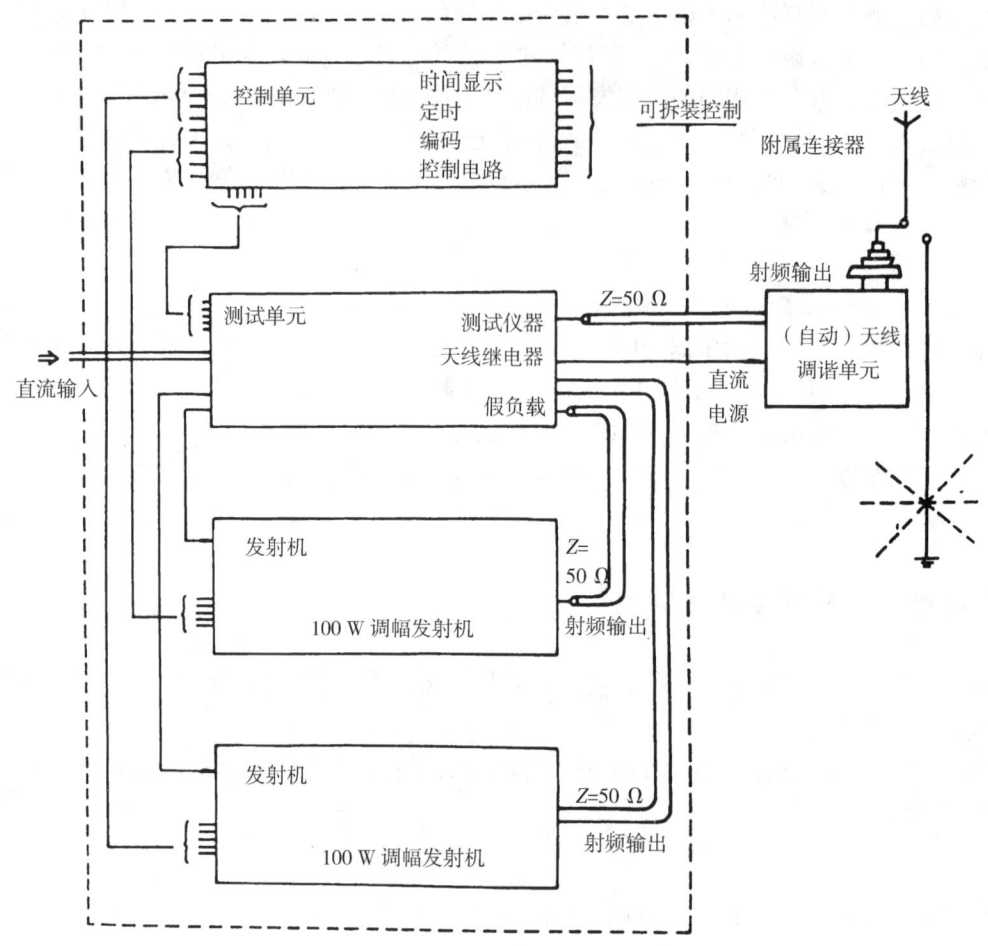

图 6-10   MRB-712 无线电指向标组成框图

2. 测试单元

测试单元中电表可测量送到天线或天线假负载上的射频功率。利用机内假负载使备用发射机的测试不影响正常发射。在测试单元面板上有一功率开关,带有自动保险丝,电流超过 40 A 时自动断开。

3.发射机

发射机产生 AM 已调射频信号,输出功率为 100 W,可以达到 100%调制(等效于 400 W 峰包功率)。发射机内的音频振荡器可以调谐在 300~1 500 Hz 的任一特定频率,产生的音调送入脉宽调制器,以驱动调制器功放。射频功放工作在丁类电压开关型推挽方式,它的输出馈入一个带通滤波器,抑制谐波,使谐波/载波幅值比低于−60 dB。还包括一个程控选择逻辑电路,对来自控制单元的指令进行解码,通过脉冲形成器和调制驱动器开始各种发射。选择逻辑还识别哪个定时器被使用。载波电平与调制电平检测器检测通向测试单元前的发射机输出功率与调制电平百分比。

4.天线调谐单元

这个独立单元可以安装在天线附近的室内或室外,包含一个固定的和一个可变的调谐线圈、功率表、伺服放大器马达和一个检测器,用来校正由天气或停在天线上的鸟类所引起的任何变化。这由监测 50 Ω 同轴电缆输入电抗的检测器完成,由伺服放大器激励马达,驱动变感线圈,使系统保持谐振。

变感线圈有足够的变动范围,以满足正常的天线电抗变化。对于超短天线,可通过固定线圈上的抽头的调换来加大电感。固定线圈与可变线圈串联。为了与天线馈电点阻抗的电阻部分相匹配,射频变压器通过改变抽头使电抗在 6~50 Ω 变化。变压器抽头选择在产生最小反射功率的位置。

三、我国无线电指向标的配置

1927—1993 年,我国在沿海共建设 22 座无线电指向标站 ,其发射的信号覆盖整个沿海水域。这 22 座无线电指向标站的名称和配置如图 6-11 所示,其位置和发射特征如表 6-2 所示。自 1991 年起,这些无线电指向标站或为无线电指向标–差分全球定位系统(RBN-DGPS)的差分信号播发台或关闭。

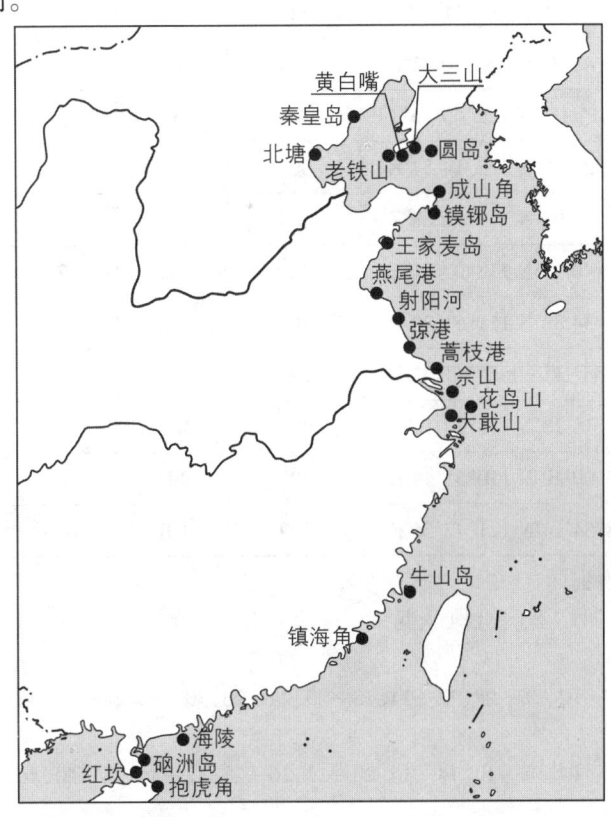

图 6-11　我国沿海无线电指向标站名称和配置示意图

表 6-2　我国沿海无线电指向标站位置和发射特征

序号	站名	站址坐标	频率/kHz	特征信号	工作时间*	射程/n mile	工作种类
1	北塘	39°06′25″N 117°43′06″.8E	295	BT	1	200	A_2
2	秦皇岛	39°54′38″N 119°36′55″.4E	295	QH	2	200	A_2
3	老铁山	38°43′37″N 121°08′05″E	307	LT	3	200	A_2
4	大三山	38°51′50″N 121°49′29″E	307	DS	2	200	A_2
5	圆岛	38°40′33″N 122°09′42″E	307	YD	1	100	A_2
6	成山角	37°23′37″.7N 122°42′06″.7E	319	CS	2	200	A_2
7	镇锣岛	36°53′50″.1N 122°30′33″E	291	MY	1	200	A_2
8	王家麦岛	36°04′22″.8N 120°20′35″.8E	291	MD	2	200	A_2
9	射阳河	33°48′04″N 120°20′35″.6E	291	SY	3	200	A_2
10	弶港	32°45′42″.3N 120°46′15″.2E	311	JG	1	200	A_2
11	燕尾港	34°28′48″.6N 119°46′47″.6E	311	YW	2	200	A_2
12	蒿枝港	32°01′07″.2N 121°41′00″E	311	HZ	3	200	A_2
13	大戢山	30°48′35″N 122°10′21″E	301	DJ	1	100	A_2A
14	花鸟山	30°51′41″.4N 122°40′16″.6E	301	HN	2	200	A_2
15	佘山	31°25′18″N 122°14′54″E	301	SS	3	100	A_2A
16	牛山岛	25°26′01″N 119°56′08″E	300	NS	1	100	A_2A
17	镇海角	24°16′08″.5N 118°07′51″.3E	300	ZH	2	100	A_2
18	海陵	21°34′38″N 111°51′30″E	308	HL	1	100	A_2A
19	硇洲岛	20°54′12″N 110°36′13″.9E	295	NZ	3	100	A_2
20	红坎	20°18′28″N 110°24′12″E	295	BW	1	200	A_2
21	抱虎角	20°00′20″N 110°55′48″E	295	Bh	2	100	A_2
22	黄白嘴	38°54′14″N 121°42′54″E	299	HB	4	50	A_2

注：* 工作时间为连续工作时间。

信号格式：发射特征信号 2 次，长划 1 次共 30 s，重复 4 次二分钟。

表中所列：

工作时间 1：每时 00—02、06—08、12—14、18—20、24—26、30—32、36—38、42—44、48—50、54—56 分工作；

工作时间 2：每时 02—04、08—10、14—16、20—22、26—28、32—34、38—40、44—46、50—52、56—58 分工作；

工作时间 3：每时 04—06、10—12、16—18、22—24、28—30、34—36、40—42、46—48、52—54、58—60 分工作；

工作时间 4：在舰船请求消除无线电自差时开放。

第六节　罗兰 C 无线电导航系统

一、概述

罗兰 C 无线电导航系统属于无线电测距差系统,即无线电双曲线导航系统。

罗兰 C 无线电导航系统是在罗兰 A 无线电导航系统基础上发展而来的。

罗兰是 Loran 的音译,Loran 是 Long rang navigation 的缩写。

罗兰 A 无线电导航系统属于中程、中频、脉冲双曲线导航系统,一般由一座主台与两座副台组成一个台链,基线长度 200~400 n mile,发射频率 1 750~1 950 kHz。白天,地波传播距离约 750 n mile,定位精度 0.5~1.5 n mile;夜间,地波传播距离约 500 n mile,天波传播约 1 400 n mile,定位精度 1~5 n mile。因此,罗兰 A 无线电导航系统的基线短,作用距离不够远,定位精度也不够高。

从 1965 年 9 月我国开始研究、设计及生产长河一号导航系统,即罗兰 A 无线电导航系统。1969 年至 1976 年 10 月 1 日,我国建设有庄河、上古林、成山角、射阳河、枸杞岛、石塘镇、天达山、石碑山、三灶岛、龙滚等 10 座罗兰 A 系统发射台,组成了中程无线电导航系统,覆盖北起鸭绿江口、南至西沙群岛的中国沿海海域。1998 年 10 月 1 日,罗兰 A 导航台全部正式关闭。

大约从 1945 年开始,美国研制第二代罗兰无线电导航系统。至罗兰 C 无线电导航系统关闭前,美国共建设约 40 座发射台,组成了 9 个台链。这些台链覆盖了美国、加拿大两国东、西海岸几乎全部水域和美国大陆(包括阿拉斯加)面积的 80%,有人居住区的 95%,以及加拿大大陆面积的相当大一部分。

二、工作原理

1.台链的组成与配置形式

罗兰 C 无线电导航系统的 1 个台链由 1 座主台和 2~4 座副台组成。同一台链内各发射台的载波频率和脉冲重复频率均相同,各台按时分制轮流发射脉冲,由主台脉冲去同步副台的发射,副台在接收到主台信号后经附加延迟时间 Δ 之后发射其脉冲组。时间 Δ 称为编码延迟,不同的副台其编码延迟是不同的,其大小应保证在整个工作区内各台的信号不相重叠。

导航用户用测量主、副台信号时间差的方法就可以获得 1 条通过用户当前位置的双曲线位置线,在 1 个台链工作区内可同时测量得 2~3 根位置线,其交点即用户在平面上的位置。为了获得较好的台对夹角和位置线交角,各主、副台间的地理位置通常配置成如图 6-12 所示。

主台与副台之间的连线称为基线。罗兰 C 无线电导航系统的基线长 500~1 200 n mile,比罗兰 A 无线电导航系统大数倍,因而改善了定位的几何精度。

2.工作频率的选择

90~110 kHz(中心频率为 100 kHz)是国际电信联盟于 1947 年分配给罗兰 C 无线电导航

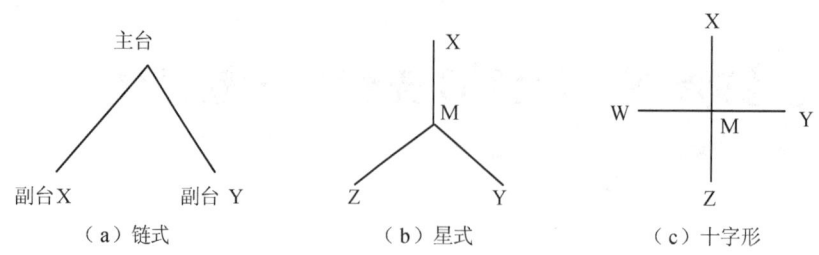

主台

副台X　　　　　　副台 Y

（a）链式　　　　　　（b）星式　　　　　　（c）十字形

图 6-12　台链的基本形式

系统的工作频段,这正是中远程高精度导航系统所需要的。工作频率的选择是一个较复杂的问题。在无线电导航系统中工作频率的选择主要考虑三方面的问题:

（1）有利于延长作用距离。这与电波传播的衰减特性、接收点干扰噪声的大小、岸台的辐射功率及接收机的灵敏度等都有关系。

（2）有利于提高测量精度。这与电波传播的稳定性、干扰噪声的大小及设备的测量误差有关。

（3）设备易于制造。

这几方面的要求往往互相矛盾,需要根据导航系统的用途有所侧重并综合考虑。

罗兰 C 无线电导航系统所考虑的重点是延长作用距离和提高测量精度,兼顾设备易于制造。具体来说,主要考虑以下四个方面:

（1）电波传播的稳定性要好,以获得高的测量精度

中波和长波的主要传播方式是天波和地波。天波是经电离层反射下来的电磁波,在电离层上只反射一次的叫一次天波,反射多次的叫高次天波。地波是沿地表面传播的电磁波。因为电波的传播时间与其所经过的传播路径成比例,天波的路径长度与电离层的高度有关,而电离层的高度又是季节、时间、地理纬度等许多因素的函数,尤其是电离层高度的昼夜变化很显著,天波传播时间的昼夜变化量为 20～30 μs,幅度变化了约 10 倍。对于地波,在固定路径上白天和夜间的幅度变化是微小的,在一定的地面介质上,传播速度也比较稳定,而且其传播时间能较真实地反映收、发两点之间的距离,因而用地波测量可以获得较高的精度。为了达到高的测量精度,要求选用频率的地波相速要稳定。地波传播规律是频率越低,其传播越稳定。对于长波波段,在海面传播几千千米时,由于电波传播相速变化而引起的传播时间误差可以预期达到 0.1～0.3 μs 的精度。为了保证系统实现高精度测量,必须把高稳定的地波同不太稳定的天波分开来,用纯地波来进行测量。罗兰 C 无线电导航系统采用脉冲工作方式,即在时域上对信号进行调制,这为从时间上区分天、地波创造了条件。只要一次天波相对于地波有足够的延迟时间,就可以把天波到达之前的纯地波提取出来。白天天波延时较小,当距离大于 1 000 n mile 时,天波延时趋于恒定而达到 30 μs 的数值。显然,为了避免天波的干扰,应在地波信号出现后的 30 μs 内进行测量。为此,信号应具有陡峭的前沿。

（2）为获得高的设备测量精度,工作频率不宜太低

罗兰 C 无线电导航系统是由主、副台信号载波相位差的测量精度来决定其精度的。由相位测距差原理可知,距离差与相位差的关系为:$R_\rho = \dfrac{c}{\omega} \varphi_\rho$。一定的相位差测量误差引起的距离差误差为:$\Delta R_\rho = \dfrac{c}{\omega} \varphi_\rho$。把该式以测时差误差表示:$\Delta t_\rho = \dfrac{\Delta \varphi_\rho}{\omega}$。可见,在同样的相位差测量误

差下,工作频率越低,引起的测时差误差越大。例如,比相误差为 1°,即约 3‰相位周。当 $f=$ 1 MHz 时,$\Delta t_\rho = 3$ ns;当 $f = 100$ kHz 时,$\Delta t_\rho = 30$ ns;当 $f = 10$ kHz 时,$\Delta t_\rho = 0.3$ μs。所以,为获得高的设备测量精度,工作频率不宜太低。

(3)频率的选择应使地波传播衰减要小,以获得远的作用距离

无线电波在地面上传播时,一方面由于电波随着传播距离的延长,能量在更大的面积上分散,从而使接收点的场强减弱;另一方面地波是在一定介质面上(海洋、陆地等)传播。在传播过程中电磁能将部分转化为热能而损耗掉(即受到媒质的吸收),使电场强度进一步衰减。对电波传播特性的研究表明:频率越低,地波传播时衰弱越小,为获得远的作用距离,希望工作频率应尽量选择在低频段;当频率大于 100 kHz 后,接收信号场强急剧下降,因此工作频率不宜高于 100 kHz;频率低些可延长在陆地上的作用距离,有利于扩大系统的应用范围。

(4)工作波段的噪声干扰要小

一个无线电导航系统的作用距离和精度,在岸台的辐射功率确定之后,就与工作区的干扰信号强度和接收机在这种干扰环境中所需要的最小信号电平(即信噪比要求)有关。因此,为了提高系统的工作能力,希望所选工作频段的干扰和噪声要小些。

接收机的噪声干扰有两个方面:机内噪声干扰和外部噪声干扰。机内噪声主要是热噪声,它是由导体中带电粒子在一定温度下的随机运动所引起的,随频率的升高而迅速增大。外部噪声干扰又可分为人为噪声干扰和自然噪声干扰两类。人为噪声干扰包括无线电通信干扰、工业电气干扰和电力线干扰,其强度与接收点附近工业及电子设备的状况有关。自然噪声干扰指大气噪声和来自太阳及宇宙的干扰噪声。

大气噪声又称天电干扰,主要来源于雷电辐射。它的频率成分很宽,但能量主要集中在低频以下各波段。大气噪声具有明显的地区特性,有明显的昼夜和季节的变化,有强的频率特性,有大而迅速起伏的特性。大气噪声强度为 $5\sim100$ μV/m,赤道地区的大气噪声一般是这个数值的上限。

综上所述,罗兰 C 无线电导航系统的工作频率选择 100 kHz 较为适宜。$90\sim110$ kHz 的频段包含了 99% 以上辐射能量,接收机应有约 20 kHz 的带宽。

3.脉冲的波形

前文已指出,100 kHz 电波有地波及天波两种传播方式,为了保证罗兰 C 无线电导航系统有高的测量精度,必须采用传播稳定的纯地波信号来测量。系统采用脉冲工作方式,为实现天、地波时间域区分创造了条件。对 100 kHz 电波在海上传播而言,天波延迟的最小值为 30 μs。为了保证不受天波干扰,只能在地波脉冲起点后 30 μs 附近(称为采样点)提取信号进行测量,所以有效的信号功率就取决于脉冲前沿 30 μs 处的信号功率,它直接影响系统的作用距离和测量精度。由于脉冲信号前沿必有一定的上升时间,使采样点电平并不是脉冲的峰值,设 30 μs 采样点电平相对于脉冲峰值电平之比为 S_a,辐射脉冲的峰值功率为 P_p,则采样点信号的有用功率 P_a 为:

$$P_a = S_a^2 P_p \tag{6-28}$$

一方面,为了在一定的脉冲峰值功率下,延长系统的作用距离,改善测量精度,以提高系统的工作效率,要求信号的有用功率要尽可能大,即采样点电平的利用率 S_a 要大,现在要求 $S_a >$ 0.5,这就要求脉冲信号要有陡升的前沿。另一方面,由于系统工作在长波波段,为了不过多占

用长波波段的频带,系统对信号的频谱宽度有一定的限制,要求辐射信号能量的99%以上落在90~110 kHz,即射频带宽约20 kHz。

根据频谱分析理论,脉冲信号前沿越陡,则频谱越宽。上述两条要求是矛盾的,但又必须同时满足,使系统对脉冲的形状提出了严格而苛刻的要求,采用了特殊的波形。罗兰C无线电导航系统的辐射信号可由下式表示:

$$u(t) = F(t)\sin(\omega t + n\pi) \tag{6-29}$$

式中,$F(t)$为波形的包络函数;ω为载波的角频率;$n=0$或1,表示包络内是由0°或180°开始,反映其相位编码情况。关于相位编码的情形后面还要讨论,这里着重讨论波形的包络函数。

根据系统对波形的要求:前沿要陡,频谱要窄,所以波形的后沿可以平缓些,以使在一定的频带宽度内,前沿尽可能陡些。罗兰C无线电导航系统的信号波形由抛物线和指数衰减曲线两部分相乘而组成。利用抛物线迅速上升的特点以获得陡升的前沿,利用指数衰减曲线迅速下降而后平稳的特点使其频谱不致太宽。其函数表示式为:

$$F(t) = U_n \left(\frac{t}{t_m}\right)^2 \exp\left[2\left(1 - \frac{t}{t_m}\right)\right] \tag{6-30}$$

式中:t_m——脉冲前沿从开始上升到最大值的时间(为65 μs)。

4.脉冲群发射、编码延时及群重复周期

前文已说明,罗兰C无线电导航系统为了消除天波的干扰,测试点取在地波信号前沿的30 μs处,此时信号电平只有峰值的0.625倍,有用功率只有峰值功率的39%。为了弥补采样点有用功率的下降,又不致对发射机的峰值功率提出过高的要求,系统采用脉冲编组方式工作,以提高发射信号的平均功率,延长作用距离,同时也便于在视觉测量的接收机上发现所需台链的脉冲信号。

罗兰C发射台发射信号的格式是:在一个脉冲重复周期中连续发射8个脉冲,称为脉冲群,脉冲群中各脉冲之间各间隔1 000 μs。为了视觉区分主、副台信号,主台增发第九脉冲,它与第八脉冲间隔2 000 μs。这第九脉冲也作为台对间同步失调时告警用,当发射台同步误差超过允许值或有故障时,发出闪烁或左右跳动信号。主台脉冲群宽度约9 ms,副台脉冲群宽度约7 ms。

罗兰C发射台发射脉冲群的重复周期称为群重复周期(GRI)。一个台链中的各个岸台均以同一个脉冲群重复周期发射信号。为了保证系统正常工作,一个台链中各岸台的信号要能识别而且不互相混淆。这是用时间分割的方法来实现的。也就是说,一个台链中各岸台在时间域上按主台、副1台、副2台……的顺序依次发射信号,并保证工作区内任意点接收到的信号也是按主台、副1台、副2台……的次序出现,还要求收到的各岸台信号脉冲群之间不能有任何交叠而互相干扰。这就要求各副台信号相对于主台信号在时间轴上可能出现的位置有着规定的范围。为此,要求各副台在收到主台信号后,必须经过一定的固定延迟(副台n的编码延迟Δn)才能发射信号,也就是靠选定适当的编码延迟来实现时间分割的任务。

岸台发射脉冲群的重复周期称为群重复周期。罗兰C无线电导航系统对群重复周期T的要求是:要保证系统能正常工作。T的长度要保证台链中各台信号能完成时间分割的任务,而且前一周期的信号不会干扰后一周期的信号。整个系统的群重复周期应在40~100 ms确定。

5.脉冲组的相位编码

罗兰 C 无线电导航系统为了弥补采样点有用信号的功率下降,系统岸台以每周期发射 8 个脉冲的方式来增加信号的平均功率,脉冲群中各脉冲的间隔为 1 μs。由于多次反射天波的天波延迟可能大于 1 μs,这会使脉冲群中前一脉冲的高次天波干扰后一脉冲的地波信号,即在第二到第八脉冲上会存在前面脉冲的高次天波干扰,在信号积累时就会带来天波干扰误差。为此系统对脉冲群采用了相位编码发射,接收时用相关接收检测。

相位编码就是按一定规律改变脉冲群中各脉冲包络的载频初相之间的关系,也称为相位调制。罗兰 C 无线电导航系统中采用 0°(以"0"或"+"表示)和 180°(以"1"或"-"表示)两种相位关系,称为二元制调制。

相位编码和相关接收是罗兰 C 无线电导航系统的一种重要技术手段,它具有以下的作用:

(1)能显著提高接收信号的信噪比,抑制各类干扰,因而延长了作用距离,改善了测量精度;

(2)可以自动消除脉冲群内前一脉冲天波对后一脉冲地波的干扰;

(3)通过主、副台信号用不同的编码,使用户设备便于实现对信号的自动搜索和自动识别主、副台信号。

6.铯频标

为了保证罗兰 C 无线电导航系统台链内每座发射台按规定的群重复周期和编码延时进行发射,要求每座发射台要计时准确,为此罗兰 C 无线电导航系统发射机安装了铯频标。

时间和频率是从两个不同的侧面来描述的周期现象,两者在数学上互为倒数关系,所以我们可以由时间基准导出频率,也可以由频率基准导出时间。因此,在原则上时间标准与频率标准两者是一致的。

根据量子理论,微观粒子(分子、原子、原子核等)所具有的能量值不能连续变化,而只能取某些特定的值,称为能级。

由于微观粒子的各个能级的高度确定性,这就决定了其产生的频率值具有极高的精确度和最好的复现性,即其准确度和稳定度远远超过由天体运动而测定的时标,可作为基准来导出时/频标准,而且量子时/频标准还具有测量速度快的优点。

量子频标有原子频标、分子频标、激光频标等,目前应用较成熟的是原子频标。按取用的原子不同,原子频标又有氢原子频标、铯原子频标和铷原子频标。其中铯原子频标的频率准确度和复现性可做得最高,达 10^{-13}。

由于采用上述工作原理,罗兰 C 无线电导航系统基线长度为 500~1 200 n mile;白天,地波传播距离约 1 200 n mile,夜间,地波传播距离约 700 n mile;定位精度 0.25 n mile 左右。

三、台站配置

我国发展罗兰 C 无线电导航系统已有几十年的历史。1965 年,国防科工委决定在我国建设中程无线电导航系统,即罗兰 C 无线电导航系统,我国命名为长河二号系统。同年开始了长河二号系统体制的研制工作。1976 年,海军提出了长河二号工程战术技术要求。1977 年 1 月,国务院、中央军委常规装备发展领导小组批准研制和建设长河二号系统。1979 年 3 月,国务院、中央军委批准了长河二号工程的建设规模和预选的 6 个发射台址。1981 年又开始了战役机动导航系统的研制工作,1983 年已研制出第一套岸台样机。1984 年,我国引进美国的 ACCUFIX-6500 固态发射机。经过数年的建设和试运行,我国罗兰 C 无线电导航系统早已建成和投入使用。

从 1976 年至 1994 年 4 月 1 日,我国建成由 6 座导航台和 3 座监测站组成的罗兰 C 无线电导航系统,系统覆盖日本海以南、小笠原群岛以西、中国南海曾母暗沙以北的海域。罗兰 C 无线电导航系统白天作用距离 1 000 n mile;夜间作用距离 900 n mile,定位精度(2DRMS) 600 n mile 内小于 0.4 n mile,900 n mile 内小于 1.2 n mile。现罗兰 C 无线电导航系统由海军管理。

从图 6-13 可见,中国沿海罗兰 C 无线电导航系统由吉林和龙、山东荣成、安徽宣城、广东饶平、广西贺县(今贺州)、广西崇左 6 座发射台和山东成山角、上海南汇、广东上川岛 3 座监测站组成 3 个台链。其中吉林和龙、山东荣成和安徽宣城 3 座发射台组成 1 个台链,以山东荣

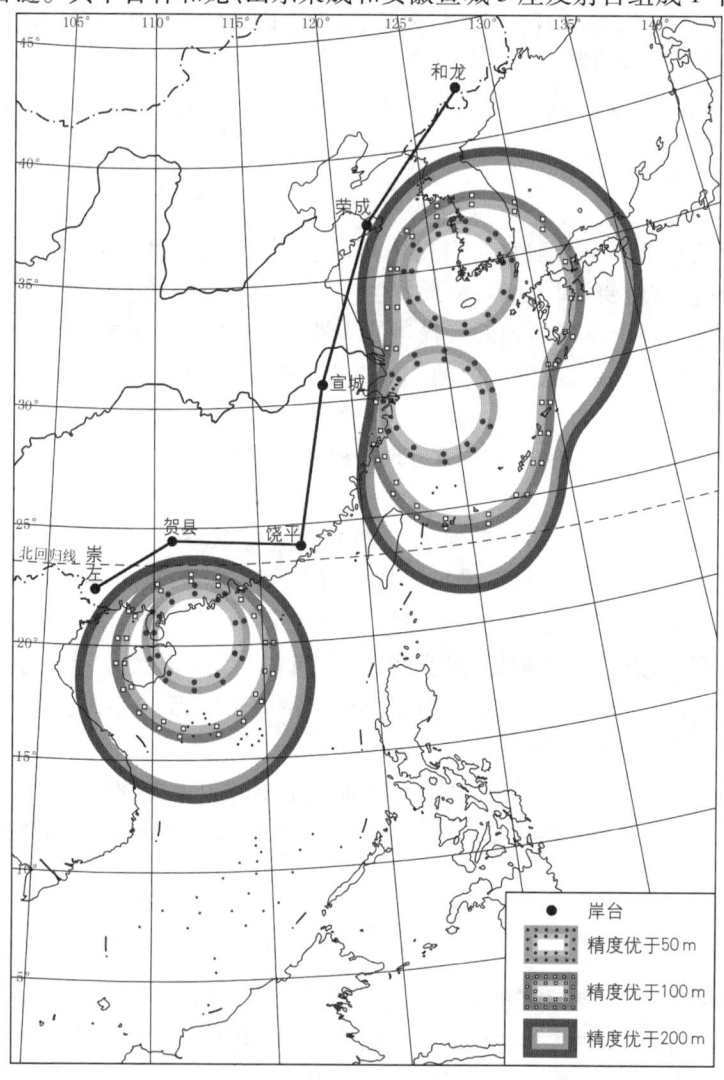

图 6-13　中国沿海罗兰 C 台链及信号覆盖示意图

成发射台为主台;山东荣成、安徽宣城和广东饶平 3 座发射台组成 1 个台链,以安徽宣城发射台为主台;广东饶平、广西贺县、广西崇左 3 座发射台组成 1 个台链,以广西贺县发射台为主台。

第七章　全球导航卫星系统

第一节　概述

全球导航卫星系统(GNSS)(the Global Navigation Satellite System)是一种以空间卫星为信息转发台的无线电导航系统。全球导航卫星系统(GNSS)可提供全天时、全天候、高精度的导航、定位和授时信息,是一种可供海、陆、空领域的军、民用户共享的全球导航、定位系统。

世界上最早的导航卫星系统是美国的子午仪导航卫星系统,该系统于1964年开始运行。子午仪导航卫星系统的空间星座由5~6颗卫星组成,采用多普勒定位原理,开始的主要服务对象是北极星核潜艇,后逐步应用于各种海面舰船。系统可在全球范围内提供全天候断续的二维定位。

20世纪70年代,美国开始研制全天时、全天候、精确的新一代全球导航卫星系统,即全球定位系统(GPS),系统由空间星座、地面监控和用户设备三部分组成,经过20余年的研究实验,耗资300亿美元,于1994年完成24颗卫星星座的布设,并使整个系统投入运行,实现了全天时、全天候、全球的导航和定位服务。

20世纪80年代,苏联开始建设与美国GPS相似的卫星定位系统,称为GLONASS。系统也由空间星座、地面监控和用户设备三部分组成,并于1982年成功发射了第一颗卫星,但由于苏联解体,整个系统建设进程速度减缓,直至1995年俄罗斯耗资30多亿美元才完成空间星座组网工作。

2000年,我国开始建设具有自主知识产权的北斗卫星导航系统(BDS),系统由空间段、地面段和用户段三部分组成,空间段计划由5颗静止轨道卫星和30颗非静止轨道卫星组成,并于2003年年底正式开通运行。北斗导航卫星系统(BDS)是继美国全球定位系统(GPS)和俄罗斯GLONASS之后第三个成熟的全球导航卫星系统(GNSS)。

1999年2月,欧洲委员会公布了Galileo导航卫星系统(Galileo Navigation Satellite System)建设计划。Galileo导航卫星系统是欧洲筹建的自主、独立的民用全球导航卫星系统,空间星座由轨道高度为23 616 km的30颗卫星组成,24颗工作,6颗备用,计划于2020年发射完成。由于一些客观因素,系统还在筹建中。

全球卫星导航系统的出现,解决了全球性、高精度、实时定位的需求,可广泛应用于航空、航海、通信、人员跟踪、消费娱乐、测绘、授时、车辆监控、汽车导航和信息服务等相关领域,为实现智能航海、无人船舶驾驶提供了有力的支持。

第二节　全球定位系统

一、系统的组成

全球定位系统（Global Positioning System），简称 GPS，是美国 1973 年开始研制的卫星定位系统，属于双频测距的全球卫星定位系统。它可在全球、全天候情况下，为陆、海、空用户提供连续、实时、高精度的三维位置、三维速度和时间信息。

1973 年 12 月，美国国防部批准了 GPS 的研制计划。研制计划分三个阶段实施：第一个阶段（1973—1979 年）为系统可行性验证阶段；第二个阶段（1979—1984 年）为系统研制与试验阶段；第三个阶段（1985 年开始）为系统实用组网阶段，并于 1993 年全面组网实用。

系统由空间星座、地面监控和用户设备三部分组成。

1.空间星座

（1）卫星的配置

GPS 空间星座如图 7-1 所示。

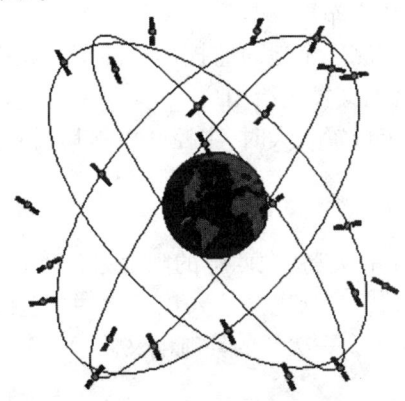

图 7-1　GPS 空间星座

空间星座由 24 颗卫星组成，其中 21 颗为工作卫星，3 颗为备用卫星。21 颗工作卫星均布在高度为 20 200 km 的 6 个圆形轨道。每个轨道平面相对于地球赤道平面的倾角为 55°。各个相邻轨道平面之间夹角为 60°。3 颗备用卫星分布于第 1、3、5 号轨道上。每颗卫星绕地球运行的周期为 12 h。对地球的观测者而言，见到卫星在地平线上运行的时间约为 5 h。位于地平线上卫星的颗数随时间和地点不同而异，最少有 4 颗，最多达 11 颗。

（2）卫星的功能

GPS 卫星上的设备很多，但主要设备有原子钟、导航电文存储器、伪随机码发生器、接收机和发射机等。这些设备使卫星具有下列基本功能：

①接收和存储地面监控部分发送的信息及控制指令。信息包括卫星星历、卫星历书和卫星时钟校正参数等。

②用卫星上的微处理器做少量的数据处理。

③用原子钟保持精确的时间。GPS定位属于被动定位法，要求卫星配备高精确度的时钟；由于 1×10^{-9} s 的时间误差将产生 30 cm 的距离误差，GPS卫星一般配备铷原子钟、铯原子钟和氢原子钟，它们的频标稳定度分别优于 1×10^{-12} s、1×10^{-13} s 和 1×10^{-14} s。

④地面监控部分通过卫星上的推动系统，使卫星保持在设定位置上，并控制卫星的姿态。

⑤向用户发送导航电文。为了提高抗干扰和保密性能，卫星采用伪随机码扩频调制方式发送导航电文。

2.地面监控

GPS的地面监控部分由1个主控站、3个注入站和5个监测站组成。

（1）主控站

主控站位于美国科罗拉多州斯普林斯（Colorado Springs）的综合空间控制中心（Consolidated Space Operation Center，CSOC）。它配备有以大型电子计算机为主的信息收集、信息计算、信息传输和故障诊断等设备，并具有下列功能：

①收集信息。主控站收集各监测站测得的距离和距离差、气象要素、卫星时钟和工作状态的信息，收集监测站自身的状态信息，以及海军水面兵器中心发来的参考星历。

②编算导航电文。主控站除了控制和协调各监测站和注入站的工作外，主要是根据所收集的信息及时地计算每颗卫星的星历、时钟改正、状态数据，以及信号的大气传播改正，并按一定格式编制导航电文并传送到注入站。

③诊断状态。主控站负责监测整个地面监控部分的工作状态，检验注入卫星的导航电文是否正确，监测卫星是否将导航电文发送给用户。

④调度卫星。卫星偏离预定位置太大时，主控站控制其轨道，将卫星调整回预定位置。工作卫星失效时，调用备用卫星。

（2）注入站

3个注入站分别位于太平洋的关岛、大西洋的阿森松岛和印度洋的迪戈加西亚岛。注入站的功能：在卫星通过其上空时，将导航电文注入该卫星，并监测注入卫星的导航电文是否正确。对每颗卫星在24 h内至少注入一次新的导航电文。

（3）监测站

5个监测站分别位于加利福尼亚州的范登堡空军基地、阿拉斯加州的埃尔门多夫空军基地、关岛的安德森空军基地、马绍尔群岛的夸贾林岛、夏威夷的瓦希阿瓦。监测站的功能：在主控站的控制下，接收每颗卫星播发的导航电文，对卫星进行连续监测，收集当地的气象数据，并将收集的信息传送给主控站。

为了克服监测站分布不广泛的缺点，在英国、澳大利亚、南美等一些地方，设立了一些观测站，以提高卫星星历的预报精度和计算精密星历。

3.用户设备

GPS具有极其广泛的应用领域，用户类型繁多。一般把用户利用GPS信息源进行各类服务的设备统称用户设备。下面以定位种类和用户设备组成两个方面介绍用户设备。

（1）定位种类

对于GPS用户而言，利用GPS信息源主要是进行定位。定位分两类，即静态定位和动态定位。两者的用户设备均称 GPS 接收机或 GPS 卫星定位仪。

静态定位是用户天线在跟踪 GPS 卫星的过程中,其位置固定不变,GPS 接收机高精度地测量 GPS 信号的传播时间,得出位置不变的用户天线的三维坐标。静态定位特点是多余观测量大,可靠性强,定位精度高。准静态定位也属于静态定位范畴。

动态定位是载体上的用户天线在跟踪 GPS 卫星过程中,其位置相对地球而运动,GPS 接收机测量 GPS 信号的传播时间,实时地得出运动着的用户天线的三维坐标。动态定位特点是实时性,多余观测量小,定位精度低。根据载体的运行速度,动态定位分低动态、中动态和高动态定位三种。根据动态定位的定位精度,一般把 20~30 m 的精度称为低精度,5~10 m 的精度称为中精度,0.5~2 m 的精度称为高精度。导航属于动态定位,但与通常的动态定位有一定差异,即除了要求测定动点的实时位置外,一般还要求测定载体的速度和方位。通常把用于导航的 GPS 接收机称为 GPS 卫星导航仪。

用户类型不同,所使用的 GPS 接收机也有所不同。按照 GPS 信号用途,接收机分测量型、导航型和授时型;按照 GPS 信号应用场合,接收机分车载式、舰载式、机载式、弹载式和背负式;按照接收机通道数,接收机分单通道、双通道和多通道。

（2）用户设备组成

虽然 GPS 接收机种类多,但概括起来由天线单元和接收单元两部分组成。

天线单元由接收天线和前置放大器两个部件组成。接收天线一般采用全向振子天线、小型螺旋天线和微带天线。接收天线的功能是将 GPS 信号的电磁波能量转化为变化规律相同的电流。前置放大器的功能是将 GPS 信号放大和变换为中频信号。

接收单元由信号通道、微处理机、数据记录器、视频监控器和电源组成。GPS 接收机主要功能:GPS 卫星从用户的地平线升起能够捕获所选择的待测卫星,并能跟踪这些卫星的运行。对所接收到的 GPS 信号进行变换、放大和处理,以测出 GPS 信号从卫星到达接收天线的传播时间,解译出 GPS 卫星发送的导航电文,实时地计算出定位或导航所需的信息。如果按照定位时所用载波频率数目,GPS 接收机分单频接收机和双频接收机。

二、系统的工作原理

利用 GPS 信号进行定位有下述四种方法:

（1）伪距定位法。用 GPS 卫星的伪随机编码信号,测量用户至 GPS 卫星的距离。

（2）多普勒定位法。用 GPS 卫星与用户之间距离变化产生的多普勒频移,确定用户的位置。

（3）载波相位测量法。用 GPS 信号的载波相位,确定用户至 GPS 卫星的距离。

（4）卫星射电干涉测量法。将 GPS 信号看作一种微波噪声,两个观测站同时观测一颗 GPS 卫星。通过测量这颗卫星信号到达两个观测站的传播时间差,确定两个观测站间距离。

上述后两种方法主要用于测量,而实时导航多采用伪距定位法。

为了便于介绍 GPS 定位的工作原理,下面先介绍 GPS 信号的结构、特性及伪随机码的有关知识。

1. GPS 信号

GPS 卫星向用户发送的导航电文采用伪随机码扩频调制技术,其工作过程如下:

导航电文是一种不归零二进制码组成的编码脉冲,称为数据码 $D(t)$。其速率为 50 bit/s,即 D 码的码率 $f_d = 50$ Hz。为了有效地将低码率的导航电文发送给用户,对数据码进行两级调制,第一级用 50 Hz 的 D 码调制伪随机码。GPS 卫星有两种伪随机码,即精确码(称 P 码)和粗测/捕获码(称 C/A 码)。这两种伪随机码的码率分别为 10.23 MHz 和 1.023 MHz。如调制 P 码,便成一个组合码,使 D 码信号的频带宽度从 50 Hz 扩展到 10.23 MHz,也就是说,使发送 50 bit/s 的码转变为发送 10.23 Mbit/s 的组合码 $D(t)P(t)$。

根据信息论中的香农定理,在高斯白噪声干扰条件下,通信系统的容量为:

$$C = B\log_2\left(1 + \frac{S}{N}\right) \tag{7-1}$$

式中:C——通信系统的容量(bit/s);

    B——通信系统的频带宽度(Hz);

    S——信号的功率(W);

    N——噪声的功率(W)。

式(7-1)表明,当 C 一定时,增大系统频带宽度,可以降低信噪比,即用很小的发射功率,便可实现远距离卫星通信。因此,采用扩频技术,不仅能节省 GPS 卫星上紧张的电能,也使信号深埋于噪声中,有极好的保密性。

GPS 卫星使用 L 波段,配有两个载波 L_1 和 L_2。L_1 的中心频率为 1 575.42 MHz,L_2 的中心频率为 1 227.7 MHz。这两个频率均由时钟频率 10.23 MHz 分别乘以 154 和 120 而生成。使用双载波,目的在于测量出或消除掉卫星信号传输中通过电离层而造成的延时误差。

D 码调制伪随机码后,再用它们的组合码去调制载波 L_1 和 L_2,实现 D 码的第二级调制,形成向用户发送的 GPS 信号。实际上,D 码对 P 码调制进行模二加,生成组合码 $D(t)P(t)$。D 码对 C/A 码调制也进行模二加,生成组合码 $D(t)C/A(t)$。对于载波 L_1,用组合码 $D(t)P(t)$ 进行同相位调制和用组合码 $D(t)C/A(t)$ 进行正交调制,其信号结构为:

$$S_{L_1}^i(t) = A_p P_i(t) D_i(t) \cos(\omega_1 t + \varphi_{1i}) + A_c C/A_i(t) D_i(t) \sin(\omega_1 t + \varphi_{1i}) \tag{7-2}$$

式中:A_p——P 码调制载波 L_1 的幅值;

    A_c——C/A 码调制载波 L_1 的幅值;

    $P_i(t)$——第 i 颗 GPS 卫星的 P 码;

    $C/A_i(t)$——第 i 颗 GPS 卫星的 C/A 码;

    $D_i(t)$——第 i 颗 GPS 卫星的 D 码;

    ω_1——载波 L_1 的角频率;

    φ_{1i}——第 i 颗 GPS 卫星载波 L_1 的初始相位。

对于载波 L_2,仅用组合码 $D(t)P(t)$ 进行双相位调制。其信号结构为:

$$S_{L_2}^i(t) = B_p P_i(t) D_i(t) \cos(\omega_2 t + \varphi_{2i}) \tag{7-3}$$

式中:B_p——P 码调制载波 L_2 的幅值;

    ω_2——载波 L_2 的角频率;

    φ_{2i}——第 i 颗 GPS 卫星载波 L_2 的初始相位。

用 GPS 信号定位时,有一个重要问题必须解决,就是对用户而言,能同时接收到 4~11 颗卫星发射的 GPS 信号,即将有 8~22 个信号同时到达用户的接收天线,这就需要从相同载波中检析出所需要的 GPS 信号。解决这个问题采用的方法是依靠对 GPS 卫星的伪随机码的捕获。

因为 GPS 卫星使用的伪随机码 C/A 码和 P 码均是复合码,可用下述公式表示

$$C/A_i(t) = G_1(t) G_2[t + N_i(10\tau_p)] \tag{7-4}$$

$$P_i(t) = X_1(t) X_2(t + n_i\tau_p) \tag{7-5}$$

式中,$G_1(t)$——构成 C/A 码的子码;

$\quad G_2(t)$——构成 C/A 码的子码;

$\quad X_1(t)$——构成 P 码的子码;

$\quad X_2(t)$——构成 P 码的子码;

$\quad \tau_p$——P 码的码元宽度,$\tau_p = 1/10.23$ MHz;

$\quad N_i$——第 i 颗卫星两个子码 $G_1(t)$ 和 $G_2(t)$ 之间的相位偏置量;

$\quad n_i$——第 i 颗卫星两个子码 $X_1(t)$ 和 $X_2(t)$ 之间的相位偏置量。

从式(7-4)和式(7-5)可知,不同卫星具有不同的 C/A 码和 P 码,这称为码分多址。依靠这种码分多址,可识别不同卫星。这也是式(7-2)、式(7-3)和式(7-4)中有关符号加顶标和脚标 i 的原因。

2.伪随机码

(1)C/A 码

C/A 码用于搜索 GPS 卫星信号,进行粗测。C/A 码是一种短码,码率为 1.023 MHz,周期为 1 ms。每颗 GPS 卫星的 C/A 码是由 2 个具有 1 023 位的伪随机子码按公式(7-4)进行乘积构成的 Gold 码。公式(7-4)中,N_i 共有 1 023 个不同的取值,从而可产生 1 023 个不同的 C/A 码,加上两个伪随机子码,共有 1 025 个周期为 1 ms、码位数为 1 023 个不同的 C/A 码。

(2)P 码

P 码用于精测。它是一种连续、快速和长周期的精确码,码率为 10.23 MHz,周期为 7 天。如式(7-5)所示,P 码是 2 个伪随机子码 $X_1(t)$ 和 $X_2(t)$ 的乘积码。子码 $X_1(t)$ 周期为 1.5 s,1 个周期的码位数为 15.345×10^6 位。子码 $X_2(t)$ 的周期比 $X_1(t)$ 周期长 37 个码元。因此,1 个周期的码位数为 $(15.345 \times 10^6 + 37)$ 位,从而 P 码 1 个周期的码位数为 235 469 592 765 000 位,P 码周期约为 266.4 天。

在式(7-5)中,i 可取 0,1,2,$\cdots$,36,于是可生成 37 个 P 码。如前所述,实际应用中,P 码周期为 7 天,即在由式(7-5)生成的周期约为 266.4 天的码中截取周期为 7 天的 P 码,并规定每星期六/星期日午夜零点使 P 码置全"1"状态作为起始点。这样,一方面使不同卫星具有不同的 P 码;另一方面使 P 码保密性强,破译十分困难。

(3)伪随机码特性

P 码和 C/A 码均属于最大线性反馈移位寄存器序列,简称 m 序列。m 序列具有下述特性:

①均衡性。在 1 个周期中"1"的数目比"0"的数目多 1,且不存在全"0"状态。

②游程分布。在序列中相同码元连在一起称为一个游程,一般地讲,长度为 1 的游程占总数的 1/2,长度为 2 的游程占总数的 1/4,$\cdots$,连"1"的游程和连"0"的游程各占 1/2。

③移位相加特性。一个 m 序列与其经过任意次延迟移位产生的另一个 m 序列进行模二加,得到的仍是 m 序列。

④自相关特性。若有两个周期相同的 m 序列 $m_1(t)$ 和 $m_2(t)$,则两者互相关函数为:

$$P(\tau) = \frac{1}{T} \int_0^T m_1(t) m_2(t - \tau) \, dt \qquad (7\text{-}6)$$

式中,T——两个 m 序列的周期。

m 序列具有良好的相关性和自相关性,其自相关函数为:

$$P(\tau) = \begin{cases} 1, \tau = 0 \\ -\dfrac{1}{m}, \tau = 1, 2, 3, \cdots, m - 1 \end{cases} \qquad (7\text{-}7)$$

正是良好的自相关性成为 GPS 相关接收的依据。

⑤伪噪声特性。m 序列与正态分布的高斯噪声在许多特性上相似,因此称 m 序列为伪随机噪声序列。

(4)相关接收原理

用户接收机在接收卫星信号时,利用改变本机伪随机码发生器的时序,使与被接收的卫星信号完成同步和跟踪,这一过程称为相关接收。相关接收一方面使所需信号恢复为原始窄带的数据码;另一方面使不相关的信号,包括各种干扰信号和其他卫星信号仍保持为扩频信号。这些信号经滤波器滤掉,大大提高了信噪比。下面以 C/A 码调制载波 L_1 的信号为例,介绍其相关接收原理。

设第 i 颗卫星发射的 C/A 码信号为 $A_c C/A_i(t) D_i(t) \sin(\omega_1 t + \varphi_{1i})$,其他 GPS 卫星的干扰信号为 $\sum_{j=1}^n S_{L_1}^j(t)$,噪声和其他干扰信号为 $n(t)$,则用户接收天线收到这些信号的混合信号 $S'_{L_1}(t)$,即:

$$S'_{L_1}(t) = A_c C/A_i(t) D_i(t) \sin(\omega_1 t + \varphi_{1i}) + \sum_{j=1}^n S_{L_1}^j(t) + n(t) \qquad (7\text{-}8)$$

在用户接收机中,本机伪随机码 $C/A'_i(t)$ 与接收信号相乘,改变其时序,使 $C/A_i(t) \, C/A'_i(t) = 1$。此时接收的信号变为 $W_i(t)$:

$$\begin{aligned} W_i(t) &= S'_{L_1}(t) C/A'_i(t) \\ &= A_c D_i(t) \sin(\omega_1 t + \varphi_{1i}) + C/A'_i(t) \left[\sum_{j=1}^n S_{L_1}^j(t) + n(t) \right] \end{aligned} \qquad (7\text{-}9)$$

从式(7-9)可以看出,等式右边第 1 项仅是数据码与载波 L_1 的组合码,用常用解调方法可解出数据码。等式右边第 2 项是伪随机码调制的宽带扩频信号,用一个带宽为 50 Hz 的低通滤波器可以滤掉,而获得有用的第 i 颗卫星的数据码。

3.伪距定位原理

用户设备接收 GPS 卫星的信号,根据卫星星历信息,可求出每颗卫星发射信号时的位置。用户设备也可测量卫星信号的传播时间,从而求出卫星至用户天线的距离。如果用户设备的时钟与 GPS 时钟同步,那么仅用 3 颗卫星就能实现三维定位。实际上,卫星时钟和用户时钟是难以严格同步的,两者相对理想的时间标准总是存在偏差。一般把理想的时间标准称为 GPS 时系。

卫星时钟相对于 GPS 时系的时间偏差为 Δt_s,用户时钟相对于 GPS 时系的时间偏差为 Δt_r。卫星在 t_a 时刻发送信号,用户接收机在 t_b 时刻接收到该信号,t_b 时刻相对于 GPS 时系为

t_r 时刻，t_a 时刻相对于 GPS 时系为 t_s 时刻。因此，接收机测得天线与卫星间的距离 ρ' 包括了时钟不同步产生的附加距离。其公式为：

$$
\begin{aligned}
\rho' &= c(t_b - t_a) \\
&= c\left[(t_r - \Delta t_r) - (t_s - \Delta t_s)\right] \\
&= c(t_r - t_s) + (\Delta t_s - \Delta t_r) \\
&= \rho + (\Delta t_s - \Delta t_r)
\end{aligned}
\tag{7-10}
$$

式中：c——电磁波传播速度（m/s）；

$\quad\quad\rho$——接收天线至 GPS 卫星的真实距离；

$\quad\quad\rho'$——用户接收机测得天线至 GPS 卫星的距离（m）。

式(7-10)表明，距离 ρ' 是真实距离加上时钟偏差引起的附加距离，故称 ρ' 为伪距离，简称伪距。

测量伪距的目的是解算出用户天线所在位置的坐标。如果用户天线接收了来自 4 颗 GPS 卫星的信号，测得 4 个伪距。根据式(7-10)，可得：

$$
\rho'_1 = \left[(x_1-x_u)^2+(y_1-y_u)^2+(z_1-z_u)^2\right]^{\frac{1}{2}}+d
$$

$$
\rho'_2 = \left[(x_2-x_u)^2+(y_2-y_u)^2+(z_2-z_u)^2\right]^{\frac{1}{2}}+d
$$

$$
\rho'_3 = \left[(x_3-x_u)^2+(y_3-y_u)^2+(z_3-z_u)^2\right]^{\frac{1}{2}}+d
$$

$$
\rho'_4 = \left[(x_4-x_u)^2+(y_4-y_u)^2+(z_4-z_u)^2\right]^{\frac{1}{2}}+d
$$

即

$$
\rho'_i = \left[(x_i-x_u)^2+(y_i-y_u)^2+(z_i-z_u)^2\right]^{\frac{1}{2}}+d
\tag{7-11}
$$

式中：x_i、y_i、z_i——观测第 i 颗卫星的位置坐标，$i=1,2,3,4$；

$\quad\quad x_u$、y_u、z_u——用户天线的位置坐标；

$\quad\quad d$——距离改正数，包括时钟偏差引起的附加距离，电离层和对流层引起的附加距离及接收机内部时延引起的附加距离等。

当从 GPS 卫星发送的导航电文中获得卫星坐标后，按式(7-11)可解算出用户天线的三维坐标和距离改正数，于是问题的关键是如何测得伪距和获得卫星坐标。伪距是通过测量伪随机码从卫星到达用户天线的传播时间乘以电磁波传播速度获得的。卫星坐标是利用延时锁定环自动调节本地伪随机码，使之与所需卫星信号中的伪随机码自相关，从而获得所需的数据码，即导航电文，进而解译出所需卫星的星历，获得所需卫星发射信号时的坐标。

三、导航电文

GPS 卫星的导航电文主要包括卫星星历、时钟偏差改正、卫星状态、电离层延时改正及 C/A 码转换至 P 码的信息。导航电文又称数据码或 D 码。导航电文的基本单元是长达 1 500 bit 的 1 个帧，其传输速率是 50 bit/s。1 个帧包括 5 个子帧，每个子帧由 10 个字组成，每个字 30 bit。连续 25 个帧构成 1 个主帧，1 个主帧共有 37 500 bit，播发完毕需 12.5 min。1 个帧又称为 1 个页面，每个页面前 3 个子帧相同，第 4、5 个子帧内容不同。下面介绍导航电文基本内容。

1.遥测字

每个子帧的第 1 个字均是遥测字(Telemetry word),主要用于指明注入卫星数据的状态。遥测字的第 1 bit 至第 8 bit 是同步码(10001001),作为识别后续内容的前导。第 9 bit 至第 22 bit 是遥测电文,包括地面监控部分注入数据时的状态、诊断等信息,以此指示用户是否选用该颗卫星。第 23 bit 和第 24 bit 是无意义的连接位。第 25 bit 至第 30 bit 是奇偶校验码。

2.转换字

每个子帧的第 2 个字均是转换字(Hand over word),主要用于帮助用户从捕获 C/A 码转换到捕获 P 码。转换字的第 1 bit 至第 17 bit 是 Z 计数。Z 计数表示自星期日 0 时至星期六 24 时,P 码的子码 $X_1(t)$ 的重复数。知道 Z 计数,可较快捕获 P 码。第 18 bit 表明卫星被注入导航电文后有否发生滚动动量矩卸载现象。第 19 bit 用于指示遥测字前沿是否与子码 $X_1(t)$ 的时钟信号同步。第 20 bit 至第 22 bit 是子帧识别标志。第 23 bit 和第 24 bit 是无意义的连接位。第 25 bit 至第 30 bit 是奇偶校验码。

3.第 1 数据块

第 1 个子帧的第 3 至第 10 个字为第 1 数据块。其内容包括标识码,指明载波 L_2 的调制波类型,星期序号,卫星健康状况,数据龄期,卫星时钟改正参数。下面介绍有关参数。

(1)传输参数 N

第 3 个字的第 13 bit 至第 16 bit 给出传输参数 N,用于向用户指明 C/A 码可能达到的测距精度,一般不优于 2^N m。当 $N=15$ 时,表示无精度预报,用户使用该颗卫星进行定位,难以获得令人满意的定位精度。

(2)延迟改正参数 T_{gd}

第 7 个字的第 17 bit 至第 24 bit 给出载波 L_1 和 L_2 的群延迟改正参数 T_{gd},供单频接收机用户校正群延迟。

(3)数据龄期 $AODC$

第 3 个字的第 23 bit 和 24 bit 及第 8 个字的第 1 bit 至第 8 bit 表示卫星时钟改正参数的数据龄期。$AODC$ 是时钟改正参数的外推时间间隔,向用户表明卫星时钟改正参数的可信度。

(4)卫星时钟改正参数

由于相对论效应,卫星时钟比地面时钟走得快,每秒约差 448 ps。为消除其影响,而将卫星时钟频率由 10.23 MHz 标称频率减小到 10.229 999 995 45 MHz 实际频率。但由于相对论效应产生的时间偏移并非常数,加上时钟自身的误差,卫星时钟还需改正,其值为:

$$\Delta t_s = a_0 + a_1(t-t_{oc}) + a_2(t-t_{oc})^2 \tag{7-12}$$

式中:t_{oc}——时钟参数对应的参考时刻;

$\quad a_0$——相对于 GPS 时系的时间偏差;

$\quad a_1$——相对于实际频率的频率偏差系数(钟速);

$\quad a_2$——时钟频率的漂移系数(钟速变化率)。

上述 3 个系数由第 9 个字和第 10 个字给出,这 3 个系数总称为时钟改正参数。

4.第 2 数据块

第 2 和第 3 个子帧共同构成第 2 数据块。它给出正在接收的 GPS 卫星的星历参数,是

GPS 卫星为导航应用发送的主要电文。其有关参数的符号及意义如下：

t_{oe} 为从星期六/星期日子夜开始度量的星历参考时刻；

M_0 为参考时刻 t_{oe} 的平近点角；

Δn 为平近地点角速度的改正数；

e 为卫星轨道偏心率；

$\sqrt{a}$ 为卫星轨道长半径的平方根；

Ω_0 为参考时刻 t_{oe} 的升交点赤经；

i_0 为参考时刻 t_{oe} 的轨道倾角；

ω 为近地点角距；

Ω 为升交点赤经的变化率；

C_{us}、C_{uc} 为升交角距的正弦和余弦改正参数；

C_{rs}、C_{rc} 为轨道半径的正弦和余弦改正参数；

C_{is}、C_{ic} 为轨道倾角的正弦和余弦改正参数；

I 为轨道倾角的变化率；

$AODE$ 为星历表的数据龄期。

5.第 3 数据块

第 3 数据块由第 4 和第 5 个子帧构成,它提供了 GPS 卫星的历书数据。历书数据是第 1 和第 2 数据块的简略形式。当用户捕获到 1 颗 GPS 卫星后,利用第 3 数据块提供的其他卫星的概略星历、时钟改正、码分地址和卫星工作状态等数据,不仅能选择工作和位置适当的卫星,使之构成较理想的空间几何图形,而且依据已知的码分地址能较快地捕获到所需的卫星。下面简介第 4 和第 5 个子帧提供的数据。

（1）第 4 个子帧

①第 2、3、4、5、7、8、9、10 页面提供第 25 至第 32 颗卫星的星历；

②第 18 页面给出电离层改正模型和 UTC 数据；

③第 25 页面给出 32 颗卫星的防电子对抗特征及第 25 至第 32 颗卫星的健康状况；

④第 17 页面提供专用电文；

⑤第 1、6、11、12、16、19、20、21、22、23、24 页面作为备用；

⑥第 13、14、15 页面为空闲页。

（2）第 5 个子帧

①第 1 至第 24 页面提供第 1 至第 24 颗卫星的星历；

②第 25 页面给出第 1 至第 24 颗卫星的健康状况。

四、系统的坐标系

1. WGS84

WGS84 是美国国防部开发的世界大地测量系统。开发这一系统最初目的是为美国军方导航和武器系统提供精确的测量数据和引力数据,但随着 GPS 的广泛应用,这一系统已推广到全球。

WGS84 由 5 个基本部分组成。它们是 WGS84 坐标系、WGS84 椭球体、WGS84 椭球的重力公式、WGS84 地球引力模型和 WGS84 水准面。WGS84 名义上是个公共系统,但是若地球引力模型和大地水准面的球谐函数展开式的次数 n 和阶数 m 大于 18,则是保密的。

(1)WGS84 坐标系

地球围绕太阳公转且自转,因此在任何时刻,地球都存在 1 个瞬时天文自转轴、瞬时天文赤道和瞬时天文零子午线。这样以地球的瞬时自转轴、赤道和零子午线决定的参考系不适于作为诸如地图、海图和大地测量的参考系。它们以标准地球的参考系作为参考系。

协约地球系(CTS)是国际时间局(BIH)定义的标准地球的参考系。CTS 的定义:CTS 的坐标原点在地球的质量中心;CTS 的 Z 轴是在 BIH 观测站的坐标中隐含地确定的,这些观测站是 BIH 用来确定地球极移的;协约地球的极(CTP)是极移参数(x_p、y_p)局部平面直角系的坐标原点,由 BIH 推导和公布;CTS 的 X 轴或相应的零子午线是利用 BIH 观测站的坐标隐含地确定的,此时观测站用来确定世界时(UT);CTS 的 Y 轴由 CTP 决定的赤道平面内 X 轴向东转 90°获得,X、Y、Z 轴构成直角右手系。

WGS84 坐标系采用国际时间局定义的 CTS1984.0,于是 WGS84 坐标系定义为,坐标原点是地球的质量中心;Z 轴指向协约地球的极(CTP)方向;X 轴是 WGS84 基准子午面与 CTP 所定赤道面的交线。WGS84 的基准子午线与国际时间局基于其观测站坐标定义的零子午线是相同的;Y 轴是 CTP 所定赤道面内把 X 轴向东转 90°而成的。

WGS84 坐标系的原点和坐标轴同时也是 WGS84 椭球体的几何中心和 X、Y、Z 轴,因此 WGS84 坐标系的 Z 轴是 WGS84 椭球体的旋转轴,如图 7-2 所示。

美国实际获得的 WGS84 坐标系是修改美国海军水面武器中心(NSWC)的 9Z-2 坐标系而形成的。WGS84 坐标系对 9Z-2 坐标系进行了 3 处修改,即降低(向南移)9Z-2 坐标系的原点 4.5 m;向西旋转 9Z-2 坐标系的基准子午线(零子午线或 X 轴)0.814″;9Z-2 坐标系的尺度改变 $-0.6×10^{-6}$。

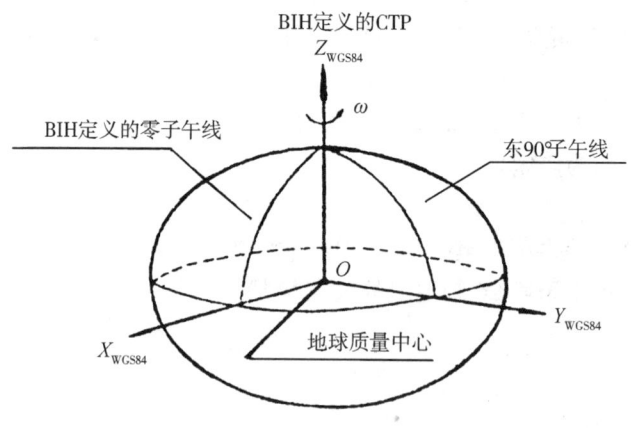

图 7-2　WGS84 坐标系

(2)WGS84 椭球体

WGS84 椭球体的参数分别为:

①长半轴 $a=(6\ 378\ 137\pm2)\,\mathrm{m}(1\sigma)$；

②地球引力常数 $GM=(3\ 986\ 005\pm0.6)\times10^{8}\ \mathrm{m^{3}s^{-2}}(1\sigma)$；

③正规化的二次带引力系数 $\bar{C}_{2.0}=(-484.166\ 85\pm0.001\ 30)\times10^{-6}(1\sigma)$

④地球角速度 $\omega=(7\ 292\ 115\pm0.1500)\times10^{-11}\ \mathrm{rad/s}(1\sigma)$

由上述 4 个定义参数可推导出第一偏心率平方 e^{2}、短半轴 b 和扁率 f 等参数,它们的数值是:

$$e^{2}=0.006\ 694\ 379\ 990\ 13$$
$$b=6\ 356\ 752.314\ 2\ \mathrm{m}$$
$$f=0.003\ 352\ 810\ 664\ 74$$

2.坐标系的转换

以参考椭球体中心为原点建立的坐标系称为参心坐标系。地球表面上某点的参心坐标用大地纬度 B、大地经度 L 和大地高程 H 表示。参考椭球体在空间的定位与定向及其参数直接影响地球表面上某点的坐标值,且不同的坐标系采用的参考椭球体参数略有差异。

GPS 的坐标基准是 WGS84。GPS 导航处理器的原始定位解算统一采用 WGS84 椭球体参数。我国现在采用的坐标基准是 1954 年北京坐标系,即 BEJ54 坐标系。目前,地图普遍以BEJ54 坐标系作为坐标基准。对于大地测量相对定位来讲,现场测量采用何种坐标系和椭球体参数并不重要;但对于单点定位来讲,实时导航定位要求定位结果符合该区域地图的坐标系,因此产生坐标系转换和坐标值换算问题。

坐标系转换需首先考虑采用何种转换数学模型和何种转换方法。对于单点定位及实时导航定位来讲,选择转换数学模型和转换方法时,应考虑以下因素:

①GPS 定位中,使用的卫星坐标或用户坐标均以空间直角坐标为基础,因此可直接对 X、Y、Z 坐标值进行换算,然后归化到要换算的参考椭球体的参数上去。

②导航型 GPS 接收机单点定位精度一般在 $\pm25\ \mathrm{m}(2\mathrm{DRMS})$ 左右,所以坐标系转换精度应满足定位精度的要求。

③导航属于动态定位,定位更新率快,换算速度高,要求最大限度地简化转换数学模型。

(1)转换数学模型

目前采用两种数学模型,即七参数数学模型和三参数数学模型。

七参数数学模型是较精确的转换模型。考虑了空间坐标的平移参数 $(\Delta X、\Delta Y、\Delta Z)$、旋转参数 $(\varepsilon_X、\varepsilon_Y、\varepsilon_Z)$ 和尺度变化参数 (K),换算公式为:

$$\begin{bmatrix}X_i\\Y_i\\Z_i\end{bmatrix}=\begin{bmatrix}X\\Y\\Z\end{bmatrix}+\begin{bmatrix}\Delta X\\\Delta Y\\\Delta Z\end{bmatrix}+K\begin{bmatrix}X\\Y\\Z\end{bmatrix}+\begin{bmatrix}0&\varepsilon_z&\varepsilon_y\\-\varepsilon_z&0&\varepsilon_x\\\varepsilon_y&-\varepsilon_x&0\end{bmatrix}\times\begin{bmatrix}X\\Y\\Z\end{bmatrix} \tag{7-13}$$

式中:$X_i、Y_i、Z_i$——BEJ54 坐标;

　　$X、Y、Z$——WGS84 坐标;

　　$\Delta X、\Delta Y、\Delta Z$——两坐标系原点之间的平移参数;

　　K——两坐标系之间的尺度变化因子;

　　$\varepsilon_x、\varepsilon_y、\varepsilon_z$——两坐标系之间的欧拉角。

三参数数学模型是简化的转换型,仅考虑坐标原点的平移参数,为弥补简化模型产生的精度损失,引入综合平移参数,换算公式为:

$$\begin{bmatrix} X_i \\ Y_i \\ Z_i \end{bmatrix} = \begin{bmatrix} X \\ Y \\ Z \end{bmatrix} + \begin{bmatrix} \Delta X_1 \\ \Delta Y_1 \\ \Delta Z_1 \end{bmatrix} \tag{7-14}$$

式中:ΔX_1、ΔY_1、ΔZ_1——坐标系的综合平移参数。

利用上述公式计算的坐标值,可通过下述公式归划到 BEJ54 坐标系的克拉索夫斯基椭球体上去,获得 BEJ54 坐标系的经纬度和高程。

$$B = \tan^{-1} \left[\frac{Z_i}{\sqrt{X_i^2 + Y_i^2}} \left(1 + \frac{e^2}{1 - e^2 + \dfrac{H}{N}} \right) \right]$$

$$L = \tan^{-1} \frac{Y_i}{X_i}$$

$$H = (r - p)(1 - \frac{1}{2} q^2 \sin^2 \varphi) \tag{7-15}$$

式中:$r = (X_i^2 + Y_i^2 + Z_i^2)^{\frac{1}{2}}$;

$\sin^2 \varphi = \dfrac{Z_i^2}{r^2}$;

$\sin^2 2\varphi = 4(\sin^2 \varphi - \sin^4 \varphi)$;

$p = a \left[1 + (e')^2 \sin^2 \varphi \right]^{-\frac{1}{2}}$;

$q = \dfrac{e^2}{2 - e^2}$;

$N = a \left\{ 1 - e^2 \left[\sin^2 \varphi + q^2 \sin^2(2\varphi) \right] \right\}^{-\frac{1}{2}}$;

克拉索夫斯基椭球体的 3 个参数值为:

$$a = 6\ 378\ 245\ \text{m}$$
$$e^2 = 0.006\ 693\ 422$$
$$(e')^2 = 0.006\ 738\ 525$$

(2)转换的简易方法

由于目前全国尚无统一的坐标转换参数,难以实现全国统一的坐标转换,因此只能采用简易方法,进行适用于局部区域性转换。区域范围大小,则由用户需要的定位精度而定。

对于非实时定位,经常采用三参数数学模型。其转换方法是,在高等级大地控制点上或已知 BEJ54 坐标系坐标的基准点上,设置测量型 GPS 接收机或 GPS 接收机。通过实测,求出 WGS84 坐标系和 BEJ54 坐标系之间空间直角坐标的差值或经纬度的差值,然后通过适当数据链传送给用户接收机,用以换算 WGS84 坐标系的坐标,得出 BEJ54 坐标系的坐标。当转换适用范围较小,转换改正量可假设为常数时,可设置 1 个控制点或基准点,求出 1 组改正量直接进行坐标换算。当转换改正量不能假设为常数时,可设置 2 个或多个控制点或基准点,求出 2 组或多组改正量,用线性内插法或多点内插求平均进行坐标换算。

对于实时定位,其转换方法是,在工作区域选出 3 个或 3 个以上高等级大地控制点,用测量型 GPS 接收机进行较长时间的同步定位联测,求出 2 个坐标系的坐标差 ΔX、ΔY、ΔZ 作为 2 个坐标系原点之间的平移参数,并与已知的 2 个坐标系的 2 个参考椭球体长半轴之差 Δa 和扁率之差 Δf 一起输入用户 GPS 接收机,利用 GPS 接收机内的转换软件完成坐标系的转换。

第三节　北斗卫星导航系统

一、概述

北斗卫星导航系统(BDS,Beido Navigation Satellite System)是中国自主研制的全球导航卫星系统(GNSS),是继美国的全球定位系统(GPS)和俄罗斯的 GLONASS 之后的第三个成熟的全球导航卫星系统(GNSS)。北斗卫星导航系统(BDS)是中国着眼于国家安全和经济社会发展需要,自主建设、独立运行的导航卫星系统,可为全球用户提供全天时、全天候、高精度的导航、定位和授时服务。

自 20 世纪 80 年代,中国开始探索适合我国国情的卫星导航系统的发展道路,形成了"三步走"的发展战略:

第一步,建设北斗一号系统。1994 年,启动北斗一号系统工程建设;2000 年,发射 2 颗地球静止轨道卫星,建成系统并投入使用,采用有源定位体制,为中国用户提供定位、授时、广域差分和短报文通信服务;2003 年,发射第 3 颗地球静止轨道卫星,进一步增强系统性能。

第二步,建设北斗二号系统。2004 年,启动北斗二号系统工程建设;2012 年年底,完成 14 颗卫星(5 地球静止轨道卫星、5 颗倾斜地球同步轨道卫星和 4 颗中圆地球轨道卫星)发射组网。北斗二号系统在兼容北斗一号系统技术体制基础上,增加无源定位体制,为亚太地区用户提供定位、测速、授时和短报文通信服务。

第三步,建设北斗三号系统。2009 年,启动北斗三号系统建设;2018 年年底,完成 19 颗卫星发射组网,完成基本系统建设,向全球提供服务;计划于 2020 年年底前,完成 5 颗地球静止轨道和 30 颗卫星发射组网,全面建成北斗三号系统(已提前半年完成)。北斗三号系统继承北斗有源服务和无源服务两种技术体制,能够为全球用户提供基本导航(定位、测速、授时)、全球短报文通信、国际搜救服务,中国及周边地区用户还可享有区域短报文通信、星基增强、精密单点定位等服务。

北斗卫星导航系统(BDS)具有以下特点:

(1)北斗卫星导航系统空间段采用三种轨道卫星组成的混合星座,与其他卫星导航系统相比高轨卫星更多,抗遮挡能力强,尤其低纬度地区性能特点更为明显;

(2)北斗卫星导航系统提供多个频点的导航信号,能够通过多频信号组合使用等方式提高服务精度;

(3)北斗卫星导航系统创新融合了导航与通信能力,具有实时导航、快速定位、精确授时、位置报告和短报文通信服务五大功能。

北斗卫星导航系统(BDS)定位精度 10 m,测速精度 0.2 m/s,授时精度 10 ns。

二、系统组成

北斗卫星导航系统由空间段、地面段和用户段三部分组成。

北斗卫星导航系统空间段计划由 35 颗卫星组成,包括 5 颗静止轨道卫星、27 颗中圆地球轨道卫星、3 颗倾斜同步轨道卫星。5 颗静止轨道卫星定点位置为东经 58.75°、80°、110.5°、140°、160°;中圆地球轨道卫星运行在 3 个轨道面上,轨道面之间相隔 120°均匀分布。

地面段包括主控站、时间同步/注入站和监测站等若干地面站,以及星间链路运行管理设施。

用户段包括北斗卫星导航系统及兼容其他导航卫星系统的芯片、模块、天线等基础产品,以及终端设备、应用系统与应用服务等。

三、工作原理

北斗卫星导航系统定位工作原理与全球定位系统一样,主要有伪距定位法和载波相位测量法,而实时导航多采用伪距定位法。

北斗卫星导航系统工作时,卫星不断地发射导航电文。导航电文是一种不归零二进制码组成的编码脉冲,称为数据码 $D(t)$。其速率为 50 bit/s。为了有效地将低码率的导航电文发送给用户和进行必要的保密,对数据码进行调制,形成伪随机码。北斗卫星导航系统使用两种伪随机码,即民用的粗测/捕获码(称 C/A 码)和军用的精确码[称 P(Y)码]。C/A 码频率 1.023 MHz,重复周期 1 ms,码间距 1 μs,相当于 300 m;P(Y)码频率 10.23 MHz,重复周期 266.4 天,码间距 0.1 μs,相当于 30 m。Y 码是在 P 码基础上形成的,保密性更佳。

导航电文主要包括卫星星历、时钟偏差改正、卫星工作状态、电离层延时改正等信息。导航电文的基本单元是长达 1 500 bit 的主帧,历时 30 s;每个主帧包括 5 个子帧;每个子帧由 10 个字组成,历时 6 s;每个字 30 bit,历时 0.6 s。导航电文主要包括遥测字、转换字、第 1 数据块、第 2 数据块、第 3 数据块,最重要的是卫星星历数据。

北斗卫星导航系统用户设备接收 BDS 的卫星信号,根据卫星星历信息,可求出每颗卫星发射信号时的位置。用户设备也可测量卫星信号的传播时间,从而求出卫星至用户天线的距离。如果用户设备的时钟与 GPS 时钟同步,那么仅用 3 颗卫星就能实现三维定位。实际上,卫星时钟和用户时钟是难以严格同步的,加上电离层和对流层引起卫星传播的时间延迟及接收机内部的时间延迟,使通过传播时间乘以信号传播速率获得的卫星至用户天线的距离不是两者之间真实的距离,称为伪距。为了通过伪距方程解算出用户的三维位置,用户必须同时至少获得 4 颗卫星的信号,建立 4 个伪距方程组成的方程组,解算方程组,即获得用户三维位置和距离改正数,这里距离改正数包括时钟偏差引起的附加距离,电离层和对流层引起的附加距离及接收机内部时延引起的附加距离等。

四、应用领域

自北斗卫星导航系统提供服务以来,已在交通运输、农林渔业、水文监测、气象测报、通信授时、电力调度、救灾减灾、公共安全等领域得到广泛应用,融入国家核心基础设施,产生了显著的经济效益和社会效益。

（1）交通运输方面,北斗卫星导航系统广泛应用于重点运输过程监控、公路基础设施安全监控、港口高精度实时定位调度监控等领域。截至 2018 年 12 月,国内超过 600 万辆营运车辆、3 万辆邮政和快递车辆,36 个中心城市约 8 万辆公交车,3 200 余座内河导航设施,2 900 余座海上导航设施已应用北斗卫星导航系统,建成全球最大的营运车辆动态监管系统,有效提升了监控管理效率和道路运输安全水平。据统计,2011—2017 年,中国道路运输重特大事故发生起数和死亡失踪人数均下降 50%。

（2）农林渔业方面,基于北斗卫星导航系统的农机作业监管平台实现农机远程管理与精准作业,服务农机设备超过 5 万台,精细农业产量提高 5%,农机油耗节约 10%。定位与短报文通信功能在森林防火等应用中发挥了突出作用。为渔业管理部门提供船位监控、紧急救援、信息发布、渔船出入港管理等服务,全国 7 万余艘渔船和执法船安装北斗终端,累计救助 1 万余人。

（3）水文监测方面,成功应用于多山地域水文测报信息的实时传输,提高了灾情预报的准确性,为制定防洪抗旱调度方案提供了重要支持。

（4）气象测报方面,研制一系列气象测报型北斗终端设备,形成系统应用解决方案,提高了国内高空气象探空系统的观测精度、自动化水平和应急观测能力。

（5）通信授时方面,突破光纤拉远等关键技术,研制出一体化卫星授时系统,开展北斗双向授时应用。

（6）电力调度方面,开展基于北斗卫星导航系统的电力时间同步应用,为在电力事故分析、电力预警系统、保护系统等高精度时间应用方面创造了条件。

（7）救灾减灾方面,基于北斗卫星导航系统的导航、定位、短报文通信功能,提供实时救灾指挥调度、应急通信、灾情信息快速上报与共享等服务,显著提高了灾害应急救援的快速反应能力和决策能力。

（8）公共安全方面,全国 40 余万部警用终端联入警用位置服务平台,北斗卫星导航系统在亚太经济合作组织会议、二十国集团峰会等重大活动安保中发挥了重要作用。

（9）大众应用方面,北斗卫星导航系统大众服务发展前景广阔。基于北斗的导航服务已被电子商务、移动智能终端制造、位置服务等厂商采用,广泛进入中国大众消费、共享经济和民生领域,深刻改变着人们的生产生活方式。

①电子商务领域,国内多家电子商务企业的物流货车及配送员应用北斗车载终端和手环,实现了车、人、货信息的实时调度。

②智能手机应用领域,国内外主流芯片厂商均推出兼容北斗的通导一体化芯片。2018 年前三季度,在中国市场销售的智能手机约有 470 款具有定位功能,其中支持北斗定位的有 298 款,北斗定位支持率达到 63% 以上。

③智能穿戴领域,多款支持北斗系统的手表、手环等智能穿戴设备,以及学生卡、老人卡等特殊人群关爱产品不断涌现,得到广泛应用。

五、未来发展

未来,北斗卫星导航系统将持续提升服务性能,扩展服务功能,增强连续稳定运行能力,进一步提升全球基本导航和区域短报文通信服务能力,并实现全球短报文通信、星基增强、国际搜救、精密单点定位等服务功能。

1.基本导航服务

为全球用户提供服务,空间信号精度将优于 0.5 m;全球定位精度将优于 10 m,测速精度优于 0.2 m/s,授时精度优于 20 ns;亚太地区定位精度将优于 5 m,测速精度优于 0.1 m/s,授时精度优于 10 ns。

2.短报文通信服务

中国及周边地区短报文通信服务,服务容量提高 10 倍,用户机发射功率降低到原来的 1/10,单次通信能力 1 000 汉字(14 000 bit);全球短报文通信服务,单次通信能力 40 汉字(560 bit)。

3.星基增强服务

按照国际民航组织标准,服务中国及周边地区用户,支持单频及双频多星座两种增强服务模式,满足国际民航组织相关性能要求。

4.国际搜救服务

按照国际海事组织及国际搜索和救援卫星系统标准,服务全球用户。与其他卫星导航系统共同组成全球中轨搜救系统,同时提供反向链路,极大提升搜救效率和能力。

5.精密单点定位服务

服务中国及周边地区用户,具备动态分米级、静态厘米级的精密定位服务能力。

6.国际合作

与其他导航卫星系统开展协调合作,推动系统间兼容与互操作,共同为全球用户提供更加优质的服务。

第四节 差分全球定位系统

目前,全球定位系统、北斗导航卫星系统及其他导航卫星系统提供的标准定位服务无法满足很多高精度导航的需求,如未来的智能航运、无人船舶、智能汽车和无人汽车的需求,有些需求定位精度要达到米级、分米级和厘米级,这就需要建立导航卫星增强系统,来提高定位精度和授时精度。

导航卫星增强系统的基本原理是分析导航卫星系统观测量的误差源,并对每种误差源分别加以"模型化",然后将计算出来的每种误差源的误差修正值(差分改正值),通过数据传输链播发给用户,对用户接收机的观测值误差加以改正,以削弱这些误差源的影响,以改善用户定位精度和授时精度。

　　根据导航卫星增强系统的覆盖范围,导航卫星增强系统分广域增强系统和局域增强系统。广域增强系统通过卫星播发误差修正值(差分改正值),覆盖范围广;局域增强系统通过地面发射台播发误差修正值(差分改正值),覆盖范围有限。导航卫星增强系统又称为差分导航卫星系统。

　　下面介绍的差分全球定位系统属于局域增强系统。

一、系统的工作原理

　　GPS 提供两种定位服务,即精确定位服务(PPS)和标准定位服务(SPS)。

　　精确定位服务(PPS)最初提供水平为 17.8 m(2DRMS)和垂直为 27.7 m(2σ)的预测定位精度,三维中的每维为 0.2 m/s(2σ)的速度精度,90 ns 的授时精度。精确定位服务(PPS)采用 P 码调制双频发射和接收。它仅提供于美国及其盟国的军事、联邦政府的用户及有限的获准的民用用户。由于系统更新和完善,现精确定位服务(PPS)能提供 6 m 的三维定位精度。

　　标准定位服务(SPS)采用 C/A 码调制、单频发射和接收。它公开服务于民用、商用和其他用户。最初标准定位服务(SPS)可提供优于 30 m(2DRMS)的定位精度,但出于美国国家的利益,美国国防部人为地引入选择可用性(SA)使其水平定位精度降低至 100 m(2DRMS),垂直定位精度为 156 m(2σ),授时精度为 175 ns。美国已撤销了选择可用性(SA),标准定位服务(SPS)能提供 12 m 三维定位精度,20 ns 的授时精度。

　　精确定位服务(PPS)不公开提供,而标准定位服务(SPS)又人为地降低了定位精度,致使需要高精度定位的民用用户使用差分技术,提高标准定位服务(SPS)的定位精度,从而形成了差分全球定位系统,简称 DGPS。DGPS 的工作原理如下:把已知的测定点作为差分基准点,在差分基准站安装基准 GPS 接收机,并用 GPS 接收机连续地接收 GPS 信号,经处理,与基准站的已知位置进行比对,求解出实时差分修正值,以广播或数据链传输方式,将差分修正值传送至附近 GPS 用户,以修正其 GPS 定位解,提高其局部范围内用户的定位精度。

　　在用 GPS 定位过程中,存在一些误差源,影响 GPS 定位精度。为了用 DGPS 提高定位精度,有必要分析 GPS 误差源的种类、产生原因、消除或减弱的措施。

　　GPS 的误差源分系统误差和随机误差两大类。

　　系统误差通常是其数值和符号按一定规律变化的误差项。系统误差可用一定的模型或措施改正或消除,是分析和研究误差源的主要内容,也是影响定位精度的主要方面。GPS 定位中的系统误差主要来自空间卫星、用户设备和信号传输三个方面。

　　随机误差是定位过程中偶然产生的误差项。随机误差无法用模型或措施改正或消除,但与系统误差相比,影响较小。

　　(1)与空间卫星有关的误差

　　与空间卫星有关的误差有 3 项。它们是卫星时钟偏差、卫星星历误差和引入 SA 产生的误差。卫星时钟偏差对 P 码和 C/A 码调制,数值是相同的。GPS 卫星上装有数台原子钟。原子钟具有良好的频标稳定度。但由于相对论效应,加上时钟自身的误差,长期工作,原子钟与GPS 时系可达 1 ms 左右的偏差。为消除这个偏差可采取以下有效措施:

①根据卫星导航电文中给出的卫星时钟改正参数进行改正,改正后的残差一般小于30 ns。

②采用差分技术。一般可完全消除卫星时钟偏差。

卫星星历误差同星历资料的来源和性质有关。目前星历资料来源有两类,即广播星历和测后精密星历。广播星历是从卫星导航电文中获得的星历。它包括星历表和星历参数两部分。用星历参数计算的卫星坐标,精度可达±5 m左右。精密星历是一种测后拟合星历,主要用于非实时的精确定位。精密星历的卫星坐标精度可达1~5 m。用差分技术可消除广播星历误差。

引入SA产生的误差是人为造成的,可采用差分技术,使距基准站一定范围内的用户基本消除SA产生的误差。

（2）与用户设备有关的误差

与用户设备有关的误差主要包括用户时钟偏差、接收机噪声误差、接收机通道误差和多路径误差。用户时钟偏差一般远比卫星时钟偏差大。这主要是用户接收机通常使用石英晶体钟,石英晶体钟频标稳定度比原子钟差得多。消除用户时钟偏差的措施基本有两种:一是在伪距定位法中,测量4个卫星的伪距,获得三维位置和消除用户时钟偏差的影响;二是采用差分技术,可基本消除用户时钟偏差。

接收机噪声和通道误差是与GPS接收机的质量和性能有关的误差。当接收机制造出来后,它们是接收机固有的误差。当接收机采用低噪声前置放大器和全并行多通道及载波相位平滑技术时,可使接收机的固有误差为0.15 m(1σ)。

多路径误差取决于用户天线的位置、用户天线的反射衰减性能及用户天线的屏蔽保护措施。多路径误差在接收机和用户天线安装后便是一定的。为此,为了减小多路径误差,应合理选择用户天线的位置和使用高质量的用户天线。

（3）与信号传播有关的误差

与信号传播有关的误差包括电离层散射误差和对流层折射误差两部分。

在离地球表面50~1 000 km时,由于受到来自太阳的紫外线辐射,这个范围内的大气分子产生强烈的电离,形成一个具有大量自由电子的电离层。GPS信号通过电离层时,像所有其他电磁波一样,受到带电介质的非线性散射特性的影响,产生电离层散射误差。电离层散射误差与电离层的电子密度成正比,与电磁波频率成反比,且与观测的时间和月份有关。消除或减弱电离层散射的有效措施有:使用双频接收,双频接收可消除绝大部分误差,但这只能对军用用户有效;对于使用C/A码的单频接收,可用电离层模型进行改正,但由于电离层活动的复杂性,无法得出较好模型,采用电离层模型改正的C/A码单频接收仍然存在较大残差;对于单频接收的另一个有效措施是采用差分技术。

对流层折射误差指大气层底层中性大气对电磁波路径折射影响产生的误差,其中包括地球表面至11 km左右的对流层和11 km以上的同温层。对流层中因含有一定数量的水蒸气,对电磁波,特别是微波波段的电磁波影响较大。对流层折射误差与观测时的气温、气压和湿度有关,也与卫星的地平高度角有关。为了减弱对流层折射的误差,GPS的P码和C/A码工作方式均采用对流层折射模型进行改正。因为这种模型研究较好,所以存在的残差较小。采用差分技术依然是消除对流层折射误差的有效措施。

从上述分析可知,采用差分技术可消除或减弱引入SA产生的误差、卫星时钟偏差、卫星星历误差、电离层散射误差、对流层折射误差和接收机噪声误差,即 GPS 误差源中的相关性误差可采用差分技术消除。为了采用差分技术,需构成差分全球定位系统。

二、系统的组成

一般来说,一个功能完备的差分全球定位系统(DGPS)由基准站、完善性监测站、中央监控站和数据传输链组成。下面介绍各部分的组成和功能。

1.基准站

基准站由精确测定的接收天线位置和高质量的能跟踪视野内所有卫星的 GPS 接收机组成。GPS 接收机通常是能跟踪 7 颗卫星加上数据传输链通道的 8 通道接收机。它由接收天线、信号通道、微处理机、大气传感器和基准位置存储器组成,如图 7-3 所示。

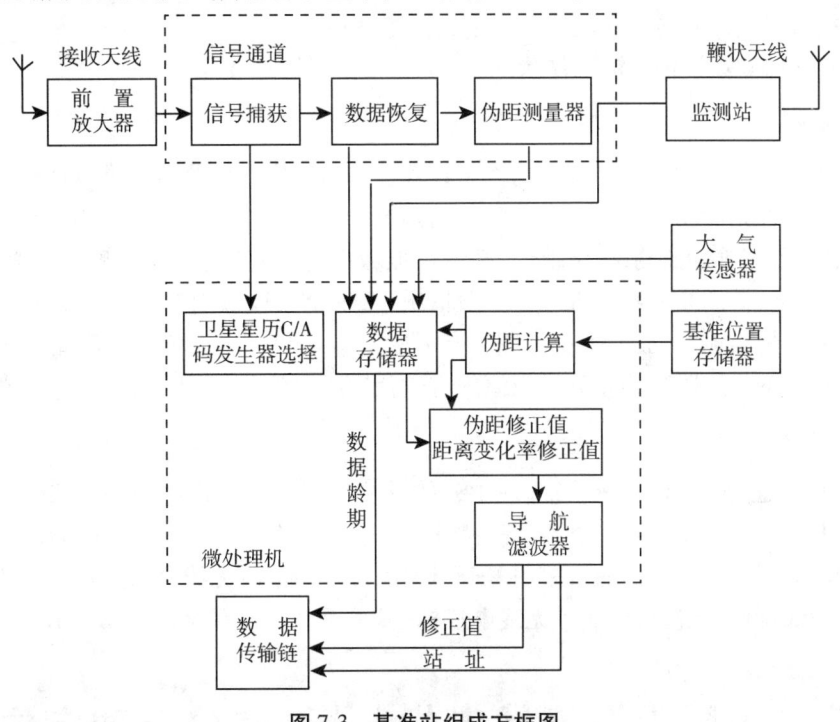

图 7-3 基准站组成方框图

基准站各组成部件的功能:

(1)接收天线能全方位接收仰角 5°以上视野内的卫星信号,经前置放大器进行射频放大。

(2)在信号通道中,相关器和跟踪环路用于捕获并跟踪由微处理机中的卫星星历/C/A 码发生器选择指定的卫星信号,经数据解调器恢复其导航电文,从中获得数据发布时间,在伪距测量器中,获得信号接收时刻的伪距。

(3)在微处理机中,卫星星历/C/A 码发生器复现出全部工作卫星的星历和 C/A 码,用于本站 DGPS 接收机搜索、捕获和跟踪。伪距计算根据基准位置存储器提供的本站接收天线的位置及卫星导航电文提供的卫星位置,计算出该颗卫星与本站的距离,将此距离与伪距相比,得伪距修正值,并与上次伪距修正值比较,得距离变化率修正值。经导航滤波器滤波,将上述两个修正值与数据存储器有关信息一起,输至数据传输链。

(4)大气传感器测量大气压力、温度和湿度等气象参数,用于精确修正对流层折射误差。

(5)基准位置存储器存储本站接收天线的精测位置。

2.完善性监测站

完善性监测站由差分数据接收机、DGPS 接收机和运行完善性监测程序的微型计算机组成。完善性监测站的功能是对基准站的运行进行完善性监测。其具体功能是:

(1)监测和控制基准站的工作状态;

(2)对基准站经数据传输链播发的修正值完成独立的质量检查;

(3)定期向用户报告基准站的状况和警告信息;

(4)定期向中央监控站报告基准站、自身的状况和警告信息;

(5)连续计算和记录系统性能的统计数据;

(6)定期将系统性能的统计数据装入中央监控站;

(7)控制和监测数据传输链工作状况。

3.中央监控站

中央监控站由运行中央监控程序的微型计算机和与各完善性监测站进行通信的调制解调器组成。中央监控站的功能是通过专用的通信网或公用电话与各完善性监测站相连,监测、控制、显示和登录各完善性监测站并统计其系统性能数据;控制各完善性监测站的微型计算机,从而控制各完善性监测站和各基准站。一般情况下,一个大区域内有一座中央监控站和若干座基准站和完善性监测站,而一个小区域内有一座基准站和一座完善性监测站。小区域的范围由数据传输链的作用距离和差分修正值的有效范围决定。

4.数据传输链

数据传输链是差分全球定位系统(DGPS)的重要组成部分。其功能是将基准站的差分修正值传送给 DGPS 用户。在传送中,需解决数据格式化、频率如何分配及如何为足够大的区域进行可靠传输等问题。数据传输可采用 VHF、UHF、微波通信及无线电指向标等手段。采用无线电信标作为数据传输链时,组成了无线电信标-差分全球定位系统,即 RBN-DGPS。

第五节　中国沿海无线电指向标-差分全球定位系统

一、概述

根据中国国情,在分析中国沿海无线电指向标现状的基础上,借鉴和吸收国际先进经验,参照国际组织有关标准、规定和建议,中国政府于 1995 年制定了中国沿海无线电指向标-差分全球定位系统(RBN-DGPS)建设规划,并在国家“九五”期间建成中国沿海无线电指向标-差分全球定位系统(RBN-DGPS)台链,信号完全覆盖中国沿海海域,使之成为一种国际标准化、现代化的助航系统。

中国沿海无线电指向标–差分全球定位系统(RBN–DGPS)主要由基准台(RS)、播发台(Tx)、完善性监测台(IM)和中央监控中心组成,RBN–DGPS台站结构框图如图7-4所示。基准台、播发台和完善性监测台一般同址建设,称为一座RBN–DGPS台站,全国沿海共分布22座台站(不包括香港、澳门和台湾地区)。

海上公众用户配备1台无线电指向标DGPS接收机即可利用台站播发的信息进行高精度定位。选用的DGPS接收机的技术指标和用户与基准台距离的相关性将直接影响定位精度。用户距基准台越近,定位精度越高。通常情况下,在距离基准台300 km的范围内,米级DGPS接收机的定位误差优于10 m,亚米级接收机优于5 m(2DRMS,95%置信度)。

二、系统组成及功能

1.基准台

基准台(RS)由两台高性能的GPS接收机和两个调制器组成。接收天线安放在位置已精确测定的点上,通过跟踪视野内的所有卫星,计算出相对于每颗卫星的修正信息,按规定格式送至调制器。调制器采用最小移频键控(MSK)调制方式将接收机送来的修正信息调制到无线电指向标载频上(频率283.5～325.0 kHz)。

2.播发台

播发无线电指向标信号,依规定的强度和速率播发DGPS修正信息和指向标状况及基准台状况信息。

3.完善性监控台

完善性监控台由导航GPS接收机、无线电指向标接收机和完善性监控计算机组成。其功能为:监测GPS系统的完善性和播发的差分修正值的正确性;监控基准台;计算并登录系统运行的统计结果。

4.中央监控中心

中央监控中心的功能是监测、控制各RBN–DGPS台站的工作。

三、系统性能

1.工作频率

依据国际电联划分的海上无线电指向标频率范围(283.5～325.0 kHz),RBN–DGPS台站采用单频发射制,播发差分修正信息。台站工作频率如表7-1所示。

2.系统识别码

根据国际航标协会(IALA)分配给中国的基准台和播发台的识别码范围,由北向南按区域进行分配,各台站的基准台和播发台的识别码如表7-1所示。

3.单站信号作用距离

差分修正信号:海上接收场强在75 μV/m时,作用距离300 km。

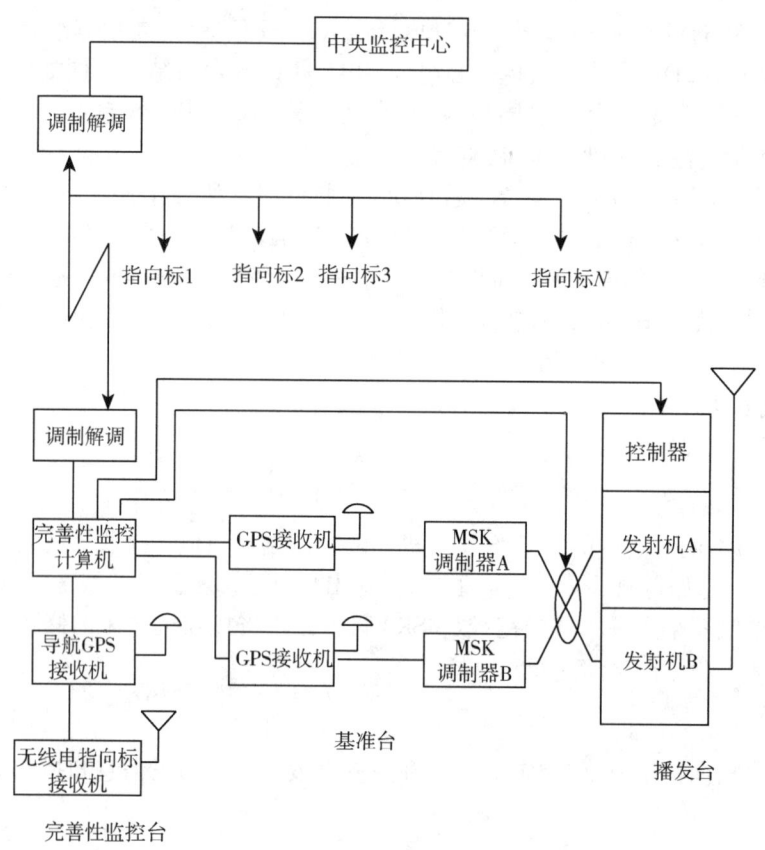

图 7-4　RBN-DGPS 台站结构框图

4.差分信息调制方式和播发类别

中国 RBN-DGPS 向用户播发的差分信息采用最小移频键控(MSK)调制方式;播发类别为调相单信道数据传送(G1D)。

5.信号格式和信息类型

信号格式采用 RTCM SC-104 信号格式标准,信息类型为 9-3 和 16。可根据需求,适时调整或增加信息类型。

类型 9-3:部分卫星组的差分修正,包含了主要的差分修正,且不需要完整的卫星组。

类型 16:专用电文,能提供台站的特殊信息。

6.差分数据传输率

差分数据传输率为 200 B。

7.坐标系

中国基准台坐标采用 WGS84 坐标系。

四、台站配置

根据中国沿海无线电指向标-差分全球定位系统(RBN-DGPS)建设规划,中国沿海地区共建设22座RBN-DGPS台站,按规定强度信号覆盖(或多重覆盖)整个沿海水域和部分陆域。完善性监控台与基准台和播发台同步建设,且同台址。

22座RBN-DGPS台站配置如图7-5所示,其技术参数如表7-1所示。

表7-1　中国沿海无线电指向标-差分全球定位系统(RBN-DGPS)台站及技术参数表

辖区	序号	建设顺序	台站名称	台站位置	RBN-DGPS 站识别码			频率/kHz
					1号基准台	2号基准台	播发台	
北方海区	1	一期	大三山	38°52′N 121°50′E	602	603	601	301.5
	2	三期	老铁山	38°44′N 121°08′E	604	605	602	307.5
	3		营口	40°17′N 122°06′E	610	611	605	291.5
	4	一期	秦皇岛	39°55′N 119°37′E	606	607	603	287.5
	5	一期	北塘	39°06′N 117°43′E	608	609	604	310.5
	6	三期	成山角	37°24′N 122°41′E	612	613	606	317.0
	7	一期	王家麦岛	36°04′N 120°26′E	614	615	607	313.5
东海海区	8	二期	燕尾港	34°29′N 119°47′E	620	621	610	291.0
	9	三期	蒿枝港	32°01′N 121°43′E	622	623	611	304.0
	10	一期	大戢山	30°49′N 122°10′E	624	625	612	307.5
	11	三期	定海	30°01′N 122°04′E	626	627	613	310.0
	12	二期	石塘	28°16′N 121°37′E	628	629	614	295.0
	13		灵昆	28°10′N 120°40′E	634	635	617	299.0
	14	三期	天达山	25°28′N 119°42′E	630	631	615	313.0
	15	二期	镇海角	24°16′N 118°08′E	632	633	616	320.0
南海海区	16	二期	鹿屿	23°20′N 116°45′E	640	641	620	317.0
	17	二期	三灶	22°00′N 113°24′E	642	643	621	291.0
	18	二期	硇洲岛	20°54′N 110°36′E	644	645	622	301.0
	19	三期	防城	21°35′N 108°19′E	646	647	623	287.0
海南海事局	20	一期	抱虎角	20°00′N 110°56′E	652	653	626	310.5
	21	二期	三亚	18°17′N 109°22′E	654	655	627	295.0
	22	三期	洋浦	19°43′N 109°12′E	656	657	628	313.0

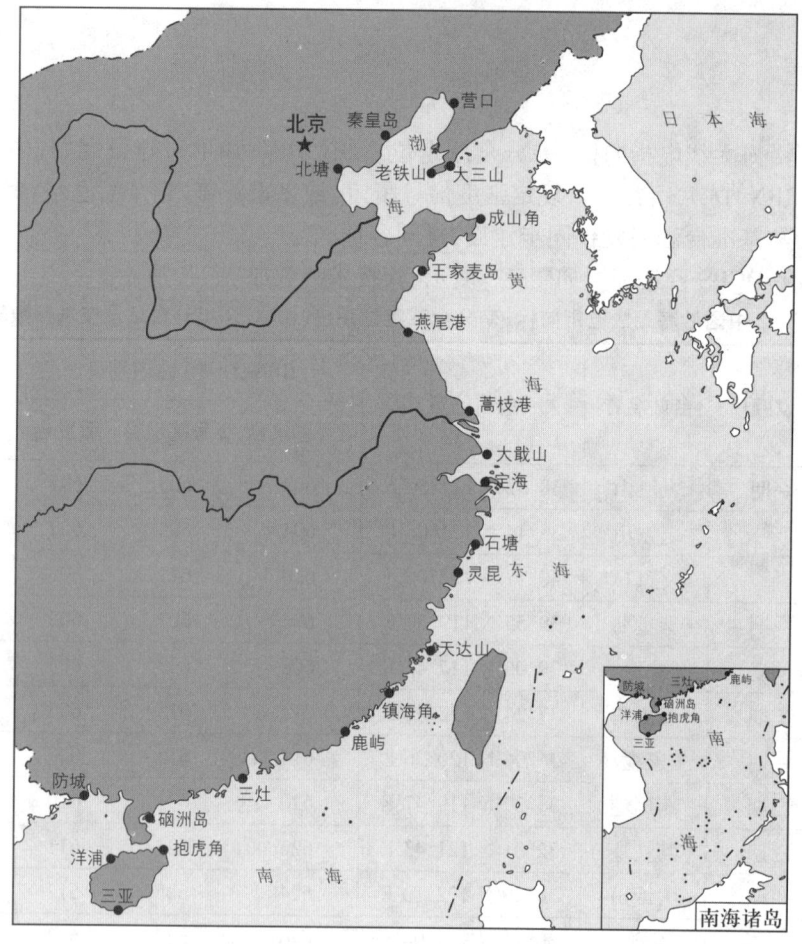

图 7-5　中国沿海无线电指向标-差分全球定位系统(RBN-DGPS)台站配置及信号覆盖示意图

五、BDS/GPS 双模差分

通过对现有 RBN-DGPS 系统的改造,建设 RBN-DGNSS 系统(BDS/GPS 双模差分),使系统兼容 GPS 和 BDS,既为 GPS 用户服务又为 BDS 用户服务,可实现 RBN 差分台站的远程集中管理和监控。提高系统的定位精度、完好性、可用性和连续性,可为北斗卫星导航系统在海事领域的推广应用提供基础设施的保障,对北斗卫星导航系统的推广应用具有重要意义。

1.系统组成

系统由 2 个 DGNSS 基准站(双机热备)、2 个 DGNSS 完善性监测站(分别监测 GPS 和BDS)、控制站、路由器、I/O 抽屉、发射机、天线调谐器等组成,系统组成如图 7-6 所示。

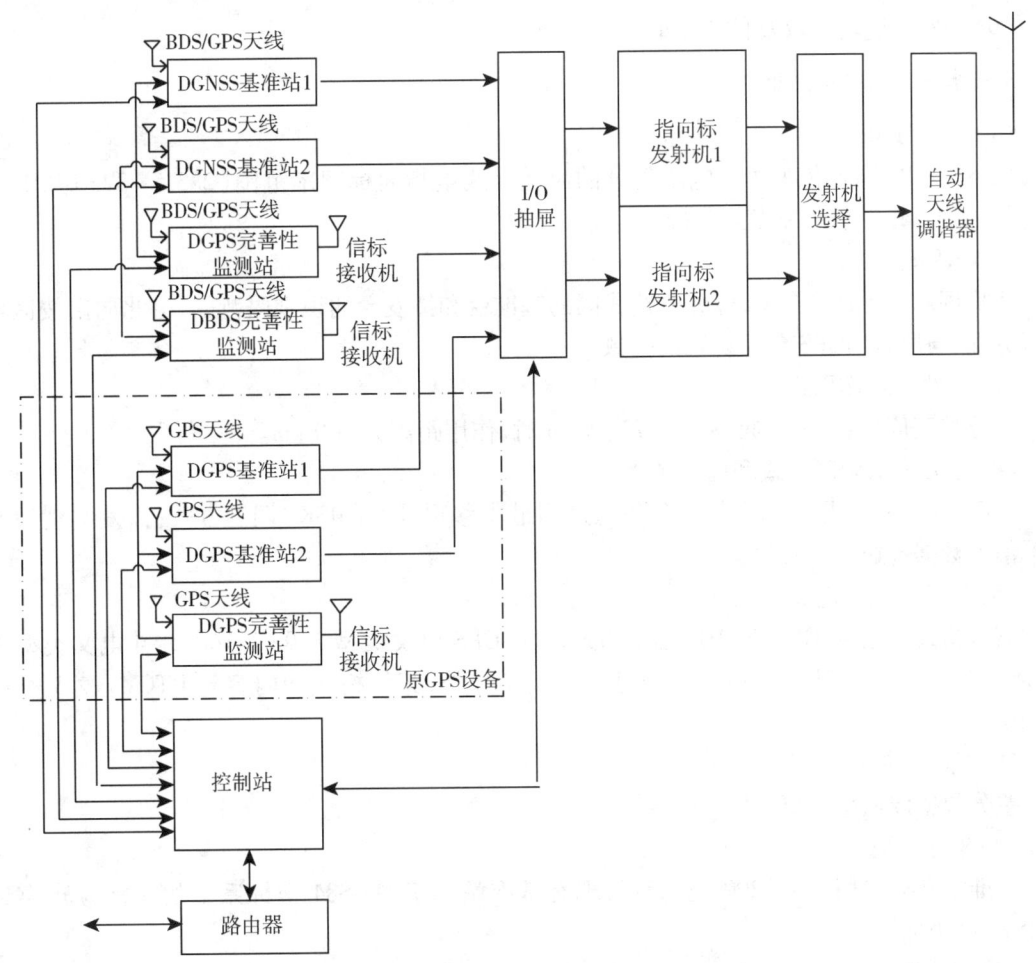

注:图中虚线框内是现有的 RBN-DGPS 设备,作为备份系统;虚线框外为升级改造新增的 RBN-DGNSS 设备。

图 7-6　RBN-DGNSS 系统组成框图

2.系统功能

(1)计算并播发 GPS 的 L1 和 BDS 的 B1 伪距差分改正数和伪距变化率改正数;

(2)播发基准台状态信息;

(3)检查 DGNSS 设备和发射机,当有故障时能够自动切换至热备机工作并发送一条报警信息给控制站;

(4)分别监测 DGPS 和 DBDS 系统运行状态,可存储监测数据并生成统计报表;

(5)数据采样间隔和传输间隔为 1 s,数据采集成功率大于 99.9%,数据传输成功率大于 99%;

(6)台站按照设定的时间间隔自动将监控等信息通过网络传输给监控中心,数据传输延迟小于 1 s;

(7)监控中心能够通过远程方式,设定、控制、监测台站的运行情况,包括接收机参数设定修改、接收机重启、状态查看等;

(8)具备设备完好性检测功能,定时自动对设备进行轮检,出现问题时向监控中心报警;

(9)播发系统具有双备份的功能。

3.技术参数及服务性能

（1）工作频率

RBN-DGPS 台站依据国际电联划分的海上无线电指向标频率范围(283.5～325.0 kHz)，各台站采用单频发射制播发差分校正信息。

（2）识别码

依据国际航标协会(IALA)分配给我国的基准台和播发台的识别码范围，由北向南按区域进行分配，与原有 DGPS 台站识别码一致。

（3）单站信号作用距离

差分校正信号：海上接收场强在 75 μV/m 时，作用距离为 300 km。

（4）差分信息调制方式和播发类别

RBN-DGNSS 向用户播发的差分信息采用最小移频键控(MSK)调制方式；播发类别为调相单信道数据传送(G1D)。

（5）信号格式和电文类型

信号格式采用 RTCM SC-104 信号格式标准，GPS 电文类型为 9-3、16。北斗电文类型为 RTCM V2.3 类型 42(北斗伪距差分信息除了类型号外，其他格式和内容与 RTCM V2.3 类型 9 一样)。

（6）差分数据传输率

差分数据传输率为 200 B。

（7）坐标系统

基准站坐标采用 CGCS2000 坐标系，现有基准站基于 WGS84 坐标系下的坐标应转换到 CGCS2000 坐标系下。

（8）定位精度

用户选用的 BDS、GPS、GLONASS、BDS/GPS 和 BDS/GPS/GLONASS 三模接收机的性能和用户与基准台的距离的相关性直接影响定位精度。通常情况下，在距离基准台 300 km 的海域内，米级接收机的定位精度优于 10 m(95%)，亚米级接收机的定位精度优于 5 m(95%)。

第八章　船舶交通管理系统

第一节　概述

一、VTS 发展概况

几个世纪以来,船舶运输一直是进行世界贸易的主要运输手段。为保障船舶航行安全、提高船舶航行效率,各国在各自的沿海水域设置了助航设施。早期的助航设施是灯塔、浮标和灯桩。随着无线电技术的发展,先后又有了无线电指向标、雷达信标等无线电助航设施。

航运业的迅速发展,船舶数量、吨位的不断增加及船舶速度的提高,对船舶航行安全提出了更高的要求,并由此产生了对船舶交通进行管理的需求,出现了各种被动的船舶管理技术,如建立分道通航制,建立禁航区、预警区,采用单向航行系统及其他有关的定线航行措施,限制船速等。这些被动的船舶管理技术在沿海水域对航行安全的改善发挥了显著作用。但是在港口水域及狭窄航道,由于船舶密集、交通拥挤,不仅会耽误船舶运输时间,使航运效率受到影响,而且会使发生事故的可能性增加,造成严重的人命、财产损失和环境污染。解决这些问题的一个有效途径是在岸上建立一个系统,这个系统具备监视水域中船舶运动并对船舶提供信息、建议和指示的能力,能与船舶相互作用并能有效控制交通流,从而获得最大的港口营运效益,同时也可使船舶交通事故和环境污染的风险减至最低。这种能与船舶相互作用的管理(服务)系统称为船舶交通管理(服务)系统,简称 VTS(Vessel Traffic Services)。

1.VTS 发展过程

在世界范围内,船舶交通管理系统(VTS)经历了三代系统或三个阶段的发展过程。

(1)第一代系统

第一代(或第一阶段)船舶交通管理系统首先是从管理运河和狭水道开始建立的,主要为解决船舶安全、迅速地进出港口和通过河川、狭水道,以及在运河和狭水道实现单向通航,在潮差较大的港口掌握潮时以控制船舶通航等。其主要特点是:

①设置的主要目的在于提高船舶航行效率;

②管理水域仅限于港口及运河和狭水道;

③技术手段只是简单的光、声、电、机械信号系统及无线电报电话的通信联系。

(2)第二代系统

1948 年,英国道格拉斯港采用船用雷达建立了世界上第一个用于港口监视的雷达站,解决了能见度不良条件下水上通航的管理问题,使船舶交通管理有了一次大的突进。随后,为建立岸-船联系,除采用第一代系统中的信号系统外,又设置了多个岸基雷达站,并以有线和无线通信在各站之间或各站与中心站之间建立联系,以构成雷达链。这就构成了第二代(或第二阶段)的船舶交通管理系统。其主要特点是:

①设置的目的在于提高船舶航运效率的同时着重于增进船舶航行安全;

②管理水域从港口延伸到外海或覆盖整个河川航道至入海口;

③技术手段的主要形式是雷达加 VHF(甚高频)无线电话,雷达居主导地位。

适当的航行规则及 20 世纪 60 年代后期发展的"分道通航制"的配合实施,使第二代系统在港口交通秩序的改善及航运效率的提高上取得了显著效益,在交通事故数量的减少方面也效果明显。

(3)第三代系统

随着水上运输的发展,大型船舶尤其是巨型油船数量的增加,船舶航速的提高,加上许多灾难性事故特别是重大油船事故的发生,保障航行安全、防止油船爆炸导致的火灾蔓延及海洋环境污染等问题受到人们极大的关注,这就要求船舶交通管理系统具备更先进的技术手段和更完善的功能,从以增强在能见度不良条件下航行能力为目的的岸基雷达系统,发展成以增强交通安全性、提高航运效率和保护海洋环境为目的的多种传感器的现代化系统。自 1970 年以来,在水运发达国家出现了以计算机为中心的更复杂、更完善的船舶交通管理系统,它由若干子系统构成。这些子系统主要包括 VHF 通信子系统、雷达子系统、综合雷达数据处理子系统、信息传输子系统、管理信息子系统、VHF 测向子系统、CCTV 监测子系统、信息记录子系统、水文气象子系统,以及通航信号子系统和扩音广播子系统等。根据各港口水域的具体条件和要求,把上述子系统或其中的一部分有机结合起来,构成多功能的完整系统,这就是第三代(或第三阶段)的船舶交通管理系统。

第三代(或第三阶段)的船舶交通管理系统的特点是:

①设置目的除了增进船舶航行安全,提高船舶航运效率之外,还十分重视力求减少对水域环境造成的损害,因而,对交通信息采集与处理的实时性、准确性和完整性等要求增强,对船舶管理的强制程度增加;

②管理水域由港口、河川扩展到沿海(如对沿海分道通航制的管理与监督);

③技术手段的主要特征是以计算机为中心的多种信息采集与处理技术的综合,计算机居主导地位。

船舶交通管理系统(VTS)的建立带来了显著的社会效益和经济效益。据资料表明,一方面,它的建立有可能把交通事故减少至 $1/5 \sim 1/3$,从而,也就大大减少了由事故造成的生命、财产的损失和可能的环境污染。另一方面,它的建立有助于减少交通阻塞和时间的延误,提高了航运效率。由此,VTS 在世界各国得到迅速应用和发展:其第二代系统自从在道格拉斯港问世以来,20 世纪 60 年代首次在欧洲得到迅速推广应用;后来,北美也相继建立并进一步发展。在 20 世纪 60 年代后期,日本进港水域和内海的船舶密度急剧增加,促使日本当局开始考虑该系统的建设,并在东京湾建立了一个包括雷达、通信网和视觉信号的船舶交通管理系统。船舶交通管理系统在全世界的普遍推广和进一步发展,则主要是在 20 世纪 80 年代及以后。目前,全世界已建成并运行的船舶交通管理系统 500 多座。

值得注意的是,在船舶交通管理系统的技术发展进程中,有关国际组织的协调和相关法规对系统建设起着重要作用。自从 1955 年第一次讨论利用岸基雷达和 VHF 无线电话通信来改善对船舶交通的管理以来,国际航标协会(International Association of Lighthouse Authorities,IA-LA)就与船舶交通管理系统的发展联系在一起了。通过对各国船舶交通管理系统发展状况的调查跟踪,IALA发现,早期(第二代)各个国家船舶交通管理系统的发展各自为政,并且观点不一、互不协调,这和船舶航行安全管理的国际通用性要求是不相适应的。1986年,IALA建立了一个VTS委员会,关注各国船舶交通管理系统的协调发展,给各国交通管理系统的发展提供了一个问题的交流和研讨的论坛;并与国际海事组织IMO(International Maritime Organization)、国际无线电咨询委员会(International Radio Consultative Committee,CCIR)等组织密切合作,讨论和提交有关船舶交通管理系统发展和实施运行方面的建议。1985年,IMO通过了由IALA、国际港口协会(IAPH)、国际海上引航员协会(IMPA)和国际船长联盟委员会(IFSMA)联合提交的《VTS指南》[IMO A.578(14)决议]。该指南将各个国家建立的船舶交通管理系统的基本含义和功能进行了统一,给出了通用的名称VTS(Vessel Traffic Services)及其定义,对VTS的建立目的、组成、功能、规划、管理、实施程序和人员资格要求等提出了基本的指导性意见,该指南对世界各国船舶交通管理系统(VTS)的发展发挥了重要作用。经过十多年船舶交通管理系统(VTS)建设运行的实践和总结,该指南进行了进一步修订,于1997年由IMO通过了修订后的新的《VTS指南》[IMO A.857(20)决议]。新的《VTS指南》进一步明确了船舶交通管理系统(VTS)的定义、功能、地位、责任和义务,以及VTS的技术基础、法律基础和操作人员的基本资格,进一步明确了VTS规划、建设、运行和效益评估的基本原则和方法。新的《VTS指南》对VTS的正常运行和建设发展已经发挥和必将进一步发挥更加积极有效的作用。

2.中国VTS发展概况

我国海岸线长达18 000多千米,海域辽阔、港口林立、内陆河川遍布,航运业发展迅速,对加强水上交通安全管理提出了越来越高的迫切要求。中国沿海船舶交通管理系统(VTS)配置如图8-1所示。中国VTS的发展自20世纪70年代开始,大致可分为以下3个阶段。

(1)第一阶段

第一阶段是20世纪70年代,主要是70年代中后期的试验研究和组织准备阶段。随着20世纪70年代初中国航运业的复苏,港口船舶交通密度增加并随之出现的压船、压港等现象,推动了对船舶交通管理系统试验研究工作的进展。1974年,为了保障油船靠泊安全,曾在大连鲇鱼湾采用大连海运学院(现名大连海事大学)研制的大屏幕船用雷达建成大连新港雷达站,这是我国最早采用船用雷达进行船舶交通监视与管理的雷达站。20世纪70年代后期,在青岛港也曾采用国产船用雷达建立岸基雷达站,用于船舶航行安全监视与管理。在秦皇岛港和天津港,也曾进行过有关船舶交通管理技术方面的试验。上述试验为我国船舶交通管理系统在技术开发应用和规划建设等方面积累了一定的实践经验。1975年,我国首先开始对上海等港口建立的船舶交通管理系统进行了较为全面的规划与技术方案研究,并与国外有关专家进行了技术交流。1976年,交通部(今交通运输部)组织大连海运学院等高校和上海船舶运输科学研究所等研究院所,对船舶交通管理系统的主要硬件设备进行了研制,取得了一定成果。通过一系列实验研究,以及对国外船舶交通管理系统的考察学习,我国有关部门和科技工作者探索了岸-基船舶导航和实施船舶交通管理的必要性和可行性,拟定了上海、青岛等港口的船舶交通管理系统发展规划和技术方案,并对我国船舶交通管理系统建设的总体规划进行了探讨。1979年,在福州召开的港口船舶导航专题讨论会,第一次对我国港口水域的交通管

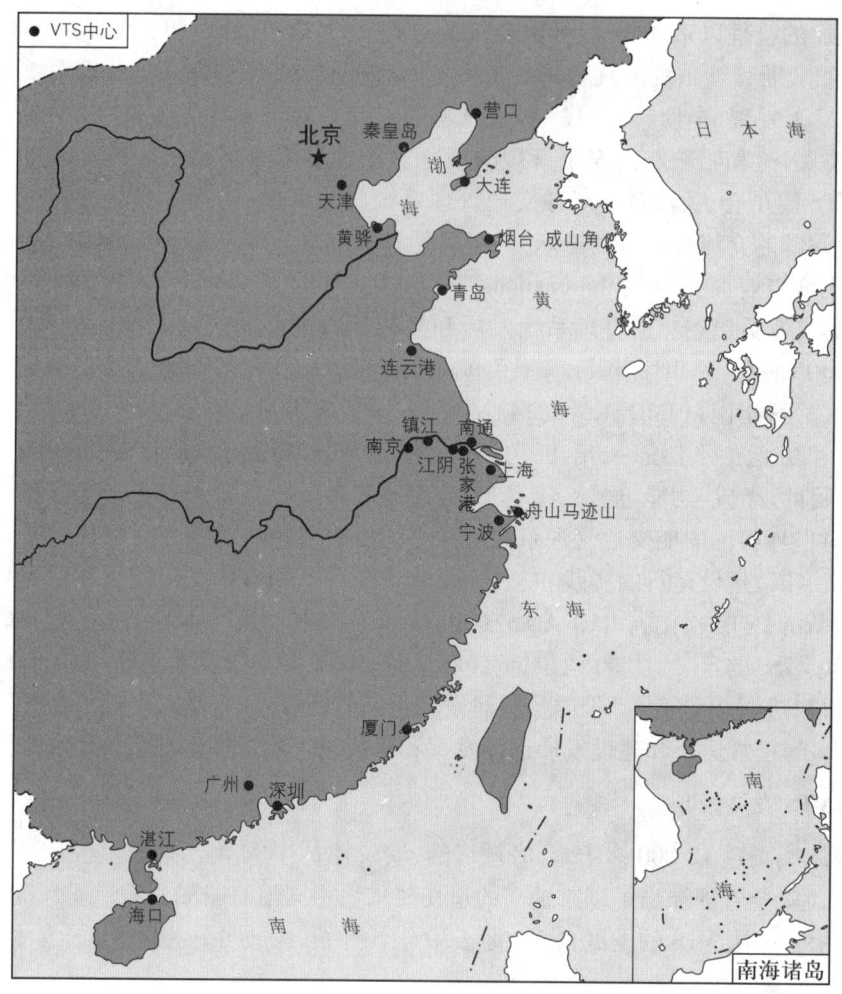

图 8-1　中国沿海船舶交通管理系统(VTS)配置示意图

理问题进行了全国性的多方面的技术交流与学术讨论。宁波港(2015 年 9 月,宁波港与舟山港合并重组成宁波舟山港)作为上海宝钢矿石中转配套项目,于 1978 年筹建,1981 年建立了中国第一个采用专用港口雷达的船舶交通管理雷达站。所有这些都为我国船舶交通管理系统的建设发展奠定了基础。

(2)第二阶段

第二阶段是 20 世纪 80 年代,是我国船舶交通管理系统开始建设的初级阶段,先后在宁波、秦皇岛、青岛、大连(黄白嘴)、连云港 5 处港口建立了船舶交通管理系统;这些系统基本处于第二代或第三代早期的技术水平。在这一时期,我国对船舶交通管理系统的理论研究空前活跃,在船舶交通管理系统的规划、设计中开始引入海上交通工程学理论和系统工程理论与方法;对沿海港口和长江干线的船舶交通流、交通事故进行了观测统计;进行了全国船舶交通管理系统等级划分的研究,并编制了全国船舶交通管理系统总体布局规划。1985 年 IMO 第14 届大会 A.578 号决议通过的《VTS 指南》,对中国 20 世纪 80 年代中期以后 VTS 的规划、建设和管理产生了重要影响。但从总体上来看,这一时期对 VTS 的功能、作用的认识还是初步的;VTS 的工程设计理论与方法尚未成熟;VTS 的运行管理体制与法规建设和 VTS 人员配置还滞后于 VTS 的硬件建设。

（3）第三阶段

第三阶段是 20 世纪 90 年代以后，是中国 VTS 全面建设发展的阶段。在此阶段，沿海建立了营口、天津、烟台、成山角、北长山、上海、广州、深圳、湛江、琼州海峡、黄骅、厦门等 12 处港口和水道的 VTS；以及长江下游南京、镇江、张家港、南通和浏河口 5 个 VTS；对大连、秦皇岛、青岛、宁波等 VTS 进行了更新或扩展。至此，中国（含香港）沿海和内河共有 22 个 VTS，覆盖了沿海大部分港口重要水域和长江下游的重要航段。在这一时期，我国对 VTS 工程设计的理论与方法应用已趋成熟，对《VTS 指南》有了统一的认识，由交通部发布了行业标准《船舶交通管理系统工程技术规范》（1996 年）；在法律上明确了中华人民共和国港务监督机构（现更名为中华人民共和国海事局）是 VTS 的主管机关，规定了 VTS 在实施船舶交通管理中的作用和地位；各 VTS 制定了相应的管理规则和用户指南，加强了对 VTS 的技术维护管理，VTS 发挥了显著的作用和效益。

二、VTS 功能与分类

1.主要功能

VTS 的主要功能是对水域中的船舶提供信息服务、助航服务和交通组织服务，以及协助进行联合服务和应急服务等。

（1）信息服务

信息服务是一种确保船舶在航行决策过程中及时地获取必要信息的服务。这种信息可涉及船舶交通状况（位置、意图和目的地）；VTS 区域（所公布的界线、交通管理程序、无线电频道和频率、报告点等）信息的修改或变化；影响船舶航行的因素，如气象、能见度情况、航行通/警告、助航设备的状况、交通拥挤、特种船舶（其操纵性不良可能使其他船舶的航行受到限制）或者任何其他潜在的航行障碍；等等。

一般信息通过广播向所有船舶提供。广播可以在固定时间和一定时间间隔进行，也可以在 VTS 当局认为必要时在其他任何时间进行。在受到船舶请求时，或者当 VTS 认为需要时，也可以向特定的船舶提供信息。广播通常包含警告及对于所有船舶都重要的信息，其中包括对于仅仅通过保持守听参加 VTS 的小船和内河船舶。给予个别船舶的信息是在需要时才发出的，它包含与该船相关的情况。

（2）助航服务

助航服务是一项协助船舶做出航行决策，并监视其效果的服务，特别是在困难的航行或恶劣的气象条件下，或者是在船舶有故障或缺陷的情况下所实施的服务。

VTS 能提供航行信息，从而对船舶航行决策过程做出贡献，如船舶的实际航向和航速，船舶相对于航道轴线和航向点的位置，周围船舶的位置、标志和航行意图，对个别船舶的警告等。

助航服务一般以提出航行建议的方式协助船舶做出航行决策，如航向建议。航行建议与航行信息之间是有区别的，助航服务只有在正确的标志已经建立且在整个过程中能够得到保持的情况下，应船舶请求或 VTS 认为必要时提供。助航服务的开始和结束应由船舶或 VTS 进行明确的声明并被另一方确认。

（3）交通组织服务

交通组织服务是一项在VTS区域内防止危险情况产生和保证交通安全及高效航行的服务。交通组织涉及航行的预先计划，特别适用于交通繁忙时或者有特种运输船航行可能影响其他船舶交通流量的情况。监视交通和强制遵守的管理规则与条例，是交通组织的不可分割的部分。

这项服务可以包含建立和运行一套交通许可体系，包括航行的优先权、空间的分配、航行的强制性报告、确立应走的路线、要遵守的航速限制，以及其他VTS认为必要和适当的措施。VTS主管机关可以考虑，在程序上把为了提高效率或者为了联合协调而制订的航行计划，与为了安全可能影响一般交通流的计划区别开来。VTS主管机关应当声明要求强制性遵守航行计划的船舶或船舶类型。一个航行计划应经船舶和VTS双方认可。在执行计划会影响一般交通流时，VTS应当公布详细情况。航行计划应视为船舶和VTS之间的协议，只要可行就应遵守。

VTS当局应按照当地情况，规定所有船舶或特种船舶在航行计划中应有的信息。在特殊情况下，航行计划可以根据VTS的要求进行补充。考虑到交通情况或特殊环境，VTS可建议改变计划。船舶和VTS之间就航行计划达成协议后，船舶被允许加入VTS并且尽力维护该计划。在特殊情况或交通安全需要时，VTS可要求船舶遵循一个修正的航行计划，并向船方表明修正的理由。在无自动跟踪设施的区域，可以要求船舶定时报告船位。

在VTS被授权向船舶发布指令时，该指令应该仅仅是导向性的、"面向结果的"，应将执行的细节留给船舶。VTS操作不要侵犯船长指挥安全航行的责任权或扰乱船长与引航员之间的传统关系。

（4）协助进行联合服务和应急服务

这是一种不需增加船舶报告的负担，而可增加交通的安全和效益，以及对环境的保护和提高VTS的有效性的支持活动。一般来说，它可以通过数据交换、共同数据库和双方的活动协议来实现。

与联合服务的协作是以安全和效率两方面为目标的。它应该是一个连续的过程，在制订航行计划，并需要各种服务行动一致时显得特别重要。应该建立起互相间的协作程序。虽然与港口作业的协作主要以效率为目标，但在制订航行计划中也可能是一个重要因素。

与搜寻救助和污染控制等应急服务的偶发性协作应依照预先建立的应变计划进行；应变计划中应规定协作的程序并确立各自职责。VTS之间的协作对相互具有共同边界的VTS来说是非常重要的。如果要制订一个航行计划，在边界处的行动协议是必不可少的。如果各VTS由海域来划分，应该认识到VTS之间进行数据交换可以互相给出船舶到达的预先通知，从而减轻船舶报告的负担。协作也能给出交界海域中交通、货物流量等有价值的管理信息，以便准备好应付环境方面可能出现的紧急情况。

2.分类

根据管理水域的类型，可将VTS分为：港口VTS（港口及进港航道），也可称为终端VTS；航路VTS（江河、运河、湖泊、海湾、海峡、海岸）；区域VTS（海岸、国际水道），也可称为海上VTS；综合VTS（港口VTS+航路VTS，也可包括区域VTS）；保护性VTS（大桥、靶场、石油开采区、捕鱼区）；等等。管理水域的类型不同，工程的规模、所用设施的种类与性能及管理的内容、管理机构都会有所不同。根据 VTS 中主要技术手段的特点,还可将 VTS 分为基本监视 VTS、雷达 VTS、ARPA(自动雷达标绘仪)VTS、RDP(雷达数据处理)VTS 及 TDP(交通数据处理)VTS 等。

另外,根据 VTS 建设与运行的不同思路,还可形成侧重面不同的 VTS。

关于 VTS 的建设与运行,目前有两类不同的思路:一种思路是促进商务营运,提高船舶运输效率,使港口对货主更具有吸引力和更富有竞争性,因而更能赢利;另一种思路是保障安全航行和保护环境。后一思路始终是建立和运行 VTS 的必不可少的重要因素。

一个航运安全不可靠的港口对货主而言是最无吸引力的,但在安全与商务之间要有某种平衡,这是始终要做好的。尽管人们可能有意识地把重点放在促进商务一边,但 VTS 的引入和发展已对航行安全带来明显的改善。VTS 的运行对一个港口或航道有三个好处,即有利于商务、提高航行安全和改善环境保护,连带地增加了港口竞争力。现代的 VTS 必须顾及这三个要素及其各自的用户。根据上述两种思路可形成两类 VTS:沿海的 VTS 和港、河的 VTS。沿海的 VTS 着重于为船舶提供安全和迅速地通过沿海水域的服务,特别是在海上交通密度高的区域或环境敏感的区域,以及由于地理上的限制或近海岸线勘探可能给航行带来困难的水域提供这种服务。港、河的 VTS 是当船舶进出港、河航行或者通过限制船舶操纵的类似水域时,提供帮助船舶高效和安全航行的服务。

第二节　系统组成及功能

一、系统组成

如前所述,VTS 是应用现代的技术手段和管理方法,通过交通信息进行交通控制,从而对船舶运行实施动态管理的系统。

为了完成所需的功能,船舶交通管理系统(VTS)一般由 VHF 通信子系统、雷达子系统、综合雷达数据处理子系统(显示与操作终端)、岸基 AIS、信息传输子系统、管理信息子系统、多媒体记录设备、水文气象子系统和其他信息采集子系统组成。VTS 系统组成如图 8-2 所示。

VTS 要完成它的功能,实施各种服务,必须在任何时候都能全面掌握交通态势。为此,VTS 必须能够收集信息、传输信息、处理评估信息,并能向船舶等用户发布通过评估而得到的结果。VTS 需要收集和处理与船舶交通相关的多种信息,特别是船舶动态信息,而且对船舶动态信息的实时性、准确性和可靠性有较高要求。

VTS 需要收集的信息主要为:

(1)交通情况信息,包括船舶实时运动数据、航行计划,以及船舶所载货物、机器状况、船舶装备和人员配备等;

(2)交通环境信息,包括航道情况、助航设备状态、水文气象情况,以及港口设备和装备情况等。

上述信息可以通过雷达子系统、VHF 通信子系统、岸基 AIS、水文气象系统和 VHF 测向子系统、CCTV 监视子系统、红外线设备等其他信息收集手段,以及与联合服务的有关部门和邻近 VTS 的合作进行收集。另外,有些视觉信息可由 VTS 操作人员直接提供,或由其他参加 VTS 的船舶提供。有关船舶状况、航道和港口状况的常量数据,以及交通环境的预报数据可以来自岸上有关部门,通常可通过公众电信网由电话、电传、传真或自动数据传输系统获得。变量数据,特别是船舶动态数据则需通过雷达、VHF 通信和岸基 AIS 等手段获得。由雷达和岸基 AIS 获得的数据进入综合雷达数据处理子系统进行评估,并在传感器控制与信息显示终端的综合显示器上显示;评估得到的结果一般由 VHF 通信子系统发送给船舶用户。远处雷达的数据需要通过信息传输子系统进入综合雷达数据处理子系统。由其他传感器获得的信息,可直接进入综合雷达数据处理子系统中的传感器控制与信息显示终端进行显示(远处传感器信息也需通过信息传输子系统传递,如图 8-2 中虚线箭头所示),也可分开单独显示。传感器控制与信息显示终端上的图像、话音、数据等信息可由多媒体信息记录子系统进行记录,其船舶交通数据进入管理信息子系统。

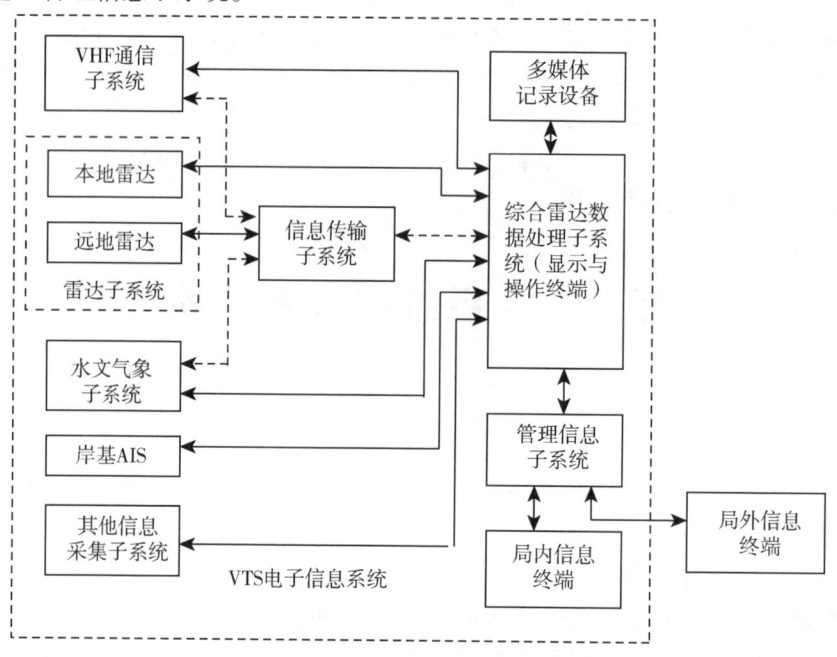

图 8-2　VTS 系统组成

二、各组成部分的功能

1.VHF 通信子系统

在 VTS 中,建立高质量、高可靠的 VHF 通信是极其重要的。VHF 通信子系统的主要作用是保证 VTS 与区域内的船舶之间正常、有效的联系,它是 VTS 实现其基本功能的不可或缺的组成部分。

在 VTS 中,船舶报告一般利用 VHF 通信子系统。船舶报告可使船舶与 VTS 建立初步的联系,并便于 VTS 对船舶进行识别。船舶报告一般还涉及航行计划及其内容的充实与修改、船位报告、偏航报告(不能保持航行计划的报告)、最终报告(离开 VTS 区域或到达 VTS 区域的泊位、锚地时的报告)、故障报告等。船舶向 VTS 请求协助也要利用 VHF 通信。VHF 通信是 VTS 中信息收集的重要手段之一。通过值班守听、接收船舶报告，VTS 可以获得船舶航行计划及有关船体、船机、设备、人员和运载货物特别是危险有害货物等信息。同样，VHF 通信又是 VTS 提供信息服务、助航服务、交通组织服务，以及支持联合服务、协助应急服务中与船舶联系的基本手段。

对 VHF 通信子系统性能的基本要求如下：

①通信范围超过 VTS 区域，并且一般比雷达覆盖范围大。当设置在 VTS 中心的 VHF 电台的作用范围不能覆盖 VTS 水域时，应在其他适当位置（一般根据 VTS 分区，与雷达站同一位置）设台，使通信遍及整个水域。

②通信的可靠性和通信频率的可用性应得到保证，通信过程必须在任何情况下都很可靠。即使在恶劣天气情况下，通信也不能受使用相同频率的其他用户干扰。使用的 VHF 频道应通过无线电管理部门指配，通常除了 VTS 各分区应有不同频道外，还应有一个或几个通用的报告频道或应急频道。

③VHF 通信子系统天线的增益和架设高度、发射机功率及接收机灵敏度等主要技术指标，应根据通信覆盖范围、通信质量与可靠性等要求来确定。

2.雷达子系统

雷达子系统是 VTS 电子信息系统的重要组成部分，是交通监视及船舶实时动态数据收集的理想技术手段。它的主要用途是：监视船舶航行及发现违章行为；监视航路标志及锚泊情况；引导船舶进出港及锚泊，保障雾航安全，提高船舶航运效率；提供船舶动态信息；协助进行船舶调度、港区作业、航道工程作业及海难救助；等等。

由这些用途可以确定交管雷达的基本功能如下：

①探测：能尽早发现进港船舶并预计到港时间；能发现水域内船舶交通事故的潜在危险及锚泊船舶的走锚等情况。

②定位：能精确测定水域内每艘船舶的地理位置及相对于其他参考点的相对位置。

③显示：能显示水域内交通状况，现在一般是经综合雷达数据处理子系统在交通显示器的电子海图背景上显示运动、静止目标的状况；雷达直接连接的显示器一般作维修显示器用。

④信息源：向综合雷达数据处理子系统提供信息，使之能对目标信号进行检测、跟踪和参数计算。

雷达子系统的主要技术性能如下：

①探测范围：雷达子系统的探测范围应覆盖整个 VTS 的水域范围；当一部雷达的探测范围达不到时，可以通过多部雷达的交叠覆盖来实现。雷达的探测范围与雷达天线架设高度等因素有关。

②最远作用距离：雷达在平面上探测标准反射体能达到的最远距离，它与雷达发射机功率、接收机灵敏度、天线增益、大气衰减等因素有关。该项指标反映了雷达子系统发现远距离目标及近距离小目标的综合能力。

③测量精度：包括静态测量精度和动态测量精度。静态测量精度包括测距精度和测方位精度；动态测量精度除测距、测方位精度外，还包括航速测量精度和航向测量精度。测量精度与雷达发射脉冲时宽、天线水平波束宽度及信噪比大小等因素有关。

④分辨力：雷达区分邻近目标的能力，包括距离分辨力和方位分辨力。距离分辨力主要取

决于发射脉冲时宽,方位分辨力主要取决于天线水平波束宽度。

3.综合雷达数据处理子系统

综合雷达数据处理子系统的输入信号主要来自交管雷达,并主要完成雷达数据处理任务。雷达数据处理的任务可分为三个等级:

①一级处理任务是目标检测与录取;

②二级处理任务是目标跟踪、运动参数计算与危险判断等;

③三级处理则是对多雷达站系统进行数据处理,包括对各雷达站坐标系统、计时系统的统一,目标航迹的统一和跟踪的统一等。

在设置 VHF 测向仪和岸基 AIS(或与岸基 AIS 联网)的 VTS 中,综合雷达数据处理子系统还可接收和处理测向信息和 AIS 的信息,并在显示器上显示测向方位线和 AIS 数据。

通过综合雷达数据处理子系统得出的有关数据及产生的交通图像,可以对交通状况做出评估,并能以最快速度判断船舶运动的违章情况,可能引起碰撞、搁浅等交通事故的危险或危险发展的严重程度等。评估结果是 VTS 确定是否需要采取适当行动的依据。

综合雷达数据处理子系统的基本技术性能有:录取、跟踪目标的容量;跟踪的稳定性与可靠性;对干扰杂波的抑制性能;计算并显示目标数据的功能;监视与报警功能;等等。

系统控制与信息综合显示终端作为综合雷达数据处理子系统的组成部分,直接与综合雷达数据处理的输出相连。其主要作用是,汇集各种交通信息,综合显示交通图像和数据,以及提供操作键盘和界面,对 VTS 电子信息系统各设备进行操作控制。它的交通显示器可叠加显示各种视频信息,包括雷达目标数字视频、标绘视频、跟踪视频、VHF 测向方位线、电子海图等,还可显示录取、跟踪目标的有关数据,以及开窗显示 CCTV 等其他视频图像信息。它可对 VTS 电子信息系统的主要设备和传感器,如雷达、雷达数据处理、VHF 通信、信息传输、VHF 测向、CCTV、电源等进行操作控制和自动报警。工作人员可在传感器控制与信息综合显示终端上,方便地获取实时交通图像和各种交通数据,对系统的各设备进行操作,对船舶交通提供服务和进行管理。

4.岸基 AIS

岸基 AIS 可以是某 VTS 系统内所设置的,也可以是与某 VTS 相连的能覆盖该 VTS 监管水域的已建岸基 AIS 网络。

岸基 AIS 主要作用是,可对监管水域内装备了 AIS 的船舶进行自动识别并简化其船舶报告程序;可对监管水域内装备了 AIS 的船舶的静态信息、动态信息、航次相关信息、安全相关信息等进行收集和管理;可通过 AIS 的数据链路,为监管水域内装备了 AIS 的船舶提供相应的信息服务、助航服务和交通组织服务;可为非直接同步的移动站提供同步信息,进行船舶指配和轮询工作模式的控制(指配发射时隙和移动站报告率,解决移动站拥塞问题),发射 DGNSS 校正量电文;等等。

5.信息传输子系统

信息传输子系统的主要任务是在远程雷达站和其他远程信息传感器与 VTS 中心之间建立信息联系。它传输的信号主要有雷达信号(雷达数字视频、标绘视频、跟踪数据、控制及状态数据等)、VHF 通信信号(话音、控制及状态数据等),另外,在远程雷达站装备的其他信息收集设备,如 CCTV、VHF 测向、水文气象仪等,这些设备收集的信息也能通过信息传输子系统传送到 VTS 中心。

信息传输子系统可由无线传输和有线传输两种方式构成。无线传输一般采用数字微波通信设备,微波频段可选为 6 GHz、8 GHz、12 GHz 等,其中 12 GHz 因雨雪衰减大,一般用于传输距离不太远的情况。有线传输可采用光纤通信或租用公众数据网,如 DDN 网。

6.管理信息子系统

管理信息子系统的用途是:对船舶交通数据进行存储、修改、整理、编辑并列表显示,以协助操作人员对船舶交通进行管理。其数据来源除综合雷达数据处理子系统以外,还来自 VHF 通信子系统(船舶报告)、其他信息采集子系统及邻近 VTS 和 VTS 以外的其他有关部门等。

管理信息子系统由船舶数据库服务器、Web 服务器和显示终端组成。交通数据库包含的主要内容可以为:船舶航行计划、船舶报告、引航管理、锚泊管理、船舶服务、航行警告、靠泊管理、船舶违章、船舶事故、水文气象、船舶档案、区域设施等。对数据库中的信息可进行查询和编辑,可自动生成各种报表供显示和打印。交通数据库能与雷达数据处理器和交通显示器实现动态连接和交换数据;通过 Web 服务器能与外部信息网交换数据。

7.多媒体记录设备

多媒体记录设备包括记录器、存储单元、转录机和记录软件,用于对交通图像、数据和通信话音等信息进行记录和重放。它采用多媒体记录技术,在同一媒体上记录雷达图像(数字视频和跟踪数据)、通信话音及其他交通数据和指令,并能同步记录和重放:存储单元可连续重复记录,必要的信息可转录至磁带或读写光盘。

8.水文气象子系统

水文气象子系统用于对 VTS 水域内实时水文气象信息进行收集。它包括传感器和遥控设备两大部分,通过无线电转发设备、电缆或公众电信网、信息传输子系统等把数据传输到 VTS 中心并被显示和记录。传感器主要有潮位计、能见度仪、风速风向传感器、气温计和水温计、相对湿度计等。传感器应安装在有代表性的位置。

9.其他信息采集子系统

其他信息采集子系统主要包括 VHF 测向子系统和 CCTV 监视子系统。

(1)VHF 测向子系统

VHF 测向子系统主要用于船舶识别。它可测出使用 VHF 通信设备的船舶的方位,并可将方位线显示在雷达显示器上,参照雷达目标图像即可对船舶进行识别。在雷达覆盖区以外,可用作对进行报告船舶的船位监测,另外,还可用于紧急测定方位或用于测定遇险船位置。

(2)CCTV 监视子系统

CCTV 监视子系统可以扩展目视观察,提供船舶的形状信息,是适用于港口、内河的一种交通监视设备。它的监视范围仅限于能见度距离。

第九章　船舶自动识别系统

第一节　概述

一、AIS 概念

船舶自动识别系统(Automatic Identification System, AIS),诞生在 20 世纪新经济崛起的 90 年代,是集现代数字通信、网络和信息技术于一体、工作在 VHF 海上频段的新型船舶和岸基广播系统。

船舶自动识别系统(AIS)主要由 AIS 船台和 AIS 基站组成,AIS 基站还可以联网组成 AIS 岸基网络系统,以扩大 AIS 的服务范围。

船载 AIS 发射机可在无须船员干预的情况下连续地、自动地发射信息。当周围船舶使用适当的标绘系统显示时,通过从目标船发射的位置信息可以计算两船会遇的最近点(CPA)和到达最近点的时间(TCPA),船载 AIS 可快速、自动和准确地提供有关碰撞危险的信息。因此,AIS 将成为现有航行系统包括雷达的重要补充。通常,通过 AIS 接收数据,可增强船舶驾驶人员获得的信息质量,AIS 是一个使所有用户更加了解交通状况的重要工具。

1997 年,国际海事组织(IMO)航行安全分委会举行了第 43 次会议,通过了《关于全球船舶自动识别系统(AIS)性能标准的建议案》,将 AIS 列入《1974 年国际海上人命安全公约》(1974 SOLAS)第 V 章,成为船舶法定配备设备。

国际海事组织对 AIS 规定了三个主要应用:

(1)船舶对船舶,以避免碰撞;

(2)对于沿岸国,为了获得船舶和装载货物的信息;

(3)作为 VTS 工具,加强交通管理。

二、中国 AIS 岸基网络

2003 年 12 月起,中国交通运输主管部门先后开展了北方海区、东海海区、南海海区等三个 AIS 岸基网络系统的建设。截至 2020 年年底,中国沿海已建成的 AIS 系统包括 1 座国家数据中心,1 座国家备份数据中心,北海、东海、南海 3 座海区 AIS 数据中心,20 个辖区 AIS 数据中心和 205 座沿海 AIS 基站,国家数据中心设在天津北海航海保障中心,国家备份数据中心设在北京交通运输部海事局。系统采用冗余配置,可利用率优于 99.5%,满足最新的 AIS 国际标准。中国沿海 AIS 岸基网络建设采取了网络化的国际先进理念,利用海事信息网络,实现信息共享;系统已经实现与航标遥测遥控系统、船舶交通管理系统(VTS)、中国船舶报告系统等中国交通运输主管部门所建设的海上交通助航服务系统进行数据交换、整合资源,充分发挥交通运输的管理和服务功能。

内河 AIS 系统的建设主要是按照不同水系分别进行建设,整个内河 AIS 岸基网络系统数据网络划分为 4 级,分别为国家数据中心、水系数据中心、辖区数据中心和岸台基站。国家数据中心在沿海 AIS 系统建设中完成。水系数据中心共设置长江水系、珠江水系、京杭运河和淮河水系、黑龙江和松辽水系等 4 个水系数据中心,分别位于广州(长江和珠江水系数据中心)、上海(京杭运河和淮河水系数据中心)、天津(黑龙江和松辽水系数据中心)。辖区数据中心主要以省级海事部门为单位进行设置,设置了江西、湖北、湖南、四川、重庆、福建、江苏、浙江、上海、安徽、山东、广西、广东、黑龙江等辖区数据中心,主要承担对省/自治区/直辖市内 AIS 基站的管理和对外业务的集中提供。岸台基站主要实现对内河高等级航道水域、封闭性重点监控水域的连续覆盖,结合各个水系水域分布、周边地理环境和站址条件等情况,截至 2020 年年底,共设置内河 AIS 基站 397 座。

中国 AIS 基站分布如图 9-1 所示,中国沿海 AIS 基站分布如图 9-2 所示。

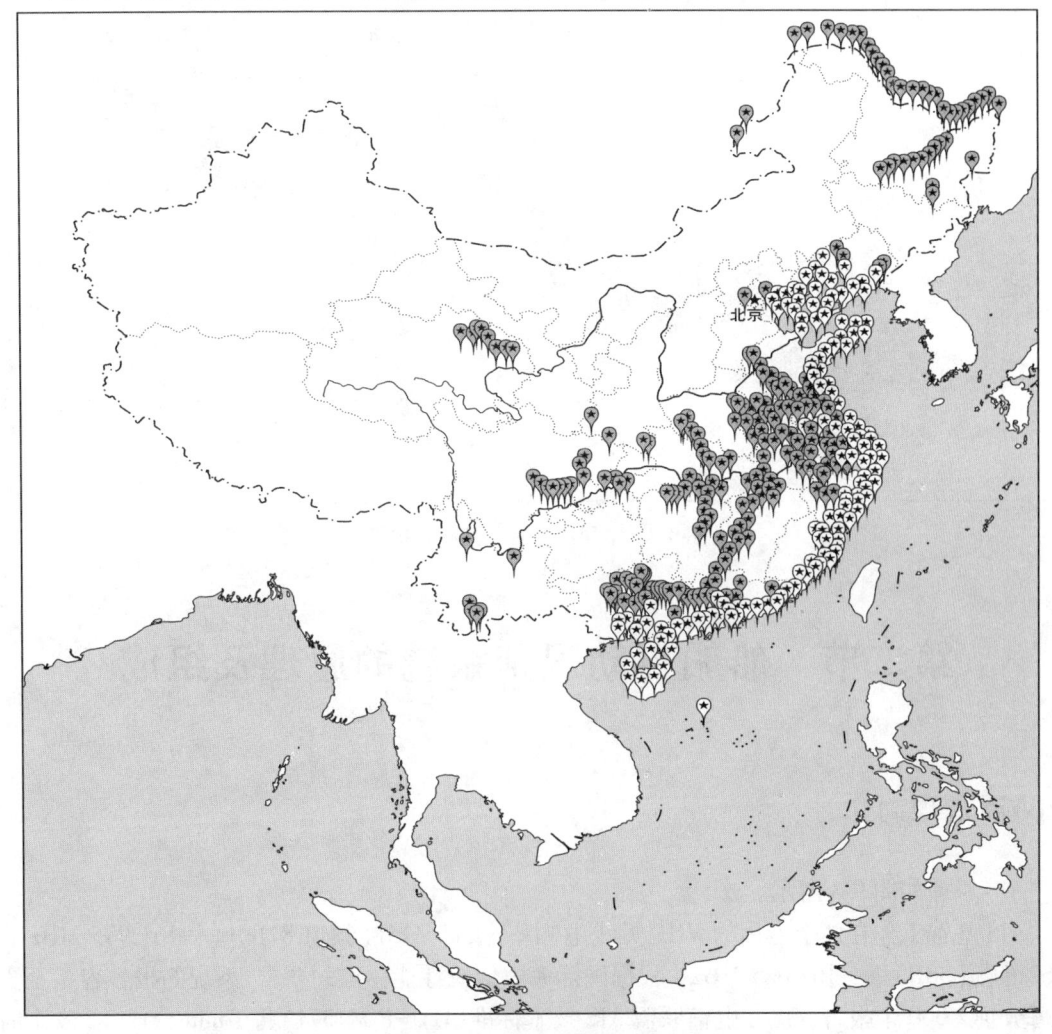

图 9-1　中国 AIS 基站分布图

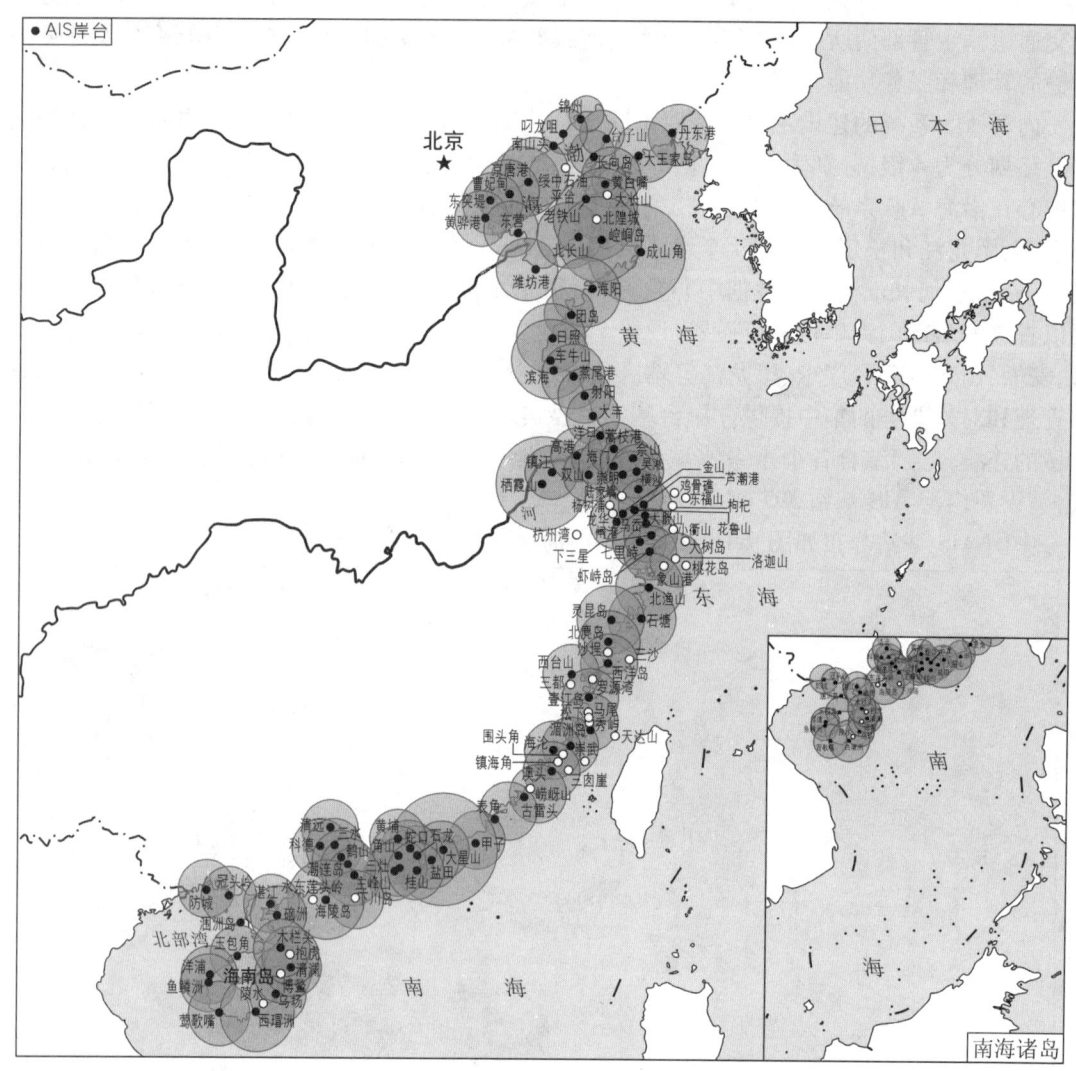

图 9-2　中国沿海 AIS 基站分布图

第二节　船舶自动识别系统的原理及组成

一、AIS 原理简介

AIS 原理如图 9-3 所示。

AIS 基本工作在两个专用的 VHF 无线电频率上,即 AIS1(频道 87B)——161.975 MHz 和 AIS2(频道 88B)——162.025 MHz。根据国际海事组织性能标准的要求,系统的报告容量至少是每分钟 2 000 个报告。国际电信联盟 AIS 技术标准(ITU-R M1371)将 1 min 分成 2 250 个时间段(时隙),一个 AIS 船台的位置报告电文占 2 250 个时隙中的一个时隙。由于两个 VHF 频道均可使用,可用的时隙数量是其双倍,达 4 500 个。

根据侦听数据链通信的历史和其他 AIS 台已知的未来信息,每个 AIS 台确定自己的发射时间表(时隙分配),来自任何一个 AIS 台的位置报告电文占用 2 250 个时隙中的一个时隙。AIS 台通过国际协调时(UTC)连续地保持彼此同步,以避免时隙发射的重叠。台站时隙选择的自组织时分多址(SOTDMA)协议保证船舶将始终接收新的 AIS 台,包括突然出现在其他船舶无线电作用距离的那些站。由于系统工作在 VHF 无线电频段,AIS 的通信能力是"视距"范围。如果接收的 AIS 台"视距"范围内的 AIS 台数量超过帧容量(按照每分钟报告数),那么 SOTDMA 工作规则将保证对每座 AIS 台的有效无线电台逐渐减少。当频道接近过载状态时,SOTDMA 工作规则可以将无线电蜂窝容量降低,抛弃远距离的 AIS 台报告,目的是保持近距离报告(更重要的)的完整性,这就是系统的整体功能。

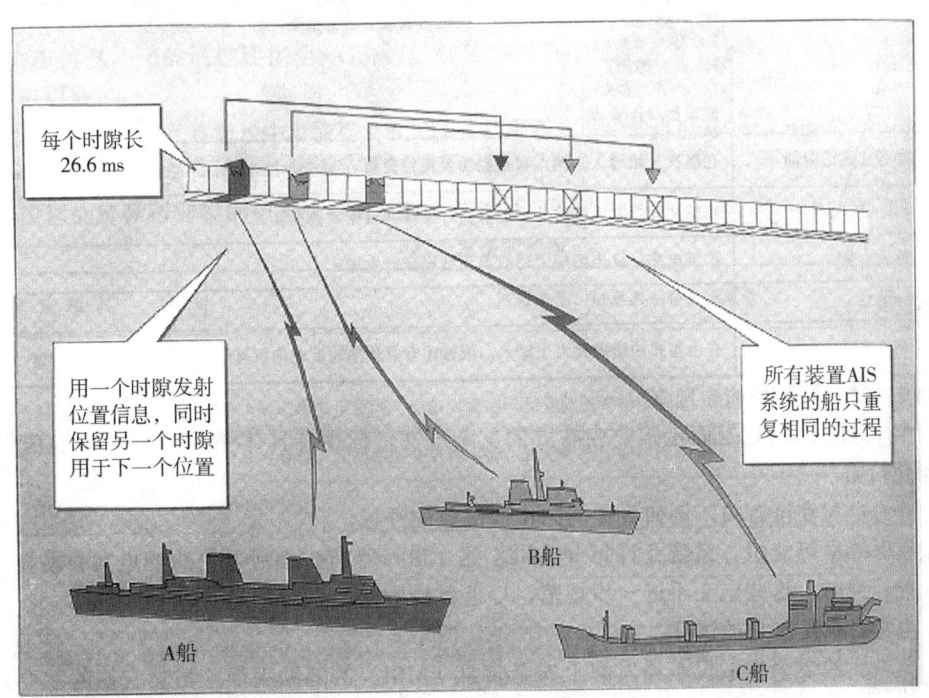

图 9-3　AIS 原理示意图

基于自组织时分多址(SOTDMA)的播发模式允许系统局部过载达 400%～500%,且对于船对船模式彼此靠近 8～10 n mile 或更近的船舶仍提供 100%的通过量。一旦系统过载,为了优选近的目标,仅仅是远的目标被滤掉,这对于 AIS 船对船操作来说需要重点考虑。实际上,系统的容量不受限制,允许同时容纳大量船舶。

AIS 工作示意图如图 9-4 所示。

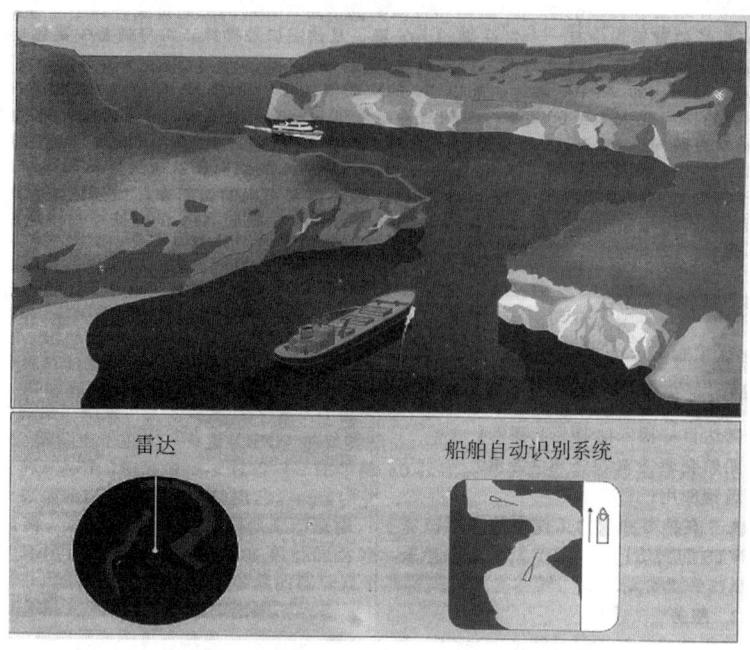

图 9-4　AIS 工作示意图

二、AIS 船台

AIS 船台组成如图 9-5 所示。

AIS 船台连续和自主地向其他船舶和 AIS 岸台发射船舶自身的数据,接收其他船舶和 AIS 岸台的数据。

如果中间间隔的陆地不太高,AIS 能够"看见"弯段周围和岛屿后面的船舶。一般海上预计的作用距离是 20~30 n mile,这取决于天线的高度。借助于中继站,可扩大 AIS 岸台和船舶的覆盖区域。

典型的 AIS 船台由 AIS 船台主机、VHF 天线、GPS 天线、最小化键盘和显示单元(MKD)或者电子海图系统/电子海图显示和信息系统(ECS/ECDIS)等组成。其他可配置的设备包括一台(外置的)GNSS 接收机、罗经(为了输入船首方向)、差分 GNSS(DGNSS)接收机、陀螺罗经和航行数据记录仪等设备。

AIS 船台为船舶操作人员提供以下功能:

(1)在 ECS/ECDIS 显示上实时跟踪所有配置 AIS 的船舶;

(2)实时地显示位置(具有 DGNSS 精度)及对地航速(SOG)和对地航向(COG);

(3)当转向或操纵时,显示预计航迹;

(4)对所有配置 AIS 的船舶具有预计到达时间(ETA)的功能;

(5)记录历史航迹;

(6)通过 SOTDMA 数据链,从基站可获得 DGNSS 修正;

(7)向其他船舶和 VTS 中心广播自身船舶的动态、静态和航行相关的数据;

(8)发射或接收至/来自海事管理部门或其他船舶的短消息。

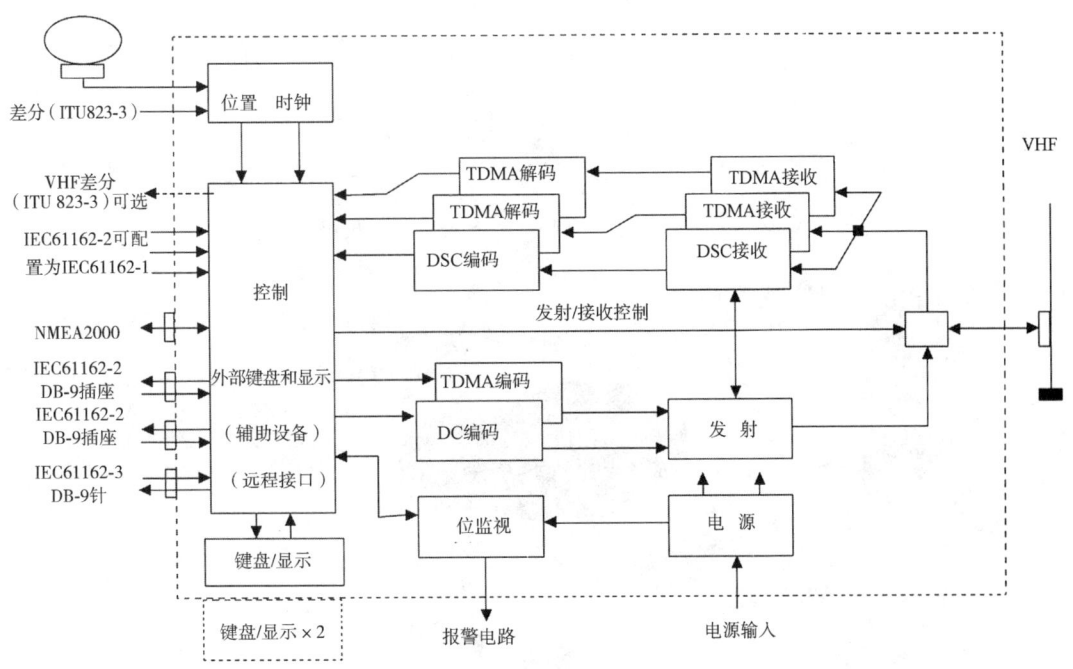

图 9-5　AIS 船台组成

三、AIS 基站

每座 AIS 基站(其工作示意图如图 9-6 所示)由下列部分组成:

(1)一台 VHF 发射机;

(2)两台 VHF 自组织时分多址(SOTDMA)接收机;

(3)一台用来同步时隙的 GNSS 接收机;

AIS 基站主要工作于两个专用 VHF 频道(87B/88B)。对于不能使用这两个频道的地区,系统能自动地转换到指定的替换频道。

实际上,系统容量是无限的,允许同时接纳大量船舶。

不管船舶是否工作在外海、沿海水域和内陆区域,移动 AIS 台通常都工作在自主和连续的模式。

在基本的 SOTDMA VHF AIS 网络自身成功应用的同时,这个系统仍在采用更先进的技术,保证未来功能的进一步成功扩展。不久的将来可以看到包括附加的功能,如 DGNSS 修正服务、便携式引航包、雷达目标播发、远程 AIS 模式(有利于专属经济区监测和搜寻与救助),VTS 操作员和船舶驾驶员获得的所有这些信息都将显示在 ECDIS、雷达或 AIS 专用显示器上。

VHF 覆盖区是典型的近程,要求的数据速率相当大。AIS 台在两个平行的 VHF 频道上使用时分多址(TDMA)通信,每分钟时间被等长度分为 2 250 个时隙,且它们使用世界协调时(UTC)的时间信息作为初相计时机制来实现准确同步。如果要求,系统能够使用辅助独立的计时机制来工作,它的计时精度优于 10 μs。这 2 250 个时隙组成一个帧,且每个帧每分钟重复一次。

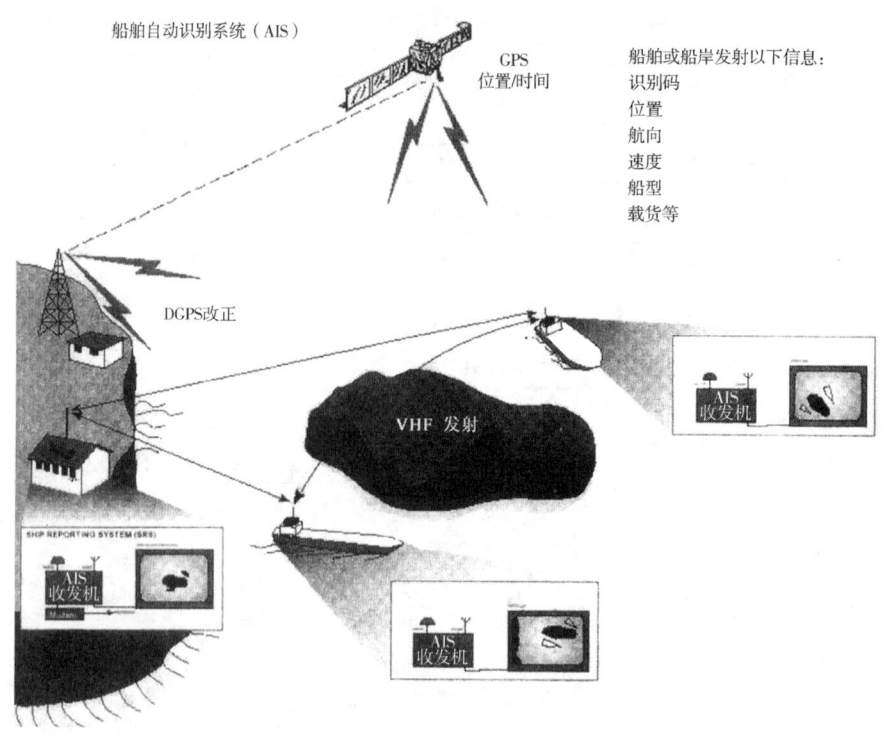

图 9-6　AIS 基站工作示意图

第三节　AIS 报文

　　AIS 的本质是 VHF 无线电收发信机,它能将诸如识别码、船位、航向、航速、船舶尺度、吃水和货物信息等船舶信息传送给其他船舶和岸上的 AIS 接收机。它使用时分多址(TDMA)技术满足广播高速率,能以很快的更新率处理多个报告,能确保系统运行的可靠性,它的特性和能力使 AIS 成为增强航行安全和提高航运交通管理效率的高科技新型助航设备。

　　AIS 以报文形式发送信息,表 9-1 中给出 AIS 的所有报文名称和部分重要报文信息的解析。

表 9-1　AIS 报文

ID	名称	说明
1	位置报告	安排的位置报告(A 级移动台)
2	位置报告	指配安排的位置报告(A 级移动台)
3	位置报告	特殊位置报告,响应询问(A 级移动台)
4	基站报告	基站的位置、UTC、日期和当前时隙号
5	静态数据和航行数据	安排的静态和航行报告(A 级移动台)
6	二进制寻址报文	寻址通信的二进制数据

续表

ID	名称	说明
7	二进制证实	接收到的寻址二进制数据的 ACK
8	二进制广播报文	广播通信的二进制数据
9	标准 SAR 飞机位置报告	只包含 SAR 操作的飞机位置报告
10	UTC 日期询问	请求 UTC 和日期
11	UTC 日期响应	当前 UTC 和日期,如可用
12	寻址安全报文	寻址通信的安全数据
13	ACK 的安全性	寻址通信安全数据的 ACK
14	广播安全报文	广播通信安全数据
15	询问	请求特殊报文类型
16	指配命令	主管当局使用基站发布的特殊报告行为的指配
17	DGNSS 广播二进制报文	基站提供的 DGNSS 校准
18	B 级设备标准位置报告	B 级移动台使用的代替报文 1、2、3 的标准位置报告
19	B 级设备扩展位置报告	B 级移动台的扩展位置报告,包含附加静态信息
20	数据链管理报文	基站预约时隙
21	航标报文	航标的位置和状态报告
22	通道管理	基站对通道和收发机一些方式的管理
23	编组分配指令	由基站对移动台进行编组分配
24	静态数据报文	附加的静态数据报文
25	单时隙二进制报文	只占用一个时隙的数据报文
26	多时隙二进制报文	占用多个时隙的数据报文

注:SAR 表示搜救;DGNSS 表示差分全球导航卫星系统。

AIS 报文包括四种不同类型:

(1)静态信息报文,在安装时输入 AIS 单元,且如果船舶改变其名称、呼号或者从一种船型转换成另一种船型时,信息才需要改变。这种信息每6 min 广播一次。

(2)动态信息报文,一般通过连接至 AIS 的船舶传感器自动地更新。这种信息按照规定的报告率更新。

(3)航次相关的信息报文,在航次中可能需要人工输入和更新。这种信息也是每6 min 广播一次。

(4)与安全相关的短消息。

一、报文 1、2、3,位置报告

位置报告由移动台周期发射。

报文 1:A 级移动台安排的位置报告;

报文 2:A 级移动台指配安排的位置报告;

报文 3:A 级移动台响应询问的特殊位置报告。

报文 1、2、3 位置报告如表 9-2 所示。

表 9-2　报文 1、2、3 位置报告

参数	比特数	说明
报文 ID	6	报文 1、2、3 的标识
重复指示器	2	中继器用,表示报文已重复多少次
用户 ID	30	MMSI
导航状态	4	0=动力在航;1=抛锚;2=不受指挥;3=限制机动性;4=受吃水深度约束;5=停泊;6=搁浅、触礁;7=钓鱼;8=扬帆航行;9=留作将来导航状态的修订,用于携带 DG、HS 或 MP 或 IMO 危险或污染物 C(HSC)的船只;10=留作将来导航状态的修订,用于携带 DG、HS 或 MP 或 IMO 危险或污染物 A(WIG)的船只;11~14=留作将来使用;15=缺省=无定义
转向速率 ROT	8	$0\sim+126$:以不低于 708°/min 的速率右转; $0\sim-126$:以不低于 708°/min 的速率左转; 0~708°/min 的值编码为 $ROTAIS=4.733\times SQRT$(ROT 传感器)°/min(其中 ROT 传感器是转向速率,由外部转向速率指示器输入,$ROTAIS$ 四舍五入到最近的整数值); +127=右转速率超过 5°/30 s(转弯指示器 TI 不可用); −127=左转速率超过 5°/30 s(转弯指示器 TI 不可用); −128(80H)=没有转向信息可用,缺省值; ROT 数据不应当从 COG 信息得出
SOG	10	对地航速,0.1 节步长(0~102.2 kn),1023 不可用,1022 表示不低于 102.2 kn
位置精度	1	1=高(< 10 m,如 DGNSS 差分方式的接收机); 0=低(> 10 m,如 GNSS 自主方式或其他电子定位仪),缺省值
经度	28	经度,单位:0.000 1 分(±180°,东=正,西=负); 181°(6791AC0H)=缺省值=不可用
纬度	27	纬度,单位:0.000 1 分(±90°,北=正,南=负); 91°(3412140H)=缺省值=不可用
COG	12	对地航向,单位:0.1°(0~3599); 3600(E10H)=缺省值=不可用,不用 3601~4095
真航向	9	(0~359°)(511 表示不可用,缺省值)
时间戳	6	UTC 秒,EPFS 生成报告时,(0~59); 60,表示如果时间戳不可用,也是缺省值; 61,表示如果定位系统处于手动输入方式,位置传感器不工作; 62,表示如果电子定位仪运行在推算方式; 63,表示如果定位系统不工作

续表

参数	比特数	说明
留作地区应用	4	留给地区主管当局定义。如果无地区应用,应置为 0,而地区应用不应为 0
保留	1	不用,应当置为 0
RAIM 标志	1	电子定位仪的 RAIM(接收机的自主整体监听)标志。0＝不用 RAIM(缺省);1＝使用 RAIM
通信状态	19	
合计比特数	168	

二、报文 4、11,基站报告和 UTC 响应

报文 4 和报文 11 用于报告 UTC 时间、日期及位置。基站使用报文 4 发射周期报告。移动台只发射报文 11 以响应报文 10 的询问。报文 4、11 基站报告和 UTC 响应如表 9-3 所示。

其他电台使用报文 10 请求 UTC 信息时,只发射报文 11 作为响应。发射报文 11 的通道应当是接收 UTC 请求的那个通道。

表 9-3　报文 4、11 基站报告和 UTC 响应

参数	比特数	说明
报文 ID	6	报文 4、11 标识; 4＝基站的 UTC 和位置报告;11＝移动台的 UTC 和位置的响应
重复指示器	2	中继器用,表示报文已重复多少次(0＝缺省,3＝不再重复)
用户 ID	30	MMSI
UTC 年	14	1~9999;0＝UTC 年不可用＝缺省值
UTC 月	4	1~12;0＝UTC 月不可用＝缺省值,13~15 不用
UTC 日	5	1~31;0＝UTC 日不可用＝缺省值
UTC 小时	5	0~23;24＝UTC 时不可用＝缺省值,25~31 不用
UTC 分钟	6	0~59;60＝UTC 分不可用＝缺省值,61~63 不用
UTC 秒	6	0~59;60＝UTC 秒不可用＝缺省值,61~63 不用
位置精度	1	1＝高(< 10 m,如 DGNSS 差分方式的接收机); 0＝低(> 10 m,如 GNSS 自主方式或其他电子定位仪),缺省值
经度	28	经度,单位:0.000 1 分(±180°,东＝正,西＝负) 181°(6791AC0H)＝缺省值＝不可用
纬度	27	纬度,单位:0.000 1 分(±90°,北＝正,南＝负) 91°(3412140H)＝缺省值＝不可用

续表

参数	比特数	说明
电子定位仪类型	4	差分校准的使用由上述位置精度域定义： 0=无定义（缺省值）； 1=GPS； 2=GNSS（GLONASS）； 3=GPS/GLONASS组合； 4=罗兰C； 5=恰卡； 6=综合导航系统； 7=测量； 8~15=不用
保留	10	不用,置为0
RAIM标志	1	电子定位仪的RAIM（接收机的自主整体监听）标志。0=不用RAIM（缺省）;1=使用RAIM
通信状态	19	SOTDMA通信状态
合计比特数	168	

三、报文5,船舶的静态数据和航行数据

报告静态数据和航行数据时,应当由A级船载移动台使用报文5,如表9-4所示。

表9-4　报文5 船舶的静态数据和航行数据

参数	比特数	说明
报文ID	6	报文5的标识
重复指示器	2	中继器用,表示报文已重复多少次（0=缺省,3=不再重复）
用户ID	30	MMSI
AIS版本指示器	2	0=AIS版本0;1~3=AIS版本1~3
IMO号	30	1~999999999,0=不用（缺省值）
呼叫符号	42	7×6比特ASCII字符,7个@=不用（缺省值）
名称	120	最多20字符,每字符6比特ASCII,20个@=不用（缺省值）
客船和货船的类型	8	0=不用或无船舶（缺省值）;1~99= 100~199=保留为地区使用;200~255=保留为将来使用
船舶尺度/位置基准	30	报告位置的基准点还表示船舶尺度（米）

续表

参数	比特数	说明
电子定位仪类型	4	0=无定义(缺省值); 1=GPS; 2=GNSS(GLONASS); 3=GPS/GLONASS组合; 4=罗兰C; 5=恰卡; 6=综合导航系统; 7=测量; 8~15=不用
ETA	20	估计到达时间,MMDDHHMM UTC
实际最大静态吃水深度	8	0.1 m,最大255≥吃水深度25.5 m;0=不可用=缺省值;按照IMO Resolution A.851
目的地	120	最多20字符,使用6比特ASCII码;连续20个@=不可用
DTE	1	数据终端就绪(0=可用;1=不可用,缺省值)
保留	1	不用,应当置为0
合计比特数	424	占用2个时隙

四、报文12,寻址安全报文

寻址安全报文12是可变长的,取决于数据量,占用1~5个时隙,如表9-5所示。

表9-5 报文12 寻址安全报文

参数	比特数	说明
报文ID	6	报文12标识,总是12
重复指示器	2	中继器用,表示报文已重复多少次(0=缺省,3=不再重复)
源ID	30	源台MMSI
序列号	2	0~3
目的ID	30	目的台MMSI
重发标志	1	重发时应当设置该标志;0=无重发,缺省值;1=重发
保留	1	不用,置为0
安全报文	≤936	6比特ASCII
合计比特数	≤1 008	占用1~5个时隙

五、报文14,广播安全报文

广播安全报文14是可变长的,取决于数据量,占用1~5个时隙,如表9-6所示。

表 9-6　报文 14 广播的安全报文

参数	比特数	说明
报文 ID	6	报文 14 标识,总是 14
重复指示器	2	中继器用,表示报文重复的次数(0=缺省,3=不再重复)
源 ID	30	MMSI
保留	2	不用,置为 0
安全报文	≤968	6 比特 ASCII
合计比特数	≤1 008	占用 1~5 个时隙

六、报文 17,DGNSS 广播二进制报文

报文 17 DGNSS 广播二进制报文,连接到 DGNSS 基准源的基站发射,可以向接收台提供 DGNSS 数据,如表 9-7 所示。数据内容应当遵循 Rec. ITU-R M.823,但是同步头和奇偶位除外。

表 9-7　报文 17 DGNSS 广播二进制报文

参数	比特数	说明
报文 ID	6	报文 17 标识;总是 17
重复指示器	2	中继器用,表示报文已重复多少次(0=缺省,3=不再重复)
源 ID	30	基站的 MMSI
保留	2	不用,应当置为 0
经度	18	DGNSS 观测经度,单位为 0.1 分(±180°,东=正,西=负),如果询问的服务和差分校准不可用,经度应当置为 181°
纬度	17	DGNSS 观测纬度,单位为 0.1 分(±90°,北=正,南=负),如果询问的服务和差分校准不可用,纬度应当置为 91°
保留	5	不用,应当置为 0
数据	0~736	差分校准数据。如果询问的服务和差分校准不可用,该数据域应当为空域(0 比特)。这应当由接收者解释为置为 0 的 DGNSS 数据字
合计比特数	80~816	80 比特:假定 $N=0$;816 比特:假定 $N=29$(最大值)

差分校准数据如表 9-8 所示。

表 9-8　差分校准数据表

参数	比特数	说明
报文类型	6	Rec.ITU-R M.823 报文 1、2 或 9
电台 ID	10	Rec.ITU-R M.823 电台标识
Z 计数	13	Time value in 0.6 s(0~3599.4)
序列号	3	报文序列号(cyclic 0~7)
N	5	DGNSS 数据字的个数,其后为 2 个字的头部,直到最大值 29
健康状况	3	基准电台的健康状况(Rec.ITU-R M.823 中规定)
DGNSS 数据字	$N×24$	除去奇偶性的 DGNSS 报文的数据字
合计比特数	736	假定 $N=29$(最大值)

遵循 Rec.ITU-R M.823,在使用该报文将 GNSS 位置数据差分校准为 DGNSS 位置数据前,必须重新存储同步头和奇偶位。

如果从多个源收到 DGNSS 校准数据,则应当使用最近的 DGNSS 基准台的 DGNSS 校准数据,考虑到 Z 计数及 DGNSS 基准台的健康状况。

基站发射的报文 17 应当考虑时效(老化)、更新率和 DGNSS 的服务精度。因为导致的 VDL 通道负载的影响,报文 17 的发射应当不多于提供必需的 GNSS 服务精度的程度。

七、报文 21,航标报文

报文 21 航标报文如表 9-9 所示。

表 9-9　报文 21 航标报文

参数	比特数	说明
报文 ID	6	报文 21 标识
重复指示器	2	中继器用,表示报文已重复多少次(0=缺省,3=不再重复)
电台 ID	30	MMSI
航标类型	5	0=不用,缺省值;参见由 IALA 的定义
航标名称	120	最多 20 字符(6 比特 ASCII);该名称可以由下面定义的参数"航标扩展名称"加以扩展
位置精度	1	1=高(< 10 m,如 DGNSS 差分方式的接收机); 0=低(> 10 m,如 GNSS 自主方式或其他电子定位仪),缺省值
经度	28	经度,航标的位置,单位为 0.000 1 分(±180°,东=正,西=负),181°(6791AC0H)=缺省值=不可用
纬度	27	纬度,航标的位置,单位:0.0001 分(±90°,北=正,南=负),91°(3412140H)=缺省值=不可用
尺度/位置基准	30	报告的位置的基准点还表示航标的尺度(m)
电子定位仪类型	4	0=无定义(缺省值); 1=GPS; 2=GLONASS; 3=GPS/GLONASS 组合; 4=罗兰 C; 5=恰卡; 6=综合导航系统; 8~15=不用; 7=测量; 对于固定的航标和虚拟航标,应当使用测量位置

续表

参数	比特数	说明
时间戳	6	UTC 秒,EPFS 生成报告时,(0~59); 或 60,如果时间戳不可用,也是缺省值; 或 61,如果定位系统处于手动输入方式; 或 62,如果电子定位仪运行在推算方式; 或 63,如果定位系统不工作
偏离位置指示器	1	仅对浮动航标:0=不偏离位置;1=偏离位置; 注:该标志仅仅应当由接收台认为有效,如果航标是浮动的,并且时间戳不超过 59。对于浮动航标,参数"保护区"应当在安装时设置
留作地区应用	8	留给地区主管当局定义。若不用于地区,应置为 0,而地区应用不应为 0
RAIM 标志	1	电子定位仪的 RAIM 标志。0=不用 RAIM(缺省);1=使用 RAIM
虚拟航标标志	1	0=缺省=实际的航标在指示位置;1=虚拟航标,物理上并不存在,只可以在主管当局的指导下,从附近的 AIS 电台发射
指配方式标志	1	0=电台运行在自主和连续方式=缺省值;1=电台运行在指配方式
保留	1	不用,置为 0
扩展航标名	$6n, n=1\sim14$	最多 14 个 6 比特 ASCII 码,用于 2 时隙的报文,当航标名需要 20 个码以上时,可以在该参数的尾端与参数"航标名"组合。当航标名不超过 20 个码时,本参数省去。只发射需要的字符数,即不应当使用 @ 码
保留	0,2,4 或 6	保留,仅当扩展航标名使用时使用。置为 0,0 的个数应当调整,以便使该报文的合计比特数为 8 的倍数(若干字节)
合计比特数	272~360	占用 2 个时隙

第四节　AIS 航标

一、概述

国际海事组织提出 AIS 还能应用到航标领域,以进一步改善和提高助航服务,因此 AIS 可作为助航服务的一种工具。

一座 AIS 航标的主要目的是通过以下一点或几点来促进和加强船舶航行的安全性和有效性的:

(1)提供一种确定的、全天候的识别方法;

(2)补充航标现有的服务;

(3)播发浮动助航标志的准确位置;

（4）指示浮动助航标志是否离开其设计的位置；

（5）标记或描画航迹、航线、区域和界限［比如，要避免进入和实施交通隔离方案（TSS）的区域］；

（6）标记离岸结构（如风力涡轮机、海浪和潮汐能源装置、石油和天然气平台），以及提供气象、潮汐和海洋状态数据；

（7）监控航标的状态；

（8）跟踪偏离位置的航标；

（9）识别与航标发生碰撞的船舶；

（10）收集航标"健康状态"的实时信息；

（11）遥控改变航标的相关参数。

二、航标报文

ITU-R M.1371 中定义了航标报文（报文21）。AIS 航标将能广播下列信息：

（1）航标的类型；

（2）航标的名称；

（3）航标的位置；

（4）位置精度指示；

（5）定位设备的类型；

（6）航标在位/移位状态；

（7）真实和虚拟航标的标识；

（8）航标的尺寸和参考位置；

（9）航标系统的状态。

除了报文 21 的航标报文，AIS 航标也可以发送报文 6、8 和其他适当的报文。

报文 6 是二进制寻址报文。AIS 航标可以通过报文 6 来向航标的主管当局发送航标的状态报告，如电池数据、信号状态数据及太阳能供电系统充电电流值等有用数据。对于主管当局，可以及时地知道设备的运行状态，较准确地预知定期维护的时机，较早地发现运行故障并最终增加该系统的实用性。此外，这些性能信息还将被反馈到航标系统的设计环节中。

报文 8 是一个广播二进制报文。IMO 已经发表了报文 8 有限的几个世界范围内通用的固定格式（见 IMO 第 236 号通函）。当然，航标主管当局可以在自己的管辖范围内自由地使用报文 8 的其他格式。比如在 IMO 关于报文 8 的格式列表中，应用 1 即为气象和水文数据。通过在航标上的传感器获得这些数据传到 AIS 航标台，并以报文 8 广播。

AIS 可被用在浮动和固定航标，并且会发射上述报文中的多种 AIS 报文格式。因此航标主管当局有义务核实 AIS 航标台广播信息的真实性和运行的正确性。

三、AIS 航标的分类

IEC 文件 IEC 62320-2 规定了 AIS 航标的最低运行和性能要求、测试方法及要求的测试结果。根据功能的不同，AIS 航标可分为：

第一类 AIS 航标,只有发射功能,以 FATDMA 方式运行。因此第一类 AIS 航标的时隙需要被保留下来。这是 AIS 航标中最简单的一类,因此其造价最低,功耗也最小。

第二类 AIS 航标,与第一类 AIS 航标比较相似,但是附加了一个工作在单一 AIS 信道上的接收能力有限的 AIS 接收机。该接收机允许通过 AIS VDL 进行远程设置和控制第二类航标。

第三类 AIS 航标,比第一类和第二类要更复杂,它包括两个 AIS 接收单元并允许其完全参与 AIS VDL 处理。这就意味着除了 FATDMA,第三类航标还可以在 RATDMA 模式工作。

四、AIS 航标的实现

根据《自动识别系统(AIS)航标应用导则》(JT/T 1193—2018),AIS 航标分实体 AIS 航标、合成 AIS 航标和虚拟 AIS 航标三种。

1.实体 AIS 航标

实体 AIS 航标分为 3 种类型,分别是 1 型 AIS 航标、2 型 AIS 航标和 3 型 AIS 航标。

(1)1 型 AIS 航标的技术特征为:

①具有双信道发射功能,无接收机,不能通过 VDL 接收配置信息,也不能与其他 AIS 台站同步;1 型 AIS 航标应在安装前使用 20 号电文指配时隙。

②本地配置接口可由生产商确定,配置电文格式应符合 IEC 61320-2 和 IEC 61162-1 的规定。

③功率为 12.5 W,或由生产商定义。生产商定义时,应给出功率消耗详细参数和指标。

④可用于配置播发其他合成 AIS 航标和虚拟 AIS 航标的 21 号电文。

播发电文应采用 FATDMA 方式,除可播发 21 号电文实现船岸用户对该类型 AIS 航标识别外,还可播发表 9-10 所示的可选电文实现扩展功能。

表 9-10　1 型 AIS 航标可选的播发电文

电文 ID	电文名称	电文描述	应用示例
6	二进制寻址电文	寻址通信的二进制数据	航标灯器和电源状态监控
8	二进制广播电文	广播通信的二进制数据	气象水文数据
12	安全相关寻址电文	寻址通信的安全相关数据	航标故障预警
14	安全相关广播电文	广播通信的安全相关数据	航标故障预警
25	单时隙二进制电文	寻址或广播通信二进制数据	状态报告

(2)2 型 AIS 航标的技术特征为:

①具有双信道发射功能和单信道接收功能。

②具有一个接收信道且工作在固定的 AIS 信道上(信道 1 或信道 2)。

③本地配置接口可由生产商确定,配置电文格式应符合 IEC 61320-2 和 IEC 61162-1 的规定。

④功率为 12.5 W,或由生产商定义。生产商定义时,应给出功率消耗详细参数和指标。

⑤可用于配置播发其他合成 AIS 航标和虚拟 AIS 航标的 21 号电文,可替代 1 型 AIS 航标。

播发电文应采用 FATDMA 方式,除可播发 21 号电文实现船岸用户对该类型 AIS 航标识别外,还可播发表 9-10 所示的可选电文实现扩展功能。

(3)3 型 AIS 航标的技术特征为:

①具有双信道发射功能和双信道接收功能,具备 AIS 航标链功能。

②可接收或中继 AIS 航标电文,控制与配置该 AIS 航标自身或 AIS 航标链上的其他 AIS 航标。

③可利用接收到的 AIS 信息进行间接同步。

④本地配置接口可由生产商确定,配置电文格式应符合 IEC 61320-2 和 IEC 61162-1 的规定。

⑤功率为 12.5 W,或由生产商定义。生产商定义时,应给出功率消耗详细参数和指标。

⑥可用于配置播发其他合成 AIS 航标和虚拟 AIS 航标的 21 号 AIS 电文,可替代 1 型 AIS 航标和 2 型 AIS 航标。

除可播发 21 号电文实现船岸用户对该类型 AIS 航标识别外,还可播发表 9-11 所示可选电文实现扩展功能。

表 9-11　3 型 AIS 航标可选的播发电文

电文 ID	电文名称	电文描述	应用示例
6	二进制寻址电文	寻址通信的二进制数据	航标灯器和电源状态监控,AIS 航标参数远程配置
7	二进制应答电文	对寻址二进制电文确认	
8	二进制广播电文	广播通信的二进制数据	气象水文数据
12	安全相关寻址电文	寻址通信的安全相关数据	航标故障预警
13	安全寻址应答电文	广播通信的安全相关数据	
14	安全相关广播电文	广播通信的安全相关数据	航标故障预警
25	单时隙二进制电文	寻址或广播通信二进制数据	状态报告

2.合成 AIS 航标

合成 AIS 航标分为监测型合成 AIS 航标和预测型合成 AIS 航标。

(1)监测型合成 AIS 航标适用情况

监测型合成 AIS 航标适用于以下情况:

①该航标已利用 AIS 信道传输航标状态监控信息;

②该航标已利用 AIS 信道传输采集的水文气象信息。

(2)预测型合成 AIS 航标适用情况

预测型合成 AIS 航标不应在浮动标志上使用,适用于以下情况:

①固定标志(如灯塔和灯桩);

②固定碍航物(如渔场、风电发电场和钻井平台)。

3.虚拟 AIS 航标

虚拟 AIS 航标分为临时虚拟 AIS 航标和永久虚拟 AIS 航标。

（1）临时虚拟 AIS 航标

临时虚拟 AIS 航标用于提供临时性或预备性的警告信息,适用于以下情况:

①标识航行限制区域;

②标识临时推荐航路;

③标识故障航标或移位航标。

（2）永久虚拟 AIS 航标

永久虚拟 AIS 航标可在不具备布设实体航标条件时使用,宜布设在深水区域或恶劣海况环境,以及随时间、洋流或天气影响而动态变化的区域。

永久虚拟 AIS 航标适用于以下情况:

①标识永久碍航物;

②标识航道界限;

③标识安全水域界限;

④标识特殊区域(如锚地和遮蔽区)。

五、AIS 航标的 MMSI 号码

1.所有 AIS 航标的 MMSI 号码

报文 21 必须包含一个海上移动服务标识(MMSI)号码。在 ITU-R M.585-3 中,对所有 AIS 航标的 MMSI 号码均做了以下规定,必须符合 99 后加 3 位数字的 MID 再加 4 位数字的唯一标识符的格式。其中 MID 用于识别发给该 AIS 航标 VHF 许可证的国家。真实和合成 AIS 航标 4 位数字的唯一标识符从数字 1 开始(99MID1XXX),虚拟 AIS 航标则从数字 6 开始(99MID6XXX)。

2.合成和虚拟 AIS 航标的 MMSI 号码

每个合成和虚拟 AIS 航标都必须有唯一的 MMSI 号码。报文 21 中的重复指示位用来指示该报文是从另外的位置广播出来而非报文 21 中所给出的位置。

六、AIS 航标报文的报告时间间隔

1.报文 21 的报告时间间隔

报文 21 的报告时间间隔应该是可选的。船舶在进入 AIS 航标广播范围和到达 AIS 航标所在地的这段时间内应能接收到合适数量的报文 21,通常这段时间内至少要接收到 3 条报文。

以下几点因素应被考虑在内:船舶接近的速度、拓扑结构(比如,船舶在一个岬角周围航行)及标称发射范围。

理想情况下应使用一个较短的报告间隔,但很多情况下由于 AIS 航标的功耗将会影响该时间间隔的选择。

比如在远海,一艘船以 40 kn 的速度航行,接收范围为 20 n mile。在这种情况下要接收 3

条报文报告时间间隔 10 min 就已经足够了。

又比如航船在一个岬角周围航行，AIS 信号被遮挡，船速为 10 kn，而当没有遮挡时该 AIS 航标的覆盖范围仅为 2 n mile。在这种情况下报告时间间隔要 4 min 才可以接收 3 条报文。

2.其他报文的报告时间间隔

其他报文的报告时间间隔取决于运行的要求。

下面举两个例子：

用于航标监测的报文 6。该报文只有主管当局要求相关数据时才被发送。尽管如此，实际上如果该报文紧邻报文 21 之前或之后发送，则整个 AIS 航标的功耗将实现最小化。这是因为大部分 AIS 航标设备在两次发射之间会切断工作系统部件的电源（"睡眠模式"），所以在报文 21 唤醒"睡眠"部件的同时发送报文 6 可以不增加额外的唤醒周期。所以在一个周期中"醒着"的时段发送附加报文对于 AIS 航标设备的功耗影响极小。

用于气象和水文数据的报文 8。该报文也必须和报文 21 的唤醒-睡眠周期配合使用。

报文 6 被要求以较小的频率发送，通常用报文 21 的几个报告时间间隔作为一个报文 6 的报告时间间隔是比较合适的。比如，在用于气象和水文数据的报文 8 被 AIS 基站转发时，该 AIS 航标报文 6 的报告时间间隔可以减为 30 min 或 60 min 一次。

七、浮标的位置监控

AIS 航标应该传回由浮标上的电子定位系统（EPFS）获得的当前位置。

通过 EPFS 得到的位置可以用来关联参考点和标绘海图，可以用设计位置和一个报警圈来实现浮标标位监测，并通过设置报文 21 中的移位指示位来产生"移位"报警。

IEC 62320-2 中并未涉及任何用于设定报文 21 中的移位指示位的"移位"算法。具体的算法取决于 AIS 航标的生产商或相关主管当局。

在选择"移位"算法时应考虑由 EPFS 给出的伪定位数据。由 EPFS 给出的单次伪定位数据不应被用来设定报文 21 中的"移位"标志。

为了改进定位数据的准确性和可靠性，建议在系统中增强 EPFS 系统的功能。

八、航标的名称

当在报文 21 中指定"航标名称"时，应当使用下列一点或几点：

（1）海图名称；

（2）国家或国际标识号码；

（3）特性的描述（这项内容由服务的提供者提供，如灯质，以海里为单位的射程，以米为单位的高程）。

如使用名称扩展域，"航标名称"的长度最多可达 34 个字符。但必须谨慎使用超过 20 个字符的长名称，一些装有 A 类设备的船舶上的 MKD（最小键盘显示器）上超过 20 个字符的名称不能被显示。

九、"航标尺寸/基准参考点"域

该域应当表示航标的"尺度和位置报告的基准参考点",而不是浮标回旋区域(警戒区)的大小,或者是航标周围的"危险区"的大小。

对于固定标志,应当使用如图9-7给出的数值,A、B、C、D尺寸的定向应当分别面向正北、正南、正西、正东。设置 A、C 为0,参考点就变成西北角。

对于大于 2 m×2 m 的浮标,浮标的尺度应使用一个圆形表示,即大小应当永远为 $A=B=C=D>1$。

对于小于或等于 2 m×2 m 的浮标,航标尺寸域的数值应当设为 $A=B=C=D=1$。

当发射虚拟航标信息,即虚拟航标标志位置为1时,则尺度应当设为 $A=B=C=D=0$(等于默认值)。航标的类型被设为"基准参考点"时也应如此。

对于非固定点的离岸结构,比如钻探平台,这些结构应有其"尺寸/基准参考点"参数,具体如图9-7所示。

代码3的固定式的离岸建筑物,也应当有其"尺寸/基准参考点"参数,具体如图9-7所示。因此,所有离岸的航标和建筑物的尺度是以同样方法确定的,并且实际尺寸应包含在报文21中。

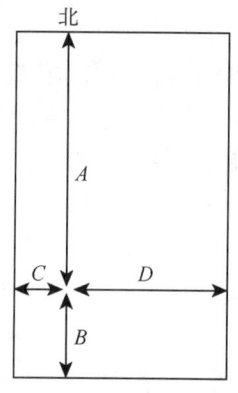

固定标志的尺寸和参考点位置	
参数	数值
A	8
B	2
C	1
D	4

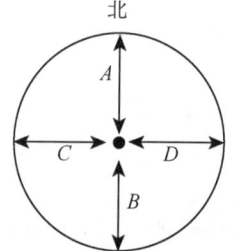

浮标和固定/浮动离岸建筑物的尺寸和参考点位置（表中代码3和代码31）	
$A+B\leqslant2\text{ m}$	$A=B=C=D=1$
$A+B>2\text{ m}$	$A=B=C=D>1$

图 9-7　航标的尺寸和参考点位置

十、航标状态位

状态位的推荐用法如图9-8所示。

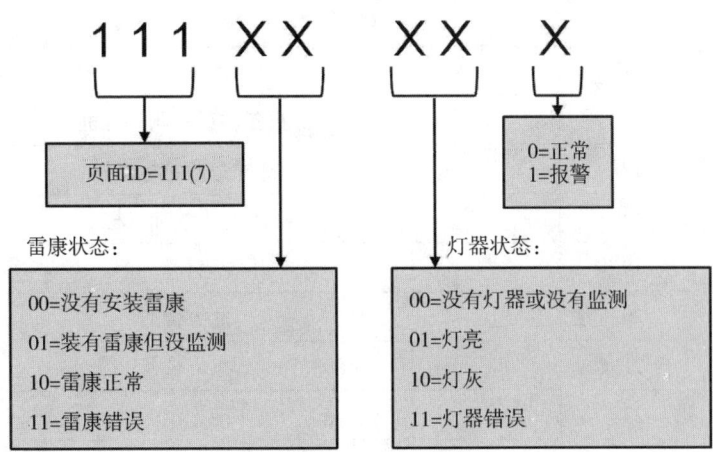

图9-8 状态位推荐用法

十一、AIS 航标的类型

根据适用的国际航标协会(IALA)海区浮标制度,航标的类型和属性如表9-12所示。

表9-12 航标的类型和属性表

分类	编码	定义
	0	缺省值,未规定航标类型
	1	参考点
	2	雷达应答器
	3	离岸建筑物,如采油平台、风力发电机 (注:该编码应能识别装有 AIS 航标的障碍物)
	4	保留备用
固定助航标志	5	全向灯
	6	扇形灯
	7	前导标灯
	8	后导标灯
	9	北方位标灯桩
	10	东方位标灯桩
	11	南方位标灯桩
	12	西方位标灯桩
	13	左侧标灯桩
	14	右侧标灯桩
	15	推荐航道左侧标灯桩

续表

分类	编码	定义
浮动助航标志	16	推荐航道右侧标灯桩
	17	孤立危险物标灯桩
	18	安全水域标灯桩
	19	专用标灯桩
	20	北方位标
	21	东方位标
	22	南方位标
	23	西方位标
	24	左侧标
	25	右侧标
	26	推荐航道左侧标
	27	推荐航道右侧标
	28	孤立危险物标
	29	安全水域标
	30	专用标
	31	灯船/大型浮标(LANBY)

第五节　甚高频数据交换系统（VDES）

一、简介

甚高频数据交换系统(VHF Data Exchange System, VDES)是船舶自动识别系统(AIS)的加强和升级版系统。甚高频数据交换系统(VDES)由国际电信联盟(ITU)于2012年世界无线电通信大会(WRC-12)上提出,并在2015年世界无线电通信大会(WRC-15)上162个成员国及136个国际组织和团体共同审议确定。VDES在集成现有AIS功能的基础上,增加了特殊应用报文(ASM)和宽带甚高频数据(VDE)功能,可有效缓解现有AIS数据通信的压力,为保护船舶航行安全提供有效的辅助手段,同时也将全面提升水上数据通信的能力和频率使用效率,对推动水上无线电数字通信产业发展有重要意义。

二、推进现状

自2013年至今,VDES技术始终处于稳步的推进之中。

2013 年,国际航标协会(IALA)和国际电信联盟(ITU)提出在原有 AIS2.0 研究基础上,发展 VDES 技术通信和标准体系,并确定 VDES 为海上宽带(Wide-band)通信系统。

经过两年的研究,2015 年,ITU 通过 VDES 地面系统频谱划分,并通过 VDES 第一份技术标准:ITU-R M.2092-0。地面 VDES 技术标准进入完善阶段。

经过四年的反复修订、论证和示范验证,2019 年,ITU 通过了 VDES 星载系统频谱划分,并在 IALA 主导下,完善了 VDES 地面系统,使地面 VDES 系统进入推广应用阶段;同时,初步制定了 VDES 星载系统标准。

目前,随着 VDES 技术标准在 ITU 组织中的完善,VDES 推进进入国际海事组织(IMO)认可阶段;以日本、挪威和新加坡为代表,德国、美国、韩国、加拿大、澳大利亚、丹麦、瑞典和中国等进一步支持,提请将在召开的海事安全委员会(MSC)102 次会议通过,将 VDES 纳入 SOLAS 公约中。

如果在国际海事组织(IMO)的海事安全委员会(MSC)的 102 次会议能达成将 VDES 系统列入 SOLAS 公约的共识,VDES 系统将在 2024 年左右作为强制安装要求写入 SOLAS 公约中。

如果政策上的推进一切顺利,IMO 将在 2024 年发布 VDES 系统的技术要求。IALA 将在 2027 年要求履约船舶强制安装 VDES 设备之前完成 VDES 核心网标准的制定。IEC 将在 2025 年左右发布 VDES 设备的检测标准。

三、VDES 的实现框架

VDES 频道范围包括 VHF 通道 24、84、25、85、26、86、27 和 28,频段包括 157.200~157.325 MHz 和 161.800~161.925 MHz。

VDES 由船端和岸基两部分组成。其中船端系统由接收终端、综合通信系统(ICS)和应用终端构成。岸基系统由无线网端(基站)、承载网、网管系统和核心网构成。VDES 系统作为未来海上船岸信息管道的一环,其架构应在整个 e-航海架构内体现,具体系统框架如图 9-9 所示。

VDES 核心网作为 e-航海核心网的一部分实现 VDES 系统的组网,包括实现鉴权、移动性管理、服务质量控制(QoS)等功能。未来 e-航海核心网还将实现不同船岸信息交换网络进行混合组网,以及和船端 ICS 终端联动实现对不同通信方式的智能选择。e-航海核心网还应与互联互通平台连接,对船端请求进行处理和转发。

承载网是连接 VDES 基站与 e-航海核心网之间的负责承载数据、汇聚数据的网络,未来 e-航海船岸信息交换系统可使用同一套承载网,并提供充足的带宽和较高的可靠性保障。

无线网端部署包括 VDES 基站在内的无线设备,由 e-航海核心网进行统一组网控制,用于船端设备的接入。

船端系统包括 VDES 船台、4G/5G 接收机(CPE)、NAVDAT 接收机等,多种终端使用船端综合通信系统(ICS)在 e-航海核心网的协调下进行控制和路由。

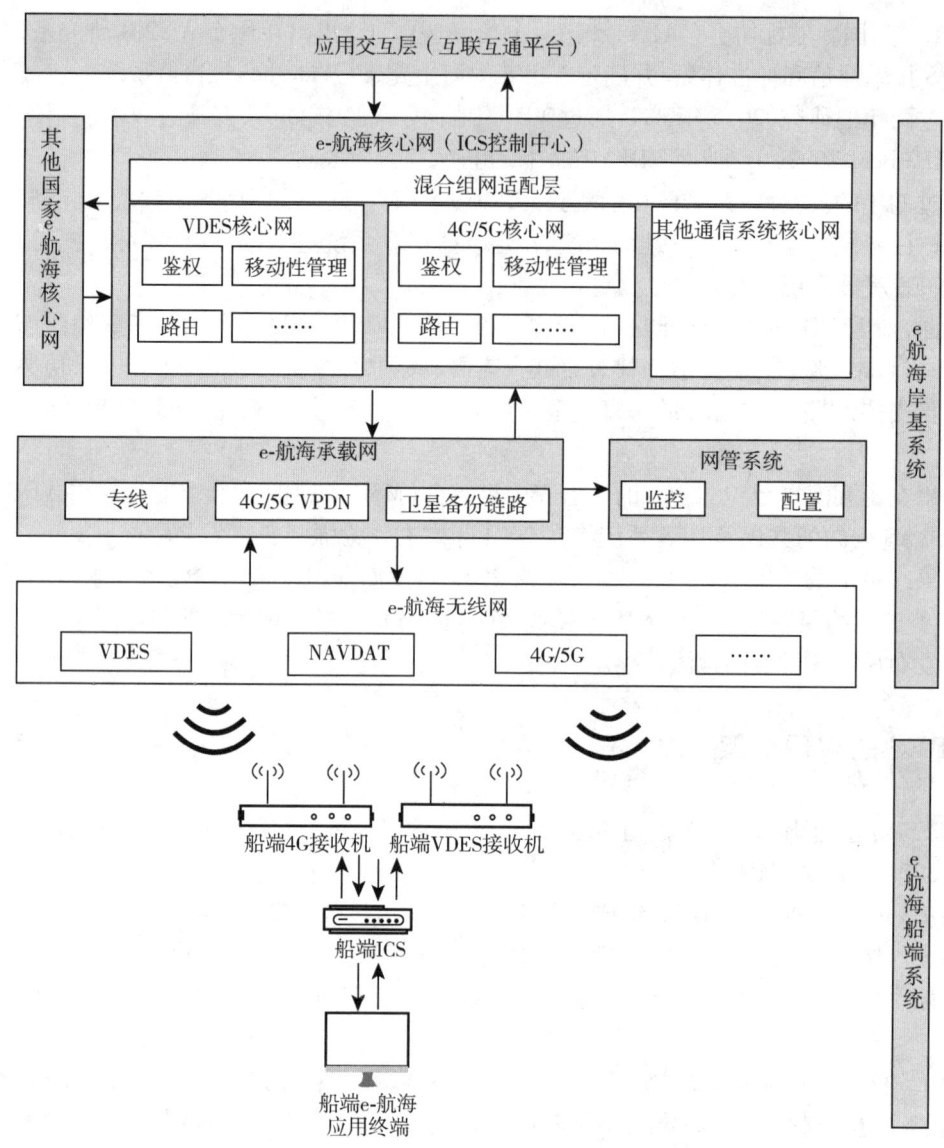

图 9-9　VDES 在 e-航海体系内的系统框架

四、卫星 AIS/VDES

目前,我国建成的 AIS 和即将建设的 VDES 均属于岸基 AIS/VDES 系统,这种系统的缺点就是系统覆盖范围有限,为提高 AIS/VDES 系统感知舰船运动的覆盖范围和时效性,美国海岸警卫队 USCG 于 2001 年首次提出利用低轨道卫星 LEO 接收 AIS 信号的构想,随即受到国际社会的高度关注。

AIS 卫星是一种船舶定位系统,即使用一颗或者多颗低轨道的卫星(卫星轨道高度在 500~1 000 km),在这些卫星上面搭载 AIS 收发机来接收和解码 AIS 报文并将信息转发给相应的地面站,从而使地面管理机构掌握船舶的相关动态信息,实现对远洋海域航行船舶的监控。

AIS 卫星系统主要用于接收、解调和传输 AIS 报文信息,以短消息数据传输为主,属于低轨小卫星系统。从小卫星提供的通信业务来划分,AIS 卫星系统属于非实时通信系统。系统对船舶位置的覆盖不是一直持续的,要实现系统全球范围的覆盖需保证一定数量的卫星及地面站的使用,否则有必要使用存储转发技术来传输 AIS 数据,即用户发送的报文在卫星上解调/解码,若地面站就在当前卫星覆盖范围内,数据就被立即转发到地面站;不然文件将由卫星固态存储器保存,等待卫星飞临地面站上空时再被转发。

AIS 卫星系统主要性能特点如下:

(1)系统可实现全球覆盖,包括极地区域;

(2)可覆盖所有安装 AIS 的船舶和 AIS 航标等;

(3)数据内容包括 MMSI 码、船舶基本信息、船舶的航行状态、位置、航向、航速等信息;

(4)更新频率几分钟或者几个小时更新一次,需要以目标船舶所处环境及卫星星座的情况,确定更新频率;

(5)AIS 卫星探测可基于多普勒频移对卫星接收到的信号进行分析处理及核实,判断信号实际位置与报文提供位置是否一致,可实现对在 AIS 频道传输假位置信息的不合作用户的探测,数据可靠性高;

(6)AIS 卫星是全球开放性的服务,对于配备了 AIS 的船舶所发送的数据信息可简单、迅速地获取并使用,因而,在海事对外服务上,有不可替代性。

如前所述,海事通信应用的现实需求促进了 AIS、卫星 AIS 及 VDES 系统的诞生和发展,引起世界上各国研究机构和行业用户的迅速响应和跟进。在 VDES 系统设计和建设的初期,就有研究机构提出了基地通信、全球天气/水文预报、全球海事遇险和安全系统现代化方面是 VDES 系统的重要应用领域。因此,在 VDES 系统中,卫星 VDES 将起到非常关键的作用,在拓展岸基服务范围,将区域性服务变成全球性服务方面,将有非常广阔的应用前景。

第十章　船舶远程识别与跟踪系统

第一节　概述

2006 年 5 月,国际海事组织海上安全委员会(MSC)第 81 次会议通过了关于船舶远程识别与跟踪系统(Long Range Identification and Tracking,LRIT)及其相关的性能标准和功能要求,并且通过 SOLAS 公约第 V 章修正案。LRIT 作为一项强制措施,SOLAS 缔约国必须按照相关要求执行。

船舶远程识别与跟踪系统(LRIT)的相关性能标准和功能要求包含在 SOLAS 公约第 V 章的修正案中,对适用船舶、信息内容、缔约国的权利和义务及技术规范的制定等做出了具体规定。

船舶需自动发送远程识别与跟踪信息,包括:船舶身份、船舶位置(经度和纬度)、提供位置的日期和时间。LRIT 适用于从事国际航行的下列船舶:

(1)客船,包括高速客船;

(2)货船,包括 300 总吨及以上的高速货船;

(3)海上移动钻井装置。

一、船载设备发送的数据

船载设备需发送的数据如表 10-1 所示。

表 10-1　船载设备需发送的数据

参数	内容
船载设备的标识符	船载设备所使用的标识符
位置数据	船舶的 GNSS 位置(经纬度)(基于 WGS84 数据)。 位置:无须船上人员干预的条件下,设备应能够发送第 V/19-2 条所要求的船舶的 GNSS 位置(经纬度)(基于 WGS84 数据)。 请求回答型位置报告:无论船舶位于何处,设备应能够无须船上人员干预对请求进行应答并发送 LRIT 信息。 事先设定型位置报告:无论船舶位于何处,设备应能够无须船上人员干预进行远程控制,以 15 min 至 6 h 间隔向 LRIT 数据中心发送 LRIT 信息
时间标志	与 GNSS 位置有关的日期和时间。 设备应能够在每次发送 LRIT 信息时发送与 GNSS 位置有关的时间

备注:(1)请求回答型位置报告指当设备收到轮询指令或者被远程控制要求以便以不同于预先设定的时间间隔发送 LRIT 信息;

(2)事先设定型位置报告是指按照预先设定的时间间隔发送 LRIT 信息;

(3)所有时间均应采用世界协调时(UTC)显示。

二、接收的船舶远程识别与跟踪信息

(1)主管当局有权接收悬挂其国旗的船舶位置的此类信息;

(2)缔约国政府有权接收表明意图进入该缔约国政府管辖权内的第 X1-2/1.1.9 条规定港口或地点的船舶的此类信息,无论这些船舶位于哪里,只要不位于根据国际法规定的另一缔约国政府的基线的近陆水域内;

(3)缔约国政府有权接收悬挂其他缔约国政府船旗,无意图进入该缔约国政府管辖内的港口或地点、在其沿岸不超过 1 000 n mile 距离内航行的船舶信息,只要不位于根据国际法规定的另一缔约国政府的基线的近陆水域内;

(4)缔约国政府无权接收位于船舶悬挂其国旗的缔约国政府领水内的船舶信息。

第二节 系统功能和组成

一、系统功能

目前,船舶远程识别与跟踪系统(LRIT)的主要用途是加强海上保安、海上安全和环境保护。

1.海上保安

LRIT 用于海上保安的功能可以分为两个方面:加强船舶的保安和沿岸国、港口国的保安。

LRIT 可以用来加强船舶的保安,比如打击海盗,但是作用非常有限。因此,LRIT 的保安功能主要在于加强沿岸国、港口国的保安,在这个前提下,船舶被假定为一种保安威胁,可能对沿岸国、港口国发动攻击,因此沿岸国、港口国需要对船舶进行远程识别与跟踪,以便采取预控措施,降低保安风险。

2.海上安全

在海上安全方面,LRIT 系统的主要作用是为海上搜寻救助提供信息支持。比如,LRIT 系统可以向海上搜救中心提供遇险船舶附近水域的其他船舶的信息,以及船舶遇险的时间、位置等信息,以便搜救中心更好地开展搜寻救助工作。

3.环境保护

LRIT 如何在环境保护方面发挥作用目前尚不明确,应类似海上搜寻救助,为调查海上非法排放、溢油事故等提供信息支持。

4.LRIT 系统建设对我国的益处

LRIT 系统的建设对于我国的海上安全和保安、海事管理和海上防污等工作将产生巨大的作用。我国是一个具有漫长海岸线的国家,海上运输的安全和保安对于我国经济建设和国家安全都具有极为重要的意义。作为船旗国,中国时刻掌握中国旗船舶的位置,有利于了解船队运输情况和组织海上搜救。作为港口国,相比已有的到港外国船舶有 7 天预报、24 h 确报,可进一步提高进入我国港口船舶的动态信息的精确度。作为沿岸国,对途经我国水域船舶的监控有利于更好地确定和控制我国水域的安全和污染风险。

5.LRIT 系统与 AIS 岸基系统和船舶报告系统的关系

中国交通运输主管部门从 2003 年起在我国沿海建设 AIS 岸基系统,截至 2020 年年底,中国沿海已建成的 AIS 系统包括 1 座国家数据中心,1 座国家备份数据中心,北海、东海、南海 3 座海区 AIS 数据中心,20 个辖区 AIS 数据中心和 205 座沿海 AIS 基站,国家数据中心设在天津北海航海保障中心,国家备份数据中心设在北京交通运输部海事局。

中国船位报告系统是中国交通运输主管部门建设的主要针对国内重点航运船舶的一个手动发报,自动接收处理的船位报告系统,船舶每 24 h 报告一次船舶位置和计划航线。

AIS 岸基系统仅覆盖 A1 海区,运行费用较低,除管理国际航行船舶外,还管理大部分国内沿海航行商船,LRIT 船舶进入 AIS 覆盖区域后可以远程关闭 LRIT 系统发射,降低政府支出;中国船位报告系统管理中国沿海的主要海域,比 A1 海区范围大,且运行费用较低,管理国内重点航运船;而 LRIT 系统覆盖 A1、A2、A3、A4 海区,运行费用高,只管理国际航行船舶。

AIS 系统的主要目的是保障船舶避碰和航行安全,船位报告系统建设的初衷是加强国内重要船舶管理,LRIT 系统的建设是基于加强海上安全和保安。因此三者的关系应是互为补充、相辅相成。

二、系统组成

LRIT 系统的主要组成包括:船载 LRIT 设备、通信服务提供商(CSP)、应用服务提供商(ASP)、LRIT 数据中心(LRIT DC,包括国家数据中心、区域合作数据中心、国际数据中心)、LRIT 国际数据交换平台和 LRIT 数据分发方案。

船载 LRIT 设备的主要功能是发送 LRIT 信息数据。

通信服务提供商(CSP)是连接船载 LRIT 设备和 LRIT 数据中心及 LRIT 数据中心与 LRIT 国际数据交换平台之间的通信链路,提供具体通信技术手段。

应用服务提供商(ASP)负责提供连接通信服务提供者和 LRIT 数据中心的通信协议,提供集成交互系统以监控 LRIT 信息的数据流和路由,以及确保 LRIT 信息以安全可靠的方式进行收集、保存和传送。

LRIT 数据中心的主要功能是收集、分发、存储 LRIT 信息数据。

LRIT 国际数据交换平台是连接各个 LRIT 数据中心的枢纽,为各个数据中心提供数据交换平台。

LRIT 数据分发方案是数据交换的依据和数据路由规则,LRIT 数据分发方案由 IMO 负责维护。

三、LRIT 的基础设备

LRIT 的基础设备是 GMDSS 系统,其中 Inmarsat-C 站卫星通信是提供远距离信息的主要途径。与之相近的 AIS 系统一般只能用于 A1 海区,而 A2、A3 和 A4 海区 AIS 系统不能覆盖,必须通过 Inmarsat-C 站来提供通信渠道。但是仅适用 A1 和 A2 海区航行的船舶并未完全要求配备 Inmarsat-C 船舶地面站及其卫星通信设备,这样,在 A2 海区营运的部分船舶将进行必要的 GMDSS 系统设备更新。

目前,只要 Inmarsat-C 船舶地面站开通,Inmarsat-C 卫星通信系统就可以通过 Polling 技术自动搜集船舶 IMO 识别号、船舶实时船位和航向信息,但是其他的信息必须由船舶主动报告才能获得。尤其是商用的 Mini-C 海事卫星自使用以来,弥补了以前的通信盲点,几乎覆盖了全球所有的通航海区。

技术上,要保证满足 LRIT 的要求,则必须在 GMDSS 系统中增加新的要求。一是船上的 GMDSS 系统必须在全球任何航行海域满足定时向 Inmarsat-C 发送所要求的信息,这样对系统本身将需要做一定的设备改进或更换;二是为满足船旗国、港口国和沿岸国所设定的不同管理要求,对所有的船舶 GMDSS 软件将要求全面更新;三是缔约国政府为适应 LRIT 的管理要求,还需要建立岸基的 LRIT 信息管理系统,包括对一些岸基接收和发送设施进行技术更新。

在技术管理上,需明确一个 LRIT 协调人:一是建立国际 LRIT 数据中心和国际 LRIT 数据交换;二是对 LRIT 信息系统提供商、服务商和 LRIT 信息数据中心进行协调和监督,对异议和操作、技术和费用的困难进行调查,向有关方提出解决问题的建议;三是参与将新 LRIT 数据中心纳入 LRIT 系统的测试。

四、LRIT 数据请求模式及 LRIT 数据流程

1.LRIT 数据中心的模式

LRIT 系统中存在三种模式的 LRIT 数据中心:国家数据中心,区域、合作数据中心,国际数据中心。缔约国可以成立本国的 LRIT 数据中心;几个缔约国可以共同组建区域、合作 LRIT 数据中心;国际海事组织可以建立国际 LRIT 数据中心。

按照性能标准的要求,每个船旗国主管机关必须选择加入一个 LRIT 数据中心,根据数据中心的三种模式,其主管机关可以做出以下三种选择:

(1)若缔约国建立了国家数据中心,则其主管机关应加入其国家 LRIT 数据中心;

(2)若缔约国与其他缔约国共同组建了区域、合作数据中心,则其主管机关应加入这个区域、合作 LRIT 数据中心;

(3)若缔约国未建立国家数据中心或未参加区域、合作数据中心,其海事主管机关应选择加入国际 LRIT 数据中心。

2.LRIT 数据使用者请求数据的几种模式及数据流程

LRIT 数据的主要使用者包括船旗国、港口国、沿岸国、搜救机构。LRIT 数据使用者请求数据的模式和数据流程取决于被请求数据的所在位置(在其缔约国已选择加入的 LRIT 数据

中心或者在其他的 LRIT 数据中心)。

当 LRIT 数据使用者向数据中心提供数据请求时,如果被请求的数据已经存在于该数据中心,该数据中心将直接向使用者提供所需数据。

当 LRIT 数据使用者向数据中心提出数据请求时,如果被请求的数据已经不存在于该数据中心,该数据中心将通过国际数据交换平台向其他数据中心提出数据交换申请,拥有此数据的数据中心通过国际数据交换平台提供数据,具体数据请求、提供流程分别如图 10-1 和图 10-2 所示。船舶远程识别与跟踪系统(LRIT)结构如图 10-3 所示。

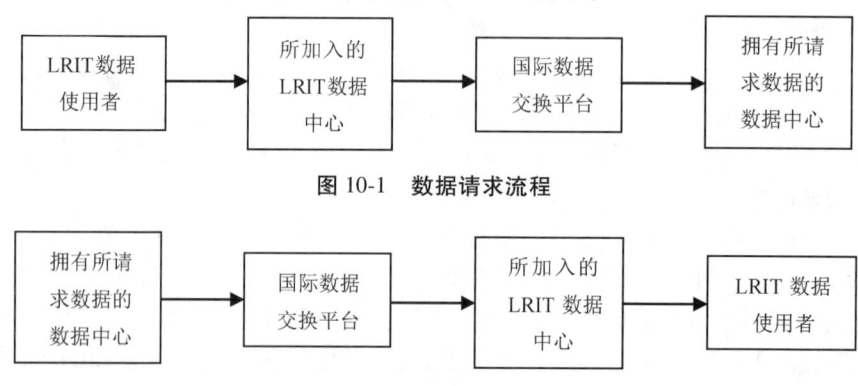

图 10-1　数据请求流程

图 10-2　数据提供流程

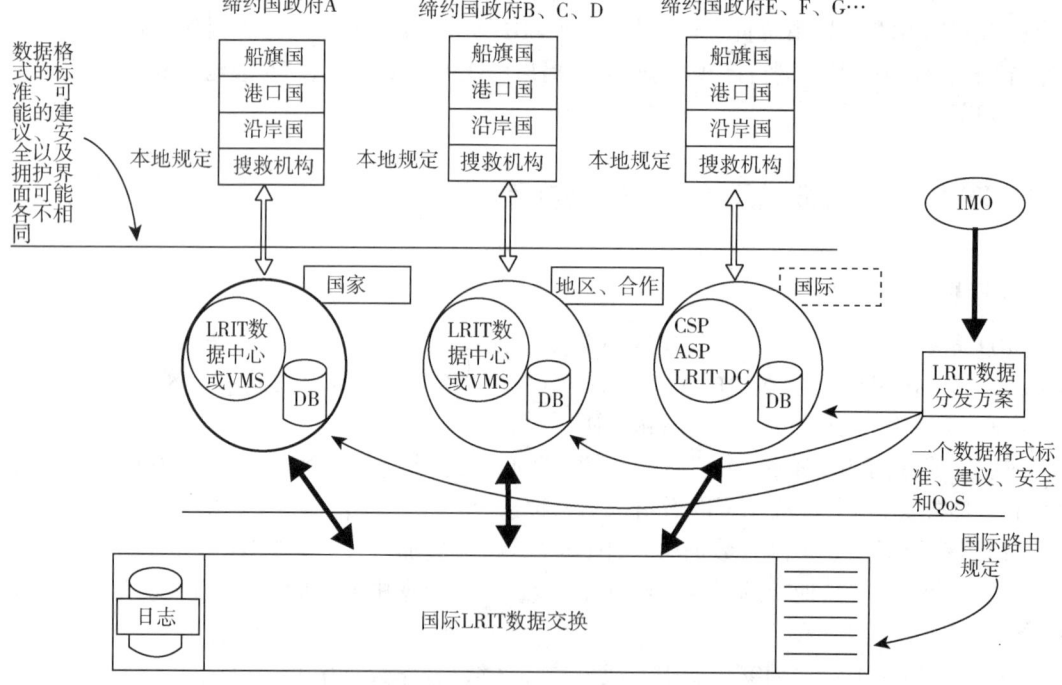

图 10-3　船舶远程识别与跟踪系统(LRIT)结构图

第十一章　航标能源

第一节　概述

　　从航标发展历程看,早期航标使用木材、燃油、乙炔和丙烷等作为能源;现在航标主要使用电能源,航标上使用的电能源主要有市电、柴油发电机组供电、空气干电池、空气湿电池、蓄电池、锂电池、海水电池、燃料电池、太阳能发电、风力发电、波浪发电等。

　　按照能源工作机理分,航标用能源可分为非电能源和电能源。按照再生情况分,电能源一般分为非再生电能源和再生电能源。再生电能源即通常所说的绿色能源或自然能源。按照使用的程度分,电池一般分一次性电池和二次性电池;按照反应的类型分,电池分化学电池和物理电池。

　　非电能源包括木材、燃油、乙炔和丙烷等。非再生电能源包括市电、柴油发电机组供电、空气干电池、空气湿电池、蓄电池、锂电池、海水电池、燃料电池等。再生电能源包括太阳能发电、风力发电、波浪发电等。

　　一次性电池包括空气干电池、空气湿电池、锂电池、海水电池、燃料电池。二次性电池就是蓄电池。空气干电池、空气湿电池、锂电池、海水电池、燃料电池、蓄电池属于化学电池;太阳能电池属于物理电池。

　　一般把利用物质的化学变化或物理变化,并能把这些变化所释放出来的能量直接转换成电能的装置,叫作电池。把化学反应产生的能量转换成电能的装置叫作化学电池。把物理反应产生的能量转换成电能的装置叫作物理电池。为了构成电池,必须满足以下两个条件:

　　(1)反应进行过程中,装置的自由能(吉布斯自由能)必定减少;

　　(2)要设计一个适应的装置,使在进行反应时,电子的传递只能通过电池外部的导线,而不能在电池内进行(如在电池内形成闭合回路,电池内部就会发热,从而不能对外做功)。

　　假如组成满足以上两个条件的电池,电池就能向外部输出电流,这一过程称为放电;有时也反过来向电池输入能量,这个过程称为充电。电池放电时,电流的出、入口为电极,电位高的电极称为正极,电位低的电极称为负极。

　　在化学电池中,构成电池的物质在放电过程中发生变化,释放出能量,并将能量转变为电能。电池中能够释放出能量的物质称为活性物质或作用物质。在正极上使用的活性物质为正极活性物质或去极剂,在负极上使用的活性物质为负极活性物质。下面进一步讨论构成电池的两个必要条件。对于化学电池来讲,为满足构成电池的第一个条件,电池放电时,正极活性物质 P_1 获得电子变成 P_2,负极活性物质 N_1 失去电子变成 N_2。其电池反应式为:

　　在正极上:
$$P_1 + ne^- \rightarrow P_2 \tag{11-1}$$

在负极上：$\qquad\qquad\qquad\qquad$ $N_1 \rightarrow N_2 + ne^-$ $\qquad\qquad\qquad$ (11-2)

总的反应：$\qquad\qquad\qquad\qquad$ $P_1 + N_1 \rightarrow P_2 + N_2$ $\qquad\qquad\qquad$ (11-3)

为了满足构成电池的第二个条件,化学电池应由正极活性物质、负极活性物质及电解质构成,且化学反应在第三者界面处进行;同时应采取适当措施以便构成电子的进、出口。此外,对于电解质的要求是,只能进行离子导电,不能进行电子导电,一般用酸性水溶液、碱性水溶液或盐类的中性水溶液作为电解质。

物理电池同化学电池一样,要想构成电池必须满足构成电池的两个条件,只不过物理电池一般都是从外部向电池内输入热、光、放射线等能量,使电池处于不稳定状态而向外部输出电能。

为了提高化学电池的电动势,要使用电子亲和力大的容易被还原的物质为正极活性物质;使用电子亲和力小的容易被氧化的物质为负极活性物质。化学电池在放电中电压降低,在充电中电压升高。随着时间的推移,电压也会降低。这种电压升高或降低是由电池内阻造成的。一般要求电池在充放电过程中电压应尽可能地保持稳定。

为了提高化学电池的容量,应使用电化当量小(原子价的变化大、分子量小)、利用率大的活性物质;为了提高活性物质的利用率,必须设法增大活性物质的表面积及采取措施使活性物质在放电过程中不钝化。把不向电池外部输出电流而消耗活性物质的现象称为自放电。化学电池产生自放电是因为活性物质内与电解质中的杂质的作用形成局部电池,造成电池内部短路。为避免自放电,应尽可能地减少易形成局部电池的杂质和防止两极活性物质的扩散。

第二节　非再生电能源

非再生电能源包括市电、柴油发电机组供电、一次性电池和二次电池。一次性电池包括空气干电池、空气湿电池、锂电池、海水电池、燃料电池等;二次性电池就是蓄电池。

一、市电

民用电网供电,又称市电,或交流岸电,不同国家的市电电压有所不同。我国市电电压为220 V,频率为50 Hz。在有条件的情况下,航标用的所有能源中,民用电网供电是最理想的能源,因为其总体费用低、可以稳定地接受所需要耗电量。陆地助航标志当布设位置距离沿岸较近,架设输电线路较方便和经济时,通常将市电作为航标主电源。水中或近岸助航标志可通过海底电缆使用市电。为保证市电出现断电事故时航标仍能正常工作,重要的灯塔、灯桩、导标等要预先考虑到配备发电机或者应急电源。

二、柴油发电机组供电

柴油发电机常用作基本电源,用于有人值守的灯塔,并因其位置距电网供电太远而不能使用市电的情况。柴油发电机也用于提供应急和备用电源。

供有人值守灯塔工作和生活的发电机功率在 10~30 kW。这种规格的柴油发电机预计消

耗柴油大约 $0.4\ L/(kW \cdot h)$。

柴油发电机组的种类、型号和容量应根据灯塔或灯桩的用电负荷和用电特性确定,其一般原则是:

(1)根据灯塔或灯桩总的用电负荷选择柴油发电机组的容量,使总的用电负荷小于柴油发电机组容量的90%,但应大于柴油发电机组容量的50%;

(2)根据用电特性选择柴油发电机组的种类和型号;

(3)考虑到灯塔或灯桩必须连续供电的要求,一般设有备用柴油发电机组,备用机组根据灯塔或灯桩所处地理位置、补给情况、维护周期,一般为1组或2组;

(4)备用机组应与工作机组同种类、同型号,以便于维护管理和维修保养。

由于以下原因,使用柴油发电机的需求正在减少:

(1)灯塔自动化(减少人员);

(2)新型灯器和灯泡技术的应用,能够使标称灯光射程为 $18 \sim 20\ n\ mile$ 的灯塔使用可再生能源工作。

三、空气干电池

空气干电池所用电解液有两种:一种是氯化铵水溶液;另一种是苛性碱水溶液。电解液为苛性碱水溶液的空气干电池又称碱性空气干电池。空气干电池可以用很大的电流放电,且具有小的容积比功率和容积比容量。这是其他干电池无法比拟的优点。

1.电池结构

空气干电池有圆筒形结构和方形结构两种。空气干电池以活性炭吸收空气中氧作为正极活性物质。正极采用在多孔性塑料薄膜上压注催化剂层和集电体的结构。多孔性薄膜在防止电解液漏出时,还能起到使空气中氧扩散到催化剂层的通路作用。多孔性薄膜一般使用厚度在 $0.3\ mm$ 以下的生聚四氟乙烯膜或烧结聚四氯乙烯膜。催化剂层由导电物质、防水剂、催化剂混合而成。导电物质使用兼作催化剂的活性炭;防水剂使用直径 $1\ \mu m$ 以下的生聚四氟乙烯的微粉;催化剂有单独使用的活性炭或在活性炭内混入贵金属以提高电流密度。

负极活性物质为膏状锌或粉末成型锌。放电时在锌板表面生成氧化锌,电阻增加,使锌极钝化,因此应尽量增大锌表面积。

电解液是氯化铵水溶液或苛性碱水溶液。由于苛性钾水溶液的冰点比苛性钠的冰点低,导电率高,因此多用30%的苛性钾水溶液作为电解液。为提高电池的储存性能,常在电解液中加入氧化锌或氢氧化锌。

空气干电池的容器用锌制成或为镀镍的钢制容器。空气干电池以空气中氧作为正极活性物质。因为空气中氧取之不尽,所以这种电池寿命长。在储存时,通过密封,可使电池与空气隔离,实现长期储存。

2.工作原理

空气干电池的工作原理是这样的,电池采用锌作为负极活性物质,从而呈现低电位。电池采用活性炭吸收空气中氧作为正极活性物质,从而呈现高电位。当电池外部形成闭合回路时,电子将从负极向正极流动,从而使负极缺少电子,正极多余电子。但由于电池内电解液的作用,电解液中正离子流向正极中和多余的电子,负离子流向负极补充缺少的电子,从而使电流继续在电池外部的闭合回路中流动。

电池一经放电,便发生极化现象。极化现象是电池的端电压随着放电作用而减小。极化现象是由于放电电流的作用,电极面上析出的物质产生逆方向的放电反应,或者由于电解液浓度的变化而产生逆电动势所致。因为极化现象多发生在正极,所以在正极应有去极剂。

空气干电池产生极化现象是由于正极析出氢,氢附在炭极上阻止电流流通,且会产生逆电流,为此采用氧作去极剂。

电解液为氯化铵的空气干电池反应方程式如下:

负极的反应:
$$Zn \rightarrow Zn^{2+} + 2e^- \tag{11-4}$$

正极的反应:
$$2e^- + \frac{1}{2}O_2 + H_2O \rightarrow 2OH^- \tag{11-5}$$

电解液的反应:
$$NH_4Cl \rightarrow NH_4^+ + Cl^- \tag{11-6}$$
$$NH_4^+ + OH^- \rightarrow NH_3 + H_2O \tag{11-7}$$
$$Zn^{2+} + 2NH_3 \rightarrow Zn(NH_3)_2^{2+} \tag{11-8}$$
$$Zn^{2+} + 2NH_4^+ + 2OH^- \rightleftharpoons Zn(NH_3)_2^{2+} + 2H_2O \tag{11-9}$$

整个电池的反应:
$$Zn + 2NH_4Cl + \frac{1}{2}O_2 \rightarrow Zn(NH_3)_2Cl_2 + H_2O \tag{11-10}$$

电解液为苛性钠的空气干电池反应方程式如下:

负极的反应:
$$Zn + \frac{1}{4}OH^- \rightarrow Zn(OH)_4^{2-} + 2e^- \tag{11-11}$$

正极的反应:
$$\frac{1}{2}O_2 + H_2O + 2e^- \rightarrow 2OH^- \tag{11-12}$$

整个电池的反应:
$$Zn + 2NaOH + \frac{1}{2}O_2 + H_2O \rightarrow Zn(OH)_4Na_2 \tag{11-13}$$

QR 型空气干电池是国内生产的适用于小型灯桩和灯浮标的航标能源。字母 Q 表示去极剂为空气中氧,字母 R 表示圆筒形单体电池。目前,航标中使用较广的是单体电池的组合 6QR40 型。6 表示组合电池串联只数,40 表示电池规格。

四、空气湿电池

空气湿电池是用液态电解液制成的空气电池。它具有体积小、重量小、容量大、放电电流大、工作电压平稳和低湿性能好等优点,因此应用广泛。

1.电池种类与工作原理

根据电解液的种类,空气湿电池分以氯化铵为电解液的空气湿电池和以苛性碱为电解液的空气湿电池。根据电池的结构,空气湿电池分固定式空气湿电池和密封式空气湿电池。

(1)以苛性钠为电解液的空气湿电池

苛性钠是一种强碱,除在使用中必须注意外,在漏出的情况下也有损坏器物的危险,但与用氯化铵为电解液的空气湿电池相比,有以下优点:

①电动势大；

②放电中，电流、电压特性好；

③因为贵金属盐类在苛性钠电解液中的溶解度小，所以电池自放电少；

④可在-20 ℃左右的低温下使用。

其缺点：苛性钠电解液吸收了空气中的碳酸气便成为碳酸钠，从而使电解液的有效浓度降低，且当苛性钠浸透碳正极时，正极的吸附面便有碳酸钠析出，这对放电反应是有害的。因此，一般空气湿电池要在电解液表面上放一层油，以防止电解液接触空气和蒸发。

（2）以氯化铵为电解液的空气湿电池

这种电池具有结构简单、价格低和电池中没有苛性钠那样的强碱及使用方便等优点。另外，由于使用中性盐，与以苛性钠为电解液相比，其有不必考虑碳酸气影响等优点。但这种电池的放电特性不如以苛性钠为电解液电池的放电特性好，且氯化铵电解液在-17 ℃时要冻结，因此低温下使用有问题。

空气湿电池的工作原理与空气干电池的工作原理相同，这里不再赘述。

2.电池特性

（1）电动势

电动势即为电池在开路时的端电压。它随温度不同而变化，其关系随电池型号而异。

（2）负荷电压

负荷电压随温度及放电电流的不同而不同。无论电池采用何种电解液，一般来说，温度升高，负荷电压上升；放电电流增大，负荷电压下降。

（3）容量

容量随温度、放电电流、放电方法等不同而变化。一般来说，容量随温度升高而增大；容量随放电电流增大而减小。不仅是空气湿电池，几乎所有的原电池，在实际使用时都不是连续放电的，而多为间歇放电。间歇放电与连续放电的容量随电池的种类和放电方法的不同而异。放电终止电压与电解液的种类有关。使用苛性碱与使用氯化铵的空气湿电池的放电特性有显著差别。这种差别主要是由正极反应速度不同而引起的。一般规定，使用苛性碱的电池的放电终止电压为 0.9~1.0 V；使用氯化铵的电池的放电终止电压为 0.75~0.85 V。

自放电主要由碳正极被电解液浸透所致。

碳正极的寿命主要决定于放电电流的大小及温度。放电电流越大，寿命越短；温度过高或过低也将缩短寿命。

国内航标上常使用的空气湿电池是 JQ 型碱性空气湿电池。字母 J 表示电解液为苛性碱水溶液，Q 表示去极剂为空气中氧，JQ 后面破折号跟随的数字表示电池容量（A·h）。

五、锂电池

锂电池是指电化学反应中含有锂（包括金属锂、锂合金和锂离子、锂聚合物）的电池。

锂电池可分为两类：锂金属电池和锂离子电池。锂金属电池通常是不可充电的，且内含金属态的锂；锂离子电池不含有金属态的锂，并且是可以充电的。

锂金属电池一般使用二氧化锰为正极材料，金属锂或其合金金属为负极材料，使用非水电解质溶液的电池。

锂离子电池一般使用锂合金金属氧化物为正极材料,石墨为负极材料,使用非水电解质溶液的电池。

锂电池主要优点:

(1)能量比较高。具有高储存能量密度,目前已达到 460~600 W·h/kg,是铅酸电池的 6~7 倍;

(2)使用寿命长,使用寿命可达到 6 年以上,磷酸亚铁锂为正极的电池充放电次数可达 10 000 次;

(3)额定电压高(单体工作电压为 3.7 V 或 3.2 V),约等于 3 只镍镉或镍氢充电电池的串联电压,便于组成电池组电源;

(4)具备高功率承受力,其中电动汽车用的磷酸亚铁锂离子电池可以达到 15~30 C 充放电的能力,便于高强度的启动加速;

(5)自放电率很低,这是该电池最突出的优点之一,目前一般可做到 1%/月以下,不到镍氢电池的 1/20;

(6)重量小,相同体积下重量约为铅酸产品的 1/6~1/5;

(7)高、低温适应性强,可以在 -60~ -20 ℃ 的环境下使用,经过工艺上的处理,可以在 -45 ℃ 环境下使用;

(8)绿色环保,不论生产、使用和报废,都不含有也不产生任何铅、汞、镉等有毒有害重金属元素和物质;

(9)生产基本不消耗水,对缺水的我国来说,十分有利。

锂电池主要缺点:

(1)锂原电池均存在安全性差,有发生爆炸的危险;

(2)钴酸锂的锂离子电池不能大电流放电,安全性较差;

(3)锂离子电池均需保护线路,防止电池被过充、过放电;

(4)生产要求条件高,成本高。

六、海水电池

用于灯浮标的海水电池是一次电池,它使用镁正极和比较惰性的铜作为负极,海水既作为电解质,也为负极提供溶解氧。

单体电池作为灯浮标尾管的一部分安装。浮体的运动对海水的搅动起到了有益的作用,从而提供流经电池的富氧海水并带走反应物。

选择铜作为负极材料是由于铜固有的抗污特性。使用镁作为正极是考虑环境的可接收性,因为镁实质上是海水中存在的成分。在有负载情况下,电池产生 0.8~1 V 的电压。评估过的电池组件已能提供约 35 000 W·h(瓦时)的能量。

由于电流泄漏原因,不能使用多个单体电池。因此需要使用直流-直流转换器,将电压转换到负载所需的水平。

七、燃料电池

燃料电池不同于一般的一次性电池和蓄电池,所需的化学原料全部由电池外部供给,是一种将化学能转换为电能的特殊装置。它通过催化过程使氢或者富氢燃料氧化产生电流,被认为是连续供电的电池。

现阶段商用燃料电池是一种昂贵的电源。航标上应用得很少,仅限于日照时间有限或结冰条件下太阳能不能使用的情况。

燃料电池的负极称"燃料电极",正极称"氧化剂电极"。空气中的氧是电池中的氧化剂。

燃料电池的基本组成为电极、电解质、燃料和氧化剂。电极为多孔结构,可由具有电化学催化活性的材料制成,也可以只作为电化学反应的载体和反应电流的传导体。电解质通常为固态或液态。燃料可以是气态(H_2、NH_3、CO 或碳氢化合物)、液态(CH_3OH、高阶碳氢化合物和液态金属),也可以是固态(碳)。

以氢-氧燃料电池为例说明燃料电池的工作原理。两片铂电极浸入导电性良好的酸性或碱性电解液中,将氢气和氧气分别输入各自的电极区,发生电池反应,获得 $0.9\sim1.2$ V 的电压。在实际应用时,氧电极由过氧化氢(H_2O_2)和金属氧化物(Me_xO_y)组成。在氧电极表面复合的氢离子来自氢电极。

燃料电池的分类方式很多:

(1)按燃料的凝聚态特性可分为:气态燃料电池(如氢-氧燃料电池)和液态燃料电池(如甲醇直接氧化燃料电池、水合肼-氧燃料电池)两类电池。

(2)按电池输出功率可分为:超小功率(小于 1 kW)、小功率($1\sim10$ kW)、中功率($10\sim150$ kW)和大功率(大于 150 kW)四类电池。

(3)按电解质可分为:磷酸型(PAFC)、熔融碳酸盐型(MCFC)、固体电解质型(SOFC)、碱性氢-氧型(AFC)和质子交换膜型(PEMFC)五类电池。

燃料电池具有容量大、比能量高、功率范围广、噪声小等优点,尤其是能量转换效率高达 $50\%\sim80\%$,并可长时间连续工作。

八、酸性蓄电池

酸性蓄电池又称铅蓄电池或铅酸蓄电池,是目前航标领域广泛使用的一种二次性电池。

1.组成及原理

酸性蓄电池主要由正极板、负极板、硫酸溶液、隔板、电池槽和盖组成。

酸性蓄电池的正极活性物质是 PbO_2,负极物质是海绵状金属铅,电解液是硫酸溶液。

酸性蓄电池目前公认的起电反应最正确的学说是两极硫酸铅学说。这个学说用下式表示充放电过程:

负极的反应: $$Pb+SO_4^{2-}\rightarrow PbSO_4+2e^- \tag{11-14}$$

正极的反应: $$PbO_2+H_2SO_4+2H^++2e^- \underset{放电}{\overset{}{\rightleftharpoons}} PbSO_4+2H_2O \tag{11-15}$$

整个电池的反应： $Pb+2H_2SO_4+PbO_2 \underset{充电}{\rightleftharpoons} PbSO_4+2H_2O+PbSO_4$ （11-16）

（−）极　　（+）极　（−）极　　　（+）极

2.电池种类

（1）浸没式酸性蓄电池

通常有三种主要类型的浸没式酸性蓄电池：

①普兰特式电池，具有大平面面积的纯铅正极板，极板上的铅自身形成活性物质。

②管式电池，对于正极使用了管式极板，活性物质装在可渗透的、绝缘的管中，通过管子电解液能渗入。

③涂膏式电池，电池中正极是涂膏式极板，极板由氧化铅或铅盐形成的活性物质组成，氧化铅或铅盐压入网格型的铅合金板上。

（2）阀控铅酸电池（VRLA）

阀控铅酸电池有两种：

①吸收玻璃物质（AGM），它使用微型玻璃隔板系统吸收电解液。

②凝胶式电池，它使用凝胶电解质和聚合材料隔板，以防止正极和负极板之间短路。

两种电池绝没有自由电解质，这意味着电池能应用于任何位置而没有酸溢流的危险。

电池使用氧的再化合过程，因此一般不排气。然而提供了安全阀，以释放任何过压。

3.主要优缺点

主要优点：

（1）比较廉价，在世界范围内均可生产低倍率和高倍率放电的电池，价格为镉镍蓄电池的 $1/6\sim1/5$；

（2）可制成小至1A·h大至几千安培·小时的各种尺寸和结构的蓄电池；

（3）高倍率放电性能良好，可用于引擎启动，能以 $3\sim5$ 倍率甚至 $9\sim10$ 倍率放电；

（4）高低温性能良好，可在 $-40\sim+60$ ℃条件下工作；

（5）电池电压在实用蓄电池中最高，可达2.2 V；

（6）电能效率高达60%；

（7）易于浮充使用，没有"记忆"效应；

（8）易于识别荷电状态。

主要缺点：

（1）使用寿命较镉镍蓄电池和铁镍蓄电池短；

（2）比能量低，一般为 $30\sim40$(A·h)/kg；

（3）制成小尺寸比较难，镉镍碱性扣式电池可制成小于0.5 A·h的尺寸；

（4）放电态长期保存会导致电极的不可逆硫酸盐化；

（5）在某些结构电池中由于氢的析出，有爆炸的危险；

（6）在某些结构和用途中，会由于氢化锑和氢化砷析出而引起公害。

九、碱性蓄电池

碱性蓄电池是使用苛性钾等碱性水溶液为电解液的二次性电池的总称。

1.电池种类

按照使用正极活性物质和负极活性物质的种类,碱性蓄电池分为铁镍蓄电池、镉镍蓄电池、锌镍蓄电池、锌银和镉银蓄电池、锌空气蓄电池。目前,航标领域主要使用镉镍蓄电池。

2.镉镍蓄电池的组成及原理

镉镍蓄电池使用装有活性物质的多孔钢板,正极板活性物质是氢氧化镍,负极板活性物质是镉化合物。

常用的镉镍蓄电池有极板盒式(袋式)电池、烧结式电池、密封式电池、发泡式电池、镍纤维式电池和塑料黏结式电池等。

现在,许多阀控镉镍电池使用二次化合工艺,完善了传统的浸没式电池的设计。在正常浮充电状况下,所产生的气体在电池内重新化合吸收,且损耗的水可以忽略不计。

镉镍蓄电池的优点是循环寿命长,可达 2 000~4 000 次。电池结构紧凑、牢固、耐冲击、耐振动、自放电较小、性能稳定可靠、可大电流放电、使用温度范围宽(-40~+40 ℃)。

其缺点是电流效率、能量效率、活性物质利用率较低,价格较高。

第三节　再生电能源

再生电能源即通常所说的绿色能源或自然能源,具有再生性、储量丰富和无环境污染等优点,已成为应用较广的航标能源。目前,航标领域使用的再生电能源主要有太阳能、风能和波浪能。

太阳能供电是利用太阳能电池把太阳能转换为电能。风力供电是利用风力发电机把风能转换为电能。波浪供电是利用波力发电装置把波浪能转换为电能。

一、太阳能供电

太阳能供电是以太阳能电池作为能量转换装置的再生能源。由于航标所处位置一般都在远离陆地的岛屿、岬角、岩礁或水中,很难接入市电源,再生能源成为沿海航标首选的供电方式,而太阳能供电对于许多航标来讲是最理想的能源之一,因为太阳能源供电不仅具有可靠性强、设备简单、寿命长、无噪声和适用面广等优点,还有以下特点:

(1)无须运动部件的能源;

(2)除了清洁外,无其他维护要求;

(3)在寿命周期内输出功率的衰减可以忽略;

(4)寿命周期内费用低;

(5)充电过程与灯器运转过程分离(白天为蓄电池充电,夜间蓄电池为灯器供电),实现充电电压最优化,不会对光源寿命造成损害。

1.太阳能的度量

太阳光以辐射方式向空间传输能量。在对太阳能供电系统进行设计时,常需 3 个日照的观测值,即日射强度、日射量和日照时间。

日射强度是瞬时照射在地面上的太阳光强度。它用单位面积、单位时间的能量表示,单位为 $cal/(cm^2 \cdot min)$、$kcal/(m^2 \cdot h)$、mW/cm^2、kW/m^2、$J/(cm^2 \cdot min)$。这些单位之间的换算关系为:

$$1 \ cal/(cm^2 \cdot min) = 69.8 \ mW/cm^2 = 4.186 \ J/(cm^2 \cdot min)$$

$$1 \ kcal/(m^2 \cdot h) = 1.163 \ W/m^2$$

日射量是每一天的入射能量的月平均值,单位为 cal/cm^2、$kcal/m^2$ 和 MJ/m^2。在太阳能电池设计中需用 $W \cdot h$,所以需进行单位换算,即:

$$1 \ kcal/m^2 = 1.163 \ W \cdot h/m^2$$

$$1 \ MJ/m^2 = 227.8 \ W \cdot h/m^2$$

日照时间是直射太阳光照射的时间。世界各地已公布了很多日照时间的观测数据。由日照时间换算出日射量是利用实测值求得的系数计算的。

2.太阳能供电原理

太阳能电池是具有光-电转换特性的半导体器件。它的工作原理是半导体的光电效应或光生伏打效应。

太阳能电池是由两种分别称为 P 型半导体材料和 N 型半导体材料结合成的 PN 结组成。P 型半导体材料的多数载流子是空穴,N 型半导体材料的多数载流子是电子。

当 P 型半导体和 N 型半导体构成 PN 结时,由于界面处存在着电子和空穴的浓度差,空穴要向 N 区扩散,电子要向 P 区扩散,其结果形成空间电荷区,使界面的 P 型一侧形成负电荷区,界面的 N 型一侧形成正电荷区,防止扩散进一步进行。因为这里不存在自由电子和空穴,所以又称耗尽区。

太阳光是由光量子组成的,光量子具有能量,能量值为:

$$E = 1.24/\lambda \tag{11-17}$$

式中:E——光量子具有的能量(eV);

λ——光的波长(μm)。

当太阳光照射到 PN 结上时,产生新的电子-空穴对,在半导体内部结附近生成的载流子,受内建电场的吸引到达空间电荷区。电子流入 N 区,空穴流入 P 区,结果使 N 区储存了过剩的电子,P 区有过剩的空穴,在 PN 结附近形成与势垒方向相反的光生电场。光生电场除了部分抵消势垒电场的作用外,还使 P 区带正电,N 区带负电,在 N 区和 P 区之间的薄层产生电动势,这就是光生伏打效应。此时,如果将外电路短路,则外电路中就有与入射光能量成正比的光电流流过,这个电流称作短路电流。此外,若将 PN 结两端开路,则电子和空穴分别流入 N 区和 P 区,会使 N 区的费米能级比 P 区的费米能级高,在这两个费米能级之间就产生了电位差 V。可以测得这个值,并称为开路电压。电位差 V 由下式表示:

$$V = \Delta E_F/q \tag{11-18}$$

式中:V——太阳能电池电动势(V);

ΔE_F——能量差(eV);

q——电子的电荷,$q = 1.062 \times 10^{-19}$ C。

3.太阳能电池的种类

根据不同的分类方法,太阳能电池有许多种。

（1）按利用太阳能的方式分类，太阳能电池可分为直接利用太阳光照射进行工作的平板型电池和通过光学系统把太阳光高度集中后射入太阳能电池进行工作的聚光型电池。目前，航标中使用的太阳能电池是平板型电池。

（2）按所用材料分类，太阳能电池可分为硅太阳能电池和化合物半导体太阳能电池。

（3）按结构分类，太阳能电池可分为 PN 型结构、PIN 型结构、异质结、金属半导体结和多重结合型。

（4）按太阳能电池组合件封装形式分类，可分为两块板式结构、衬底结构、一块表面板结构和埋入树脂结构。

4.硅太阳能电池的性能

硅太阳能电池是目前使用最广泛的太阳能电池，它有许多优异性能。

（1）光谱响应

硅太阳能电池的相对光谱响应曲线如图 11-1 所示。

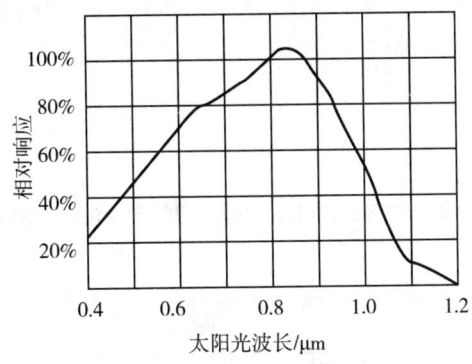

图 11-1 硅太阳能电池的相对光谱响应曲线

（2）输出特性与光强关系

硅太阳能电池的开路电压、短路电流与入射光强的关系如图 11-2 所示。短路电流与入射光强、光照面积成正比；开路电压与入射光强的自然对数成正比。

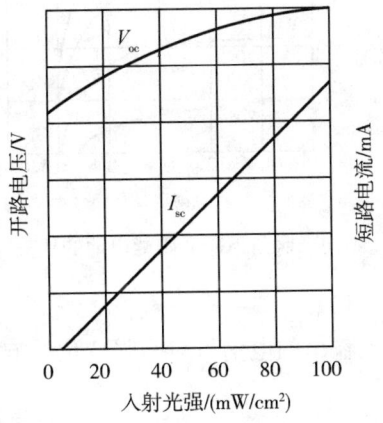

图 11-2 硅太阳能电池的开路电压、短路电流与入射光强的关系

（3）负载特性曲线

硅太阳能电池在有负载无偏压情况下的电流-电压特性曲线如图 11-3 所示。

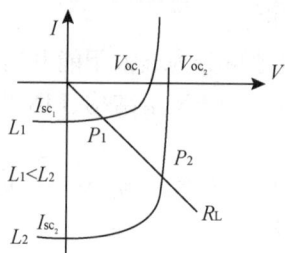

图 11-3　硅太阳能电池在有负载无偏压情况下的电流-电压特性曲线

有负载有偏压情况下的硅太阳能电池电流-电压特性曲线如图 11-4 所示。

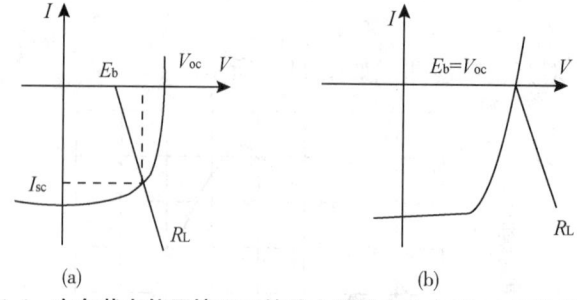

图 11-4　有负载有偏压情况下的硅太阳能电池电流-电压特性曲线

（4）光照角特性

光照角即入射角。不同光照角下硅太阳能电池的伏安特性曲线如图 11-5 所示。

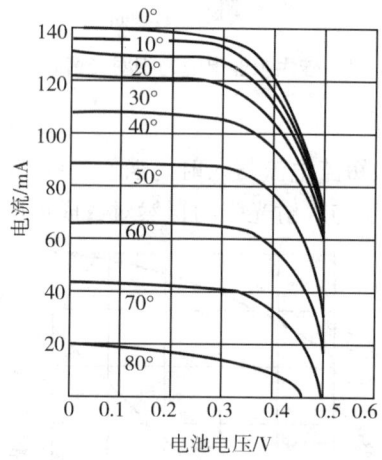

图 11-5　不同光照角下硅太阳能电池的伏安特性曲线

（5）响应时间

响应时间表示硅太阳能电池输出的电信号对光强变化的响应能力。它由电池的结电容和负载电阻之积决定。

（6）光反射特性

典型的硅太阳能电池的光反射特性如图 11-6 所示。

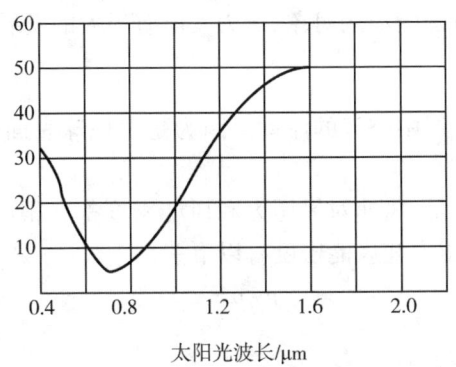

太阳光波长/μm

图 11-6 硅太阳能电池的光反射特性

（7）温度特性

电池的开路电压随温度的升高而降低，短路电流随温度升高稍有增加，输出功率随温度升高而降低。

（8）热性质

典型硅太阳能电池的太阳光吸收率为 0.725，垂直发射率为 0.803。

（9）使用寿命

一般来说，硅太阳能电池寿命可达数年至数十年性能基本不变。

（10）转换效率

硅太阳能电池的理论最大转换效率约为 22%。

5.硅太阳能供电系统

硅太阳能供电系统有四种形式，分别是直流负载使用蓄电池型、直流负载直接连接型、交流负载使用蓄电池型和交流负载直接连接型。

航标领域使用的硅太阳能供电系统属于直流负载使用蓄电池型。这种供电系统一般由硅太阳能电池阵列、蓄电池组和电源控制器组成。硅太阳能电池阵列是将硅太阳能电池串联和并联，以获得所需的电压和电流。蓄电池组的作用是接受硅太阳能电池阵列的充电，以储存电能，并向负载供电。电源控制器的作用是调压，以满足负载电压的需要，防止蓄电池组过充或过放。

航标太阳能供电系统组成示意图如图 11-7 所示。

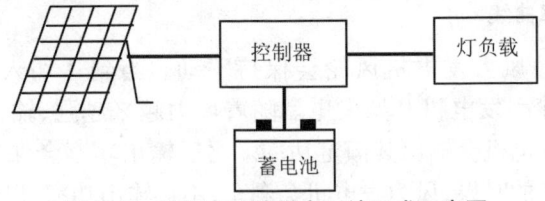

图 11-7 航标太阳能供电系统组成示意图

二、风能供电

风能供电就是将空气流动的动能转变为电能。人类利用风能的历史很悠久，可以追溯到公元前 200 年。20 世纪 70 年代，由于"能源危机"，风力发电作为一种自然能源受到国内外人们的普遍重视。航标作为特殊的应用对象,风力发电有很大的发展前景。

1.风能的性质

风是包围着地球的大气层中空气的流动。因为是由地球表面受热不均产生的,所以风能是太阳能的一部分。

风的大小是以风速来度量,风速对风压力和风能密度都有很大影响。按流体力学和流体动力学基本方程,风速与风压力和风能密度有以下关系:

$$p = \rho \cdot v^2 \tag{11-19}$$

式中:p——风压力(N/m^2);

ρ——空气密度(kg/m^3);

v——风速(m/s)。

$$T = \frac{\rho \cdot v^3}{2} \tag{11-20}$$

式中:T——风能密度(kg/s^3)。

2.风能供电原理

风能供电工作原理是利用风能发电设备将风的动能转变为风轮轴的机械能,再通过风轮轴带动发电机转换为电能。

一套完备的风力发电设备主要由风轮机、发电机、控制装置、蓄电池组成。风轮机的回转叶片受风力冲动,将风力转变为回转的机械力,通过风轮轴的转动驱动发电机发电。风轮机是风力发电机的核心部件。

在风力发电机中,已采用的发电机有3种,即直流发电机、同步交流发电机和异步交流发电机。

控制装置包括定向装置(将风轮机调整对准风向)、启动及停机装置、调整风力装置(调整叶片角度以调整接受的风力)和保护装置(在过高风速时停机及进行发电机保护等),以最大限度地获取风能,并防止受损。

风力发电机的输出功率与风速的大小有关。由于自然界的风速是极不稳定的,风力发电机的输出功率也极不稳定。风力发电机发出的电能一般不能直接用在电器上,先要储存起来。目前,风力发电机用的蓄电池多为铅酸蓄电池。

3.风力发电机的功率曲线

在风速很低的时候,风力发电机风轮会保持不动。当到达切入风速时(通常每秒3~4 m),风轮开始旋转并牵引发电机开始发电。随着风力越来越强,输出功率会增加。当风速达到额定风速时,风力发电机会输出其额定功率。之后输出功率会保持大致不变。当风速进一步增加,达到切出风速的时候,风力发电机会刹车,不再输出功率,以免受损。风力发电机的性能可以用功率曲线来表达。功率曲线标示在不同风速下(切入风速到切出风速)风力发电机的输出功率。不同的风力发电机有不同的功率曲线。如图11-8所示是典型风力发电机功率曲线图。

4.风力发电机的输出功率

风力发电机的额定输出功率是配合特定的额定风速而设定的。由于能量与风速的立方成

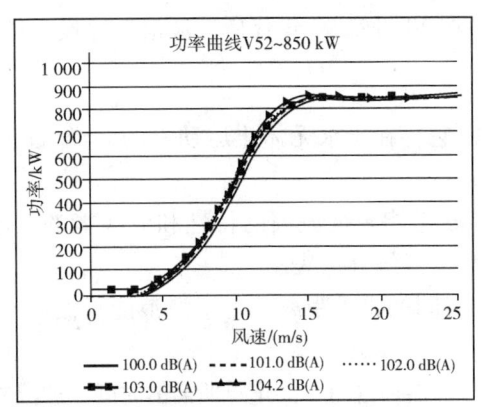

图 11-8　某型号风力发电机功率曲线图

正比,因此,风力发电机的功率会随风速变化很大。

风力发电机的电功率输出(瓦)可表示为:

$$P = \frac{1}{2}(\rho \cdot \eta \cdot A \cdot C_{\text{p}} \cdot V^3) \tag{11-21}$$

式中:ρ——空气密度;

　　　η——发电机效率和机械效率的积,即 $\eta_{\text{g}} \cdot \eta_{\text{m}}$;

　　　A——叶片扫掠的面积;

　　　C_{p}——功率系数;

　　　V——风速。

5.风力发电机的种类

根据叶片固定轴的方位,风力发电机可以分为横轴式和竖轴式两类。横轴式风力发电机工作时转轴方向与风向一致,竖轴式风力发电机工作时转轴方向与风向成直角。横轴式风力发电机通常需要不停地变向以保持与风向一致。竖轴式风力发电机则不必如此,因为它可以收集不同来向的风能。横轴式风力发电机在世界上占主流位置,近年来,竖轴式风力发电机也正在不断扩大使用领域。

按风轮面向来风的方向,风力发电机可分为逆风风力发电机和顺风风力发电机。逆风风力发电机是一种风轮面向来风的横轴式风力发电机。对于顺风风力发电机,来风是从风轮的背后吹来的。大多数的风力发电机是逆风式的。

按叶片数目分,风力发电机可分为单叶片、双叶片和三叶片风力发电机。叶片的数目由很多因素决定,其中包括空气动力效率、复杂度、成本、噪声、美学要求等。大型风力发电机可由 1 片、2 片或者 3 片叶片构成。目前 3 片叶片风力发电机是主流。从美学角度上看,3 片叶片的风力发电机看上去较为平衡和美观。

三、波浪能供电

波浪能作为一种自然能源,总量巨大。早在 1799 年,法国吉拉尔德就设想从波浪中获得能量。波浪能在灯浮标上作为供电能源应用,日本起步较早,1964 年设计取得成功,1965 年作为正规的系统被采用。国内在20世纪90年代后期波浪能才投入试验和应用。

1.波浪能的性质

波浪能是一种自然能源,它存在于永无休止运动着的海洋、江河、湖泊中。波浪能是巨大的,但其随机性很强,能量很分散。

波高、波浪周期、波长和波速能表征波浪的特性和波浪能的大小。由于波浪能随机性很强,以上4个参数只能用观测值或统计值表示。

波高是相邻的波峰和波谷间的铅垂距离。由于波浪能与波高平方成正比,故波高的量值反映出波浪能的大小。

波浪周期是相邻两波峰(或波谷)通过一固定点所需的时间。波浪周期等于波长与波速之商。

波长是相邻两波峰(或波谷)间的水平距离。波浪传播到浅水区后,随着深度的减小,波长亦相应地减小。

波速是波形的传播速度。波速的大小决定于波长和水深。

在波力发电装置的设计和使用中,常需掌握波高和波浪周期这两个观测值。

2.波浪能供电原理

灯浮标用波力发电装置可将波浪能转换成电能,为航标供电。灯浮标浮体在波浪能作用下反复上下运动,如图11-9所示。波峰来时,浮体因浮力而上升,此时,由于中心管内水位不变,管内成负压,外部空气从上部的吸气阀被吸入;波谷来时,浮体下降,但管内水位不变,因此管内空气被通过上部的排气阀向外部排出。这种空气的来回流动可使空气涡轮机单向旋转,从而带动发电机发电。

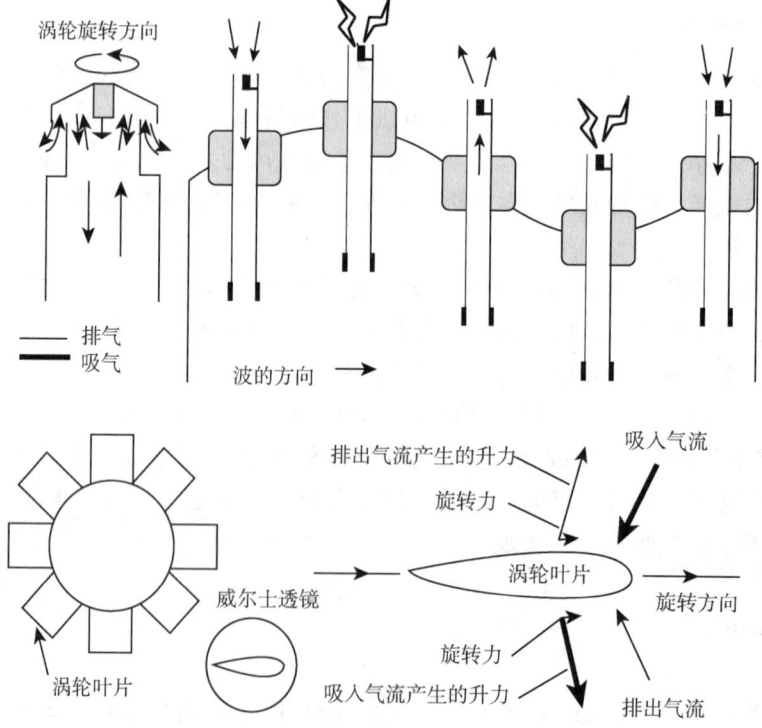

图11-9 波浪发电原理图

目前,在灯浮标上应用的波浪能供电装置有日本研制的波力发电装置(如图 11-10 所示)和我国广州能源研究所开发的机械式波力发电装置(如图 11-11 所示)。

（a）　　　　　　　　　　　（b）

图 11-10　日本研制的波力发电装置

图 11-11　广州能源研究所开发的机械式波力发电装置

第四节　耗电量的计算

正确地计算航标灯器的耗电量,关系到合理配置航标能源、合理安排航标补给、维护保养周期和及时更换能源,以保证航标灯器连续正常发光。耗电量是依据灯器的功率、闪光特性、光源的冷丝系数及灯器每日的工作时间等因素计算的。

一、光源的冷丝系数

光源在未发光前,发光体是冷的,电阻较小。在通电瞬间,电流要比发光体在正常发光时的电流大。光源在闪光工作状态时,启动电流与额定电流之比称为光源的冷丝系数。冷丝系数与光源的额定电流及闪光"明"的时间有关。各种白炽灯泡的冷丝系数可在图 11-12 和表 11-1 中查得。

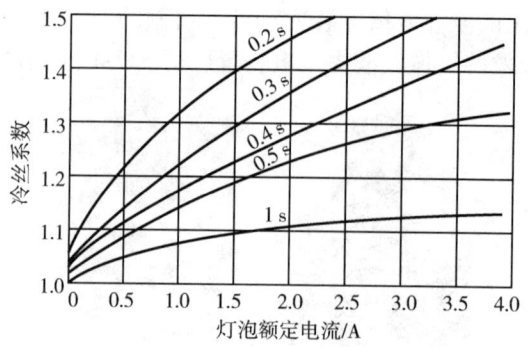

图 11-12　白炽灯泡的冷丝系数图

表 11-1　白炽灯泡的冷丝系数表

灯泡额定电流/A	闪光"明"时间/s				
	0.2	0.3	0.4	0.5	1.0
0.25(6 V,1.5 W)	1.15	1.10	1.07	1.05	1.03
0.30(4.4 V,0.3 V)	1.20	1.13	1.10	1.08	1.04
0.60(6 V,3 CP)	1.21	1.14	1.11	1.09	1.05
0.80(6 V,5 W)	1.30	1.22	1.17	1.13	1.07
1.40(6.5 V,1.4 A)	1.38	1.28	1.22	1.19	1.08
2(32 V,60 W)	1.45	1.36	1.27	1.23	1.11
3(32 V,100 W)		1.46	1.36	1.29	1.12
4			1.43	1.32	1.13

二、每日耗电量计算

灯器每日耗电量 S 由下式计算：

$$S = \frac{L}{L+D} \cdot I \cdot H \cdot K \qquad (11\text{-}22)$$

式中：L——一个闪光周期中"明"的时间(s)；

　　　D——一个闪光周期中"暗"的时间(s)；

　　　I——光源的额定电流(A)；

　　　H——每日灯器工作时间(h)；

　　　K——冷丝系数；

　　　S——灯器每日的耗电量(A·h)。

一般闪光器的耗电量很小,为光源耗电量的 5%～10%,因此可忽略不计。

三、电池组

航标灯器的工作电压和工作电流通常比单体电池的电压和容许放电电流大。在电池与灯器配套时,除了需计算电池的串联只数以满足工作电压的需要外,还需计算电池的并联组数以满足工作电流的需要。串联后,电池组的总电压等于各单体电池电压之和。并联后,电池组的容许放电电流等于各个(组)电池容许放电电流之和。电池组的总容量为并联各个(组)电池的容量之和。

四、电池组使用日期计算

电池组的使用日期可按下式计算:

$$d = Q/S \qquad\qquad (11-23)$$

式中:Q——电池组的总容量($A \cdot h$);

d——使用日期(天)。

第二篇

航标管理

第一章　绪论

第一节　航标管理发展简史

　　航标随着水运事业的发展而发展,航标管理也随着水运事业的发展而发展。

　　我国是世界上文明古国之一,有着五千年的文明史,也是从事水上交通活动最早的国家之一,可追溯至公元前22世纪。我国航标历史源远流长,早在四千多年前的夏朝时期,随着水运交通活动的兴起,出现了利用天然物标航行的活动。这些天然物标是航标的雏形,是古代的自然航标。我国航标经历了漫长的兴衰发展历程,已由最初的自然航标、人工航标,发展到目前自动化程度较高的现代航标。

　　我国古代航标的管理,初期是民间自建自管,后发展到官府建管。

　　文字记载,我国民间自建自管的最早航标是台湾澎湖渔翁岛的西屿灯塔(又称渔翁岛灯塔)。该灯塔由清朝澎湖郡伯蒋元枢、通判谢维祺二公募款,于清乾隆四十三年(1778年)建在渔翁岛外坡高地上,作为台湾和厦门之间的助航标志。灯塔因历经风雨,无人照顾,塔前庙宇倾圮。清道光八年(1828年)重修庙宇,派人司灯,所需费用,通过向入港船只征收50~100文支付。

　　民间传说,此前,我国沿海渔场周围的小渔港,由渔民自筹资金建立航标,一般在港域内选一高地或山坡的突出点悬挂油灯,供渔民所用,鱼汛期点燃。这些民建、民用航标的修建及维护费用,均由本地渔户合理分担,因涉及渔民生息和安全,从不拖欠。

　　我国官府建管的最早航标是刘家港西暗沙嘴灯船。元至大四年(1311年),经海道漕运的粮船在刘家港西暗沙嘴浅滩多有搁浅,造成船毁人亡。海道府采纳常熟州船户苏显的建议,在刘家港西暗沙嘴抛设两只木船,竖立旗缨,指引粮船出浅,并画图备榜太仓周泾桥路漕宫前聚船处所,晓谕运粮船户。官府以苏显的建议于官有益,于民有利,擢升他为指浅提领。

　　1840年鸦片战争后,我国的近代航标由海关管理。清咸丰九年(1859年),清政府任命英国人李泰国(H.N.Lay)为首任总税务司,后改任命英国人赫德(R.Hart)为第二任总税务司,统领海关,将有关航道、航政管理,包括助航设施和灯塔事宜及船钞费纳入海关业务管理的范围。

　　船钞又名船料,又称钞关税。明宣德四年(1429年),征收的钞关税是指凡船只受雇装载者,依其载料多少和航行远近纳税,谓之船料,每船百料,纳税一百贯。清朝对船舶收税分两种:一种称商税,对国内贸易船舶收税;另一种称洋税,对国外船舶收税。开始根据船舶外形大小收税,后改为按船舶登记吨位收税,所以船钞又称吨税。

　　我国征收的船钞,曾作为财政收入上缴国库。清咸丰八年(1858年),中英《天津条约》附约《通商章程善后条约:海关税则》第十款规定:"……浮桩、号船、塔表、望楼等经费,在于船钞项下拨用。"从此,海关征收的吨税就固定作为我国航标经费的来源。

清同治七年四月初三(1868 年 4 月 25 日),海关总税务司署以总税务司第 10 号通扎通知各关,宣布成立船钞股,其任务为:"建设与管理沿海、内河灯塔、灯船、浮标、雾号及其他各项航行标识,撤除航路沉没船只,疏浚港口水道,管理碇泊事宜,以及延用专业人才,分任各职。"船钞股直属海关总税务司领导,由一名海务税务司负责,下设灯塔工程师两名,港口工程师一名。将全国沿海划分为南、中、北三段管理,每段设一名段巡工司,三段巡工司分驻福州、上海和烟台。段巡工司业务上受海务税务司领导,行政上接受辖区海关税务司指示,负责段内所辖沿海及各港航标的设置、巡视,检查港内浮标、标桩、灯标及引航等,检查理船厅的工作。理船厅具体负责和管理辖区内的航标,并履行海关监察长关于税务方面的职责。从而形成了我国最早的航标管理机构,其管理体系是,总税务司-海务税务司-段巡工司-理船(港务长)-灯守。当时,船钞股及各段职务均由外国人担任。

清光绪八年(1882 年),海关对各口海关管辖的水上助航标志曾做过统一规定,内容包括8 项,较简单,无江海之分,详细内容如表 1-1 所示。当时水上助航标志称警船浮、桩。

表 1-1 1882 年航标改饰一律以色样说明

编号	标志名称	设置地点	色样	表示内容
1	警船浮、桩(含所有航标)	由海进口处	红色	船只由海进口时应行浮(桩)之左,即在水道之右
2	警船浮、桩	由海进口处	黑色	船只由海进口时应行浮(桩)之右,即在水道之左
3	警船浮、桩	水道中间	红黑横线相间	来往船只傍浮(桩)行驶,即在水道中间
4	警船浮、桩	明、暗沙或乱礁处	红黑竖线相间	明、暗沙或礁石两旁有水道
5	警船浮、桩	进口危险处之两旁	红白二色方格	船只进口傍行浮(桩)之左,即在水道之右
6	警船浮、桩	进口危险处之两旁	黑白二色方格	船只进口傍行浮(桩)之右,即在水道之左
7	警船浮、桩	水道中间障碍处	红黑方格	水面有礁石或水道中间有障碍物
8	警船浮	沉船处	浮为绿色上书沉船船名及海关编号	沉船标志编号为单数者,进口船只应行正路之左边;编号为双数者,进口船只应行正路之右边;无编号者,进口船只应行沉船两旁深水之处

中华人民共和国成立后,1950 年 7 月 26 日,政务院财经委员会发出"关于统一航务港务管理的指示",决定将海关管理的航标移交交通部(今交通运输部)管理。1950 年 11 月 16 日,海关总署将管理的航标移交交通部航务总局,其中港口航标移交各港务局管理,长江航标移交长江航务管理局管理,结束了长达八十多年海关管理航标的历史。

交通部航务总局为接管航标成立海务处,在沿海组建青岛、上海、厦门、广州四个区海务办事处;长江上、中、下游航标分别由长江航务管理局重庆分局江务科、长江航务管理局江务处和长江航务管理局南京分局江务科管理。自此，沿海航标和内河航标分开建立分级管理体制。

中华人民共和国成立初期，我国沿海军事斗争形势复杂，为适应军事斗争形势和发展海上运输，政务院决定"交通部所管航标及管理航标的海务机构移交海军司令部"。自1953年7月5日起，内河航标分属交通部内河航运管理局和海运总局管理，撤销交通部海务处和各海务办事处，沿海及港口航标由海军接管。海军海道测量局扩编为海道测量部。1958年，海道测量部更名为航海保证部，北海、东海和南海舰队司令部设航海保证处分管航标，下设航海保证区和航海保证段。海军这种管理体制一直沿用至今。

1958年起，按照国务院批准的"统一规划、统一制度、分工负责、自建自管"的原则，沿海航标分别由海军、交通、水产三部管理。

为适应航运事业发展的需要，1980年4月24日，国务院、中央军委批准将海军管理的海上干线公用航标，除长河二号导航系统外，全部划归交通部管理。自1981年起，天津、上海、广州航道局分别接管了交通部部分直属港口的航标，以实现对商港、沿海短程航线和海上干线公用航标的统一管理。

为加强海区航标的管理，交通部将沿海航标划分为北方、东海、南海三个海区，分别由天津、上海、广州航道局管理，并建立航标局、航标区、航标站三级管理机构，基本形成了较完善的航标管理体制。航道局内设航标测量处，具体负责航测工作。

1985年，国务院决定按照政、企分开的原则，建立中央和地方分工负责的水上安全监督管理体制。1986年，交通部先后将隶属于交通部沿海港务局的港务监督、海上无线电通信机构和航道局的航标测量处划出，组建14个海上安全监督局。

1988年以后，交通部将部分航标区（处、站）成建制地划归所在地海上安全监督局，按区处合一原则管理，但航标业务仍然分别由天津、上海、广州海上安全监督局统一管理，形成了部分航标区（处、站）双重领导的格局。

1983年起，交通部就海关征收和管理的船舶吨税应作为航标经费开展了研究，并上报了有关材料。1986年6月2日，国务院以国函73号文件批复，同意将海关征收的吨税划归交通部管理，直接用于海上干线公用航标的维护和建设。航标经费的解决，为沿海航标的发展提供了有力的保障。

1998年11月，以中华人民共和国港务监督局（交通部安全监督局）和中华人民共和国船舶检验局（交通部船舶检验局）为基础，成立了中华人民共和国海事局（交通部海事局）。

1999年，经国务院批准，我国水上安全监督管理体制实施重大改革，实行一水一监、一港一监、统一政令、统一布局、统一领导、分工管理的管理体制，成立了20个直属地方海事局。

2001年，海区航标管理体制实施改革，将17个航标区（处、站）改为16个航标处，分别划归天津、上海、广东及海南海事局统一管理。随后成立了北海航标处，归广东海事局管理。

2012年12月，交通运输部北海航海保障中心、交通运输部东海航海保障中心、交通运输部南海航海保障中心挂牌成立，三大保障中心整合了航标、测绘和通信资源，开始分别由天津海事局、上海海事局、广东海事局进行管理，现集中由交通运输部海事局管理。

第二节　航标管理基本要求

对视觉航标管理的基本要求是:标位准确、灯质正常、涂色鲜明、结构良好。对音响航标管理的基本要求是:信号清晰、发放及时。

航标管理的指标是:航标正常率达到 99.6%,南海海区达到 98.5%;航标维护正常率达到 99.8%,南海海区达到 99%。

航标正常率和航标维护正常率是评价和考核航标管理工作质量的重要指标,也是制订航标管理工作计划的一个依据。

航标正常率是一个区域内保持正常的航标座天数与航标维护总座天数的比,是衡量航标维护质量的主要指标。航标维护正常率是一个区域内航标维护总座天数减去未能在规定时间内恢复正常的航标事故座天数与航标维护总座天数的比。

航标正常率和航标维护正常率是统计数据,其统计的时间应有足够的长度,否则统计结果不能反映实际的航标维护管理质量。统计时间一般取一个月、一个季度或一年的时间。

航标正常率用下式计算:

$$P_1 = \frac{mT - n_1}{mT} \qquad (1\text{-}1)$$

式中: P_1——统计时间内的航标正常率;

　　m——一个区域内航标维护总座数;

　　T——统计时间内的天数;

　　n_1——统计时间内航标事故座天数。

航标维护正常率用下式计算:

$$P_2 = \frac{mT - n_2}{mT} \qquad (1\text{-}2)$$

式中: P_2——统计时间内的航标维护正常率;

　　n_2——统计时间内未能在规定时间内恢复正常的航标事故座天数。

第三节　航标管理体制

一、我国的航标管理体制

我国航标实行交通运输部、海军和渔业部门三家共管的管理体制。交通运输部负责海上公用航标,商港和以商为主、军商合用港的航标及内河航标;海军负责军港和以军为主、军商合用港的航标;渔港和渔场等渔业专用航标由渔业部门负责。交通运输部内部,中华人民共和国海事局是全国海区航标主管机关,交通运输部水运局和各级地方人民政府交通行政主管部门按各自分工负责内河航标。

我国航标的管理实行统一管理,分级负责的原则。

对于交通运输部直属的海区航标,中华人民共和国海事局是全国海区航标主管机关,负责全国海区航标管理工作;北海航海保障中心、东海航海保障中心、南海航海保障中心分别负责北海、东海、南海的航标管理工作,北海指辽宁、河北、山东省及天津市沿海水域,东海指江苏、浙江、福建省及上海市沿海水域,南海指广东省、广西壮族自治区、海南省沿海水域;交通运输部在沿海设立的大连、营口、秦皇岛、天津、烟台、青岛、连云港、上海、宁波、温州、福州、厦门、汕头、广州、湛江、北海、海口、南沙、西沙等 19 个航标处是辖区航标管理部门,具体负责辖区航标管理工作;航标站是航标处的派出值班单位,按规定的范围负责航标的维护保养工作。

内河航标包括江、河、湖泊和水库通航水域所配布的助航标志,是我国航标的一大组成部分,其中长江、黑龙江和珠江水系设置的航标在内河航标中占有较大的比重。

长江流经九省两市,正源为沱沱河。长江干流全长 6 300 km,通航里程 3 638 km。宜宾至长江口为长江干流,长 2 717 km,终年通航。

长江上游,宜宾至宜昌,长 1 044 km;长江中游,宜昌至武汉,长 626 km;长江下游,武汉至上海吴淞口,长 1 043 km。长江干流宜宾至浏河口 2 687.6 km 的航道上,设内河航标,由长江航道局管理。

长江水系有通航河流 3 600 多条,通航里程达 7 万多千米。

湖南省湘、资、沅、沣四水以洞庭湖为中心,组成沟通全省通达长江的航道网。全省通航里程 10 051 km;干线航道设标里程 1 809 km,由湖南省航道管理局管理。

汉水在湖北省内丹江俐河口至武汉市 402 km 设有一类航标;全省设标航道 690 km,由湖北省航务管理局管理。

江西省有赣、抚、信、饶、修等五水汇入鄱阳湖后入长江,全省设标航道 1 690 km,由江西省航务管理局管理。

江苏省航道 23 670 km,重点设标里程 4 890 km,由江苏省交通厅航道局管理。

上海市内河航道以黄浦江为主干,有干、支航道 210 条,通航里程约 2 100 km,设标里程 114 km,由上海市航务管理处管理。

黑龙江有南、北两源,南源的额尔古纳河为中、俄界河,北源为俄境的石勒喀河,两河于恩和哈达汇合后,始称黑龙江。恩和哈达以下为黑龙江干流,长 2 820 km,其中恩和哈达至伯力(哈巴罗夫斯克)为中、俄界河,长 1 890 km。

黑河(瑷珲)附近的结雅河口以上为上游,长 894 km;结雅河口至伯力为中游,长 996 km。黑龙江是封冻河流,每年通航期 170~200 天。

黑龙江水系的主要通航支流有松花江、嫩江和乌苏里江。

松花江是黑龙江水系的水运干线,全长 1 840 km。大船口以下 1 447 km 通航,三岔河口至同江 928 km 为干流,可通航 500~1 000 t 级船舶,三岔河口以下设有一类航标。

嫩江为松花江的最大支流,于三岔河汇入松花江,全长 1 089 km,富拉尔基至三岔河口 360 km,可通航 300~600 t 级船舶,设有一类航标。

乌苏里江全长 592 km,松阿察河口以下的 495 km 为中、俄界河,于伯力汇入黑龙江。虎头以下至伯力 400 km 航道,可通航 300~1 000 t 级船舶,饶河至伯力航道设有一类航标。

黑龙江水系在中国境内的通航里程 6 146 km,设标里程 5 119 km,其中黑龙江航道局负责管理 5 057 km。

珠江水系主要由西江、北江、东江和珠江三角洲河网组成,共有通航河流 1 381 条,通航里程 18 377 km,主要分布在广西、广东两省(自治区)。

西江水系有通航河流 158 条,全年通航里程达 1 930 km。广西境内主要有桂江、浔江、郁江、右江、黔江、红水河、柳河和融江等。广西内河全年通航里程 2 147 km,设标里程 1 939.7 km,由广西交通厅航务管理局管理。

北江是珠江水系北支,通航里程 1 217 km,韶关至三水思贤窖,长 258 km,可通航 50 t 级船舶,设标里程 586 km。

东江是珠江水系东支,通航里程 837 km,设标里程 806 km;惠州至东莞石龙,长 74 km,可通航 50 t 级船舶。

珠江三角洲,东起东莞石龙,西止三水思贤窖,汇集西江、北江、东江及珠江主干,通过三角洲河网地区,由八个口门入南海。通航水道 823 条,通航里程 5 347 km。1995 年,广东全省有通航河流 998 条,通航里程 10 808 km,设标里程 4 029 km,由广东省航道局管理。

二、国际航标协会

国际航标协会成立于 1957 年,总部设在巴黎,是一个非政府性协会,是一个负责提供或维护海上助航设备和组织相关活动的机构和组织。

国际航标协会原英文名称为 International Association of Lighthouse Authorities,缩写 IALA;在 1998 年第 14 届国际航标协会大会上更名为 International Association of Marine Aids to Navigation and Lighthouse Authorities,缩写仍为 IALA。

国际航标协会的宗旨是通过改进并协调助航设备、海上交通管理实践或者其他适当措施,促进船舶安全、经济、高效航行。

国际航标协会采取以下活动实现其宗旨:

(1)促进成员国之间的合作和帮助;

(2)设立技术委员会或工作组研究专门问题,制定并出版适当的建议或标准;

(3)组织与其工作相关的大会和研讨会;

(4)收集并通报会员国活动的信息,鼓励、支持并以期刊形式报道最新发展;

(5)鼓励会员国考虑发展多功能系统,比如,该系统也可用于监测海洋环境;

(6)促进对在海区航标及相关领域需要帮助的航标管理部门或组织,提供技术上、组织上或培训上的援助;

(7)与有关的政府间的、国际的及其他组织保持联系,并适当地提供专门咨询。

国际航标协会设国家会员、联系会员、工业会员和个人名誉会员。国家会员可由任何国家法定负责该国海区航标维护管理的国家当局申请;联系会员可由负责海区航标的任何服务机构或科研机构申请;工业会员可由出售海上助航设备的制造和销售商或者根据合同提供海上助航设备服务或技术咨询的组织申请;个人名誉会员可以终身授予理事会认为对协会做出重要贡献的任何人。

国际航标协会的全体会员大会不超过 5 年举办一次,通常和协会国际会议同时召开,一般 4 年召开一次。会员大会决定国际航标协会的总政策及其章程,选举产生理事会理事。

国际航标协会实行理事会制度,理事会负责行政管理,理事会由选举产生的 18 位理事和 2 位非选举理事组成。18 位理事在全体会员大会上由与会的所有国家会员以无记名投票方式从国家会员的首脑中选举产生。2 位非选举理事由举办下届大会的东道国航标主管当局首脑和上届东道国航标主管当局的首脑担任。理事会通常一年至少开一次会议。理事会经选举产生理事长和副理事长。理事会指定一名秘书长,秘书长是协会的法人代表和总执行官。秘书长由常设秘书处协助工作。

技术委员会由理事会设立,研究国际航标协会会员大会确定的工作范围,为国际航标协会全体成员准备建议、标准和指南,并向国际组织提交议案。技术委员会提交的文件涉及与管理、运行、工程、新技术和培训等方面相关的题目。在经国际航标协会理事会审查通过前,技术委员会提交的文件仅被视作工作文件。

国际航标协会顾问组每年召开一次会议,审查技术委员会的工作和理事会交办的专项工作。

国际航标协会每四年举办一次国际会议,国际航标协会的成员和非成员组织均可参加会议。会议的论文、演示和讨论涉及沿海航标的广泛领域。与会期间工业委员会同时举办工业展览会。

国际航标协会经常举办专题工作会和研讨会。

国际航标协会组织机构如图 1-1 所示。

国际航标协会为其成员提供综合性系列出版物。出版物种类包括:建议、指南、手册和其他出版物。

建议是当其成员就重要事宜达成一致时,国际航标协会形成文件,以推动或实现国际航标协会的宗旨,在世界范围内协调航标的提供;指导国际航标协会成员在进行航标规划、建设和维护中,始终遵循统一的程序和步骤;参考相关的国际标准和国际航标协会指南;为其他感兴趣者提供信息。

指南和手册提供了与航标规划、建设和维护相关的业务实践经验和参考做法;为航标的规划、建设和维护提供通用方法;遵守和支持相关国际航标协会建议的实施;适用于国际航标协会成员、非成员和培训机构。

国际航标协会词典汇编了航标词汇和短语,用于解释和说明与航标规划、建设、管理、设备、系统有关的技术术语。

其他出版物包括国际会议论文集、报告、信息简报、技术报告和 IALA 期刊等。

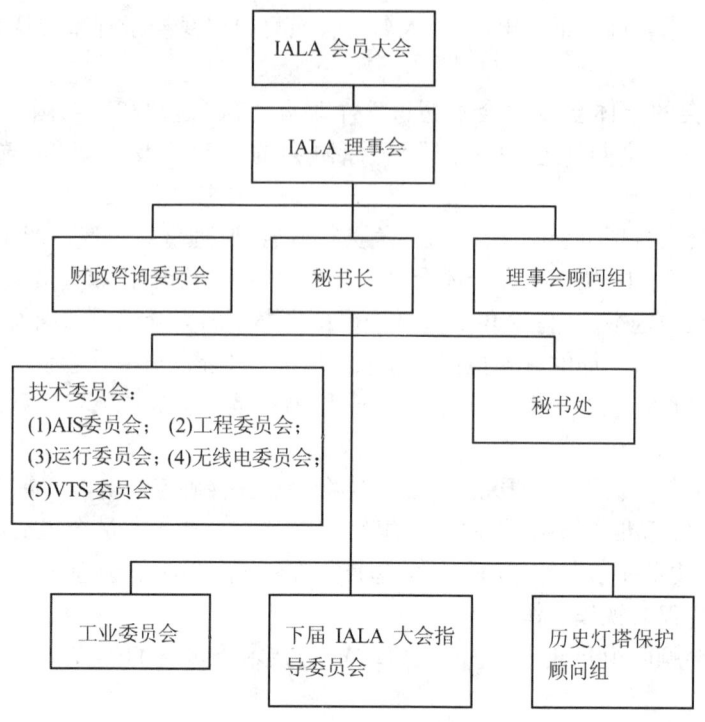

图 1-1　国际航标协会组织机构

第四节　航标表

一、中国沿海《航标表》

中国沿海《航标表》由中国人民解放军海军相关部门负责出版,它记载了分布在我国沿海水域及其相关陆域的各种航标资料。

我国沿海《航标表》共分三卷:第一卷,黄渤海区,包括自鸭绿江江口至连云港北的航标资料;第二卷,东海西部海区,包括自连云港至诏安湾的航标资料;第三卷,南海北部海区,包括大埕湾至东兴港(含海南岛和南海诸岛)的航标资料。

《航标表》对航标的资料分八栏内容记载,即编号、名称、位置、灯质、灯高、射程、构造、附记。

1.编号

一般按地理位置由北向南、由东向西、由海进港的顺序,将航标统一连续编号,航标与其编号固定对应。如果在两座相邻航标编号间插入新的航标编号,则用带小数的航标编号表示,如1087.01。罗经标和测速标以场为单位,用前面加注有字母"L""C"的偶数编号;奇数用作新插入罗经标、测速标的编号。

航标的地理名称均以新版海图为准。

航标编号下注有"渔"字者,表示该标为渔用航标。附记栏注有"海军管理"者,表示该标为军用航标。

2.名称

名称指航标的名称。

3.位置

采用1954年北京坐标系,标注航标的经/纬度位置。经度以格林尼治子午线为准。方位为真方位,即自真北顺时针方向。

4.灯质

航标灯质,即航标的灯光性质,包括灯光颜色、灯光节奏和灯光周期。

5.灯高

如无特殊注目,灯高系指平均大潮高潮面至航标灯光中心的高度,单位为m。

6.射程

射程即灯光射程,通常指在标准能见度(能见度10 n mile 或大气透射率0.74)条件下,观测者眼高为5 m时,航标灯光所能达到的距离,单位为n mile。

7.构造

构造栏记载了航标标身的高度、形状、材料和颜色。

8.附记

附记注明航标的类型和必要的说明。

二、英版《灯标和雾号表》

英版《灯标和雾号表》(*Admiralty List of Lights and Fog Signals*),简称《灯标表》,共分A、B、C、D、E、F、G、H、J、K、L、M 等12册,详细记载了世界范围的各种灯塔、灯桩、灯浮标(高度超过8 m者)及雾号的资料。作为海图资料的补充,各册《灯标表》包括了地区界限图。

《灯标表》主表内容共分八栏,其内容如下。

1.No.

No.为灯标编号,按国际海道测量组织规定的国际统一编号。

2.Name-Position

Name-Position 为灯标的名称与位置。其中灯光射程等于或大于15 n mile 的灯标名称用黑体字印出;灯光射程小于15 n mile 的灯标名称用正体字印出;灯船名称用大写斜体字印出;灯浮标名称用小写斜体字印出。

3.Lat.Long

Lat.Long 为灯标的经度、纬度,均为概略值。

4.Characteristics and Intensity

Characteristics and Intensity 为灯标的灯质和灯光强度。灯光强度的单位为 cd。当灯标的射程为标称灯光射程时,灯标不注明灯光强度。

5.Elevation in metres

Elevation in metres 为灯标的灯高,一般自平均大潮高潮面起算,单位为 m。

6.Nominal or Luminous Range

Nominal or Luminous Range 为灯光射程或标称灯光射程。本栏给出两种灯光射程之一,单位为海里。灯光射程等于或大于 15 n mile 的灯标用黑体数字标注;灯光射程小于 15 n mile 的灯标用普通体数字标注。当灯标具有不同的灯光颜色时,应分别标出不同灯光颜色的射程,如 W12、R9、G9,表明该灯标白光灯光射程为 12 n mile,红光灯光射程为 9 n mile,绿光灯光射程为 9 n mile。

7.Structure Height in metres

Structure Height in metres 为灯标的结构和标高。标高指自地面起算的标身高度。

8.Remarks

Remarks 为备注。注明灯标灯光的明、灭时间分配。

第五节　航标发展形势

一、人工智能

人工智能(Artificial Intelligence)的缩写为 AI。美国著名的斯坦福大学人工智能研究中心尼尔斯·约翰·尼尔森教授对人工智能的定义是:"人工智能是关于知识的学科——怎样表示知识以及怎样获得知识并使用知识的科学。"美国麻省理工学院的帕特里克·温斯顿教授认为:"人工智能就是研究如何使计算机去做过去只有人才能做的智能工作。"这些定义反映了人工智能学科的基本思想和基本内容,即人工智能是研究人类智能活动的规律,构造具有一定智能的人工系统,研究如何让计算机去完成以往需要人的智力才能胜任的工作,也就是研究如何应用计算机的软硬件来模拟人类某些智能行为的基本理论、方法和技术。

1956 年夏,以麦卡赛、明斯基、罗切斯特和申农等为首的一批有远见卓识的年轻科学家在一起聚会,共同研究和探讨用机器模拟智能的一系列有关问题,并首次提出了"人工智能"的概念,这标志着"人工智能"这门新兴学科的诞生。

人工智能是计算机学科的一个分支,20 世纪 70 年代以来被称为世界三大尖端技术(空间技术、能源技术、人工智能)之一,也被认为是 21 世纪三大尖端技术(基因工程、纳米科学、人工智能)之一。近几十年来,人工智能获得了迅速的发展,在很多学科领域取得了广泛应用,并获得了丰硕的成果,人工智能已逐步成为一个独立的学科。

人工智能是研究用计算机来模拟人的某些思维过程和智能行为(如学习、推理、思考、规划等)的学科,主要包括计算机实现智能的原理、制造类似于人脑智能的计算机,使计算机能实现更高层次的应用。人工智能涉及计算机科学、心理学、哲学和语言学等学科,可以说几乎是自然科学和社会科学的所有学科,其范围已远远超出了计算机科学的范畴,人工智能与思维科学的关系是实践和理论的关系,人工智能是处于思维科学的技术应用层次,是它的一个应用分支。从思维观点看,人工智能不仅限于逻辑思维,要考虑形象思维、灵感思维才能促进人工智能的突破性的发展,数学常被认为是多种学科的基础科学,数学也进入语言、思维领域,人工智能学科也必须借用数学工具,数学不仅在标准逻辑、模糊数学等范围发挥作用,数学进入人工智能学科,它们将互相促进从而更快地发展。

人工智能是一门边缘学科,属于自然科学和社会科学的交叉学科。人工智能涉及哲学、认知科学、数学、神经生理学、心理学、计算机科学、信息论、控制论、不定性论。

人工智能研究的领域涉及自然语言处理,知识表现,智能搜索,推理,规划,机器学习,知识获取,组合调度问题,感知问题,模式识别,逻辑程序设计软计算,不精确和不确定的管理,人工生命,神经网络,复杂系统,遗传算法。

用来研究人工智能的主要物质基础及能够实现人工智能技术平台的机器就是计算机,人工智能的发展历史是和计算机科学技术的发展史联系在一起的。除了计算机科学以外,人工智能还涉及信息论、控制论、自动化、仿生学、生物学、心理学、数理逻辑、语言学、医学和哲学等多门学科。人工智能学科研究的主要内容包括:知识表示、自动推理和搜索方法、机器学习和知识获取、知识处理系统、自然语言理解、计算机视觉、智能机器人、自动程序设计等方面。

人工智能应用领域涉及机器视觉,指纹识别,人脸识别,视网膜识别,虹膜识别,掌纹识别,专家系统,自动规划,智能搜索,定理证明,博弈,自动程序设计,智能控制,机器人学,语言和图像理解,遗传编程等。

人工智能就其本质而言,是对人的思维的信息过程的模拟。对于人的思维模拟可以从两条道路进行:一是结构模拟,仿照人脑的结构机制,制造出"类人脑"的机器;二是功能模拟,暂时撇开人脑的内部结构,而从其功能过程进行模拟。现代电子计算机的产生便是对人脑思维功能的模拟,是对人脑思维的信息过程的模拟。

二、智能航运

随着人工智能等新学科的不断发展与突破,航运业已经开始从信息化时代走向智能化时代。正如有关专家所表述的,"智能航运是一个发展过程,它刚刚开启,而我们已处在这个发展过程之中"。

从全球范围看,以北欧国家为代表的多个国家正在积极推动智能航运研究,计划未来10年内实现自主无人船舶实际营运。早在2017年国际海事组织(IMO)海上安全委员会第98次会议(MSC 98),就已将"自主无人船舶"纳入新增议题。国际海事组织(IMO)秘书长林基泽也在多个场合对"人、船、港"智能化管理表示期待和关注。

近年来,中国对智能航运的前期探索初有成效,厦门港、洋山港、青岛港等港口已建成全自动码头;与此同时,一些研究院所、大专院校、企业单位也在智能航运领域奋力深耕,开展了一系列的项目研究,"大智"号、"明远"号和"凯征"号分别成为获得中国船级社智能船级符号的世界首艘散货船、超大型矿砂船和油船。

智能航运是人工智能技术与航运要素深度融合形成的航运新业态。随着智能航运的发展,货运船舶将走向无人化,港口将走向完全自动化,监管和保障的对象将逐渐由人转变为智能化的机器。目前,技术发展水平距离智能航运大量广泛应用的需求尚有很大差距,预测未来15年是智能航运发展的关键时期,智能航运的发展可能比预期来得更快,并将在未来很长一段时间深刻影响航运的模式和组织。

根据交通运输部联合中央网信办、国家发展和改革委员会、教育部、科技部、工业和信息化部、财政部七部门发布的《智能航运发展指导意见》,智能航运包括以下5个基本要素:智能船舶、智能港口、智能航保、智能航运服务和智能航运监管等。智能航运的5个基本要素是相互紧密联系的,构建一个合理、健康的智能航运生态,需要推动这5个要素协同发展,这里面除了需要突破感知、认知、决策、交互等诸多关键技术之外,还需要大量的工程实践、试点示范和测试验证。

智能船舶需要智能航保,智能航保起到支撑与保障的作用。智能船舶和自主无人船舶需要有岸基支持,同当前状况相比,智能航运对导/助航运用精度、通信带宽、网络安全等都会有更高的要求与标准,这对航海保障事业提出了新机遇和更高的要求。

智能航运对港口和航运服务有了新的要求。港口的智能化起源于港口的自动化和信息化,大数据、人工智能等技术还将在港口的生产管理中得到进一步应用。大宗货物全自动化与智能化作业,将是智能港口下一步主要的发展方向。

在船舶、航保、港口都发生重大变化后,航运监管的模式、方法、手段等也要与航运要素的变化相适应,并促进彼此健康发展。未来的航运监管,将同时面对有人船和无人船。虽然货船无人化是一种主要趋势,但其他用途的船舶未必也有无人化的需求。智能化最终推动的是智能航运服务,其最显著特征体现在航运服务交易、航运辅助服务交易的平台化。

智能航运至少应该达到6个方面的效果:一是高效,二是柔性,三是绿色,四是安全,五是互联(或者说协同),六是卓越。检验智能航运就是看它到底为行业解决了多少问题,以及解决问题的能力是否达到了一个智能化的高度。

智能航运不仅依托技术的创新和智能的实现,更需要发展理念、组织管理、运营模式、价值服务的深刻变革。

三、智能船舶

智能船舶融合了现代信息技术和人工智能等新技术,具有安全可靠、节能环保、经济高效等显著特点,是未来发展的重点方向。

智能船舶利用传感器、通信、物联网、互联网等技术自动感知和获得船舶自身、海洋环境、物流、港口等方面的信息和数据,是基于计算机、自动控制和大数据技术,在船舶航行、管理、维护保养、货物运输等方面实现智能化运行的船舶。

智能船舶使船舶更加安全、环保、经济和可靠,是现代船舶相关技术向智能化、信息化的转型和发展。

近年来,智能船舶成为国际海事界新热点。国际海事组织(IMO)、国际标准化组织(ISO)等国际组织将智能船舶列为重要议题,国际主要船级社先后发布了有关智能船舶的规范或指导性文件,世界主要造船国家大力推进智能船舶研制与应用。

我国船舶工业和航运业在智能船舶领域进行了有益探索,相关科研攻关取得积极进展,智能技术工程化应用初显成效,已形成一定的技术积累和产业基础,基本与国际先进水平保持同步。但总体而言,全球智能船舶仍处于探索和发展的初级阶段,智能船舶的定义、分级、分类尚未统一,智能感知等核心技术尚未取得突破,智能船舶标准体系、测试与验证体系亟待建立,智能技术工程化应用十分有限,相关国际海事公约法规的研究才刚刚起步。

目前,我国智能船舶面临的主要任务:

(1)全面强化顶层设计。研究制定我国智能船舶中长期发展规划。深入分析智能船舶发展趋势,明确智能船舶概念与分级分类,研究提出智能船舶技术体系框架,制定技术发展路线图。研究制定智能船舶规范和标准体系建设指南。加强智能船舶配套基础设施研究,提出总体布局规划方案。开展智能船舶相关法律法规梳理,提出需求框架,启动急需法律、法规和相关政策性文件的制定与修订。

(2)突破关键智能技术。加强船舶智能系统总体设计,整合行业内外创新资源,突破智能船舶基础共性技术和关键核心技术。重点围绕智能感知、智能航行系统等研制需求,着重提升船舶总体、动力、感知、通信、控制、人工智能等多学科交叉的集成创新能力。

(3)推动船用设备智能化升级。围绕智能船舶辅助决策、自主控制等功能需求,系统梳理感知与控制基础元器件技术要求,着重补齐短板,强化综合集成。推动船舶航行、作业、动力等相关设备的智能化升级,研制信息和控制高度集成的新型船用设备,全面提升船舶智能化水平。

(4)提升网络和信息安全防护能力。充分利用相关行业科研基础和科技成果,加强网络与链路安全、系统硬件与软件安全、数据安全等方面的应用研究,全面提升智能船舶网络和信息安全防护能力,确保安全、可靠、可控。

(5)加强测试与验证能力建设。充分利用现有条件与基础,突破半物理环境测试、跨域协同测试等技术,建立涵盖智能器件、智能设备、智能系统及整船的多层级综合测试验证平台,建设满足多场景实船测试要求的水上综合试验场,构建虚实结合、岸海一体的综合测试与验证能力,打造智能船舶试验、验证、评估、检验的服务体系。

(6)构建规范标准体系。开展智能船舶规范标准制定与修订工作,规范相关术语和智能化分级,推动建立统一协调的信息交互、数据传输、网络和信息安全标准,逐步构建覆盖设计、建造、测试与验证、运营等方面的智能船舶规范标准体系。积极参与和推动智能船舶相关国际海事公约规范标准的制定与修订。

(7)推动工程应用试点示范,积极推进智能技术工程化应用,以新建智能船舶的试点示范,带动营运船舶的智能化改造升级,不断拓展各类智能船舶及智能系统设备的应用范围。以技术发展为牵引,以市场需求为导向,统筹推进内河、沿海、远洋各类智能船舶的试点示范。

(8)打造协同发展生态体系。促进船岸协同,推动岸基共享云服务平台建设,实现船船、船岸、船港的信息互联互通;围绕航运、港口、物流等相关需求,推动船舶航行、靠离泊、营运管理、货物装卸等方面的智能应用。推进船舶设计、建造、配套、营运、检验等相关环节协同发展,逐步构建和完善智能船舶发展生态体系。

(9)促进军民深度融合。加强智能船舶军民通用规范标准体系建设,统筹智能船舶研发、设计、制造、配套及关键元器件资源,推进创新平台、综合测试与验证平台及综合测试场的规划布局和共建共享。加强军民科技成果双向转化,推动北斗定位导航系统等在智能船舶领域的广泛应用,促进雷达、夜视装备、微机电系统、天基通信系统、目标探测等技术在民用领域的转化应用。

目前的智能船舶没有定义驾驶方式是有人的或无人的,也未明确船上是否有船员;无人驾驶船舶明确定义了驾驶方式是自动的或岸基遥控的,但并不意味着船上无人;无人船驾驶方式是无人的,而且船上没有人。无人驾驶船舶、无人船都属于智能船舶的范畴,无人驾驶船舶是智能船舶的高级阶段,无人船是智能船舶的更高级阶段。

四、智能航保

智能航保是指利用传感器、通信、物联网、互联网、大数据、人工智能等技术,智能感知、处理和发布与船舶安全航行密切相关的各种导/助航信息、海洋环境信息,为船舶智能航行提供支撑和服务,从而营造一种智能、便捷、高效的管理和助航服务环境。

智能航保的主要特征是智能化和信息数字化;基本特征是"立体化发展""全时域覆盖""智能化保障""高质量服务",即最终实现航海保障管理和对外服务的全域覆盖、立体保障、全面感知、互联互通、高质量发展和智能化服务,具体体现在布局科学合理、功能配套完善、装备先进适用、运转协调规范、应急响应及时、服务可靠高效、人才队伍精干。

立体化发展:体现陆地、水下、水上和空中提供多种导/助航方式和多维服务方式,最终形成"陆海空天底网"六位一体的智能化保障和服务模式。

全时域覆盖:是指全时、全域、全频、全天候等。全时涵指 24 h 全部时间段,全域涵指地域、空域、水域、频域。

智能化保障:综合运用现代通信信息技术、计算机网络技术、大数据技术、物联网技术、人工智能等先进技术,实现对沿海各类航海保障基础设施装备的智能感知、监测、组网、预测、预警、控制,从而实现内部的智能管理和外部的智能化保障服务。

高质量服务:是指航海保障服务质量,通常包括集约化、标准化、国际化、绿色化和便捷化等,体现了服务内容、服务方式、服务手段、服务的标准化和及时性,最终充分满足航行安全保障和用户不断增长的安全出行的需要。

五、海洋经济

传统海洋经济的定义是开发利用海洋的各类海洋产业及相关经济活动的总和。

现代海洋经济的定义是包括为开发海洋资源和依赖海洋空间而进行的生产活动,以及直接或间接开发海洋资源及空间的相关产业活动,并由这些产业活动形成的经济集合。一般海洋经济主要包括海洋渔业、海洋交通运输业、海洋船舶工业、海盐业、海洋油气业、滨海旅游业等。

近 20 年来形成的新兴海洋产业包括海洋养殖业、海洋油气工业、滨海旅游娱乐业、海水直接利用业、海洋医药和食品工业等,另外,还有一些正处于技术储备阶段的未来海洋产业,如海洋能源利用、深海采矿业、海洋信息产业、海水综合利用等。

21 世纪将是人类挑战海洋的新世纪。2001 年,联合国正式文件中首次提出了"21 世纪是海洋世纪"。今后10年甚至50年内,国际海洋形势将发生较大的变化。海洋将成为国际竞争的主要领域,包括高新技术引导下的经济竞争。发达国家的目光将从外太空转向海洋,人口将加速趋海移动趋势,海洋经济正在并将继续成为全球经济新的增长点。海洋是人类存在与发展的资源宝库和最后空间。人类社会正在以全新的姿态向海洋进军,国际海洋竞争日趋激烈。

海洋是高新技术发展前沿领域。自20世纪80年代以来,美、日、英、法、德等国家分别制定了海洋科技发展规划,提出优先发展海洋高技术的战略决策,希望在21世纪世界海洋政治、经济和军事等各方面的竞争中占据有利地位,同时也期望在海洋领域找到国民经济的新的增长点。国际上海洋高技术发展有以下五个重点领域:海洋生物技术、海洋生态系统模拟技术、海洋油气资源高效勘探开发技术、海洋环境观测和监测技术、海底勘测和深潜技术。总之,海洋科学研究、海洋高新技术开发已上升到各国最高层次的决策范畴,并进行了战略性规划安排。

海洋经济新兴的海洋产业,将给航标领域带来新的发展机遇,并提出更高的要求。

第二章　海道测量基本理论与技术

第一节　海道测量基本理论

研究海道测量的学科是海道测量学,海道测量学是研究对海洋、江、河等水域,沿海地带和海底地貌进行测绘的理论、技术和方法的学科。

海道测量是对海洋、江、河等水域,沿海地带和海底地貌进行测绘工作的总称,它主要包括水上定位、水深测量、探测碍航物与扫海、水文观测。

一、海道测量基本知识

1.参考椭球面

海道测量或大地测量是在地球表面的较大范围内进行的,地球的形状和大小直接与测量工作有关。地球的自然表面高山、丘陵、平原、海洋等起伏形态,是一个不规则的曲面。

长期的测量实践表明,地球与一个以椭圆的短轴为旋转轴的旋转椭球的形状十分近似,而旋转椭球是可以用数学模型严格表示的,一般称旋转椭球为参考椭球体,其外表面为参考椭球面。参考椭球体可用长半轴和扁率两个参数表示。

2.投影

为了将球面投影到平面上以进行标绘,常用以下两种投影。

（1）墨卡托（Mercator）投影

墨卡托投影,是一种"等角正切圆柱投影",由荷兰地图学家墨卡托在 1569 年拟定。假设地球被围在一中空的圆柱里,其标准纬线与圆柱相切接触,然后假想地球中心有一盏灯,把球面上的图形投影到圆柱体上,再把圆柱体展开,这就是一幅选定标准纬线上的墨卡托投影绘制出的地图。

（2）高斯-克吕格（Gauss-Krüger）投影

高斯-克吕格投影,是一种"等角横切圆柱投影",由德国数学家、物理学家、天文学家高斯（Gauss）于 19 世纪 20 年代拟定,后经德国大地测量学家克吕格（Krüger）于 1912 年对投影公式加以补充。假设用一个圆柱横切于球面上投影带的中央经线,按照投影带中央经线投影为直线且长度不变和赤道投影为直线的条件,将中央经线两侧一定经差范围内的球面正形投影于圆柱面。然后将圆柱面沿过南、北极的母线剪开展平,即获高斯-克吕格投影平面。

3.基准面

基准面一般分测量基准面和计算基准面。测量基准面主要是测量高程和深度。

测量高程的基准面中,最重要的是大地水准面。大地水准面是平均海水面及其在全球大陆架下延伸的水准面。它是连续的闭合曲线。从理论上讲,全球只有一个大地水准面。在测量中,大地水准面是高程的起算面,也是研究地球自然表面形状的参考面。

我国采用青岛验潮站 1950—1956 年的验潮结果,推算的"1956 年黄海平均海水面",作为 1988 年以前的高程基准面。1988 年开始改用 1952—1979 年的验潮结果推算的"1985 国家高程基准",作为高程基准面。后者比前者下降了 39 mm。

深度基准面是海图深度的起算面,也是《潮汐表》潮高的起算面。根据潮汐性质的不同,世界各国采用不同的计算公式计算深度基准面。我国采用苏联学者弗拉基米尔提出的理论最低潮面,作为深度基准面。计算公式是用 8 个主要分潮进行组合,计算同一时刻潮高可能出现的最高和最低潮面,其最低潮面称为理论深度基准面,简称深度基准面。

为了计算方便,可将复杂的地球表面进行两次简化,即将大地水准面简化为参考椭球面,再将其简化为球面,以球面作为计算基准面。当然,为了计算更简便,在满足测量精度要求和测区面积不大的情况下,也可直接用水平面代替大地水准面的一部分。

4.坐标系

常用的坐标系有天文坐标系和大地坐标系。

天文坐标系又称地理坐标系,是以大地水准面和铅垂线分别为基准面和基准线建立的坐标系。这个坐标系的坐标是天文经度、天文纬度、天文方位角和高程。

大地坐标系是以参考椭球面及其法线分别为基准面和基准线建立的坐标系。这个坐标系的坐标是大地经度、大地纬度、大地方位角和大地高程。

目前经常使用的坐标系是 2000 国家大地坐标系、WGS84 大地坐标系、1980 年国家大地坐标系、1954 年北京坐标系。

2000 国家大地坐标系(China Geodetic Coordinate System 2000,CGCS2000)是我国最新的国家大地坐标系,其坐标系的几何定义是原点在地球质心,Z 轴由原点指向历元 2000.0 的地球参考极的方向,X 轴由原点指向格林尼治参考子午线与地球赤道面(历元2000.0)的交点,Y 轴与 Z、X 轴构成右手正交坐标系。2000 国家大地坐标系采用的地球椭球体几何参数:

$$a = 6\ 378\ 137\ \text{m}$$

$$f = 1/298.257\ 222\ 101$$

WGS84(Word Geodetic System,1984)大地坐标系是美国确定的大地坐标系,其坐标系的几何定义是原点在地球质心,Z 轴指向 BIH1984.0 定义的协议地极(CTP)方向,X 轴指向 BIH1984.0 的零子午面和 CTP 赤道的交点,Y 轴与 Z、X 轴构成右手坐标系。对应于 WGS84 大地坐标系的 WGS84 椭球体,其几何参数:

$$a = 6\ 378\ 137\ \text{m}$$

$$f = 1/298.257\ 223\ 563$$

1980 年国家大地坐标系采用 1975 年国际大地测量协会第十六届大会推荐的椭球体参数,坐标原点设在陕西省咸阳市泾阳县永乐镇,距西安市 60 km。最基本的椭球体几何参数:

$$a = 6\ 378\ 140\ \text{m}$$

$$f = 1/298.257$$

1954 年北京坐标系是采用苏联学者克拉索夫斯基推算的椭球体建立的,其椭球体的几何参数：

$$a = 6\ 378\ 245\ \text{m}$$
$$f = 1/298.3$$

二、角度测量

角度测量是指水平角和垂直角的测量。水平角用于推算地面点的平面位置，垂直角用于推算地面点的相对高程。如图 2-1 所示，已知 A 点的坐标、AC 的距离和方位角，根据平面解析几何，可推算出 C 点的坐标。同理，可推算出其余各点的坐标。

用于测量角度的仪器称为经纬仪。经纬仪以测站的水准面和铅垂线分别为基准面和基准线测量目标的水平角和垂直角。

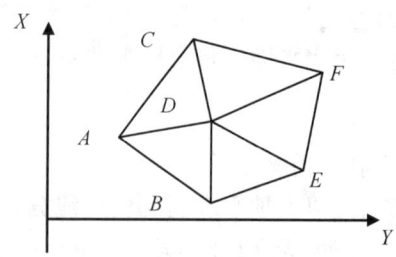

图 2-1　用水平角推算地面点的坐标

使用光学经纬仪测量角度产生的测量误差由四个部分组成，即仪器结构误差、仪器及照准点对中误差、观测误差和外界因素影响误差。测量误差是这四部分误差平方和的平方根。

三、距离测量

确定地面点的位置、高程和深度，实际上就是求该点至基准面和基准线的相对距离。

距离测量主要有三大类方法，即普通钢带尺测距、光学视距法测距和物理测距，物理测距包括微波测距、光波测距和声波测距。

普通钢带尺测距适用于浅水水域的水深测量，其测量精度一般可达量程的 1/5 000 ~ 1/3 000。

光学视距法测距使用光学测距仪，它是根据等腰三角形或直角三角形的斜边和夹角求定测站至测点的距离。

微波测距和光波测距均属于电磁波测距，即利用电磁波作为载波，通过直接或间接测量电磁波在被测距离上往返传播的时间和电磁波的传播速度来测定距离。

声波测距主要是用声波作为载波测量水深，其常用的仪器是水声测深仪。水声测深仪的工作原理是，水声测深仪发射垂直向下的声波，声波以速度 C 传播至水底，经水底反射被水声测深仪接收，通过声波的传播时间和传播速度，可求得水深。

距离测量的误差主要来自路径传播的延迟和传播速度的不均匀。不论是电磁波还是声波，在介质中传播时，总是受介质运动状态的影响，使传播路径发生变化，能量发生衰减，从而延迟了传播时间。

四、高程测量

高程测量是确定地面点至大地水准面或参考椭球面的垂直距离。高程测量常用的方法有几何水准测量和三角高程测量。

1.几何水准测量

几何水准测量的基本原理是用水准仪的水平视线照准竖立在前、后两点上的水准标尺,读取标尺分划读数,直接求出前、后两点间的高差,当某点高程已知,另一点高程即可求得。其原理如图 2-2 所示。

水准仪主要由望远镜、主水准器、垂直轴、微倾螺旋、圆水准器和读数设备构成。水准标尺通常分为精密水准标尺和普通水准标尺两种。精密水准标尺主要用于一、二等水准测量,普通水准标尺用于三、四等水准测量。

根据《国家水准测量规范》的规定,各等级水准测量的精度指标如表 2-1 所示。

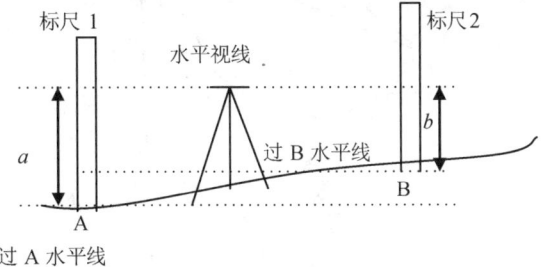

图 2-2 几何水准测量原理

表 2-1 各等级水准测量的精度指标

等级	每千米高差中数的偶然中误差/mm	每千米高差中数的全中误差/mm
一	≤0.5	≤1.0
二	≤1.0	≤2.0
三	≤3.0	≤6.0
四	≤5.0	≤10.0

在几何水准测量中,高程误差的产生原因主要有仪器误差、观测误差和外界因素影响误差。

2.三角高程测量

三角高程测量是测定控制点高程的常用方法,其基本原理如图 2-3 所示,即在三角形边上对向或单向观测垂直角,以推算高差和高程。

如图 2-3 所示,设在以 R 为半径的球体表面上进行测量,R 为测区的平均曲率半径;A、B 为地面的两点,其实地距离为 d;P 为仪器视准轴与水平轴的交点;PE 与 AF 分别为过 P、A 点的水准面;EF 等于 A 点的仪器高,为 b_1;NB 等于 B 点觇标的标高,为 a_2;MN 为大气垂直折光差,等于 $\dfrac{K}{2R}d^2$;CE 为地球弯曲差,等于 $\dfrac{d^2}{2R}$;MC 近似等于 $d \cdot \tan\alpha_{12}$,则在 A 点观测 B 点的单向

观测高差的计算公式是:

$$h_{12} = d \cdot \tan\alpha_{12} + \frac{d^2}{2R} + b_1 - \frac{K}{2R}d^2 - a_2 \tag{2-1}$$

同理,在 B 点观测 A 点的单向观测高差的计算公式是:

$$h_{21} = d \cdot \tan\alpha_{21} + \frac{d^2}{2R} + b_2 - \frac{K}{2R}d^2 - a_1 \tag{2-2}$$

从而得对向观测高差计算公式是:

$$h = \frac{1}{2}(h_{12} - h_{21}) = \frac{1}{2}d(\tan\alpha_{12} - \tan\alpha_{21}) + \frac{1}{2}(a_1 + b_1) - \frac{1}{2}(a_2 + b_2) \tag{2-3}$$

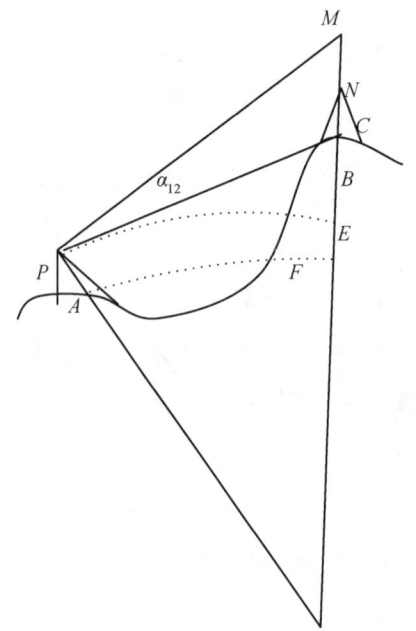

图 2-3　三角高程测量原理

五、控制测量

控制测量包括平面控制测量和高程控制测量。控制测量的目的是在测区一定范围内布设三角锁网,以确定地面点的精确位置和高程。在三角锁网中,点的位置可以用角度测量、距离测量等方法确定;高程可以用几何水准测量和三角高程等方法获得。三角锁网的基本结构如图 2-4 所示。

一般情况下,根据控制测量的规格,布设的三角锁网加密布设在国家相应等级的三角锁网上。如果国家三角锁网在该地区密度较大,可直接利用或改造,以适应控制测量的要求。不论是国家等级还是相应等级控制测量的三角锁网,均应遵循高级锁网控制低级锁网的布设原则。

控制测量的三角锁网主要技术要求如表 2-2 所示。

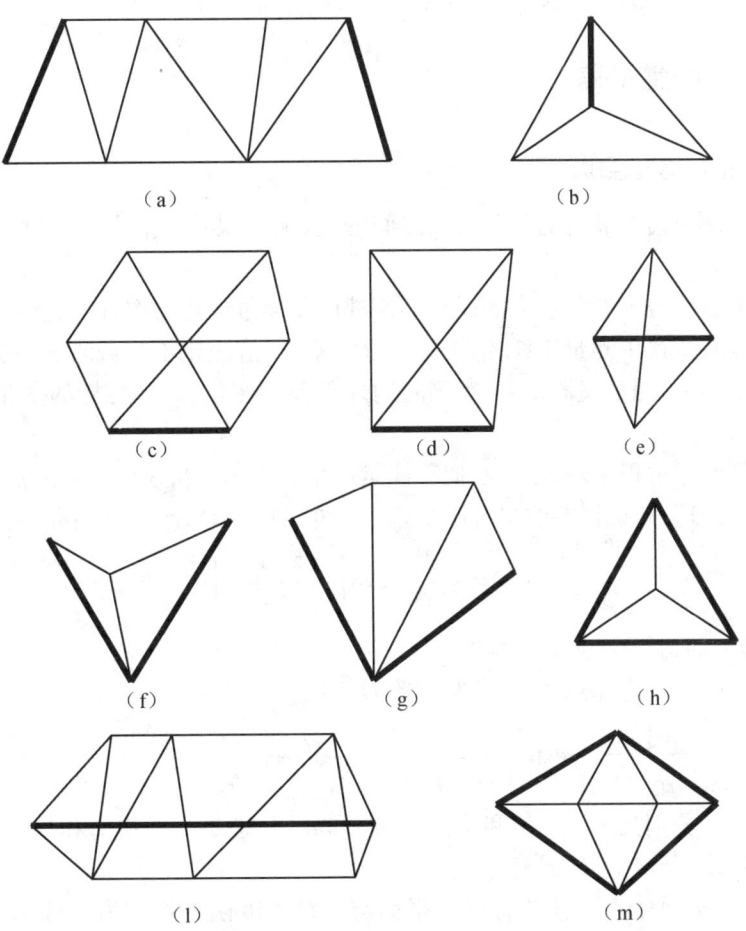

图 2-4　三角锁网的基本结构

表 2-2　控制测量的三角锁网主要技术要求

等级	平均边长/km	测角中误差	起始边相对中误差	最弱边相对中误差	测回数 J_6	测回数 J_2	三角形最大闭合差	图形权倒数
三等	4.5	±1.8″	1/150 000（首级） 1/120 000（加密）	1/70 000		9	±7	
四等	2.0	±2.5″	1/100 000（首级） 1/70 000（加密）	1/40 000		6	±9	
一级小三角	1.5~2.5	±5.0″	1/40 000	1/20 000	6	2	±15	15
二级小三角	0.5~1.5	±10″	1/20 000	1/10 000	3 2	1	±30	15
图根小三角	0.3~0.7	±20″	1/10 000	1/5 000		1	±60	15

　　控制测量的误差与起算元素的误差、观测元素的误差和三角锁网的图形结构有关。起算元素就是起算的边长、方位角和起算坐标。观测元素就是测得的距离和方位角。

六、误差理论与测量平差

1.测量误差的种类及性质

测量误差是测量时所获得的值与真值之间的差,测量误差一般有三类,即粗差、系统误差和随机误差。

粗差是观测者粗心大意所造成的误差。这种误差通过规范操作可以避免。

系统误差是其测量中测量系统本身造成的误差,其值固定不变或者按一定的规律变化。系统误差来源于人差、测量仪器误差、观测时的外界条件变化、测量目标的变化和测量方法的误差。

随机误差是测量过程中随机出现、似乎偶然产生的误差。从表面上看随机误差毫无规律,但通过概率统计处理,随机误差的出现服从正态分布,即误差概率密度函数为:

$$f(x)=\frac{1}{\sigma\sqrt{2\pi}}\exp\left[-\frac{(x-a_x)^2}{2\sigma^2}\right] \tag{2-4}$$

式中:a_x 是 x 的均值;σ 是 x 的均方差。

对于二维随机误差,其误差概率密度函数为:

$$f(xy)=\frac{1}{2\pi\sigma_x\sigma_y\sqrt{1-\rho^2}}\exp\left\{-\frac{1}{2(1-\rho^2)}\left[\frac{(x-a_x)^2}{\sigma_x^2}+\frac{(y-a_y)^2}{\sigma_y^2}-\frac{2\rho(x-a_x)(y-a_y)}{\sigma_x\sigma_y}\right]\right\} \tag{2-5}$$

式中:a_x 和 σ_x 分别是 x 的均值和均方差;a_y 和 σ_y 分别是 y 的均值和均方差;ρ 是二维随机误差的相关系数,$\rho=\sigma^{xy}/(\sigma_x\sigma_y)$。

从式(2-5)可知,平行于 x、y 坐标面的平面与二维密度函数相截为一椭圆,经简化后得椭圆方程为:

$$\frac{(x-a_x)^2}{\sigma_x^2}+\frac{(y-a_y)^2}{\sigma_y^2}-2\rho\frac{x-a_x}{\sigma_x}\cdot\frac{y-a_y}{\sigma_y}=(1-\rho^2)C^2 \tag{2-6}$$

式中:C 是常数。

2.误差椭圆及位置概率

设 $a_x=a_y=0$ 和 $C=1$,将式(2-6)经坐标变换,得出标准误差椭圆方程,其椭圆的长半轴和短半轴的方程为:

$$a^2=\frac{\sigma_x^2+\sigma_y^2}{2}+\left[\frac{(\sigma_x^2-\sigma_y^2)^2}{4}+\rho^2\sigma_x^2\sigma_y^2\right]^{1/2} \tag{2-7}$$

$$b^2=\frac{\sigma_x^2+\sigma_y^2}{2}-\left[\frac{(\sigma_x^2-\sigma_y^2)^2}{4}+\rho^2\sigma_x^2\sigma_y^2\right]^{1/2} \tag{2-8}$$

椭圆长轴与 x 轴的夹角为:

$$\tan2\theta=\frac{2\rho\sigma_x\sigma_y}{\sigma_x^2-\sigma_y^2} \tag{2-9}$$

设 $a_x=a_y=0$,且考虑到随机变量 x 和 y 不相关($\rho=0$)时,测量的位置点位于误差椭圆的概率可从式(2-6)得出:

$$P\left(\frac{x^2}{\sigma_x^2} + \frac{y^2}{\sigma_y^2} \leqslant C^2\right) = 1 - e^{-C^2/2} \tag{2-10}$$

3.权的概念

在实际测量中,所得的各观测值不可能都是等精度的。用这些不等精度的观测值,按等精度的方法来计算点的位置是不合适的。合理的做法应该是:在计算点的位置时,使精度高的观测值在计算结果中占有较大的比重,而精度低的观测值在计算结果中占有较小的比重。

为了正确处理这种不等精度的观测值之间的关系,引进了权的概念。我们用均方误差或方差来衡量观测结果的精度,即方差小,观测结果精度高,方差与精度成反比。权与观测结果精度成正比,即对观测值而言,权越大,观测结果精度越高。为此某观测值的权 w 被定义为与观测值的方差成反比,即

$$w = k/\sigma^2 \tag{2-11}$$

式中:k 是个任意的比例常数,可见权具有相对性。

4.最小二乘平差

在实际测量中,用测得的距离和角度来计算点的位置、高程和深度。于是点的观测值与点的位置之间就存在某种函数关系,这种关系称为数学模型。为了求解数学模型得到唯一解,需必要的观测数。但是任何观测总是存在误差,为了加强观测结果的可靠性和减弱观测误差的影响,通常使观测数大于必要的观测数,产生多余观测。

有了多余观测,观测结果就可能出现微小的差异。为了消除这种差异,采用最小二乘平差原理和方法。最小二乘平差是为了合理调整和分配测量误差对各观测量的影响,使测量结果具有唯一性和误差最小。考虑到权的概念和观测值残差的平方和为最小,得:

$$\Phi = w_1 V_1^2 + w_2 V_2^2 + \cdots + w_n V_n^2 = \sum_{i=1}^{n} w_i V_i^2 = 最小值 \tag{2-12}$$

式中:V_i 是观测值。

第二节　海道测量的基本技术

一、水上定位

目前,水上定位的主要技术是测距定位、双曲线定位和卫星定位等。

1. 测距定位

用电磁波测距定位的常用方法有距离方位极坐标法和双距离圆圆定位法。

距离方位极坐标法是用电磁波测距仪,在测量船上设置主台,即发射台,在岸上控制点处设置经纬仪和副台。定位时,通过经纬仪测得主台与副台的方位角 α_A,通过测距仪测得主台与副台的距离 d_{AP},则船位:

$$x_P = x_A + d_{AP}\cos\alpha_A$$

$$y_P = y_A + d_{AP}\sin\alpha_A \tag{2-13}$$

式中：x_A、y_A 是控制点的坐标。

双距离圆圆定位法是用电磁波测距仪定位。在测量船上设置主台 P，在岸上的两个控制点 A、B 处设置副台。定位时，测得主台与两个副台的距离 d_A 和 d_B，则分别以 A、B 为圆心，以 d_A、d_B 为半径作圆，两圆的交点即船位，其坐标为：

$$x_P = \frac{x_A\tan\beta + x_B\tan\alpha - y_A + y_B}{\tan\alpha + \tan\beta}$$

$$y_P = \frac{y_A\tan\beta + y_B\tan\alpha + x_A - x_B}{\tan\alpha + \tan\beta} \tag{2-14}$$

$$\alpha = \arccos\frac{d^2 + d_A{}^2 - d_B{}^2}{2dd_A}$$

$$\beta = \arccos\frac{d^2 + d_A{}^2 - d_B{}^2}{2dd_B} \tag{2-15}$$

式中：x_A、y_A 是控制点 A 的坐标；$0x_B$、y_B 是控制点 B 的坐标；d 是 A 与 B 点的距离；α 是 AB 与 AP 的交角；β 是 AB 与 BP 的交角。

当从主台测得与多个副台的距离时，产生了多余测量，应用最小二乘平差原理求最或然船位。

2.双曲线定位

双曲线定位属于距离差定位，其使用的定位系统是双曲线无线电定位系统。由解析几何可知，一个动点与两个定点的距离差为常数的点的轨迹为双曲线，两个定点称为双曲线的焦点，两个定点间的连线称为基线。

为了进行双曲线定位，即为了确定测量船的位置，至少需要三座岸台组成一座台链，其中一座为主台，两座为副台。测量船对三座岸台的无线电信号，获得两个距离差，从而从两族双曲线中获得两条相交的双曲线，两条双曲线的交点就是船位。由于双曲线定位系统具有定位多值性，即两条双曲线一般可相交两点，为此需根据概略船位，剔除一个虚假的船位，从而获得一个真实的船位。

3.卫星定位

卫星定位属于距离定位。目前常用的卫星定位系统是 BDS 和 GPS。

常用的 BDS 和 GPS 定位的方法有四种，即伪距定位法、多普勒定位法、载波相位测量法和卫星射电干涉测量法。前两种方法用于动态定位；后两种方法用于静态定位，即测量。

伪距定位原理如下所述。用 BDS 和 GPS 对测量船定位时，需测量瞬时某颗卫星与测量船的距离。如果电磁波的传播速度为 c，无线电信号从卫星传遍测量船的时间为 Δt，则距离 $\rho = c\Delta t$。但由于卫星与用户设备的计时基准有偏差，无线电信号传播的路径上有电离层和对流层产生的延时，通过 $c\Delta t$ 获得的不是卫星与测量船的真实距离，而是伪距 $\rho' = c\Delta t$，于是得伪距定位公式：

$$\rho'_i = \left[(x_i - x_u)^2 + (y_i - y_u)^2 + (z_i - z_u)^2\right]^{\frac{1}{2}} + d \tag{2-16}$$

式中：x_i、y_i、z_i 是第 i 颗卫星在某瞬时的位置坐标；x_u、y_u、z_u 是测量船的未知位置坐标；d 是距离修正数。式(2-16)中有四个未知量,为了解式(2-16),获得测量船的位置坐标,需同时至少测得四颗卫星与测量船的伪距,组成由四个公式组成的方程组,即 $i=1,2,3,4$。

多普勒测速原理如下所述。卫星在轨道上运行,固定频率连续发射无线电信号。由于卫星与用户之间的距离变化产生多普勒效应,用户设备接收的信号频率发生变化,这种发射频率和接收频率之差称为多普勒频移。用户设备常用测量基准频率和接收频率之差来获得多普勒频移。通过多普勒频移,可获得伪距变化率,从而可建立下述方程:

$$\frac{\partial \rho'_i}{\partial t} = \frac{\left(\frac{\mathrm{d}x_i}{\mathrm{d}t} - \frac{\mathrm{d}x_u}{\mathrm{d}t}\right)(x_i - x_u) + \left(\frac{\mathrm{d}y_i}{\mathrm{d}t} - \frac{\mathrm{d}y_u}{\mathrm{d}t}\right)(y_i - y_u) + \left(\frac{\mathrm{d}z_i}{\mathrm{d}t} - \frac{\mathrm{d}z_u}{\mathrm{d}t}\right)(z_i - z_u)}{\left[(x_i - x_u)^2 + (y_i - y_u)^2 + (z_i - z_u)^2\right]^{\frac{1}{2}}} + $$

$$c \cdot \frac{\mathrm{d}\Delta t_i}{\mathrm{d}t} + c\left(\frac{\mathrm{d}\Delta t_{si}}{\mathrm{d}t} - \frac{\mathrm{d}\Delta t_r}{\mathrm{d}t}\right), i = 1,2,3,4 \tag{2-17}$$

式中:$\dfrac{\partial \rho'_i}{\partial t}$——用户天线与第 i 颗卫星的伪距变化率;

x_i、y_i、z_i——第 i 颗卫星的位置坐标;

x_u、y_u、z_u——用户天线的位置坐标;

$\dfrac{\mathrm{d}x_i}{\mathrm{d}t}$、$\dfrac{\mathrm{d}y_i}{\mathrm{d}t}$、$\dfrac{\mathrm{d}z_i}{\mathrm{d}t}$——第 i 颗卫星的三维速度;

$\dfrac{\mathrm{d}x_u}{\mathrm{d}t}$、$\dfrac{\mathrm{d}y_u}{\mathrm{d}t}$、$\dfrac{\mathrm{d}z_u}{\mathrm{d}t}$——用户的三维速度;

$\dfrac{\mathrm{d}\Delta t_i}{\mathrm{d}t}$——第 i 颗卫星信号的传播延时的变化率,相对于 $\dfrac{\mathrm{d}\Delta t_r}{\mathrm{d}t}$,可略去;

$\dfrac{\mathrm{d}t_{si}}{\mathrm{d}t}$——第 i 颗卫星时钟相对于 GPS 时系的时间偏差变化率,相对于 $\dfrac{\mathrm{d}\Delta t_r}{\mathrm{d}t}$,可略去;

$\dfrac{\mathrm{d}\Delta t_r}{\mathrm{d}t}$——用户时钟相对于 GPS 时系的时间偏差变化率。

式(2-17)中,伪距变化率通过多普勒频移获得,用户天线的位置坐标通过伪距定位公式获得,第 i 颗卫星的位置坐标和三维速度通过导航电文获得。于是为获得用户的三维速度,需建立四个方程,以求解用户的三维速度和 $\dfrac{\mathrm{d}\Delta t_r}{\mathrm{d}t}$。

下面推导载波相位测量的观测方程。用户首先要接收和解调出 GPS 卫星的载波信号,并且产生一个频率相同的载波信号,前者称为被测载波,后者称为基准载波。基准载波瞬时相位为:

$$\varphi_a(t) = 2\pi f_a(t-t_0) + \varphi_a(t_0) \tag{2-18}$$

式中:$\varphi_a(t)$——基准载波瞬时相位(rad);

$\varphi_a(t_0)$——基准载波 t_0 时刻初始相位(rad);

f_a——基准载波的频率(Hz)。

第 i 颗卫星被测载波的相位为:

$$\varphi_i(t) = 2\pi f_i(t-t_0) + \varphi_i(t_0) - \frac{2\pi f_i}{c_0}\rho_{ia}(t) - (\varphi_{ion} + \varphi_{trop}) \qquad (2\text{-}19)$$

式中:$\varphi_i(t)$——第 i 颗卫星被测载波的相位(rad);

$\quad\varphi_i(t_0)$——第 i 颗卫星被测载波的初始相位(rad);

$\quad f_i$——第 i 颗卫星被测载波的频率(Hz);

$\quad\rho_{ia}(t)$——第 i 颗卫星与用户接收天线间真实距离(m);

$\quad c_0$——电磁波在真空中的传播速度(m/s);

$\quad\varphi_{ion}$——电离层引起的附加相移(rad);

$\quad\varphi_{trop}$——对流层引起的附加相移(rad)。

载波相位测量的基本观测量是基准载波相位和被测载波相位之差,即

$$\varphi_{ai} = \varphi_a(t) - \varphi_i(t)$$

$$= 2\pi(f_a - f_i)(t-t_0) + \varphi_a(t_0) - \varphi_i(t_0) + \frac{2\pi f_i}{c_0}\rho_{ia}(t) + (\varphi_{ion} + \varphi_{trop}) \qquad (2\text{-}20)$$

将上式两边除以 2π,得无量纲系数方程:

$$N_{ai} = (f_a - f_i)(t-t_0) + N_a(t_0) - N_i(t_0) + \frac{f_i}{c_0}\rho_{ia}(t) + (N_{ion} + N_{trop}) \qquad (2\text{-}21)$$

若在两个不同时刻测量载波相位,且令:

$$N_{ai}(t_1, t_2) = N_{ai}(t_2) - N_{ai}(t_1)$$

根据式(2-21),得多普勒计数方程:

$$N_{ai}(t_1, t_2) = (f_a - f_i)(t_2 - t_1) + \frac{f_i}{c_0}[\rho_{ia}(t_2) - \rho_{ia}(t_1)] + [N_{ion}(t_1, t_2) + N_{trop}(t_1, t_2)] \qquad (2\text{-}22)$$

式(2-22)可改写为距离差观测方程:

$$\rho_{ia}(t_2) - \rho_{ia}(t_1) = [N_{ai}(t_1, t_2) - (f_a - f_i)(t_2 - t_1) - N_{ion}(t_1, t_2) - N_{trop}(t_1, t_2)]\frac{c_0}{f_i} \qquad (2\text{-}23)$$

式(2-23)中,等式右边方括号内第 1 项是观测值,第 2 项是已知的,第 3 项用两种载波频率 f_{L1} 和 f_{L2} 的观测予以补偿,第 4 项可用观察时的气象数据予以计算。因此用公式(2-23)可获得两次测量用户天线和卫星的距离差。

二、水深测量

水深测量的目的是准确而完整地反映水底的地形地貌和水中的碍航物。

目前,用于测深的技术主要有人工测深和测深仪测深。人工测深包括测深杆测深和测深锤,测深仪测深包括单波束回声测深仪测深、多波束测深系统测深、机载激光(ALS)测深系统测深。

1.人工测深

测深杆一般用木杆制成,底部装有底盘和底质探测孔。木杆上涂有刻度值,通常 20 cm 长为一刻画。测深杆可以用于海草丰富、礁石、混凝土海底探测的海底探测。该类测区使用回声测深仪可能产生虚假信号,必须使用人工方法进行深度测量。测深杆在浅水区可以称为最为

准确的深度测量设备。

测深锤特别适用于礁石区、人工混凝土海底、防浪堤和护岸的斜波及靠近堤岸建筑的区域的深度探测。回声测深仪在上述区域一般测得的深度不准，甚至接收的是岸壁的回波信号。测深锤也可以用于淤泥松散的海底探测，回声测深仪探测淤泥松散的海底时，仪器读数通常无法反映真实海底深度。

2.单波束回声测深仪测深

单波束回声测深仪测深是利用水声换能器垂直向水下发射声波并接受海底回波，根据其回波时间和水中的声速来确定被测点的水深。利用回波测深仪进行水深测量一般称为常规测深技术，是目前深度测量的主要工具。

3.多波束测深系统测深

多波束测深系统测深的原理是在垂直于船的航行方向上发射一宽波束，通过对接收的回波信号进行处理，从而形成多个波束测量水深。

由于多波束测深系统具有一次能给出与航向垂直的剖面内几十个甚至成百上千个被测点的水深值，能够在一定宽度内实施全覆盖的测量，所以它能精确地、快速地测出航线一定宽度内水下目标的大小、形状和高度的变化，从而比较可靠地描绘出海底地形的精细特征。与单波束测深仪相比，多波束测深仪具有测量范围大、测量速度快、精度和效率高、记录数字化和实时自动绘图的优点，把测深技术从原先的点、线扩展到面，并进一步发展到立体测深和自动成图。

4.机载激光（ALS）测深系统测深

机载激光（Airborne Laser System，ALS）测深系统是集激光测距技术、定位技术、惯导技术、数字信号处理技术和图形处理等多种高新技术为一体的以飞机为载体的新型遥感信息获取与处理系统。

它的特点是覆盖面广、测点密度高、测量周期短、所需人员少、低消耗、易管理、高机动性及可以对船只无法到达的海区实施水深测量，是传统水面船进行水深测量的有力辅助手段，正日益受到海道测量界的重视。

机载激光测深系统的工作原理是：根据激光具有单色性高、方向性强、相干性好、强度大等特点，利用绿光或蓝绿光易穿透海水而红外光不易穿透海水的光学特性，在飞机平台上安装激光器，分别按固定垂直向下和椭圆形或带修正的横向透水扫描方式，向海面发射红外光束和蓝绿光束两种不同波长的激光；红外光被海面完全反射，蓝绿光则能够透过海水至海底反射；激光器光电接收系统通过接收处理海面的红外光和海底的蓝绿光反射信号，测定两束反射信号的时间差，从而求得海面入射点至海底的瞬时海水深度 Z 和激光器至瞬时海面的高度 H。

三、扫海测量

扫海测量简称扫测，是在一定海区内进行面的探测，以查明该区域内或该区域所规定的深度上是否存在航行障碍物的一种全覆盖测量。扫海测量的手段有：多波束水深测量、旁侧声呐扫海、机械式扫海具扫海和海洋磁力仪扫海等。这里主要介绍机械式扫海具扫海、旁侧声呐扫海和磁力仪扫海。

1.机械式扫海具扫海

机械式扫海具扫海是由两艘（或两艘以上）扫测船只共同拖曳一扫海具，在扫测区内航行，发现和查明扫测范围内或该区所规定的深度上是否有航行障碍物存在的一种测量。通过扫海测量，可探清港湾、锚地、航道等重要海区航行障碍物的情况，以保障船舶航行的安全。

软式扫海具进行扫测的方法可分为定深扫海测量与拖底扫海测量两种。定深扫海测量简称定深扫测，它是使扫海具的底索保持在深度基准面以下一定深度的扫海测量，主要用于确定船只安全通航的深度和确定航行障碍物的最浅深度。拖底扫海测量简称拖底扫测，它是使扫海具的底索全部着落海底的扫海测量，用于发现和探测扫测区内的航行障碍物。上述扫海测量的扫海具有所不同，前者称为软式定深扫海具，后者称为软式拖底扫海具。

2.旁侧声呐扫海

旁侧声呐（Side Scan Sona，SSS）扫测系统，又称地貌仪。虽然单波束回声测深仪和多波束扫测系统在高精度探测海底障碍物方面具有较好的优势，但是对大面积海区进行障碍物探测时显得效率不高。针对上述情况，出现了以大面积海区障碍物探测为主要目的的旁侧声呐扫测系统。目前在实践中将单波束回声测深仪、多换能器扫测系统、多波束测深系统与旁侧声呐扫测系统进行有机结合，在旁侧声呐扫测系统对海区进行粗扫的基础上，采用单波束回声测深仪或多换能器扫测系统对旁侧声呐扫测系统发现的障碍物的概略位置、高度进行精扫已经取得良好的效果。尽管旁侧声呐扫测系统在工作时航速不能太快，但它仍被广泛地应用于港口、航道测量和复杂海区的海底地貌探测中，成为当前海底探测的一种重要的探测工具。

旁侧声呐系统探测换能器的配置分为单侧和双侧两种。单侧旁侧声呐仅探测沿测量船航迹某一侧海域的地貌；双侧旁侧声呐能够探测沿测量船航迹两侧海域的地貌。目前使用的大多是双侧旁侧声呐系统。

3.磁力仪扫海

磁力仪扫海主要用于探测海底钢铁等金属物体（如沉船、遗锚、管道、丢弃的钻井设备等）及地磁调查等工作，其工作原理是通过磁力仪探测磁异常来找到金属物体。

磁力仪扫海计划线的布设是平行于等深线的总方向、平行于航道或目标的长边。

为了避免船舶自身的磁力影响，通常磁力仪拖离船舶的距离为 2～3 倍的船长，所以测量时应尽量使用小船，同时要注意加强瞭望、与周围的船舶及时沟通。

磁力仪一般由计算机、定位仪、磁力仪拖鱼、电源/数据接线盒、电瓶或交直流转换器、打印机组成。

磁力仪软件功能是实时导航、实时显示磁力的剖面图、数据采集和数据后处理。

四、水文观测

水文观测包括潮汐观测和水文要素观测。潮汐观测主要包括验潮和验流。

1.验潮

验潮主要是观测潮水的涨落规律，以便通过观测资料，计算当地的分潮调和常数、深度基准面(理论最低潮面)、理论最高潮面、平均海面,进行潮汐预报和水位改正。

潮汐现象有明显的规律性,从时间上分,有日变化、月变化、年变化,其中最明显的变化是日变化和月变化。

在潮汐涨落的每个周期内,海水面上升到最高时称高潮;海水面下降到最低时称低潮;低潮至高潮的过程称涨潮,所需的时间间隔称涨潮时间;高潮至低潮的过程称落潮,所需的时间间隔称落潮时间;海水面达到高潮或低潮时的短暂停滞状态称平潮或停潮,短暂停滞时间称平潮时间。

高潮平潮时间的中间时刻称高潮潮时;低潮平潮时间的中间时刻称低潮潮时。潮高基准面到海面的高度称潮高。高潮时刻的潮高称高潮高;低潮时刻的潮高称低潮高。相邻高潮与低潮的潮高差称潮差。

两个相邻高潮或低潮之间的时间间隔称周期。有的水域周期为 12 h 25 min 左右,称半日潮;有的水域周期为 24 h 50 min 左右,称日潮。

在同一天内,两次高潮或低潮的潮高是不等的,涨潮时间和落潮时间也是不等的,这种现象称潮汐日不等现象。

潮汐的月变化是指潮汐在半月内有大潮和小潮的变化。潮汐月变化的一般规律是:潮差随日期变化,并以半月为周期。在半月内,某天潮差最大称大潮;某天潮差最小称小潮。大潮时,海面涨得最高,落得也最低。小潮时,海面涨得不高,落得也不低。

对于半日潮,大潮发生在农历每月初一(朔)、十五(望)后某天;小潮发生在农历每月初七和初八(上弦)、二十二、二十三(下弦)后的某天。从朔、望到发生大潮的时间间隔称半日潮龄。

对于日潮,大潮发生在月球赤纬最大时刻后的某天;小潮发生在月球赤纬等于零后的某天。从月球最大赤纬的时刻到发生大潮的时间间隔称日潮龄。

潮差的大小随月球至地球距离的远近而变化。

水位观测是了解潮汐变化规律的主要手段,水位观测资料也是潮汐分析的原始资料。

实测的一条潮汐曲线可分解为若干条分潮曲线;反之,若干条分潮曲线也可合成一条潮汐曲线,这两项工作通称为潮汐调和分析。根据潮汐资料和潮高公式,可计算出各个分潮的振幅和迟角(即相位角),以推算出未来一个时期内分潮的情况;将各分潮叠加,以求出未来一个时期的潮位、潮流变化,进行天气预报。每个分潮的振幅和迟角称为该分潮的调和常数,它反映出水域的地理特征、水文气象要素对潮汐的影响。

2.验流

验流的目的是获得水域的最大潮流的流向和流速。

在月球、太阳等引潮力的作用下,海水不但产生周期性的升降运动(即潮汐现象),同时还形成周期性水平运动(即潮流)。两者的周期一般是相同的。为与潮流区别,海水的其他流动称为海流。潮流是周期性变化的,而海流的流向基本上是不变的。

涨潮时,海水的流动称涨潮流;落潮时,海水的流动称落潮流。潮流不仅流速周期性变化,流向也周期性变化。流速的单位为节。流向规定,向北流去的潮流,其流向为0°;向东流去的潮流,其流向为90°;向南流去的潮流,其流向为180°;向西流去的潮流,其流向为270°。

按流向和流速的变化,潮流分旋转流和往复流。

旋转流一般发生在外海和开阔水域,其流向和流速周期性变化。潮流的周期与当地潮汐的周期相同。

在近岸狭窄的海峡、水道、河口、港湾及多岛屿水域,由于地形的限制,潮流多为往复流。潮流的周期与潮汐的周期有密切关系,所以潮流有半日周期、日周期及混合周期。

潮流具有长周期性,其周期不仅有半日周期、日周期、混合周期,还有半月、月、年、多年等长周期的变化。

潮流随水深而变化,其流速一般是表面流速大于深层流速,但个别水域深层流速大于表面流速。

验流时间的选择关系到能否正确反映最大涨落潮流的流向和流速,一般选择在大潮前后1~3天内进行。

验潮的方法很多,但常用的是标杆漂流法和海流计验潮。前者适用于往复流,后者适用于测深层流。

3.水文要素观测

水文要素观测主要是观测海水的温度、盐度和压力。

第三章　现代管理的理论与方法

第一节　概述

现代管理的理论与方法是现代管理学的核心,是企事业单位实现管理现代化必须学习和掌握的知识。现代管理有许多定义,但较全面的定义是,通过计划、组织、领导、控制四项基本职能,协调人力、物力、财力等资源,以实现组织目标的过程。定义明确了管理的目的是实现组织,管理的内容是协调人力、物力和财力,采取的措施是计划、组织、领导和控制四项基本职能。

现代管理学作为一门学科具有以下特点:(1)现代管理学是一门软科学,体现在管理上是软件,有效地利用人力、物力、财力,用较少的消耗取得较大的效益是管理的任务;管理本身无法创造价值,必须借助于其他资源,才能体现管理的价值;管理体现价值应有一定的时间过程。(2)现代管理学是一门综合性科学,它的主要目的是指导人们的管理活动,管理活动的复杂性和多样性决定其内容的综合性。(3)现代管理学是一门不精确的科学,因为影响管理效果的因素太多,且有许多不可控、动态和未知的因素,这就为研究和掌握现代管理学的理论和技术带来了一定的难度。(4)现代管理学是一门应用科学,研究的是应用理论和生产技术,与实践密不可分,应来自实践,指导实践。(5)现代管理学是科学又是艺术,现代管理学是一门科学,由一系列概念、原理、原则和方法构成,有规律可循;现代管理学是一门艺术,为达到更好的结果,需熟练地运用知识和技能。

第二节　现代管理的基本原理

现代管理的原理和原则是人们长期管理实践的概况和总结,反映了管理的规律。原理是一定时期内人们确认的基本真理;原则是原理的外延,具有较强的指令性和规范性。

现代管理的基本原理有人本原理、系统原理和效益原理。

一、人本原理

人本原理就是管理要以人为本,管理工作以提高人的素质,调动人的积极性和创造性,做好人的工作为根本。管理工作以人为本,强调人的主动性和创造性是现代管理的发展趋势。

与人本原理有关的原则是动力原则、能级原则、统一指挥原则和民主管理原则。

动力原则强调人需要动力。管理只有正确地运用动力,才能使管理工作持续有效地进行。动力既是管理的能源,又是管理的一种制约因素。动力有集体和个人之分,管理者应着眼于集体,着手于个人。管理中有三种动力:物质动力,这不仅指对个人的物质鼓励,更重要的指对社会的经济效益,物质动力是根本的动力;精神动力,包括人的品质教育、理想教育和精神鼓励,精神动力,是调动人积极性的重要动力;信息动力,是信息时代管理者不可或缺的动力,是做好管理工作的必备动力。现代管理要求管理者根据具体情况,灵活地和综合地运用这三种动力。

能级原则是指组织结构和组织成员的能级结构必须相互适应和协调,使管理工作动态地处于相应的能级中。能级原则也就是量才录用。能级原则要求能级管理必须按层次进行,要有稳定的组织形态,其稳定的组织形态应是正三角形,且有四个层次,即决策层、管理层、执行层和操作层。能级原则要求对不同的能级赋予不同的责、权、利,不仅要求将人和机构按能级组织,且要求规定不同能级有不同的目标;能级原则要求能级有动态性,能级的对应是相对的,不是绝对的。

统一指挥原则强调管理中应有集中制,应有权威,应有严密的组织和严格的规章制度,以保证管理工作有序、高效地进行。

民主管理原则是管理现代化的前提,也是充分调动广大职工积极性的条件,统一指挥原则和民主管理原则应兼施并行。

二、系统原理

系统原理就是现代管理的每个基本因素都互相联系,形成系统,又与其他系统产生各种联系。为达到现代化管理的目标,必须运用系统理论对管理进行分析。

系统就是由若干个相互区别、相互联系又相互作用的要素组成,处于某环境中,为实现整体目标而存在的有机集合体。

系统原理要求管理工作必须有整体观念,必须统筹规划,必须在高度分工基础上密切合作。系统原理要求管理工作层次清楚,职责分明。系统原理要求管理工作做到组织内、外各要素之间相互协调。系统原理要求管理工作有适当的弹性,即应有适应外界环境的应变能力和适应内部的自我调节能力。

与系统原理有关的原则有整分合原则、封闭原则、反馈原则和弹性原则。

整分合原则是指为了实现高效管理,必须在整体规划下明确分工,在分工的基础上进行有效的综合。现代社会一般有四种分工类型,即按社会功能进行专业化功能分工,按自然资源特点进行专业化区域分工,按劳动对象及其构成进行专业化生产分工,按作业程序进行专业化作业分工。

封闭原则是指任何一个系统内的管理手段都必须构成一个连续封闭的回路,才能形成有效的管理活动。管理活动也应连续封闭,这就要求不仅要有一个全面的执行法规,还应有监督执行活动的监督法规和反馈法规。

反馈原则就是系统既能把信息输出出去,又能将系统结果反馈回来,并对信息的输出进行控制,以获得系统的最佳结果。

弹性原则是指组织的管理活动、管理制度和管理方法既有严格的统一性,又有一定的适应性和灵活性。这是管理对象的多样化和复杂化要求的。弹性分局部弹性和整体弹性,局部弹性是指各个管理环节应具有可调节的余地;整体弹性是指整个管理系统应有可塑性和适应性。应用弹性原则时,应严格区分积极弹性和消极弹性,倡导积极弹性。

三、效益原理

效益原理是一切经济组织和经济管理工作必须遵循的一条普遍原理。经济效益就是系统的有效产出与系统的总投入的比。

与效益管理有关的原则是价值原则和系统优化原则。

现代管理强调价值原则是经济价值和社会价值的统一,且以社会价值为第一位。

系统优化原则是指从组织的整体观念出发,全面综合地组织整个管理组织的一切活动,充分发挥管理职能,实现全局的优化,且处理好局部优化和全局优化的关系。为了实现系统优化,系统分析是常用的科学方法。系统分析由目标、指标、替代方案、模型和标准组成。

第三节　现代管理的基本方法

现代管理的基本方法有法律方法、行政方法、经济方法、教育方法和数学方法。

一、法律方法

现代管理的法律方法是指组织依靠国家制定的法律进行管理活动的方法。国家制定的所有法律,组织不仅应遵守和执行,而且应运用法律赋予的权利和义务来建立组织的正常管理秩序。与航标管理部门关系最密切的是行政法,下面简述有关内容。

行政,又称行政管理、行政执行,一般是指政府依法管理国家事务的活动。行政管理活动多种多样,包括命令、计划、组织、调节、监督等,但可分为执行和指挥两大类。执行是国家行政机关对国家权力机关制定的宪法和有关法律的全面贯彻落实;指挥是国家行政机关为贯彻实施宪法和法律而对下级机关、企事业单位、社会团体、群众组织及公民所采取的命令、组织、领导等手段。

行政法是国家进行行政管理活动的法律规范的总称,是国家整个法律体系的一个重要和独立的法律分支,是国家行政机关工作的法律依据,是人们在有关活动中必须遵循的准则。

行政法不像宪法、民法和刑法那样有自成体系的法典,而是散列于各种形式的法律和法规中;行政法有充实的内容和广泛的调整范围;行政法名称繁多,颁布机关不一,法律效力各不相同;行政法的强制力具有普遍性,任何行政活动的参加者都必须遵守,强制力有纵向和横向两种形式,且强制力是由有权的国家行政机关采取行政处罚和行政强制执行来实施,不是由司法机关执行。

行政法的法源是宪法、基本法律、一般法律、行政法规、行政规章、地方性法规、自治条例和单行条例及立法解释和行政解释。

根据行政法的法律效力,行政法分行政法律、行政法规、行政规章和行政性文件。行政法律又分基本法律和一般法律;基本法律是由全国人民代表大会制定的法律;一般法律是由全国人民代表大会常务委员会制定的法律。行政法规是由最高国家行政机关即国务院依法制定的行政法。行政规章是指由国务院的各部委和地方省级或相当于省级的人民政府依法制定的专业和地域性的国家行政管理法律文件。行政性文件是各级基层行政管理机关制定的法律文件。

行政法的调整对象是行政关系,即在行政活动过程中,所发生的国家行政机关之间及国家行政机关同其他国家机关、企事业单位、社会团体和公民个人之间的社会关系。凡具有行政的性质和要素,与国家行政机关履行行政职能有关的均是行政法调整的对象。

法律方法在管理中的作用表现于:法律方法可以保证建立稳定的管理秩序;法律方法可以保障国家、企事业单位和个人的合法权益及应负的责任;法律方法为企事业单位及个人规定了应遵守的行为规范,为组织依法制定具体的规章制度和管理办法提供了依据。

二、行政方法

现代管理的行政方法是指依靠各级行政管理机构的法定权力,通过命令、指示、规定、规章、制度及具有约束力的计划等行政手段来进行管理的方法。行政方法具有强制性。

行政方法是组织必要的管理方法,是执行管理职能的根本手段。

行政方法在管理中的作用表现在:行政方法是动员和组织人们完成共同目标的重要手段;行政方法是保证管理活动顺利进行的有效手段;行政方法是实施领导职能的重要手段。

为了正确使用行政方法,应使企事业组织的行政机构更加合理;应保证组织的人员具有较高素质;应讲究运用行政方法的艺术性。

三、经济方法

经济方法是指依靠经济组织或经济核算单位,根据经济原则和经济规律,通过经济手段管理组织的措施和方法。

经济方法有强化性、自觉性、灵活性和原则性。

经济方法在管理中的作用表现在:经济方法能调节和指导国民经济的发展,调节国民收入的分配和供需关系,指导消费;能对组织的经济活动进行分析和核算;能引导国民正确处理国家、集体和个人的物质利益关系;能调动组织和个人的积极性和创造性;能积极开展组织间的合作和联系。

为了正确使用经济方法,应按照经济规律办事;不断完善各种经济手段;注意把经济方法与其他管理方法结合应用。

四、教育方法

教育方法是指按一定的目的,对受教育者在德、智、体诸方面施加影响的有计划的活动方法。

教育方法的内容包括理想教育、道德教育、民主法制教育和科学文化教育。

为了正确使用教育方法,应着眼于培养有理想、有道德、有文化、有纪律的职工队伍;应根据教育的内容和对象采取多种形式的教育方法。

五、数学方法

数学方法是在现代管理中采用定量分析的方法。

数学方法在现代管理中作用表现在:使管理进一步定量化;使管理进一步精密化;使管理进一步合理化;使管理进一步科学化。

使用数学方法的关键是建立数学模型。建立数学模型的步骤是:确定和分析问题;建立模型;求解模型;验证模型;实际应用。

第四节　现代管理的基本职能

现代管理的基本职能是计划职能、组织职能、领导职能和控制职能。

一、计划职能

计划职能是现代管理的首要职能,是其他各项职能的依据和出发点。

计划工作有以下特点:计划工作的目的是实现预定的目标;计划工作的内容是安排未来的行动;计划工作的普遍方法是统筹安排,综合平衡;计划工作存在多种可选方案,有成功的机遇,也有失败的风险。

计划的重要性体现在:计划是管理者管理的依据;计划是防止未来不确定性的手段;计划是提高效益的方法;计划是管理者进行控制的基础。

制订计划的原则是:要从全局出发;计划要留有余地;让执行者参与计划的制订;制订计划要抓住薄弱环节;要重视信息的反馈。

制订计划的方法有现状调查法、历史比较法、未来预测法、整体综合法、优选决断法。

计划按时间分类,有长期计划、中期计划和短期计划;按性质分类,有目的(或任务)、目标、策略、政策、程序、规则、规划、预算。

计划工作一般由确定目标、研究环境、确定方案、拟定政策和制订引申计划五个步骤组成。确定目标包括确定目标的内容、顺序和时间。研究环境包括对经济形势、国家政策、市场销售和物质资源的预测。确定方案包括制定多种可行方案、评估方案和确定方案。拟定政策就是拟定实现计划目标的政策,拟定的政策应有稳定性、灵活性、全面性、协调性和一致性。制订引申计划就是将方案细化,拟定出细节计划。

二、组织职能

组织职能是现代管理的关键职能。

组织是为了实现预定的目标进行分工和协作且具有不同权利和义务的人的集合。

组织在管理中的作用表现在:组织是管理者与被管理者之间建立联系和发生作用的纽带和桥梁;组织是管理者和被管理者改造客观世界的工具;组织是管理者与社会发生作用的

实体。

组织设计是组织职能的重要内容。组织设计应遵循的原则是,任务目标原则,管理幅度原则,分工协作原则,统一指挥原则,责权一致原则,适当授权原则,经济原则,执行与监督分设原则。

组织设计的基本程序是初步设计和审议批准。初步设计包括管理业务流程的总体设计,按优化管理业务流程设计管理岗位,规定管理岗位的输入、输出和转换,确定管理岗位人员的定质与定量,设置优化管理业务流程的组织机构。

组织设计的方法有关键业务分析法、贡献业务分析法、决策业务分析法和关系需要分析法。

组织内部的部门划分有6种方法,即按地区划分部门、按时间划分部门、按职能划分部门、按产品划分部门、按过程划分部门和按顾客划分部门。

组织机构的基本类型有直线制、职能制、直线职能制、矩阵制、事业部结构和多维立体制。

组织机构确定后,授权与用人是关键。授权应注意职权的集中和分散及授权的艺术。用人原则是重视能力、按事选人、知人善任、授予适当的权力、给予支持和关心下级。

三、领导职能

领导职能是现代管理的重要职能。

领导是影响个人或群体的行为或力量。领导和领导者是两个不同的概念,领导者是影响个人或群体的人。

领导者的影响力来自权力,权力包括位置权力和个人权力。位置权力是领导者在组织中的位置所赋予的;个人权力是由领导者的某些才能决定的。权力包括惩罚权、奖赏权、合法权、模范权和专长权。

领导的作用是指挥作用、协调作用和激励作用。

为研究有效领导的问题,建立了一些理论,主要有三类,即特性理论、领导行为理论和领导权变理论。

特性理论是研究领导者个人特性对领导成败的影响,分传统特性理论和现代特性理论。前者认为领导者的个人特性是先天的;后者认为领导者的个人特性是实践中形成的。

领导行为理论是研究领导者的工作作风和领导行为对领导有效性的影响,它包括勒温理论、领导行为的四分图理论和管理方格图理论等。

领导权变理论是研究领导者与被领导者的行为和环境的相互影响,它包括费德勒模型、领导连续统一理论、途径目标理论、决策参与理论和领导的生命周期理论。

激励是领导的重要作用,激励是指激发、鼓励和调动人积极性的过程。研究激励的理论一般分为内容型、过程型和行为改造型。内容型着重研究激发动力的因素,它包括需要层次理论、需要理论、成就激励理论和双因素理论。过程型着重研究动机的形成和行为目标的选择,它包括期望理论和公平理论。行为改造型着重研究激励的目的,即改造和修正行为,它包括强化理论和归因理论。

有效的领导者应提高自身的修养,包括应具有渊博的知识和丰富的经验、应为他人着想、处事客观冷静和有自知之明;应重视专家的意见,包括吸收专家参与决策和重视咨询顾问的意见;应重视领导艺术,包括用人和授权的艺术及提高会议效率。

四、控制职能

控制职能是现代管理的重要职能,是对计划进行监测并指出其执行偏差的过程。

控制和计划关系密切,其表现在:第一,计划起着指导作用,控制是为保证组织的产出与计划的一致;第二,计划确定了期望的行为和结果,控制按计划指导实施的行为和结果;第三,有效的计划来自足够的信息,信息通过控制获得;第四,计划和控制相互依赖,没有计划则无法控制。

控制的重要性在于,组织环境的不确定性需要控制;组织活动的复杂性需要控制;组织管理水平的提高需要控制。

控制的基本过程是一个闭式循环系统,其主要步骤是确定目标、衡量绩效、分析偏差、制定纠正方案。

控制的类型有事前控制、过程控制、事后控制、直接控制与间接控制。

控制的方法有预算控制法、非预算控制法和审计控制法。

预算控制法是控制职能中广泛使用的一种手段,预算就是用数字控制计划的执行。预算分收支预算、资源消耗和产品产量预算、基本建设费用预算、现金预算和资产负债预算。

非预算控制法有盈亏平衡分析、按贴现计算收益率法和财务报表分析。

审计控制法也是控制职能中常用的一种方法,它包括财务审计和管理审计两类。财务审计是以财务活动为中心内容,以检查和核实账目、凭证、财务、债务及结算关系等可观事物为手段,以判断财务报表中所列的综合会计事项是否正确和是否可信为目的的方法。管理审计是检查组织管理工作的优劣,评价人力、物力和财力使用的有效性的控制方法。

为了有效地实施控制,应注意以下问题,即提高管理人员的素质、控制要及时、控制要客观、控制要经济和控制要抓重点。

第四章　港口水域的规划与布置

第一节　概述

港口水域是交通运输的枢纽,是水陆联运的咽喉,是船舶活动繁忙和交通事故易发区域,是水上运输的重要水域。港口水域规划与布置的优劣直接影响港口的吞吐能力和通航船舶的安全。

一、港口的组成及分类

港口一般由港口水域、码头和陆域设施组成。

港口水域是港口进行装卸作业必须足够的水域。它包括锚地、进出港航道、船舶调头区、码头前水域及防波堤。锚地是供船舶锚泊、避风、检疫、装卸货物及船队编组的指定水域;进出港航道是保证船舶安全进出港口、具有足够尺度的水域;船舶调头区是供船舶调头的专用水域,又称回旋水域;码头前水域是供船舶靠离码头和装卸货物的毗邻码头的水域,又称港池;防波堤是围护足够的水域防止波浪和潮流等侵蚀、保证船舶装卸货物平稳的围堤。

码头是停靠船舶的场所。码头前岸线是水域和陆域交接的地域,是港口生产活动的中心。构成码头岸线的码头建筑物是港口不可缺少的建筑物。

陆域设施包括仓库、堆场、铁路、道路、装卸机械、运输机械及生产辅助设施、环保设施、计量设施、检疫设施、信息中心等。

港口按功能和用途分,有商港、渔港、工业港、军港和旅游港。商港是以商船和货物运输为服务对象的港口;渔港是以渔船和渔业生产为服务对象的港口;工业港口是为大型企业生产而设置的港口;军港是为军事用途而设置的港口;旅游港是以邮轮为服务对象的港口。

港口按地理位置分,有海港、河口港、河港和运河港。海港位于掩蔽的港湾内或开敞的海岸上;河口港位于江河入海口或江河下游潮区界内;河港位于江河沿岸;运河港位于运河上。

二、港口的吞吐量

港口吞吐量是港口营运的重要指标,也是港口水域规划与布置的主要依据。

港口吞吐量是一年期间经水运输入和输出港区并通过装卸作业的货物总量,单位为吨。货物由水转陆或由陆转水时,一吨装卸量计为一吨吞吐量;货物由水转水时,一吨装卸量计为两吨吞吐量。一吨装卸量计为一个自然吨。

港口通过能力是一年期间在既定的设备条件下,按合理的操作过程、先进的装卸工艺和生产组织所允许通过的货运量,单位为货物的自然吨。

三、船舶分类及船舶尺度

船舶是水运的工具,是港口的主要服务对象。在规划和设计港口和港口水域时,必须掌握通航船舶的种类、外形尺度、吨位、航行性能和其他操纵性能。

根据用途分,船舶有集装箱船、普通杂货船、散货船、油船和专用船。

集装箱船是专门载运集装箱的货船。它的优点是船速较快,一般为 22~25 kn,装卸快和停港时间短。衡量集装箱船大小的重要指标是载箱量。

普通杂货船是载运成包、成捆、成箱及成组的件杂货的货船。它曾是用途最广和数量最多的货船。

散货船是载运散装货物的货船。其货舱舱口尺度较大,以利于装卸设备能伸进舱内作业。

油船是载运油品的货船,是船舶大型化的典型。

船舶尺度主要有船长、船宽、型深和吃水。根据不同的用途和目的,上述尺度分为船型尺度和实际尺度(结构尺度)。船型尺度一般从船壳板内侧的表面丈量,主要用于船舶性能的计算和研究。实际尺度一般从船体外缘丈量,主要用于船舶建造和运行。实际尺度是设计港口和航道的依据。

第二节　港口水域的规划

港口水域的规划主要是规划锚地的数量和面积、进出港航道的数量和尺度、船舶调头区和码头前水域的面积及防波堤的位置和型式。

港口水域规划的主要依据是港口的总体发展规划,而港口的总体发展规划来源于港口经济社会条件的调查和自然条件的调查。

港口经济社会条件的调查包括港口及城市现状的调查、相关设施的调查、水域利用的调查和与港口发展有关企业的调查等。

自然条件的调查包括港口及水域地形和地质的调查、港口及水域气象条件和海况条件的调查。

下面主要讲述自然条件的调查内容。

一、气象条件的调查

影响港口水域规划的气象条件有风况、雨和雾、冰情。

1.风况

风是大自然中常见的现象,是由大气流动形成的。我国沿海地带主要流行季风、寒潮大风和台风。风向与风速随时间、地点和海拔而变化。

为了规划,需对风速、风向和频率进行记录和统计,并把风记录资料按季度、年度和数年统计分别绘制成各级风的风向频率图，又称风玫瑰图。如图4-1所示是各级风玫瑰图示意图。

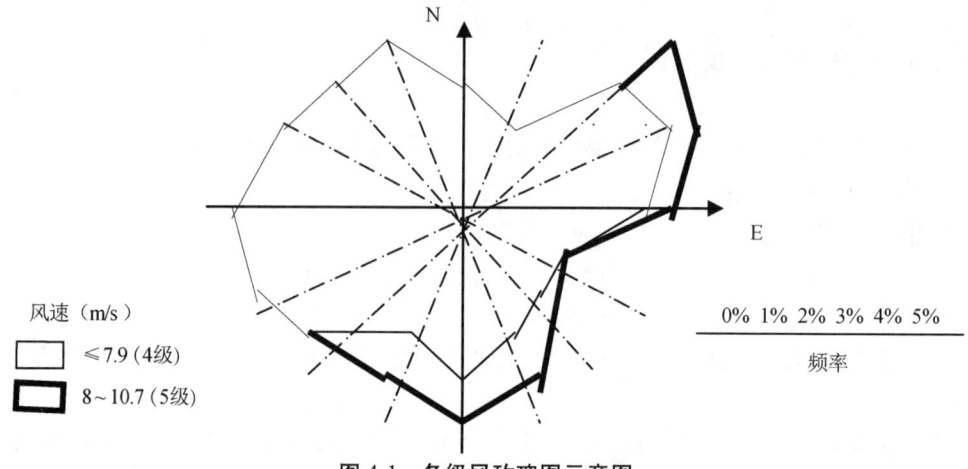

风速（m/s）

⬜ ≤7.9（4级）

⬛ 8～10.7（5级）

0% 1% 2% 3% 4% 5%

频率

图4-1　各级风玫瑰图示意图

风对船舶的作用力按下式计算：

$$F = \frac{9.8}{2}\rho C v (A\cos^2\theta + B\sin^2\theta) \tag{4-1}$$

式中，F——风作用力（N）；

ρ——空气密度$[(kg \cdot s^2)/m^4]$，一般取0.123；

v——风速（m/s）；

A——水面上船体正投影面积（m^2）；

B——水面上船体侧投影面积（m^2）；

θ——风向与船体中心线交角（°）；

C——风压系数。

对于杂货船和散货船，$C = 1.325 - 0.05\cos(2\theta) - 0.35\cos(4\theta) - 0.175\cos(6\theta)$。

对于油船，$C = 1.2 - 0.083\cos(2\theta) - 0.25\cos(4\theta) - 0.177\cos(6\theta)$。

对于集装箱船，C值可在表4-1中选取，表中压载吃水是满吃水的0.68～0.70。

表4-1　集装箱船的风压系数表

θ	0°	10°	20°	30°	40°	50°	60°	90°	120°	150°	160°	170°	180°
C满载	0.810	0.919	1.914	1.364	1.394	1.414	1.317	1.176	1.146	1.402	1.365	1.061	0.760
C压载	0.778	0.838	1.171	1.331	1.365	1.310	1.200	1.097	1.197	1.489	1.417	1.049	0.705

水面上船体投影面积可按下述公式计算：

货船：满载时　$\log_{10}A = -0.107 + 0.621\log_{10}DWT$

　　　　　　　$\log_{10}B = -0.036 + 0.742\log_{10}DWT$

　　空载时　$\log_{10}A = 0.019 + 0.628\log_{10}DWT$

　　　　　　　$\log_{10}B = 0.283 + 0.727\log_{10}DWT$

矿石船：满载时　$\log_{10}A = 0.427 + 0.480\log_{10}DWT$

　　　　　　　$\log_{10}B = 0.648 + 0.550\log_{10}DWT$

　　空载时　$\log_{10}A = 0.377 + 0.533\log_{10}DWT$

$$\log_{10}B = 0.733 + 0.601\log_{10}DWT$$

油船：满载时 $\log_{10}A = 0.116 + 0.539\log_{10}DWT$

$$\log_{10}B = 0.485 + 0.574\log_{10}DWT$$

空载时 $\log_{10}A = 0.164 + 0.575\log_{10}DWT$

$$\log_{10}B = 0.618 + 0.620\log_{10}DWT$$

这里的 DWT 是船舶的载重吨位。

作用于船舶的风作用力并不与风向一致，风作用力（如图 4-2 所示）的点和方向可按下式估算：

$$\beta = \left\{ 1 - 0.15\left(1 - \frac{\theta}{90}\right) - 0.80\left(1 - \frac{\theta}{90}\right)^3 \right\} 90 \tag{4-2}$$

$$a/L = 0.291 + 0.002\ 3 \cdot \theta \tag{4-3}$$

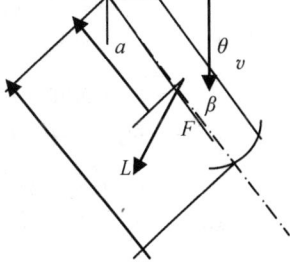

图 4-2　风作用力计算图

2.雨和雾

为了规划，需统计降水量和降水天数，这些数据对港口的作业、装卸质量和排水设施均有影响。

雾影响海面的能见度和船舶的航行安全，为此一般用能见度表示雾情的大小。能见度是指在一定的气象条件下正常人视力能将目标从背景中识别出来的最大距离。雾情分级如表 4-2 所示。

表 4-2　雾情分级表

等级	能见度		等级	能见度	
	n mile	m		n mile	m
0	<0.03	<50	5	1.00~2.00	2 000~4 000
1	0.03~0.10	50~200	6	2.00~5.00	
2	0.10~0.25	200~500	7	5.00~11.00	
3	0.25~0.50	500~1 000	8	11.00~27.00	
4	0.50~1.00	1 000~2 000	9	>27.0	

3.冰情

冰情是我国北方港口需特别注意的问题。我国渤海沿岸冬季结冰，一般在近岸水浅水域形成一定厚度的固定冰；在深水域随潮流的流动形成一定的流冰带，特别是在春季解冻期间江河入海口会产生大量流冰，对港口、船舶和海上建（构）筑物有较严重的影响。

根据《工程海冰学概论》，流冰与海上建（构）筑物的相互作用分为两个阶段：第一阶段是流冰与建（构）筑物慢速相撞，流冰的动量被建（构）筑物吸收，产生冲击力；第二阶段是流冰与建（构）筑物形成相对静止运动成为一体，周围运动的流冰或风流对其产生拖曳力。

流冰的冲击力由下式计算：

$$F_c = 0.5gmAv^2 \tag{4-4}$$

式中，F_c——流冰的冲击力（N）；

g——重力加速度（m/s^2）；

m——流冰的质量（kg）；

A——流冰与建(构)筑物的接触面积(m^2);

v——流冰的速度(m/s)。

流冰的拖曳力可按流冰受风流的拖曳力计算:

$$F_t = C_a\rho_a gv_a A + 0.5 C_w\rho_w gv_w A \tag{4-5}$$

式中,F_t——流冰的拖曳力(N);

C_a——空气的拖曳系数;

ρ_a——空气密度(kg/m^3);

v_a——空气的速度(m/s);

A——流冰的面积(m^2);

C_w——海水的拖曳系数;

ρ_w——海水的密度(kg/m^3);

v_w——海水的速度(m/s)。

二、海况条件的调查

海况条件包括潮汐、波浪和近岸海流。

1.潮汐

潮汐的类型和特征潮位取值及深度基准面的选取是潮汐调查的主要内容。

我国绝大多数港口的潮汐属于不规则半日潮,即 24 h 50 min 内有两次高潮和两次低潮,且有一定的潮差。

我国有关规范规定的特征潮位的取值方法是:通过绘制潮峰和潮谷累积频率曲线,即把一年或多年实测的高潮位和低潮位按大小次序排列作潮峰累积频率曲线和潮谷累计频率曲线,然后取潮峰累计频率10%的潮位为设计高水位,取潮谷累计频率90%的潮位为设计低水位,如图 4-3 所示。

一些国家,港口设计高水位和低水位分别取朔望平均高潮位和朔望平均低潮位,即在多年潮位观测资料中,取每月两次大潮(朔望)高潮位和低潮位的平均值,统计较简单。

我国地面高程的基准面是大地测量零点,取黄海平均海平面。我国海图零点采用理论深度基准面。国家规定港口工程零点也采用理论深度基准面。一些老港口历史上均有自己的筑港零点,其值与理论深度基准面相差可达数十厘米,须注意。

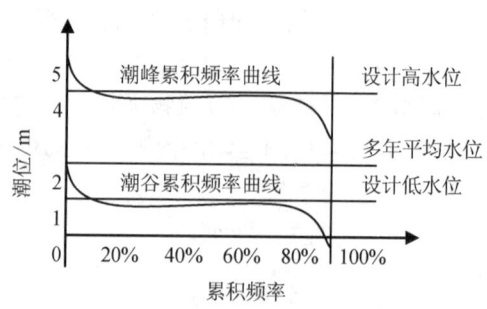

图 4-3　潮位累积频率曲线

强烈风暴风速很大,除形成强波浪外,也使海岸或河口水位升高或下降,称为增水或减水。增水如与高潮同步,会造成港口陆域的短时间淹没;减水如与低潮同步,会造成港口水域水位降低,影响船舶航行安全,港口设计时应注意。

2.波浪

波浪的统计参数有波高、波向、波长和波周期。对港口水域规划有影响的波浪因素主要有波高和波向、波浪破碎带和波浪引起的泥沙运动。

在港口水域规划和布置时,为了合理地选择航道、防波堤轴线,必须掌握建港地区一年内各个方位各级波浪的出现频率,获得季度和年度的波浪玫瑰图,统计资料的时限不宜少于2~3年。

波高相同,船舶的颠簸程度与波向的相对位置有较大关系。船舶纵轴与波向平行,即顺浪时船舶颠簸小;船舶纵轴垂直波向,即横浪时船舶颠簸大。一般情况下船舶顺浪航行较横浪航行易于操纵。在港口水域布置时,根据建港地点的波高和波向分布,船舶经常处于顺浪的工作状态是十分重要的。

波浪进入浅水水域,水深小到一定深度后开始波浪破碎,且从破碎点向岸,波浪始终处于破碎状态。从破碎点至岸边的地带称破碎带。破碎带的底床受较强烈的扰动,是泥沙最强烈的活动带。研究波要素和水位的不同所引起的破碎带的变化,对航道、港池和水工建(构)筑物的布置十分有益。

破碎水深与海滩坡度和坡陡等因素有关,为简化问题,取各波级的平均波高值作为确定破碎水深的依据波高,并粗略以1.3倍波高的水深为破碎水深,可得不同等深线处发生波浪破碎的频率,如表4-3所示。从表中可看出,−2.0~+3.0 m为频率较高的破碎区。

影响泥沙运动的因素主要是波浪、近岸海流、底质特性及潮汐、海岸地形等。在沙质海岸,波浪是造成泥沙运动的主要因素,尤其在波浪破碎区,会造成相当严重的紊流,而扬起泥沙。波浪斜向岸传播,波浪破碎后产生的沿岸流会带动泥沙顺岸移动,如遇突堤等建(构)筑物或天然礁石,阻挡沿岸泥沙的运动,造成堤的上游侧淤积,堤的下游侧海岸冲刷后退;如遇离堤岸,由于堤后形成波阴区,其沿岸输沙能力减弱,当离岸堤距岸较近时,最终可能形成连岛沙坝型淤积。

表 4-3　破碎区发生的频率

等深线/m	潮位/m		
	设计低水位 +0.34	设计中水位 +2.03	设计高水位 +3.62
−2.9~−2.0	0.6%		
−1.9~−1.0	7.6%	0.6%	
−0.9~0.0	59.6%	2.5%	
+0.1~+1.0		9.3%	0.6%
+1.1~+2.0		55.4%	7.6%
+2.1~+3.0			16.6%
+3.0 以上			43%

在淤泥质海岸,波浪掀沙、潮流输沙是泥沙运移的主要形态,尤其在破碎带,泥沙呈悬移状态随潮进入相对平静和挟沙能力降低的港内水域而落淤。当岸滩浑水跨越航道时,由于航道处水深,水流挟沙能力降低造成航道内落淤。淤泥质海岸的港口和航道淤积与沙质海岸不同,悬沙落淤是淤积的基本过程。

当对港口水域进行规划和布置时,应对泥沙运动进行以下调查:

(1)泥沙的主要来源和运动的主要方向;

(2)泥沙的运移形态(推移质、半悬移质、悬移质)、总输沙量和净输沙量;

(3)预测建造港口建筑物所导致的周围地区冲淤变化和港口设施的冲淤情况。

宏观研究波浪引起的泥沙运移,除了前面分析波浪破碎带外,分析较大波浪个别过程对泥沙运动的影响也是有用的。当水深大于一定值时,波浪作用下海底泥沙不再移动,此水深称为泥沙移动临界水深;表层泥沙随波浪方向开始移动时的水深称为表层移动临界水深;随着水深变浅,泥沙产生实质性输移的水深称为完全移动水深。利用现场进行的放射性同位素玻璃沙示踪调查分析,得出相应的临界水深公式如下:

$$\frac{H_0}{L_0} = 1.35 \left(\frac{d}{L_0}\right)^{\frac{1}{3}} \sin\left[h_b\left(\frac{2\pi h_b}{L}\right)\left(\frac{H_0}{H}\right)\right] \tag{4-6}$$

$$\frac{H_0}{L_0} = 2.4 \left(\frac{d}{L_0}\right)^{\frac{1}{3}} \sin\left[h_w\left(\frac{2\pi h_w}{L}\right)\left(\frac{H_0}{H}\right)\right] \tag{4-7}$$

式中,H_0——深水波高(m);

L_0——深水波长(m);

h_b——表层移动临界水深(m);

h_w——完全移动水深(m);

H——相应水深处的波高(m);

L——相应水深处的波长(m);

d——沙粒径,一般取中径粒径 d_{50}。

3.近岸海流

从航行安全考虑,风力易被船长感受,流则较隐蔽。为此一些港口为减少强横流对深水航道的影响而修建外堤。

在规划阶段应对港址进行大面积流路观测。对可能布置航道、口门和码头的地点进行单站(船)定点连续观测(13 h 或 25 h),必要时可多站(船)同步连续观测。测流工作必须与潮位、风、浪及含沙量同步观测。

通常在海域观测的近岸海流数据是潮流、风海流、密度流和梯度流等的综合结果。在河口处尚有大陆径流引起的泄流。我国大多数建港地点,近岸海流中周期性的潮流占主导地位,其余的非周期性水流占次要地位。习惯把潮流以外的近岸海流称为余流。分析资料时,应注意流是否有旋转性,流矢量图是否有明显对称或不对称的椭圆长轴,长轴与海岸线地形间的关系,较大流速发生时刻与潮位的关系,表层、中层和底层同一时刻流向是否一致,把余流从观测资料中分解出来,其方向和大小与海岸地形及泥沙运动的关系。作用于船侧的流压力如图 4-4所示,按下式计算:

$$F = \frac{9.8}{2} \rho C v^2 B \qquad\qquad (4\text{-}8)$$

式中,F——流压力(N);

　　ρ——海水密度(kgs^2/m^4),取 104.5 kgs^2/m^4;

　　C——水流压力系数,见图 4-4;

　　v——流速(m/s);

　　B——吃水线下船侧面积(m^2)。

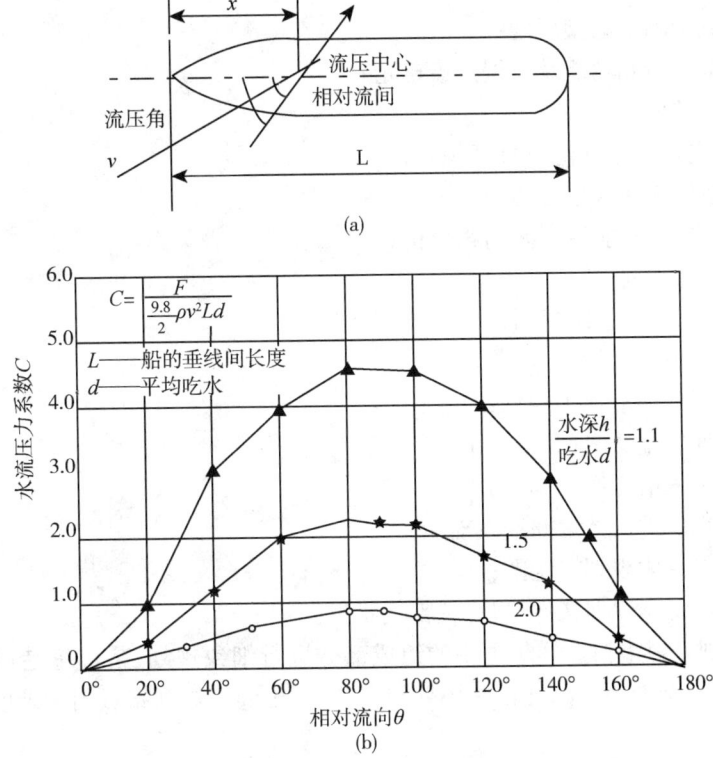

图 4-4　流压力计算图

B 值可按下列统计资料计算:

货船:满载时 $\log_{10}B = 0.179 + 0.708\log_{10}DWT$

　　　　空载时 $\log_{10}B = -0.278 + 0.708\log_{10}DWT$

矿石船:满载时 $\log_{10}B = 0.484 + 0.612\log_{10}DWT$

　　　　　空载时 $\log_{10}B = 0.499 + 0.463\log_{10}DWT$

油船:满载时 $\log_{10}B = 0.508 + 0.612\log_{10}DWT$

　　　　空载时 $\log_{10}B = 0.563 + 0.453\log_{10}DWT$

集装箱船可近似计算:$B \approx L_p \cdot d$,L_p为船舶垂线间长,d 为吃水。

三、港口规划与可行性研究

港口工程建设过程一般分前期工作阶段、设计和施工阶段和试投产阶段等三个阶段。前期工作主要包括港口规划和可行性研究。

1.港口规划

按层次分,港口规划分港口布局规划、港口总体规划和港口港区规划三个层次。

港口布局规划是国家级的港口规划,是国家或地区经济发展规划的重要组成部分,主要对港口的建设地点、类型、规模和建设时间提出宏观要求。

港口总体规划是一个港口建设发展的具体规划,涉及的主要内容有:

(1)港口现状分析和评价;

(2)未来货流预测及船型展望;

(3)港口基本性质和功能及发展规模确定;

(4)主要港区港址确定;

(5)海岸线、港口水域和港口分区规划;

(6)港口土地目前和未来使用规划;

(7)港口航道规划和航道回淤问题分析;

(8)港口集疏运规划;

(9)港口信息与商务系统规划;

(10)港口配套设施规划;

(11)港口环境与环境保护规划;

(12)规划分期实施方案;

(13)建设资金筹措方案;

(14)可能出现的重大技术问题及对策;

(15)绘制港口总体规划布置图;

(16)编写港口总体规划文件,报有关部门批准。

港口港区规划是对港口总体规划中的组成部分进行细致规划,是实施港口总体规划的一个步骤,主要内容包括港区及配套设施规划与布置,提出港区规划布置图和港区规划文件。

2.可行性研究

港口建设项目的可行性研究是对投资前拟建项目的建设必要性、技术可行性和经济合理性进行综合分析研究,是技术经济分析的一种科学方法。它是港口建设项目前期工作的重要内容。一般港口建设项目,可行性研究分预可行性研究和工程可行性研究两个阶段,前者是立项的依据,后者是编制设计任务书的依据。

第三节　港口水域的布置

一、港口水深

港口水深是港口的主要技术指标,应保证船舶安全航行和锚泊。一般来说,港口水深应既满足船舶的使用要求又不必过大,也就是要有一个合理的富余水深。富余水深是船舶龙骨和标称航道海床基准面之间的余量,又称龙骨下富余水深。标称航道海床基准面是指此基准面以上的水域无碍航物存在。

1.富余水深的构成

影响富余水深的因素有两类:第一类因素是船舶航行或锚泊不触底所需的富余水深;第二类因素是减少船舶操纵困难所要求的富余水深。

第一类因素又包括水深误差和因船舶运动的吃水增加两项因素。

水深误差涉及水位变化、海图和水深图测量误差、船舶抛锚引起的富余量等内容。水位变化是实际水位与测量水位间的差,当以验潮数据为依据,此项误差一般不超过 0.01~0.02 m。海图和水深图测量误差按我国港口工程测量技术规范规定,水深 10 m 以内为 0.15 m,水深 20 m 以内为 0.2 m,水深 20 m 以上为水深的 1/50。船舶抛锚引起的富余量是当船舶紧急抛锚停船时,锚相当于航道中的碍航物,如 10 万吨级船舶,配锚 13 t 左右,抛锚时,锚爪突出海底约 1.3 m。

因船舶运动的吃水增加涉及航行时船体下沉和波浪作用于船体产生的垂直运动两项内容。船舶在浅水中航行时发生船体下沉和纵倾变化,其下沉量与船速和载重量有关,如图 4-5 所示。船舶在波浪中航行时,随波高、波周期、波向、船舶尺度和水深的不同,将产生不同程度的纵倾、横摇和升沉运动,其下沉量与波高和船浪夹角有关,如表 4-4 所示。

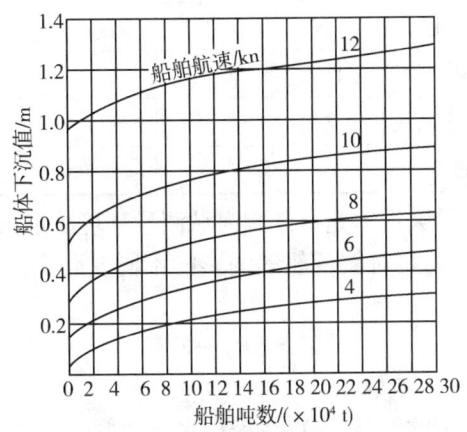

图 4-5　船舶航行时船体下沉曲线

第二类因素又包括船舶操纵性能要求的富余水深和保护主机避免冷凝器取水口堵塞要求的富余水深。一般冷凝器取水口要求的富余水深应大于取水口径的 1.5~2.0 倍。

2.码头前沿水深

码头前沿水深,即泊位水深,是指设计水位以下的水深。它由停靠本泊位的设计船型满吃水和必要的富余水深构成。富余水深主要考虑水深误差、波浪作用于船体产生的垂直运动和配载增加的吃水等因素。码头前沿水深可用下式计算:

表 4-4　船舶在波浪航行时的下沉量

船浪交角 ψ	0° 180°	10° 170°	20° 160°	30° 150°	40° 140°	50° 130°	60° 120°	70° 110°	80° 100°	90° 90°
下沉量与波高比 $Z/H_{4\%}$	0.24	0.32	0.38	0.42	0.44	0.46	0.48	0.49	0.50	0.52

$$D = T + Z_1 + Z_2 + Z_3 + Z_4 \tag{4-9}$$

式中: D——码头前沿设计水深(m);

　　T——设计船型满吃水(m);

　　Z_1——龙骨下最小富余水深(m);

　　Z_2——波浪引起的富余水深(m);

　　Z_3——船舶配载不均匀增加的尾吃水(m);

　　Z_4——备淤水深(m)。

龙骨下最小富余水深主要是防止船舶触底和防止冷凝器取水口吸入泥沙。防止船舶触底需考虑水位、水深测量误差和海底底质的软硬程度。我国规范按海底底质取值如表 4-5 所示。

表 4-5　龙骨下富余水深取值表

海底底质	Z_1/m
淤泥土	0.2
含淤泥的沙、含黏土的沙、松沙土	0.3
含沙或含黏土的块状土	0.4
岩石土	0.6

开敞式码头水深测量有较大误差是开敞式海域测量环境决定的,应注意此项误差,一般取 0.6 m。波浪对锚泊船舶的影响与对航行船舶的影响不同。码头前沿波浪引起的富余水深按下式计算:

$$Z_2 = KH_{4\%} - Z_1 \tag{4-10}$$

式中: K——系数,顺浪取 0.3,横浪取 0.5。

　　$H_{4\%}$——码头前允许锚泊的波高(m);在掩护水域通常小于 1.0 m,故式(4-10)结果为负值,此时 Z_2 取 0。

系泊船舶在波浪作用下,其运动十分复杂,一般不用式(4-10)。

船舶配载从航行考虑,船长希望尾倾,以减小航行阻力和增加舵效、车效。此项配载尾倾系人为因素,为节省投资,对设计船型不宜取大,故规范规定油船和散货船取 0.15 m。

备淤水深取决于码头前回淤情况和两次疏浚时间间隔,一般取值不小于 0.4 m。

3.海港航道水深

船舶在外航道航行时的速度一般不超过 10~12 kn,接近口门时为 4~6 kn。为保持一定的舵效,船舶最低航速为 2 kn。

与确定码头前沿水深相比,航道水深需考虑船舶航行时船体下沉增加的富余水深。航道水深计算如下:

$$D = T + Z_0 + Z_1 + Z_2 + Z_3 + Z_4 \tag{4-11}$$

式中:D——航道设计水深(m);

　　　Z_0——船舶航行时船体下沉增加的富余水深(m),按图4-5取值。

式中其余符号意义与式(4-9)相同,但取值不同。

龙骨下最小富余水深尚需考虑船舶的吨位,按表4-6取值,单位为 m。

表4-6　龙骨下最小富余水深取值表

土壤类型	船舶吨级/t				
	$DWT<5\,000$	$5\,000 \leqslant DWT<$ $10\,000$	$10\,000 \leqslant DWT<$ $50\,000$	$50\,000 \leqslant DWT<$ $100\,000$	$100\,000 \leqslant DWT<$ $300\,000$
淤泥土	0.2	0.2	0.3	0.4	0.4
含淤泥沙、含黏土沙、松沙	0.3	0.3	0.4	0.5	0.6
含沙或黏土的块状沙	0.4	0.4	0.5	0.6	0.6
岩石土	0.5	0.6	0.7	0.8	0.8

波浪富余水深按表4-5取值。Z_3和Z_4取值与确定码头前沿水深相同。

去掉式(4-11)中Z_4,可得航道通航水深 D_0:

$$D_0 = T + Z_0 + Z_1 Z_2 + Z_3 \tag{4-12}$$

二、航道

航道分为天然航道和人工航道。天然航道在低潮时其水深满足船舶航行的需要,不需人工开挖;人工航道是需人工疏浚和开挖的航道。

1.航道轴线

为保证船舶航行安全,满足良好的操船条件,航道轴线的选择应注意:

(1)当横风风力超过 7 级时,以微速(4 kn)航行的大型船舶较难控制航向,因此,航道轴线应尽量避免与大于风力 7 级的、频率较高的风向正交,以减少船舶在强横风下航行的机遇。

(2)1 kn 横流使微速航行的大型船舶产生较大的偏位,航道轴线宜尽量避免与大于 1 kn 横流正交。

(3)航道轴线应尽量顺直;受地形和地质条件限制必须多次转向时,宜加长两次转向间距,转向角宜控制在30°以内,航道弯段曲率半径至少是船长的 5 倍,最好大于等于 10 倍,且弯段处航道应加宽。

(4)为防止船舶进入防波堤口门前发生事故,防波堤口门外的航道应保持不小于船舶制动距离的直线段。

(5)在波浪和潮流的作用下,航道靠近天然岸线和水深变浅的地方,泥沙可能产生较大的移动。几乎所有的航道都有不同程度的回淤,所以减少回淤是选择航道轴线的最主要因素。

2.航道宽度

航道宽度是航槽断面设计水深处两底边线之间的宽度。航道宽度一般由航迹带宽度 A、船舶间错船富余间距 b 和克服岸吸作用的船舶与航道侧壁间的富余间距 C 三部分组成。

（1）航迹带宽度

船舶为了克服风流的影响保持航向，常使实际航向与真航向保持一风流压差角 γ。船舶以风流压差角在航行中线左右摆动前进所占用水域的宽度称航迹带宽度，规范规定按下式计算：

$$A = n(L\sin\gamma + B) \tag{4-13}$$

式中：n——船舶漂移倍数，如表4-7所示；

γ——风流压差角（°）；

L——船长（m）；

B——船宽（m）。

表4-7　船舶漂移倍数表

风力	横风≤7级			
横流 $v/$（m/s）	$v\leqslant0.25$	$0.25<v\leqslant0.50$	$0.5<v\leqslant0.75$	$0.75<v\leqslant1.00$
n	1.81	1.69	1.59	1.45
γ	3°	7°	10°	14°

航迹带宽度一般在 $2.0B\sim4.5B$。

（2）船舶间错船富余间距

船舶对遇时，为了防止船吸现象，两航迹带间应有一定的距离，此值一般取船宽 B。

（3）船舶与航道侧壁间的富余间距

人工航道，由于航槽边壁具有一定的斜坡，特别是斜坡高度与水深之比大于等于 0.4 时，船舶航行在这样狭窄的航道内，为防止擦壁和搁浅，必须与槽壁保持一定的距离；更重要的是，如果船舷与槽壁没有足够的距离，船舶有被吸向槽壁的趋势，使操船困难。试验表明，船速大，岸吸力大；富余水深小，岸吸力大；富余间距小，岸吸力大。规范规定富余间距 C 按表 4-8 取值。

表4-8　船舶与航道侧壁间的富余间距取值表

船舶种类	杂货船、集装箱船		散货船		油船或危险品船	
船速/kn	≤6	>6	≤6	>6	≤6	>6
C	$0.5B$	$0.75B$	$0.75B$	B	B	$1.5B$

综上所述，航道宽度 W 取值：

双向航道：

$$W = 2A + B + 2C \tag{4-14}$$

单向航道：

$$W = A + 2C \tag{4-15}$$

根据当地条件和环境，单向航道宽度一般为 $5B$；双向航道宽度一般为 $8B$。

3.航道通航方式

根据 IMO 的建议，提倡建立分道通航制，以减少船首正遇的范围。

对一些港口，航道航行密度低且大型船舶少，航道疏浚费用高，航道的通航水位可采用乘潮水位，使大型船舶乘潮进出港口。

对于航道狭窄难于改善和自然条件恶劣的情况，可采用拖船助航或强制引航。

三、锚地和回旋水域

1.锚地

按功能和位置分,锚地分为港外锚地和港内锚地。港外锚地供船舶候潮、待泊、待检和避风使用;港内锚地供船舶待泊或水上装卸作业使用。

船舶在锚地的锚泊方式和所需水域面积如下所示:

单锚锚泊: $\qquad r=L+6D+30 \text{ m}$ (4-16)

双锚锚泊: $\qquad r=L+4.5D+25 \text{ m}$ (4-17)

四锚锚泊: $\qquad r=L+5D+60 \text{ m}$ (4-18)

单浮筒系泊: $\qquad r=L+25 \text{ m}$ (4-19)

双浮筒系泊: $\qquad r=L+50 \text{ m}$ (4-20)

式中:r——旋回半径或水域长度(m);

　　L——船长(m);

　　D——水深(m)。

以上公式是在船舶的悬链长为 2~3 节时获得的。

选择锚地位置应注意:

(1)港外锚地边缘距航道边线不应小于2~3倍船长;单锚或单浮筒系泊的港内锚地距航道边线不应小于1倍船长,双浮筒系泊的港内锚地不应小于2倍船长。

(2)港外锚地水深不应小于船舶满吃水的 1.2 倍,当波高超过 2 m 时,应增加波浪富余水深;港内锚地水深一般与码头前沿水深相同。

(3)锚地底质以软硬适中的亚砂土和亚黏土较好,淤泥质沙土次之。

(4)双浮筒锚地尽量避免设置在横流较大地区。

锚地的数量和配置,要依据港口的自然条件和营运特点而定。

2.回旋水域

船舶回旋水域应设置在方便船舶停靠码头或进出港口的水域,其水域可以和航行水域共用。回旋水域的尺度应考虑当地风、浪、流等条件和港作设备及助航设备等因素,可按表 4-9 选取。

表 4-9　回旋水域的尺度选取表

适用范围	回旋直径
允许借码头或转头墩协助转头的水域	1.5L
有掩护的水域,港作拖船条件较好,可借固定航标定位	2.0L
无掩护的开敞水域或港作拖船条件差	2.5L
受水流影响较大的河口港: 回旋椭圆水域宽度(垂直水流方向) 回旋椭圆水域长度(沿水流方向)	1.5L~2.0L 2.5L~3.0L

船舶自行掉头,水域较平稳,风力小于 5 级时,回旋直径较大,常取 3L。未设首推进器的

集装箱船回旋直径可达 6L。

四、防波堤布置

选择防波堤布置形式时,需考虑波浪、流、风、泥沙、地形、地质等自然条件,也要考虑船舶航行、泊稳和码头装卸等营运要求,以及建设施工、投资等因素。

1.防波堤布置原则

防波堤布置原则如下:

(1)布置防波堤轴线时,应与码头布置相配合。长周期波对船舶装卸及安全停靠危害极大,即使波高很小,亦会造成系泊船舶运动很大并导致船舶断缆。应注意长周期波对防波堤的影响。

(2)防波堤围成的水域应有足够的面积和水深,使船舶可在港内航行、调头、停泊及布置码头岸线。

(3)防波堤包围的水域要留有发展余地,应尽量考虑港口的发展。

(4)防波堤包围的水域不是越大越好,水域形状应注意大风向港内自生波浪对泊稳条件的影响。

(5)要充分利用有利的地形地质条件,将防波堤布置在能利用的暗礁、浅滩、沙滩及其他水域,以减少投资。

(6)应防止从口门进港的波浪遇堤多次反射恶化港内泊稳条件。

上述原则有时是矛盾的,需在制定防波堤方案时折中。

2.口门

口门布置分侧向式和正向式两种,其中侧向式可避免强浪直射码头,为码头布置提供更多灵活性。口门布置对港口使用及未来发展影响较大。口门布置应注意以下各点:

(1)口门位置应尽可能位于防波堤突出海中最远、水深最大处。在沙质海岸,口门宜布置在式(4-7)确定的泥沙完全移动水深之外,以减少口门外泥沙进港和口门淤积。在淤泥质海岸,口门宜布置在远离破碎带、含沙量少的深水处。

(2)船舶进入口门船速多为 4~5 kn,故从口门至码头泊位,一般宜有大于 4 倍船长的直线航行水域和调头水域,以便船舶进入口门控制航向、降低船速、与拖船配合或完成紧急转头等操作。

(3)口门方向避免大于 7 级横风和大于 0.8 kn 的横流。船尾直向风和尾追波浪使操舵困难,故船舶进入口门应避免大于 7 级的船尾直向风和大于 2.5~3.0 m 尾向波浪。船舶进入口门航向或口门轴线与频率较大,上述强风强浪夹角最好为 30°~60°。

(4)应使口门进入的波能尽可能少,以保证水域泊稳的要求。

(5)船舶通过口门时不宜错船或超越。口门宽度在任何情况下都不宜小于设计船长。船舶航行安全与港内泊稳要求对口门宽度的限制是矛盾的。

(6)口门数量与航行密度、港口性质、环境因素有关。在满足泊稳要求的条件下,两个口门比一个口门好,有利于航行和环保。

3.轴线布置

口门轴线布置应注意以下几点：

（1）防波堤轴线布置应是扩散式，使进入口门的波能扩散在较长的波峰线上，波高迅速减少。

（2）防波堤轴线转弯时，折角宜在 120°~180°。

（3）尽量缩短防波堤轴线与当地最大波向正交的长度，以减少堤上的波浪作用力。

（4）布置防波堤轴线应注意小范围内地质条件的变化，有时轴线稍加移动，可大大减少地基处理费用。

第四节　港口水域的环境保护

一、环境评估的内容与方法

1.环境评估的内容

港口建设项目必须按照国家有关规定进行环境评估和保护。环境评估通常与拟建项目的工程可行性研究同步进行，对环境影响很大的项目，可在预可行性研究阶段进行。

环境评估主要包括：

（1）确定评估时间阶段，评估时间阶段一般分为施工阶段和投产运营阶段。

（2）调查与监测项目现场周围环境构成要素，其目的是摸清环境质量现状，确定环境质量级别和主要污染因子。

（3）通过对项目不同个体污染的分析摸清影响环境的污染因子的种类、来源和源强；主要污染因子对环境的影响途径、程度和范围。

（4）各项污染物的最终排放结果能否达到环境质量标准和污染物排放标准。

2.环境评估方法

环境评估方法涉及学科较多，预测不同污染因子的影响途经、程度和范围也涉及不同的学科。例如，预测大气中 SO_2 和 NO_2 的定量方法采用烟流模式，预测伸入海中防波堤对近岸流的影响需进行潮流场模拟分析。

总之，环境评估预测工程是涉及多学科知识的一门科学，详细了解请阅读专著。

二、沿岸域的环境保护

1.沿岸域的环境保护

以港口及港口城市为代表的人类活动多集中在沿岸域及封闭型海域，这些海域发挥着解决如下水排放和处理生活垃圾等陆域问题的作用。当海域接收的污染物超过其自我净化能力时,就会发生海域污染,破坏海洋生态系统,影响海洋渔业的发展。环境污染不仅发生在港口区域,也发生在港口区域以外的海域。在进行港口及沿岸域规划和开发时,除了要满足人类陆域经济活动外,还应从海域的特性和特点出发考虑可持续性开发,进行海陆一体的、合理的生态系统规划。

海域的可持续性开发是指在保证能够满足未来世代对海域资源需求的基础上,在沿岸及海域进行包括港口建设在内的开发,以满足人类目前的需求。在进行港口及沿岸域的规划与开发时,要使不可再生资源消耗最低,充分利用再生资源,并将环境影响作为决策阶段的重要依据。

减少环境破坏的具体措施有五种。第一是回避措施,避免进行影响环境的开发活动;第二是最小化措施,使某种开发活动影响环境最小;第三是矫正措施,对受到影响的环境进行修复、再生或恢复;第四是减少措施,在实施开发活动中,通过保存和维持的方式减少或消除对沿岸域的影响;第五是补偿措施,通过提供替代资源或环境置换方式对环境的影响予以补偿。

2.生态环境的保护

遗传基因、物种和生态系统构成了生物多样性的三个层次。其中,生态系统由微生物、动物、植物及人类等生物要素,以及大气、水、土壤和光等物理要素构成。两种要素通过物质循环和能量流动使多种要素彼此联系构成系统。生物多样性保护具有极大的价值。

由于港口所在的沿岸域是水陆交界处,是丰富的环境空间,其开发必将对生态系统产生影响,因此,在港口及沿岸域开发规划、开发设计和开发建设及投入运营阶段,要充分考虑维持生态系统的平衡,要充分发挥沿岸域生态系统创造景观和净化环境的功能。在进行港口及沿岸域规划时,要在保护沿岸域水质、水域生物和潮间带基础上,通过限制对自然环境的开发,合理进行区域划分,确保生物的栖息空间。

人类的过度开发使一些海岸线发生变化,在适宜人类休闲活动的天然海滩无法满足人类社会发展需要时,可在沿岸域建造人工海滩及人工潮间带。

在提高港口及沿岸域空间的公共性方面,在使人们更方便地接近水域的同时,可通过对防灾建筑物的结构设计和材料选择,使建筑群为沿岸生物提供栖息之处,以确保生态系统持续生息所必要的条件。

第五章 航标定量分析的理论和方法

第一节 定量分析的理论

一、模糊数学基本知识

要实现航标的定量分析和评价,必须使用数学方法建立数学模型。正确的数学模型是定量分析和评价的基础,数学模型不正确,基于模型的研究就毫无任何实际意义。

对系统进行定量分析和评价的数学方法基本有两种:一种是使用概率论和数理统计的方法,建立较精确的数学模型;另一种是在系统较复杂和信息不完备的条件下,使用模糊数学的方法,建立模糊分析和评价模型。

鉴于航标系统是多因素影响的复杂系统,目前,多为定性和经验的分析和评价,对影响系统的因素及各因素之间的相互作用,认识并不清楚,信息掌握也不完备,适合使用模糊数学的方法进行分析和评价。对航标的定量分析和评价主要是分析和评价航标及其系统的助航效能和配布的合理性。

1.模糊数学的概念

概念是科学的细胞。一些概念在特定的场合有精确的外延,如国家、男人等,对于这些精确的概念,现代数学常用经典集合表示;还有相当一部分概念在一些场合不具有精确的概念,如青年人、通货膨胀等,这些概念称为模糊概念。自然界处处存在模糊现象,因此模糊概念在科学领域处处可见。

由于历史的原因,人们首先认识的是精确概念,并和创立了经典数学,因此习惯于追求精确性和清晰性,试图利用经典数学对任何现象都进行精确的定量描述。随着科学的发展,研究对象越来越复杂,表现为:一是影响对象的因素众多,人们无法认识全部因素,使清晰的现象变得模糊了;二是对象的模糊性是绝对的,而清晰性是相对的,研究越深入,模糊性越明显。因此,精确性和模糊性的对立是当今科学发展所面临的一个十分突出的矛盾。美国计算机与控制论专家扎德(Zadeh)教授注意到这个矛盾,提出了互克性原理,即"随着系统复杂性的增长,我们对其特性做出精确而有意义的描述能力相应地减低,直到达到一个阈值,一旦超过它,精确性和有意义性(或贴近性)几乎成为两个互相排斥的特征"。

模糊数学产生于1965年,以扎德的《模糊集合》一文为其产生的标志。模糊数学一建立,就显示了强大的生命力和渗透力,不仅在气象学、医学上得到了广泛的应用,而且在人工智能和专家系统中应用于模拟人的思维。此外,在社会科学和经济学中,由于涉及的系统大多是多因素复杂的大系统,存在大量模糊概念,因此在应用模糊数学进行分析时,取得了较好的效果。

2.隶属度和隶属函数

隶属度和隶属函数是模糊数学最基本和最主要的概念。在模糊理论中,对模糊性的描述是通过隶属函数表述的。

在经典集合中,描述集合的方法之一是用特征函数。设 A 是论域 U 中的一个子集,则对于 $\forall u \in U$,存在 $u \in A$ 或 $u \notin A$。如果把 $u \in A$ 记作"1",而把 $u \notin A$ 记作"0",则在论域 U 中,每个集合 A 都和 U 中的一个二值函数 X_A 相对应。于是,特征函数的定义为:对于给定的论域 U 的子集 A,存在映射 X_A,且 $X_A(u)=1, u \in A$ 或 $X_A(u)=0, u \notin A$,则称 X_A 为集合 A 的特征函数。

在模糊事物中,用特征函数表示其属性是不恰当的,因为模糊事物根本无法判断其归属,所以不能用0或1来表示。为了表示模糊事物的归属,需将特征函数的0或1取值,改为对闭区间 $[0,1]$ 取值,于是特征函数可取 0~1 的无穷值,因而得到了描述模糊集合的特征函数,即隶属函数。

隶属函数的定义为:用于描述模糊集合,并在 $[0,1]$ 闭区间可以连续取值的特征函数。隶属函数用 $\mu_A(x)$ 表示,其中 A 表示模糊集合,x 是 A 中的元素。隶属函数满足:$0 \leqslant \mu_A(x) \leqslant 1$。

运用隶属函数可表示事物的模糊性。隶属函数一般靠经验获取,在一定情况下,也可用推理获取。

对于 $\forall x \in U, \mu_A(x)$ 称为元素 x 对 A 的隶属度,即 x 隶属于 A 的程度。

3.模糊合成算子

常用的模糊合成算子有三种,即 $(\wedge, \vee)$、$(\bullet, \vee)$、$(\bullet, +)$。

$(\wedge, \vee)$ 为主因素决定型算子,表示只考虑主要因素的作用,其他因素的作用不考虑。

$(\bullet, \vee)$ 为主因素突出型算子,表示考虑主因素作用的同时,适当考虑其他次要因素。

$(\bullet, +)$ 为加权平均型算子,表示综合考虑各因素的作用。

在实际问题中,应根据问题的具体情况,采用合适的算子。

二、层次分析法基本知识

层次分析法(The Analytic Hierarchy Process,AHP)是美国匹兹堡大学教授 T. L. Saaty 于 20 世纪 70 年代中期提出的定性与定量相结合的决策分析方法。层次分析法作为一种定性和定量相结合的系统分析方法,是从决策分析中发展而来的,是分析多目标、多准则的复杂系统的有力工具。

层次分析法作为一种有用的决策工具,有方法简单、思路清晰、适用面广和系统性强的优点。

运用层次分析法解决问题,大体有四个步骤,第一是建立递阶层次结构,第二是构造两两比较判断矩阵,第三是由判断矩阵计算被比较元素的相对权重,第四是计算各层元素的组合权重。

1.建立递阶层次结构

这是本方法的最重要的一步。首先,把复杂的问题分解成称为元素的各组成部分,将元素按属性分为若干组,以形成不同的层次。同一层次的元素作为准则,对下一层次的某些元素起支配作用,同时又受上一层次某些元素的支配。这种从上至下的支配关系形成了一个递阶层次。处于最上层的元素通常只有一个,一般是分析问题的预定目标或理想结果;中间层次的元素一般是准则、子准则;最低层元素是决策的方案。层次间元素的支配关系不一定是完全的,即可存在这样的元素,它不一定支配下一层的所有元素。典型的层次结构如图 5-1 所示。

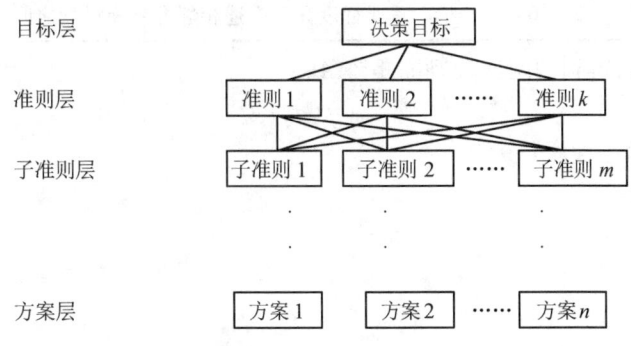

图 5-1　递阶层次结构示意图

层次数与问题的复杂程度和所需分析的详尽程度有关。每一层中的元素一般不超过九个,因为同一层包含过多的元素会给两两比较判断造成困难。好的层次结构对于解决问题极为关键。

2.构造两两比较判断矩阵

在建立了递阶层次结构后,上、下层次之间的隶属关系便确定了。假设上一层的元素 B_k 作为准则,对下一层次的元素 $A_1,A_2,\cdots,A_n$ 有支配关系。现在的目的是在准则 B_k 之下按其相对的重要程度赋予 $A_1,A_2,\cdots,A_n$ 相应的权重。对于大多数复杂的问题,直接获得这些元素的权重并不容易,需要通过适当的方法来导出,层次分析法采用两两比较的方法。

为了获得两两比较的值,需要向专家和有关人员进行广泛的调查和询问,且要反复多次,针对准则 B_k,两个元素 A_i 和 A_j 哪一个更重要,重要多少,并针对重要程度赋予一定的值。

为了获得比较的值,应使用比较判断尺度。通常使用 9 标度判断尺度。这种尺度是将思维判断量化的好方法,因为,第一,在区分事物的重要程度时,人们一般习惯于用同等重要、较重要、重要、很重要、绝对重要的语言来表示,当需进一步细化时,可在中间加入一级,形成 9 标度判断尺度;第二,心理学实验表明,多数人对事物重要程度的判别能力为 5~9 级;第三,当被比较的元素在量值上属于同一数量级或相当接近时,这样的比较才准确和有意义。9 标度判断尺度如表 5-1 所示。

表 5-1　9 标度判断尺度表

判断尺度	定义
1	对 B_k 而言,A_i 和 A_j 同等重要
3	对 B_k 而言,A_i 比 A_j 较重要
5	对 B_k 而言,A_i 比 A_j 重要

续表

判断尺度	定义
7	对 B_k 而言,A_i 比 A_j 很重要
9	对 B_k 而言,A_i 比 A_j 绝对重要
2,4,6,8	重要程度介于上述相邻两判断尺度之间

对于 n 个元素,得到两两比较判断矩阵 A:

$$A = (a_{ij})_{n \times n} \tag{5-1}$$

矩阵 A 具有以下性质:

(1) $a_{ij} > 0$;

(2) $a_{ij} = \dfrac{1}{a_{ji}}$; $\qquad\qquad\qquad\qquad\qquad\qquad\qquad$ (5-2)

(3) $a_{ii} = 1$。

A 称为正的互反矩阵。

3.判断矩阵计算被比较元素的相对权重(计算单一准则下元素的相对权重)

这一步在准则 B_k 下,计算 n 个元素 $A_1, A_2, \cdots, A_n$ 的排序权重问题和进行一次性校验。计算排序权重有多种方法,下面介绍特征根法。

$$Aw = \lambda_{\max} w \tag{5-3}$$

式中:A——两两比较判断矩阵;

$\quad w$——排序权重;

$\quad \lambda_{\max}$——矩阵的特征根。

w 和 $\lambda_{\max}$ 一般采用幂法计算,其步骤为:

(1)设初值向量 w_0,如 $w_0 = \left(\dfrac{1}{n}, \dfrac{1}{n}, \cdots, \dfrac{1}{n}\right)^{\mathrm{T}}$。

(2)对于 $k = 1, 2, 3, \cdots$,计算

$$\overline{w}_k = Aw_{k-1} \tag{5-4}$$

(3)对于给定的计算精度,若

$$\max |w_{ki} - w_{(k-1)i}| < \varepsilon \tag{5-5}$$

式中,w_{ki} 表示 w_k 的第 i 个分量,则计算停止,否则继续(2)。

(4)计算

$$\lambda_{\max} = \frac{1}{n} \sum_{i=1}^{n} \frac{\overline{w}_{ki}}{w_{(k-1)i}} \tag{5-6}$$

和

$$w_{ki} = \frac{\overline{w}_{ki}}{\sum_{j=1}^{n} \overline{w}_{kj}}$$

在精度要求不高的情况下,可用近似方法计算 w 和 $\lambda_{\max}$。下面介绍常用的根法:

（1）将 A 的元素按行相乘，得

$$\bar{u}_i = \prod_{j=1}^{n} a_{ij} \tag{5-7}$$

（2）将所得的乘积分别开 n 次方，得

$$u_i = \sqrt[n]{\bar{u}_i} \tag{5-8}$$

（3）将上述所得的各方根进行正规化处理，得排序权重

$$w_i = u_i \Big/ \sum_{i=1}^{n} u_i \tag{5-9}$$

（4）按下式计算 $\lambda_{\max}$

$$\lambda_{\max} = \sum_{i=1}^{n} \frac{(Aw)_i}{nw_i} \tag{5-10}$$

在构造判断矩阵 A 时，不要求判断具有一致性，这是由客观事物的复杂性和人认识的多样性决定的。但要求判断大体一致是应该的，当判断偏离一致性太大时，排序权重的计算结果作为决策依据将有问题，因此在获得 w 和 $\lambda_{\max}$ 时需要进行一致性校验，步骤如下：

（1）计算一致性指标 CI

$$CI = (\lambda_{\max} - n)/(n-1) \tag{5-11}$$

（2）计算一致性比率 CR

$$CR = CI/RI \tag{5-12}$$

式中：RI——平均随机一致性指标。

当 $CR < 0.1$ 时，A 的一致性是可接受的。RI 按表 5-2 取值。

表 5-2　平均随机一致性指标 RI

n	1	2	3	4	5	6	7	8	9	10	11	12
RI	0.00	0.00	0.52	0.89	1.12	1.26	1.36	1.41	1.46	1.49	1.52	1.54

4.计算各层元素的组合权重

为了得到递阶层次结构中每一层次所有元素相对于总目标的相对权重，需要把第三步的计算结果进行适当的组合，并进行总的一致性校验。这一步由上而下逐层进行。最终计算结果是最低层元素即决策方案优先顺序的相对权重和整个递阶层次模型的一致性校验。

假设已经计算出第 $k-1$ 层元素相对于总目标的组合排序权重向量 $w^{k-1} = (w_1^{k-1}, w_2^{k-1}, \cdots, w_m^{k-1})^{\mathrm{T}}$，第 k 层在第 $k-1$ 层第 j 个元素作为准则下元素的排序权向量为 $w_j^k = (w_{1j}^k, w_{2j}^k, \cdots, w_{nj}^k)^{\mathrm{T}}$，其中不受支配的元素权重为零。令 $W^k = (w_1^k, w_2^k, \cdots, w_m^k)$，则第 k 层 n 个元素相对于总目标排序权重向量由下式给出：

$$w^k = W^k w^{k-1} \tag{5-13}$$

排序组合权重的通用公式是：

$$w^k = W^k \cdots W^3 w^2 \tag{5-14}$$

式中，w^2 为第二层次元素的排序向量，$3 \leqslant k \leqslant h$，$h$ 为层次数。

对于递阶层次组合判断的一致性校验，需要逐层计算 CI。若分别得到了第 $k-1$ 层次的计算结果 CI_{k-1}、RI_{k-1} 和 CR_{k-1}，则第 k 层的相应指标为：

$$CI_k = (CI_k{}^1, \cdots, CI_k{}^m) \, \boldsymbol{w}^{k-1} \tag{5-15}$$

$$RI_k = (RI_k{}^1, \cdots, RI_k{}^m) \, \boldsymbol{w}^{k-1} \tag{5-16}$$

$$CR_k = CR_{k-1} + \frac{CI_k}{RI_k} \tag{5-17}$$

这里 $CI_k{}^i$ 和 $RI_k{}^i$ 分别为在 $k-1$ 层第 i 个准则下判断矩阵的一致性指标和平均随机一致性指标。当 $CR_k<0.1$ 时,认为递阶层次在 k 层水平上整个判断有满意的一致性。

层次分析法的最终结果是得到相对于总目标各决策方案的优先顺序权重,并给出组合排序权重所依据的整个递阶层次结构所有判断的总的一致性指标,据此可以做出决策。

第二节　定量分析的方法

用模糊综合评判法对航标进行定量分析,需建立模糊综合评判模型,建立模糊综合评判模型的步骤为:

(1)评判指标体系的设计与确定;

(2)各评判指标权重的确定;

(3)各评判指标隶属函数的确定;

(4)模型的建立与应用。

上述四个步骤可用图 5-2 所示。

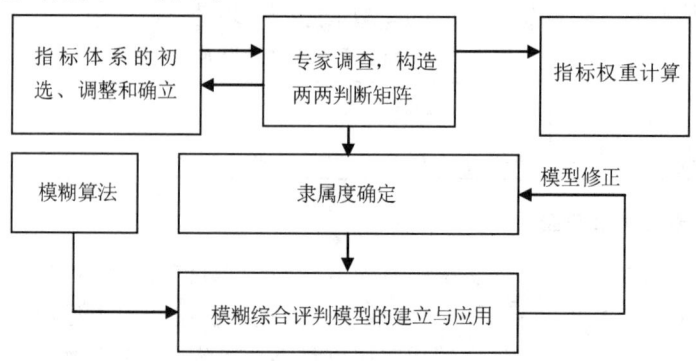

图 5-2　模糊综合评判模型建立的程序

一、评判指标体系的设计与确定

在现实生活中,某种事物一般具有多种影响因素,因此对事物进行评判时,就要对各种影响因素进行综合考虑,这就是综合评判问题。当用层次分析法建立递阶层次结构时,如果影响因素较少,能处在同一层次上,可用单级模糊综合评判法;当影响因素较多,且各影响因素有层次之分时,用单级综合评判法,每个影响因素的计算权重很小,进行模糊运算时,会丢失信息,因此应该用多级综合评判法。

设计与确定评判指标体系是模糊综合评判法的关键一步,其合理与否决定着模糊综合评判的成败。为了能正确地确定影响航标定量分析的影响因素或指标,需对航标配布进行充分分析,并经过多次专家调查和咨询后,方可确定。

评判指标体系确定后,应对指标体系的各个指标进行量化分析,确定每个指标可能变化的定量范围和将要定量分析的航标或系统的每个指标的具体量值。这一步也需充分的分析和广泛的专家咨询。

经过上述步骤,获得了 n 种因素构成的因素集或指标集,表示为 $U=\{u_1,u_2,\cdots,u_n\}$。

接着须建立 m 种决断构成的评判集,对 n 种指标和总的定量分析指标进行评判,表示为 $V=\{v_1,v_2,\cdots,v_m\}$。常用的评判集有三级评判集、五级评判集、七级评判集和九级评判集等。其中三级评判集过于粗略,而七级和九级评判集又过于详细和烦琐,因此多用五级评判集,即把评判标准分为优、良、中、合格和不合格五个定级,表示为 $V=\{v_1,v_2,v_3,v_4,v_5\}$,并把每个指标可能变化的定量范围与五级评判集的五级合理对应。

二、各评判指标权重的确定

评判指标体系确定后,由于各指标对定量分析的总指标影响不同,为此需计算各指标对其影响的重要程度,即各指标的权重。

层次分析法,即 AHP 法,是计算权重的有效方法。

第一步是建立递阶层次结构,这一步已在评判指标体系的设计与确定中完成。

第二步是构造两两比较判断矩阵,即采用 9 标度判断尺度,经分析和专家咨询,比较同一层指标相互的重要程度,获得每层指标的两两比较判断矩阵,表示为 $A=(a_{ij})$。

第三步是由每层指标的两两比较判断矩阵,利用幂法或根法,计算每层指标的相对权重 w 和一致性指标 CI 及 CR,并判断其一致性。

第四步是根据每层指标的相对权重和一致性指标,计算各层指标的组合权重 w^k 和一致性指标,并判断其一致性。

三、各评判指标隶属函数的确定

由于影响航标定量分析的各个指标所组成的指标集、评判集和权重构成了模糊空间,指标集 U 和评判集 V 之间的关系是模糊关系,无法用普通集合中的特征函数表示某个指标的具体值对上层指标的哪个评判等级影响大些或小些,且根据指标的具体值将其划归某一评判等级时,当指标的具体值处于评判等级的边缘,将其划归哪个评判等级均不科学,为此引入隶属函数的概念。

在模糊评判中,隶属函数的确定,无论是从理论上还是实践上都是模糊集合的基本和关键的问题。目前隶属函数确定的方法多数处于研究阶段,主要的研究分统计学派和非统计学派。由于造成事物模糊性的因素是多方面的,因而模糊集的种类也极其繁多,为此需对两种学派的观点兼收并蓄,具体问题具体分析。一般采用专家确定和模糊统计相结合的方法。

隶属函数的表示方式通常有公式法、图表法和曲线法。

实际中,最常用且最简单的隶属函数为三角形分布和半梯形分布,而半梯形分布又包括偏小型和偏大型两种,其分布曲线和数学公式如图 5-3 所示。

由上述内容可知,各评判指标的取值范围与评判集 V 的五个区间 $(-\infty,a]$,$(a,b]$,$(b,c]$,$(c,d]$,(d,∞) 相对应。若将评判指标 u_i 看成某个区间的普通集合,则会造成两个区间边缘点数值相差不大,而评判集相差一个级别的不合理现象。为消除这种不合理现象,具体做法是,对于某个评判等级 v_j,设在中间三个区间中点隶属函数取最大值为 1.0,而相邻两区间的中点的隶属函数取最小值为 0,连接 1.0 与 0,得 u_i 对 v_j 的隶属函数,即三角形分布;对于两边的两个区间采用半梯形分布。

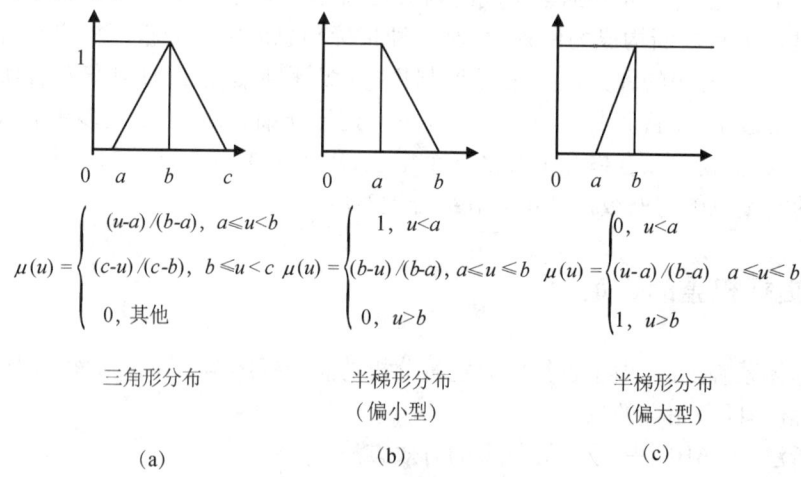

$$\mu(u)=\begin{cases}(u-a)/(b-a), & a\leqslant u<b\\(c-u)/(c-b), & b\leqslant u<c\\0, & \text{其他}\end{cases}$$

三角形分布

(a)

$$\mu(u)=\begin{cases}1, & u<a\\(b-a)/(b-a), & a\leqslant u\leqslant b\\0, & u>b\end{cases}$$

半梯形分布
(偏小型)

(b)

$$\mu(u)=\begin{cases}0, & u<a\\(u-a)/(b-a) & a\leqslant u\leqslant b\\1, & u>b\end{cases}$$

半梯形分布
(偏大型)

(c)

图 5-3　隶属函数的三角形分布和半梯形分布

四、模型的建立与应用

经过上述三个步骤,建立了指标集 $U=\{u_1,u_2,\cdots,u_n\}$、评判集 $V=\{v_1,v_2,\cdots,v_m\}$,获得了权重 $w=\{w_1,w_2,\cdots,w_n\}$。

现在需建立指标集和评判集之间的模糊关系,即建立一个从 U 到 $F(V)$ 的模糊映射,也就是说,根据每个指标的隶属函数,将指标集中的每个指标值与评判集中的评判等级一一对应,需注意,由于是模糊关系,一个指标值与每个评判等级均有关系,从而建立指标评判矩阵 $\boldsymbol{R}$。

$$\boldsymbol{R}=\begin{bmatrix}r_{11} & r_{12} & \cdots & r_{1m}\\r_{21} & r_{22} & \cdots & r_{2m}\\\vdots & \vdots & & \vdots\\r_{n1} & r_{n2} & \cdots & r_{nm}\end{bmatrix} \tag{5-18}$$

于是 $(U,V,\boldsymbol{R})$ 构成了综合评判模型或综合评判空间,而综合评判为:

$$\boldsymbol{B}=w\cdot\boldsymbol{R} \tag{5-19}$$

式中,$\boldsymbol{B}=(b_1,b_2,\cdots,b_m)$,是 V 上的一个模糊子集,称为评判向量。图 5-4 表示了模糊综合评判模型的直观解释。

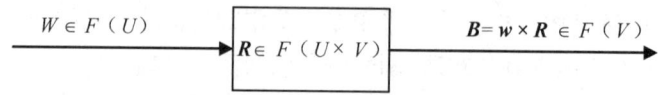

图 5-4　模糊综合评判模型示意图

从图 5-4 可看出,模糊关系 R 是个从指标集 U 向评判集 V 的转换器,每输入一个模糊向量 w,则输出一个综合评判向量 B。

在按式(5-19)计算模糊向量 B 时,需根据指标体系的特点,选择模糊合成算子,即选择模糊向量的计算方法。对于航标定量分析的问题,常采用主因素突出型的加法合成法(加权线性和法)算子,其基本公式为:

$$b_j = \sum_{i=1}^{n} w_i r_{ij} \qquad (5-20)$$

为了获得航标定量分析最终的定量结果,需对评判向量进行反模糊化处理,又称模糊量精确化。反模糊化的方法一般有最大隶属度法和重心法。

最大隶属度法是对评判向量 B 的每个分量进行比较,得出最大值 $b_j = \max\{b_1, b_2, \cdots, b_m\}$,而获得对应的评判等级 v_j。最大隶属度法有一定的缺点,就是反模糊化的结果不够精确,概括的精确量少,没有区分隶属函数的分布情况,也没有考虑隶属函数较小的指标的作用。

重心法又称力矩法,是对评判向量的所有元素取重心元素的方法。它能消除最大隶属度法的缺点。重心元素 b 按下式求得:

$$b = \frac{\sum_{i=1}^{m} b_i \times k_{v_i}}{\sum_{i=1}^{m} b_i} \qquad (5-21)$$

式中:k_{v_i} 的取值可按评判集的具体等级而定,如五级评判集可取 $K_v = \{k_{v_1}, k_{v_2}, k_{v_3}, k_{v_4}, k_{v_5}\} = \{5, 4, 3, 2, 1\}$。最终得出的 b 就是定量分析的结果。

第三节　航标效能定量评估

航标效能是指航标提供助航服务水平和其他相关功能的程度。航标效能定量评估的基本理论是模糊综合评判和层次分析法。

航标效能定量评估由评估指标体系的确定、各评估指标权重的确定和定量评估值的计算组成。这里需要指出,由于航标效能定量评估下级指标对上级指标的影响并不复杂,因此无须确定评估指标隶属函数。

一、建立评估体系

经过层次分析法和广泛的专家调查,确定航标效能定量评估体系是由四层组成的层状结构。航标效能定量评估由航标服务水平、航标技术水平、航标管理水平和航标维护水平四方面因素决定,而航标服务水平、航标技术水平、航标管理水平和航标维护水平又是由相关因素影响的,为此建立航标效能定量评估体系如表 5-3 所示。

表 5-3　航标效能定量评估体系表

航标水平	评估指标	评估分指标	分指标值	分指标权重	子目标评估值	子目标权重	评估结果
航标服务水平（0.591）	准确性	DGPS 定位精度	9.6	0.081	8.332 2	0.099	8.408
		浮动标志位置准确度	8.2	0.731			
		固定标志位置准确度	8.3	0.188			
	完整性	覆盖率	8.3	0.230	8.441 8	0.213	
		配布合理性	8.5	0.648			
		助航手段多样性	8.4	0.122			
	可靠性	可用性	8.8	0.546	8.825 4	0.050	
		连续性	9.0	0.256			
		通报及时性	8.8	0.155			
		内容全面性	8.2	0.043			
	适应性	自然条件适应性	8.2	0.072	8.376 5	0.638	
		航道适应性	8.3	0.649			
		交通适应性	8.6	0.279			
航标技术水平（0.191）	先进性	航标自动化程度	7.4	0.122	7.686 4	0.337	8.479
		航标新技术应用程度	7.8	0.230			
		航标新设备应用程度	7.7	0.648			
	标准化	国际标准	9.4	0.502	9.006 0	0.532	
		国家标准	8.8	0.323			
		行业标准	8.4	0.133			
		企业标准	7.8	0.042			
	环保性	绿色能源使用情况	8.3	0.833	8.350 1	0.049	
		与海洋生态适应性	8.6	0.167			
	成熟度	生产批量	8.8	0.667	8.400 4	0.082	
		试验阶段	7.6	0.333			
航标管理维护水平（0.218）	维护水平	日常维护水平	8.4	0.408	7.888 2	0.717	8.092
		突发事件处理能力	8.0	0.174			
		航标修理能力	8.1	0.072			
		航标维护设施配套性	7.0	0.317			
		航标维护设施利用率	9.2	0.029			
	管理手段	信息系统应用水平	8.0	0.046	8.937 4	0.195	
		管理机制合理性	8.9	0.248			
		管理机制有效性	9.2	0.516			
		质保体系	8.5	0.190			
	管理人员基本素质	管理人员技术水平	8.2	0.833	7.882 7	0.088	
		管理人员结构	6.3	0.167			
总评估值							8.353

二、确定评估指标权重

根据建立航标效能定量评估体系,通过专家和相关业务人员的调查及询问,获得同层指标对上一层指标的影响程度,按9标度判断尺度打分;获得每层指标的两两比较判断矩阵;计算每层指标的相对权重和一致性判别。其评估指标的权重如表5-3中所示。

三、获得指标值

通过专家和相关业务人员的调查及询问,获得所要评估水域航标的指标值。需指出,为了评估结果的正确,需要足够和广泛的调查及询问样本。如已获得某港口指标值如表5-3所示。

四、计算获得定量评估结果

根据表5-3,通过同层指标值的加权计算,逐层进行,最后获得该港口航标效能定量评估值为8.353。由于航标定量效能评估是在0~10取值,因此该港口航标效能评估为良好。

第六章　航标管理法规和技术标准

第一节　航标管理法规

航标管理法规属于行政法范畴,因此本节介绍行政法基本知识和海区航标的法规体系。

一、行政法基本知识

1.行政

行政,又称行政管理、行政执行,一般是指政府依据法律管理国家有关事务的活动。

行政含义十分广泛,通常有三种含义。最广义的行政,是指包括政府的全部职能;狭义的行政,是指除立法职能以外的政府职能;最狭义的行政,是指除立法和司法职能以外的政府职能。

行政管理活动多种多样,包括命令、计划、组织、调节、监督等,但大致可分为执行和指挥两大类。执行是国家行政机关对国家权力机关制定的宪法和有关法律的全面贯彻执行;指挥是国家行政机关为贯彻宪法和有关法律而对下级机关、企事业单位、社会团体、群众团体及公民所采取的命令、组织、领导等手段。执行和指挥的职能互相联系,密不可分。

2.行政法

行政法是国家进行行政管理活动的法律规范总称,是国家整个法律体系中的一个重要的、独立的法律分支,是国家行政机关工作的法律依据,也是人们在有关活动中必须遵循的准则。

行政法具有以下特点:

(1)行政法不同于宪法、民法、刑法那样有自成体系的法典,而是散列于各种形式的法律、法规和法律文件中。

(2)行政法名称繁多,颁布机关不一,法律效力各不相同。

(3)行政法的强制力具有普遍性,任何行政活动的参加者都必须遵守;强制力有纵向和横向两种表现形式,纵向强制力表现于国家行政机关内部关系中,横向强制力表现于国家行政机关与国家机关、企事业单位、社会团体或公民关系中;强制力是由有权力的国家行政机关采取行政处罚和行政强制执行方法来实施,而不是由审判机关来实施。

3.行政法的法源和分类

行政法的法源是指行政法的立法依据。行政法的法源是宪法,基本法律,一般法律,行政法规,行政规章,地方性法规,自治条例和单行条例,立法解释、行政解释和地方解释中有关行政管理的内容,党所确定的有关行政管理活动的方针、政策和政府机关、行政机关与群众团体联合发布的行政法规和规章。

根据行政法的法律效力,行政法分:

(1)行政法律,又分基本法律和一般法律。基本法律是由全国人民代表大会制定的行政管理法律文件,如《中华人民共和国国务院组织法》、中华人民共和国地方各级人民代表大会和地方各级人民政府组织法等。一般法律是由全国人民代表大会常务委员会制定的行政管理法律文件,如《中华人民共和国海上交通安全法》《中华人民共和国海商法》等。

(2)行政法规,是由国家最高行政机关即国务院制定的行政管理法律文件,如《中华人民共和国航标条例》)。

(3)行政规章,是由国务院的各部委和地方省一级或相当于省一级的人民政府依法制定的专业性、地域性的行政管理法律文件,如交通运输部颁布的《海区航标设置管理办法》。

(4)行政性文件,行政性文件是其余的行政管理法律文件。

4.行政法的调整对象

行政法的调整对象是行政关系,即在行政活动过程中所发生的国家行政机关之间及国家行政机关与其他国家机关、企事业单位、社会团体和公民个人之间的社会关系。凡具有行政的性质和要素,与国家行政机关履行行政职能有关的,都是行政法调整的对象。

行政关系一般具有以下特征:

(1)行政关系的当事一方,必须是国家行政机关。

(2)国家行政机关发起或参与行政关系是为了履行行政职能。

(3)行政关系的内容具有相对性,如权利和义务。

(4)行政关系的内容具有固有性,即权利不能放弃和转移。

(5)行政关系有时由国家行政机关单方面意思表示即可生效,而不需要另一方同意。

(6)行政关系的双方之间产生行政纠纷,一般都采取在行政机关内部首先由独立或半独立的机构通过行政程序进行处理。

二、海区航标的法规体系

航标是保障船舶安全、经济、便利航行的重要助航设施,也是水上交通安全保障体系的重要组成部分,对交通安全、环境保护、经济发展和国防建设起着重要作用。为此世界各国家对航标管理和保护十分重视,制定了相应的航标管理法律和法规,并建立了航标法规体系。

1995年12月3日,《中华人民共和国航标条例》(以下简称《航标条例》)以中华人民共和国国务院令发布实施。《航标条例》是我国颁布的第一部航标行政法规,它的颁布不仅使航标的管理和保护被纳入法制化轨道,而且奠定了建立海区航标法规体系的基础。

根据《航标条例》,我国制定了若干海区航标的行政规章和行政性文件,较完善地建立了由《航标条例》、若干项海区航标的管理办法和若干项海区航标的管理规则组成的三级海区航标法规体系。其中较重要的海区航标行政规章有《沿海航标管理办法》《海区航标设置管理办法》;较重要的海区航标行政性文件有《海区航标动态通报管理办法》《海区航标应急反应管理办法》《海区航标作业管理规则》《海区航标机器动力设备管理规则》《海区航标船艇管理规则》等。

第二节　航标技术标准

一、技术标准的分类

根据发布的机关分类,技术标准分国家标准和行业标准。国家标准由国家质量技术监督局发布实施,适用范围是全国,代号是 GB;行业标准由行业主管部门发布实施,适用范围是行业内,如航标的行业标准由交通运输部发布实施,代号是 JT。

根据技术标准的法律效力分类,技术标准分强制性标准和推荐性标准。强制性标准是必须强制执行的标准,无代号标注;推荐性标准是推荐执行的标准,其代号是/T。

二、海区航标标准

海区航标标准分国家标准和行业标准两大类。

国家标准主要有:《中国海区水上助航标志》(GB 4696)、《中国海区水上助航标志形状显示规定》(GB 16161)、《航标灯光信号颜色》(GB 12708)、《中国海区视觉航标表面色规定》(GB 17381)、《中国海区水中建(构)筑物标志规定》(GB 17380)、《中国海区可航行水域桥梁助航标志》(GB 24418)、《中国海区灯船和大型浮标制式》(GB 15359)、《航标术语》(GB/T 17765)、《海区浮动助航标志配布导则》(GB/T 26781)、《差分全球导航卫星系统(DGNSS)技术要求》(GB/T 17424)、《船载自动识别系统(AIS)技术要求》(GB/T 20068)。

行业标准主要有:《航道工程设计规范》(JTS 181)、《灯塔主体及附属设施设置要求》(JT/T 761)、《航标灯通用技术条件》(JT/T 321)、《航标灯光强测量和灯光射程计算》(JT/T 730)、《浮标通用技术条件》(JT/T 760)、《浮标锚链》(JT/T 100)、《沿海无线电指向标-差分全球定位系统播发标准》(JT 377)、《航标遥测遥控系统技术规范》(JT/T 788)、《海区航标效能验收规范》(JT/T 759)。

三、国际航标协会(IALA)海上浮标制度

1.历史背景

直到 1976 年,在世界范围内使用的浮标制度有 30 多种,其中许多制度具有相互抵触的规则,造成了较混乱的航海局面。

大约在 19 世纪末期,灯浮标一出现,就存在如何使用它的分歧。一些国家赞成用红色灯浮标标示航道的左侧,而另一些国家赞成用其标示航道的右侧。

多年来,为解决这些分歧,做过不少尝试,但没有成功。1936 年在日内瓦曾经近于达成关于单一浮标制度的国际协议,但遗憾的是在国际联盟支持下形成的协议由于第二次世界大战

爆发而未被批准。

第二次世界大战末期,许多国家急需重建战争破坏的助航设施。在没有其他更好办法的情况下,采用日内瓦规则,同时为适应当地的条件,对规则做了修改或没做修改,从而导致很大和相互抵触的差异,尤其在西北欧的拥挤水域。

国际航标协会深感这种不理想的状况,于 1965 年成立了国际技术委员会,考虑问题的解决办法。

考虑到一些国家相互抵触的要求和浮标布设的现状,明确了制定两套规则的必要性,将两套规则分别称为 A 区域规则和 B 区域规则,并将两套规则合并称为《国际航标协会(IAIA)海上浮标制度》。A 区域规则于 1976 年完成,经政府间海事协商组织的同意,从 1977 年开始实行,适用于欧洲、澳大利亚、新西兰、非洲、海湾地区和一些亚洲国家。B 区域规则于 1980 年年初完成,适用于美洲国家、日本、韩国和菲律宾。

2.海上浮标制度的内容

《国际航标协会(IAIA)海上浮标制度》规定,海上浮标有五种类型的标志,可以结合使用。它们是侧面标志、方位标志、孤立危险物标志、安全水域标志和专用标志。

(1)遵循浮标的习惯走向,侧面标志标示航道或推荐航道的侧面界限。

(2)方位标志标示某区域的最深水域在该标的同名一侧。

(3)孤立危险物标志标示孤立危险物的存在。

(4)安全水域标志标示标志周围均为可航水域。

(5)专用标志标示特定的水域或水域的特征。

A 区域规则和 B 区域规则只在侧面标志有所不同,而其他四种标志完全相同。在 A 区域规则中,红色和绿色分别标示航道或推荐航道的左侧和右侧;在 B 区域规则中,红色和绿色分别标示航道或推荐航道的右侧和左侧。

四、中国海区水上助航标志(GB 4696)

《中国海区水上助航标志》(GB 4696)是国家标准,是根据《国际航标协会(IAIA)海上浮标制度》A 区域规则于 1984 年制定的,2000 年 4 月 1 日开始实施。

该标准规定了中国海区水上浮标和水中固定标志的形状、颜色、灯质、标记符号及设置与使用要求。

该标准适用于交通、渔业、科研、石油勘探、海洋开发及军事等部门在中国海区及其港口、通海河口设置的水上浮标和水中固定标志。

该标准不适用于灯塔、扇形光灯标、导标、灯船和大型助航浮标。

根据标志的功能,标准将水上助航标志分为五类,即侧面标志、方位标志、孤立危险物标志、安全水域标志和专用标志。

第七章　航标配布设计

第一节　基本概念和配布原则

一、基本概念

航标管理工作主要包括航标配布设计、航标设置和航标维护保养。航标配布设计是航标管理中的重要工作,是充分发挥航标四大功能的关键工作。

航标配布设计是根据布标水域的自然条件、航道(线)状况和船舶交通状况,依据国家有关的法规和技术标准,采用视觉航标、音响航标和无线电航标的最佳组合,标示出安全、经济和便利航道(线)的设计过程。

这里所指的自然条件一般包括配布水域的地形条件、地质条件、气象条件、海况条件、地震和环境条件。其中,地形条件包括陆上地形、水下地形和河流等条件;地质条件包括土壤类别和土壤性质等条件;气象条件包括风、雨、雾和冰等条件;海况条件包括潮汐、海流、波浪和底质条件;地震和环境条件包括震灾、地震烈度、水质、绿地植被、海岸侵蚀和污染源等条件。

这里所指航道(线)状况一般包括航道轴线的位置、航道宽度、航道深度、航道弯曲程度和通航方式等内容。

这里所指船舶交通状况一般包括通航船舶的类型、船舶尺度、船舶吨位和船舶密度等内容。

航标配布设计包括确定所用航标的种类、地理坐标位置、标身基础、标身结构、作用距离、灯光高程、灯质、光源、能源、灯器及附属设施等内容,并提供航标配布图。

航标配布图是在海图上或航道图上标注有关航标配布内容的图籍。

航标配布设计分海区航标配布设计和内河航标配布设计。

航标设置是依据航标配布图将航标建造或抛设在指定标位的工作过程。

二、海区航标配布原则

1.配布总原则

配布总原则如下:

(1)视觉航标是船舶基本的助航设施,应根据布标水域的自然条件、航道(线)状况和船舶交通状况,布设出完善的视觉航标系统,特别是在港口水域。

（2）无线电航标是船舶重要的定位和导航系统，应根据我国无线电导航体制和船舶装备现状，布设出覆盖沿海水域和主要内河水系的无线电导航系统及高精度无线电定位系统。根据需要，在港口口门、航道转向点和其他重要部位，与视觉航标同时或独立布设雷达应答器和雷达反射器。

（3）音响航标仅起危险警告作用，用于保护海上的建（构）筑物和重要位置的视觉航标。

（4）配布航标，保障船舶安全航行是第一位的，但应充分利用航标的有限资源，做到经济和合理，有利于环境保护和航标维护。

（5）航标配布应符合国家有关法规和技术标准。

（6）根据所管理航标的种类和数量，应配置相应的航标维护保养设施；航标维护保养设施一般包括维修保养车间、航标堆场、设备器材仓库、码头、航标工作船艇、通信设施及生活用房。航标堆场应毗邻航标船码头。堆场面积应能容纳规定数量的备用航标。

2.配布具体要求

（1）沿海航路

应根据船舶习惯航线配布灯塔、灯桩等固定标志；因水文气象条件等因素影响，沿海航路通常情况下不宜配布浮动助航标志。

在沿海航路重要转向点等处配布的航标一般加装雷达应答器和/或 AIS 航标，以增强标志的识别。

用于沿海航路助航的航标，一般配布在靠近航路附近的孤岛、礁石的最高点上，并可选择建造相应的规模和具有一定的射程。对于威胁船舶航行安全的岛屿、岬角、浅滩、礁石，为警示和提醒船舶，应在尽量靠近航路一侧的位置配布固定助航标志或浮动助航标志；当岛屿海拔较高而附近有多条沿海航路时，应在靠近航路每一侧的岬角、浅滩、礁石上配布固定助航标志或在其附近配布浮动助航标志，标示航路边界。必要时，可加装雷达应答器。

沿海航路航标的配布还应考虑与港口助航标志的相互衔接，以便于船舶航行。

（2）港口口门

为指引船舶接近和进入港口，应选择口门适当位置设置灯塔、灯桩等固定标志，必要时应加装雷达应答器和/或 AIS 航标。

在无条件设置固定标志的情况下，应配布灯船或大型灯浮标。港口口门浮动助航标志一般设置在航道轴线延长线上。

灯船和大型灯浮标的灯器应保证 10 n mile 以上的射程，并装有备用灯器和加装雷达应答器等其他助航设施，以增强标志的识别。

港口口门配布的浮动助航标志应保持与航道入口有足够的距离。5 万吨级以下的航道不小于 1 n mile，10 万吨级航道不小于 2 n mile。

（3）人工航道

航道入口处一般配布目标明显、位置稳定的灯桩等固定助航标志，可加装雷达应答器等其他助航设施，以增强标志的识别；在无法设置固定助航标志时，可设置目标较为明显的浮动助航标志，以标示航道入口。

人工航道应以侧面标志标示航道界线；侧面标志应尽可能沿航道轴线对称等距布设。潮流与航道夹角偏大或狭窄航道可沿航道轴线交错、同侧等距配布侧面标志以标示航道边界。

侧面标志灯质应尽可能按单闪、双闪、三闪有规律配布或采用同步闪光技术,转向点处配布的侧面标志灯质应选用快闪节奏。

如环境条件许可,人工航道直线段可配布直线导标标示航道的轴线和边线,弯段处可配布一组或多组直线导标、光弧导标或与灯桩和浮动助航标志等相互组合,引导船舶航行。导标灯光颜色应根据背景情况确定,同一组导标灯光颜色应相同。为区别背景光,应选用有色定光或闪光。如采用闪光,其前后标灯光应有较长的同明时间。设置多组导标时,相邻各组导标的标牌形状和灯质均应有明显的区别。

沿航道配布的同侧助航标志间的距离,原则上应保证在标准气象能见度条件下,白天能从一座灯浮标处看到同一侧相邻的下一座灯浮标;夜间能从一座灯浮标处看到同一侧相邻的下两座灯浮标的灯光。通常在 1 n mile 左右。港内疏浚航道,可适当缩短灯浮标标间距。

在航道分岔汇合处一般可布设推荐航道侧面标志或方位标志。在主推荐航道不明确时,为避免与附近左右侧标灯光的混淆,可用方位标志标示。分岔航道除分岔汇合处用推荐航道侧面标志或方位标志外,其他航道侧面标志一般仍用左、右侧标。分支航道标志与邻近航道标志灯光节奏应有区别,以便识别。

浮动助航标志位置与航道边线的横向距离应大于浮动助航标志回旋半径,但不超过1.2 倍的回旋半径,并根据灯浮标结构特性和船舶通航要求、航道尺寸、航道底质、航道两侧边坡比、风浪流条件和航道维护疏浚要求确定,通常以 20~50 m 为宜,特殊情况可适当延长。当航道边坡较陡并为岩石底质时,浮动助航标志无法配布在航道上边线外时,可配布在航道底边线上。

（4）自然航道

使用侧面标志标示自然航道边界时,可在航道两侧对称配布;如航道较窄或航道轴线与流向交角较大时,可交错配布。通常侧面标志布设间距为 2 n mile 左右,但航道附近浅滩、礁石等碍航物较多、通航密度较大、航道附近水深差异较大等特殊情况下,侧面标志间距可适当缩短。宽阔的航路可视需要,在航路中线上配布安全水域标,设置间距一般在 3 n mile 左右。

重要航道入口处可配布目视效果好、射程远、位置稳定的灯桩、立标等固定助航标志,可加装雷达应答器等其他航标,增强标志的识别。必要时,还可配布浮动助航标志,标示航道入口。

江河、海峡、岛礁区等自然航道,一般选择在航道转向处或浅滩、礁石靠近航道一侧配布侧面标志或方位标志;双向航道水域条件允许,也可根据通航需要在航道中线设置安全水域标。自然航道两侧的侧面标志,应尽可能直线布设;航向改变处,应尽可能按弯段曲率半径至少是5 倍设计最大通航船长配布转向助航标志。

群岛水域存在多条航道时,应在小岛的顶端或岸边明显突出的岬角、干出礁石上配布灯塔、灯桩等固定助航标志。

狭水道,尤其是弯段处,可配布一组或多组直线导标或光弧导标,或与灯桩和浮动助航标志等相互组合,引导船舶航行。

（5）船舶定线制水域

可用安全水域标或分道通航专用标标示分隔带（线）。由于水域条件限制,分隔带宽度较窄时,为有效标识沿岸通航带和通航分道界线,可用侧面标志标示。与沿岸通航带相邻的通航分道的航道走向确定侧面标志性质。

连接两个以上分道通航制水域的环行航道,可在环行航道中央设置灯船、大型灯浮标或安全水域标;或沿环行航道内圆布设闭合的左侧标。对从多个方向汇聚到一处的扇形区,可在汇聚点布设灯船或大型灯浮标。

为标示分道通航制水域的端口,可在分隔带(线)上布设浮动助航标志,必要时加装雷达应答器等其他航标,以增强标志识别。

(6)桥区航道

桥区航道系指桥梁下通航桥孔及其两侧一定范围内的航道。

为引导船舶安全穿越通航桥孔,应在桥孔两侧水域配布引导船舶通行的浮动助航标志。浮动助航标志一般应成对配布并与桥梁平行;最远点浮动标志距桥身的距离不小于设计最大通航船舶的 5 倍船长。

由双桥孔组成的双向分道通航航路,可依船舶驶入方向双侧设置侧面标志。由单孔桥组成的双向分道通航航路,也可在分界线上设置安全水域标。

为在能见度不良条件下保障船舶航行安全,增强通航桥孔位置及桥孔中央位置识别,可在通航桥孔的桥身中央或在桥身两侧引导船舶通过桥孔的浮动助航标志上配布雷达应答器。当用两台雷达应答器标示桥梁下通航水域宽度时,识别编码应为右侧"T"(——)、左侧"B"(——···)。

为保护桥梁和船舶航行安全,桥区非通航水域应配布相应的警示标志。根据风险程度,还可在非通航水域的非通航桥孔上配布桥孔禁航标志。

(7)特殊水域

港池、船舶调头区的航标配布应以不侵占可航水域为原则,尽可能完整地标示港池、船舶掉头区的界线。港池配布航标的灯光应与近岸照明灯光有明显的区别。通常在港池堤头和重要位置、船舶调头区边界处根据具体情况优先选择配布灯桩、导标;无条件的,可配布灯浮标。

为便于船舶识别、有效使用锚地,可根据锚地性质、所在海域具体情况及需求配布锚地专用标。配布多座锚地专用标时,应交替选择 12 s 和 15 s 灯质周期。

永久或临时用于军事射击训练或其他需要特别控制的水域,应根据具体情况配布专用标志。

因港口建设或其他海上作业而专门划定的海上作业区,应在作业区周围或靠近航道一侧配布浮动助航标志,以标示工作范围或施工区域。

电厂取(排)水口和保留、遗弃采油井口、管道、电缆等水中构筑物,对航经该水域船舶构成潜在威胁或自身需要标示时,应在向海或向航道方向,配布水中构筑物标志或方位标标示。必要时,可加设警示标牌,加装雷达应答器等其他航标,以增强标志识别。严重影响船舶航行安全的,应增加标志配布密度,采用同步闪光技术。

堤坝、潜堤等水中构筑物应视其长度、潮汐淹没情况和与航行通道的位置关系等因素评估风险程度,确定航标配布需求。需要时,应优先在堤坝上设置警示标志。当距航道较近或航道从堤头附近通过,还应在堤头、转折处和堤坝适当位置配布灯浮标,标示堤坝位置及走向,警示过往船舶;必要时可连续配布浮动助航标志,便于船舶绕航规避堤坝。严重影响船舶航行安全的,应增加标志配布密度,采用同步闪光技术,并设置警示牌。堤头助航标志上可加装雷达应答器,以增强标志识别。

海滨、水上运动场所、体育运动的比赛场、训练基地等,无论是永久的或临时使用,为保障人身安全和防止其他船舶闯入,均应配布娱乐区专用标志标示使用范围。

（8）危险物

危险物包括已经探明的有碍航行安全的危险物和新危险物。新危险物系指新发现而尚未在航海文件中注明的靠近航道或航路、有碍航行安全的水中障碍物，包括沉船、沉物，或自然形成的浅滩、礁石等。

一般可优先选择直接在危险物上配布固定助航标志；无条件配布固定助航标志的，也可在其附近配布浮动助航标志。配布浮动助航标志时，应尽可能靠近危险物位置，其最大偏移距离不超出 300 m。

航道或航线上的危险物应在其沿航道方向的两端各布设一座孤立危险物标志；面积较大的危险物，可在其周围布设四座方位标志。

航道（线）边缘或附近的危险物，应在其靠近航道的一侧布设一座侧面标志，如需要，可适量增加侧面标志的数量。

严重威胁航行安全的新危险物应按《中国海区水上助航标志》及其他航标配布管理规则进行标示。

三、内河航标配布原则

内河航标配布原则如下：

（1）航标配布应当根据江、河、湖泊、水库的具体航行条件，简单明了地指出安全、经济而又便于船舶航行的航道。

（2）配布航标应注意岸标与浮标之间的有效结合，务必使每一座标志都发挥最大作用。由于岸标作用可靠，受自然界影响所导致失常的因素远较浮标要少，因此应注意发挥岸标的作用。

（3）设置岸标时，可根据各河区具体情况规定岸标的最小安全航行距离（俗称作用距离），该值自标位处的水沫线起算。

（4）设置侧面浮标时，应保证在航道同一侧相邻的两座浮标或同一侧相邻的浮标与岸标规定的最小安全航行距离的相连直线内，不得有小于维护水深或揭示水深的碍航物存在。在特定条件下，也可规定某些浮标和水中灯桩的最小安全航行距离（自该标标位处起算）。

（5）侧面浮标设置地点的水深，可根据各个水位时期的不同维护水深而统一变更。在水位上升时期，侧面浮标的设置应在保证维护水深的前提下，适当将航道放宽；在水位下降时期，可逐步缩减航道宽度，保持维护水深。

（6）深槽河段沿岸航道的可航范围一般为航道标准宽度的两倍。如果沿岸航道宽度小于两倍航道标准宽度，必须在碍航物近航道一侧设置侧面浮标，标示航道界限。在水面宽阔的河流上，沿岸航道的可航范围可以适当放宽，但最大不超过枯水河面平均宽度的 1/3。

（7）洪水期，河面增宽，水深、流速增大，因此，必须注意标示出淹没的河岸、岛屿和其他碍航物，并及时开辟经济航道。

（8）枯水期的航标配布应准确标示航道方向，注意标示浅滩航道的轮廓和揭示浅滩航道的最小水深。

（9）当水位陡涨陡落时，应及时调整标位，注意岸标不得距水沫线过远、过高或被水淹没。

（10）在潮汐河段，航标的配布应当保证所标示的航道在所规定的基准面下有足够的水深,并应注意潮流变向时浮标的回转范围。

(11)在湖泊、水库及其他宽阔水域,应在岛屿、浅滩、礁石、通航河口适当配布示位标,供船舶定位或确定航向。

(12)水网地区应着重标示河口、湖口、突出的岸嘴和弯曲的岸形,并在支河汊港处指示航行方向。

第二节 海区航标配布设计

海区航标配布设计一般包括收集资料,进行航标配布的可行性研究,草拟配布设计方案,现场勘测、修改航标配布方案,召开方案论证会,广泛听取有关人员的意见,提交航标配布设计方案及航标配布图等步骤。

收集资料包括收集设标水域比例尺大于五万分之一的最新版海图、自然条件资料、船舶交通状况资料和航道状况资料。航标配布的可行性研究主要论证设标的必要性、技术可行性和经济的合理性,必要时,可采用定量分析的方法进行论证。现场勘测主要是勘测拟设标的地点是否合适和对船舶助航的效果。召开方案论证会应有航标专家参加;有关人员应包括船舶驾引人员、港务管理人员、航政管理人员和港口工程技术人员。

由于设标水域的千差万别,且航标配布设计方法是基于经验的设计方法,因此,无法提出统一的配布设计方法。下面仅举几例说明航标配布设计的一般方法。

一、进出港航道的航标配布

如图7-1所示是进出港航道的航标配布示意图,图中有南、北两条航道,南航道水深较浅,供浅吃水船舶航行;北航道有足够水深,供大型船舶航行,两条航道中间是一条沙洲。由于两条航道的分岔处为港口口门,因此布设一艘灯船。北航道是推荐航道,用推荐航道左、右侧标标示。南航道是主航道,用航道左、右侧标标示。在左侧狭窄航段布设一组导标,标示狭窄航道的中心线。

二、多航道水域的航标配布

如图7-2所示是由一条主航道和几条支航道组成的多航道水域的航标配布示意图。这种水域在如舟山群岛那样的群岛地区较为多见。在进行航标配布时,除在岛屿的顶端或突出的岬角布设灯塔和灯桩外,还应在航道的转向点和危险物附近配布作为侧面标志的灯浮标。

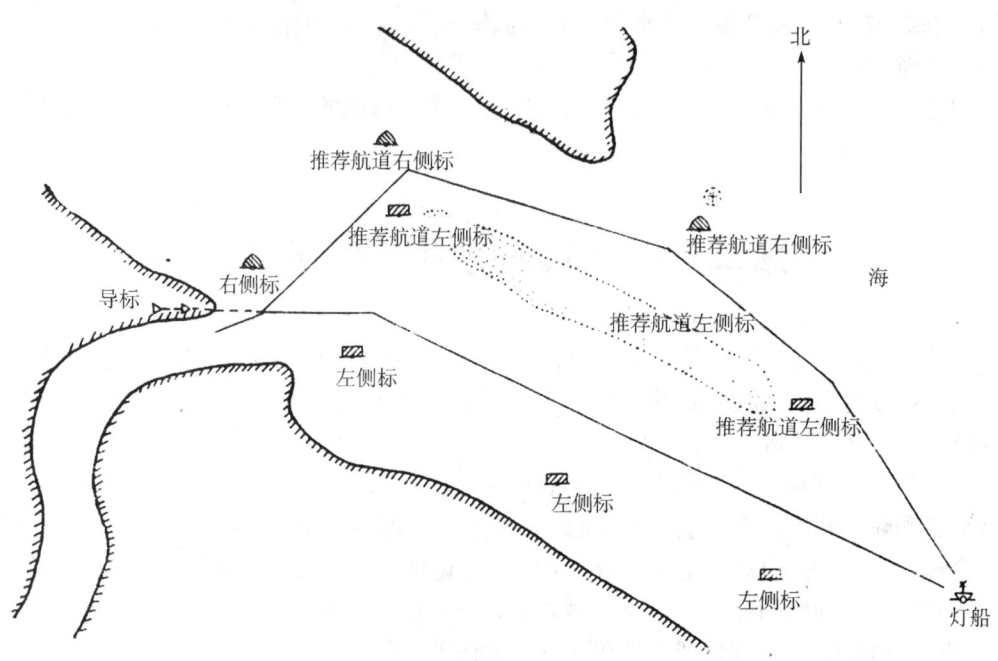

图 7-1 进出港航道的航标配布示意图

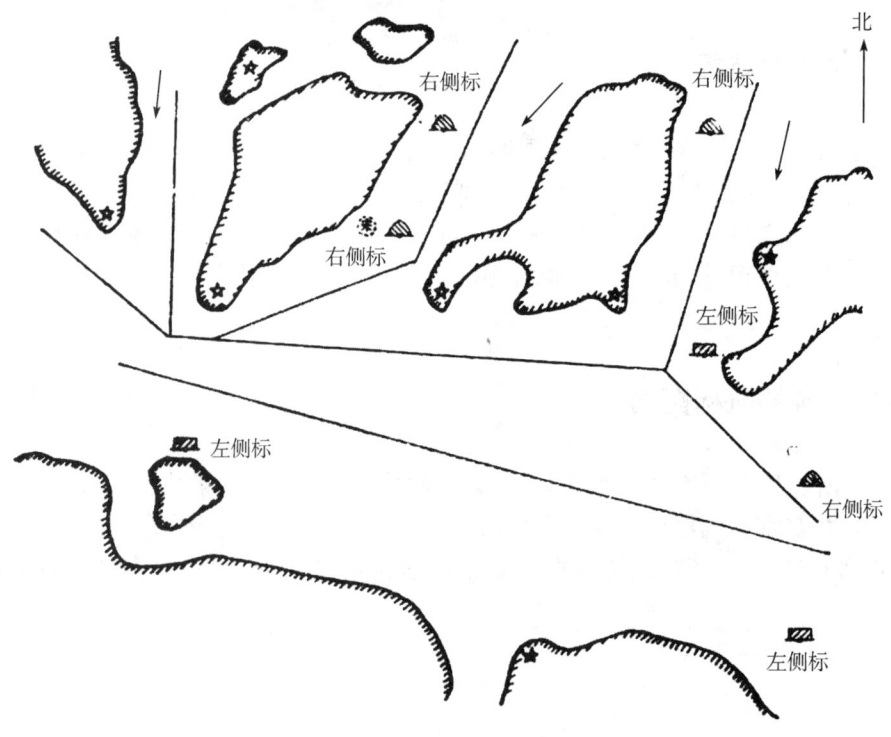

图 7-2 多航道水域的航标配布示意图

三、沿岸经济航道的航标配布

在一些沿岸水域,存在某些碍航物,但也存在经济航道,如图 7-3 所示。如果没有在沿岸配布航标,船舶为了航行安全,只能远离碍航物,走非经济航道;用方位标布设出沿岸经济航道,可使船舶安全航行于经济航道。

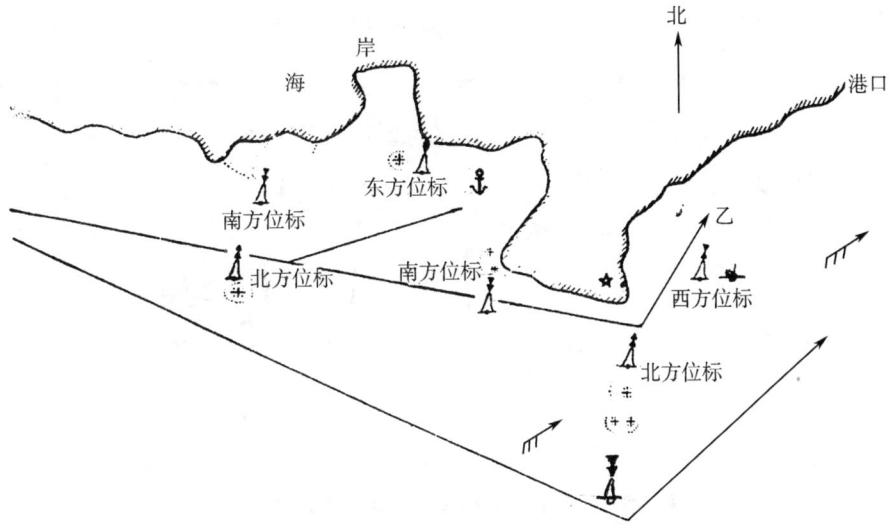

图 7-3　沿岸经济航道的航标配布示意图

四、大面积危险物的航标配布

对于大面积危险物,一般常用的配布方案是用方位标志布设,如图 7-4 所示。

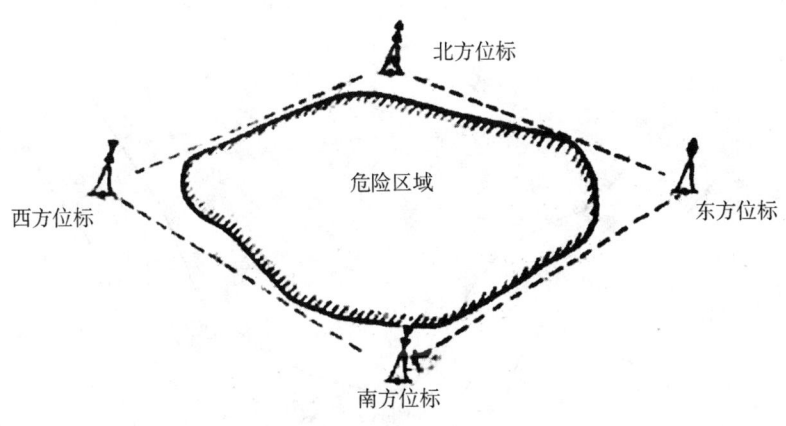

图 7-4　大面积危险物的航标配布示意图

五、狭窄航道的航标配布

沿海一些水域,由于浅滩、礁石和危险物的影响,航道宽度受到一定限制,为此需以导标为主,并辅以灯浮标来布设。如图 7-5 所示是狭窄航道导标加方位标配布的例子。

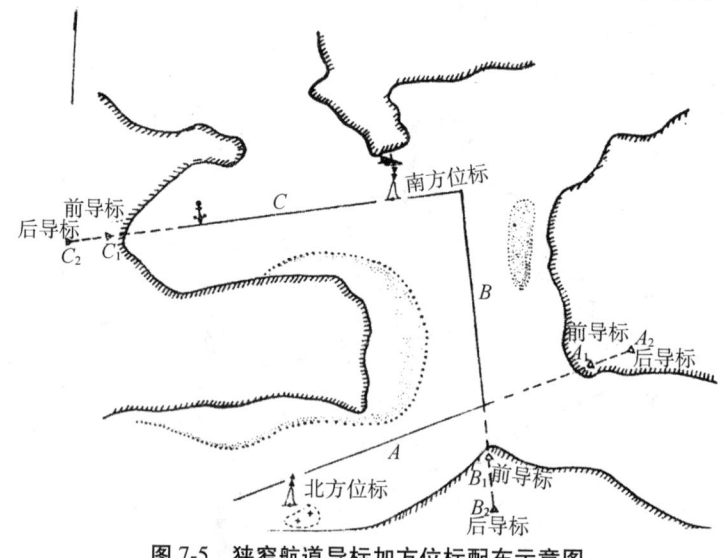

图 7-5　狭窄航道导标加方位标配布示意图

六、连接内河狭窄航道的航标配布

一些沿海港口与内河航道相连,形成较长的狭窄航道,如上海港的进出港航道和宁波港的甬江航道等。对于这种航道,可用灯塔、灯桩、导标和水中助航标志相结合标示。如图 7-6 所示是用灯桩、导标和侧面标连接内河狭窄航道的航标配布的例子。

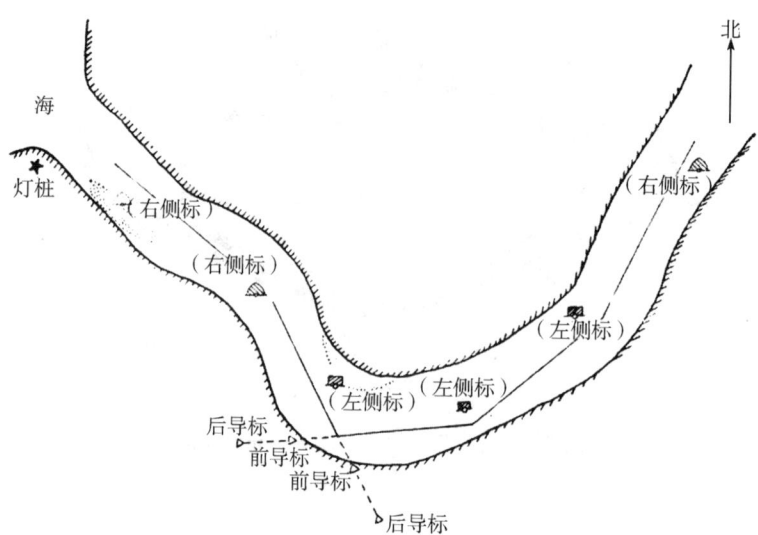

图 7-6　连接内河狭窄航道的航标配布示意图

第三节 内河航标配布设计

一、浅滩航道的航标配布

浅滩过河航道的两端河岸上应设置过河标或过渡导标,但当过河处的岸边滩较大或在岸上一时无法设标时,在不影响视距条件下,过河标可改用浮标形式设置。

浅滩过河航道通往上、下深槽的两端出入口,应各设一对侧面浮标,如图7-7所示。如果该航道较长,可以在它中间适当加设侧面浮标,如果航道弯曲,应当在凸弯处加设侧面浮标,标示弯曲航道的界限,如图7-8所示。

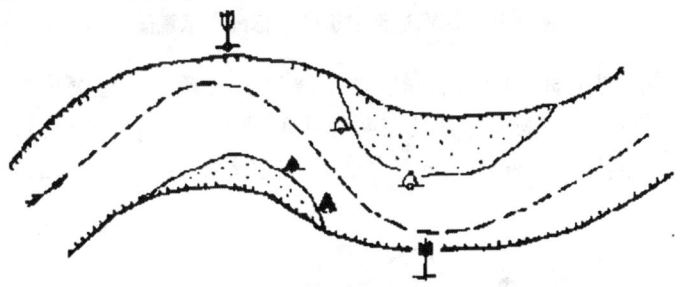

图7-7 浅滩过河航道的航标配布示意图

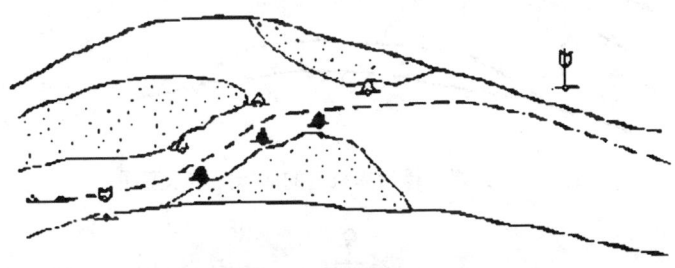

图7-8 弯曲浅滩过河航道的航标配布示意图

浅滩航道设置侧面浮标应在浅滩、礁石伸向航道的一侧。每对侧面浮标的设置,都应当尽量互相错开。任何碍航物,都应根据它的形状、大小和碍航程度,用一座或几座侧面浮标标示,如图7-9所示。

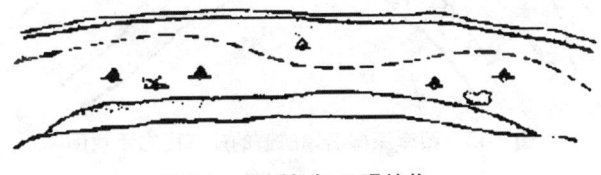

图7-9 用浮标标示碍航物

当浅滩航道的上、下深槽的出入口在同一岸上时,应在上、下两端的河岸上分别设置沿岸标。

二、深槽航道的航标配布

深槽过河航道的两端河岸上应设置过河标。如果过河航道为碍航物所束窄,可改设过渡导标,必要时在碍航物靠近航道一侧设置侧面浮标,标示船舶偏离导线的允许范围,如图 7-10 所示。

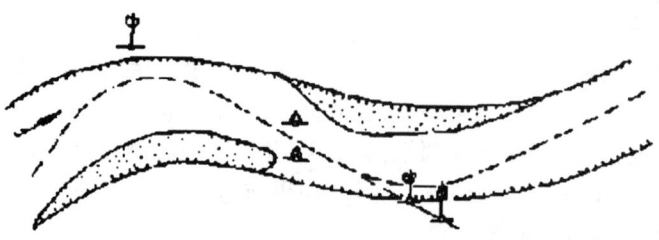

图 7-10　深槽过河航道的航标配布示意图

如果同岸相邻两岸过河标之间的沿岸航道距离过远或者为岸边突出部分所遮挡,不能从一座标志看到它同岸的另一座标志,应当在两标中间或在岸边突出处设置沿岸标,如图 7-11 所示。如因航道弯曲,同岸相邻两标间的连线超出航道界限,应在河岸凹入处加设沿岸标,如图 7-12 所示。

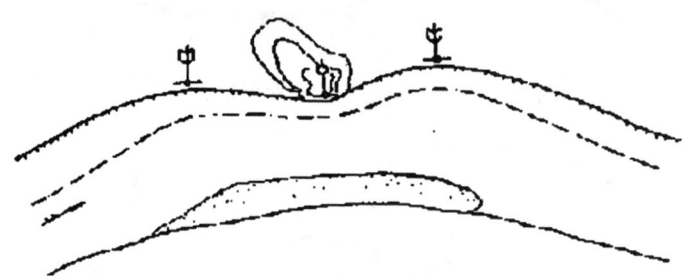

图 7-11　凸岸深槽沿岸航道的航标配布示意图

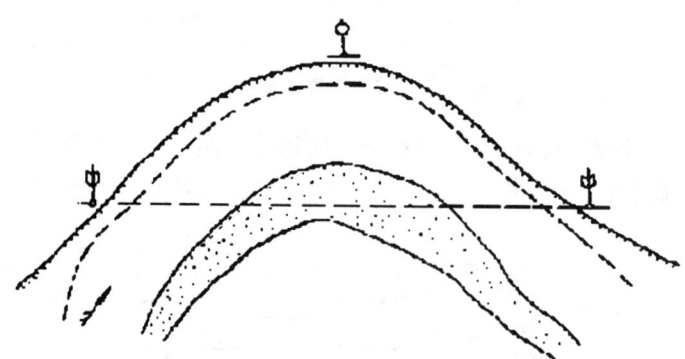

图 7-12　凹岸深槽沿岸航道的航标配布示意图

狭窄沿岸航道的陡岸河段,设置沿岸标有困难时,可以将锥(罐)形浮标改设在岸上,作为岸标形式设置,也可以设在露出水面的孤立碍航物上(碍航物附近必须有足够水深)。

河心航道主要用标示航道界限的侧面浮标标示,如图 7-13 所示;如果航道狭窄,也可以用一系列的导标标示航道方向,如图 7-14 所示。

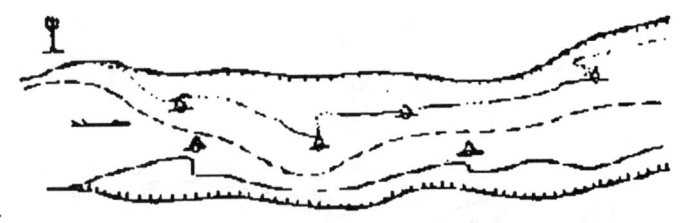

图 7-13　河心航道的航标配布示意图

背景深暗处

图 7-14　用导标标示河心航道

三、湖泊和水库的航标配布

水库的航标配布如图 7-15 所示,湖泊的航标配布如 7-16 所示。

湖泊、水库水面比较宽阔,一般用侧面标标示捷径航道的界限和碍航物,用示位标标示岛屿、礁石、浅滩岸嘴的特定位置,供船舶确定航向。

从湖泊、水库或宽阔水域进入河口的航道,如较为宽阔和顺直,可在河口的一岸设置示位标,标示河口的位置。如果进口航道比较狭窄,还可设置导标标示航道方向。

风浪较大的湖泊、水库,根据需要和可能,在有足够水深的上风岸设置沿岸标,开辟沿岸副航道。

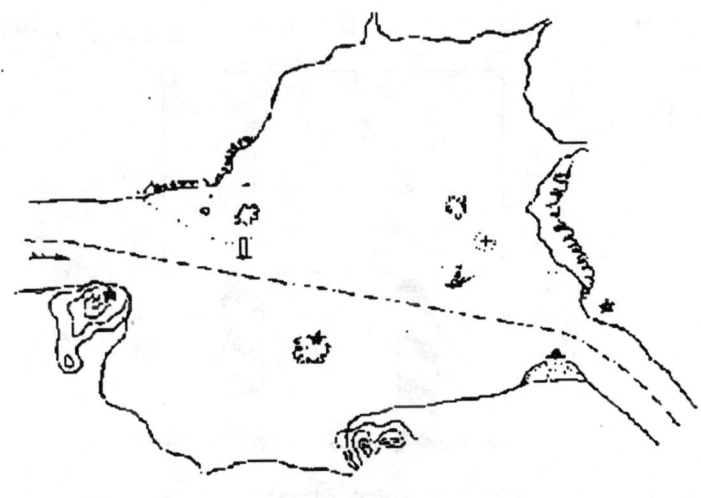

图 7-15　水库的航标配布示意图

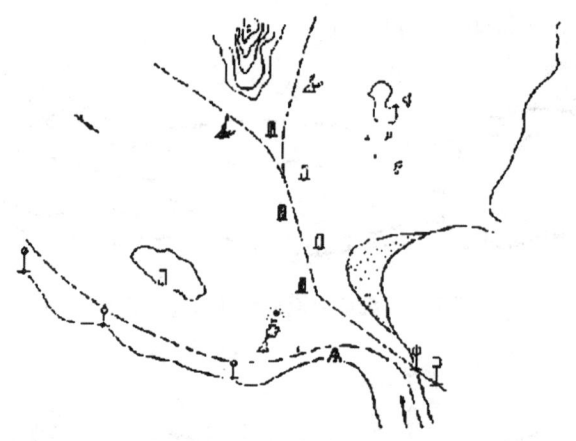

图 7-16　湖泊的航标配布示意图

四、水网地区的航标配布

水网地区的航标配布如图 7-17 所示。水网地区船舶基本上沿河心航行。航标配布应着重标示通航河口、岸滩、突出的岸嘴和特别弯曲的岸形，以及防止船舶误入支河汊港的侧面标。比较顺直的优良航道，可不配布航标。在有横流的节制闸附近，必要时应设置横流标。

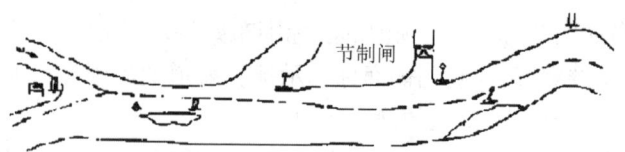

图 7-17　水网地区的航标配布示意图

水网地区的沙洲，应视具体情况在其上、下两端设置侧面浮标或左/右通航标，用以指出单侧航道或两侧都能绕行的航道。

在两条航道分岔处，可加设指路牌，指出通往的地名与里程，如图 7-18 所示。

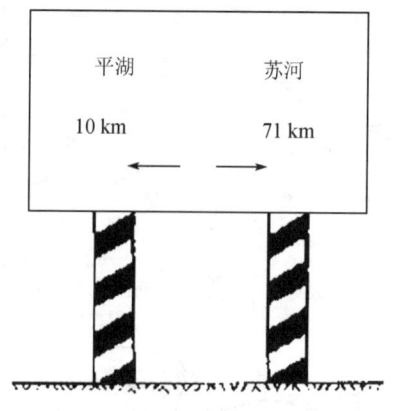

图 7-18　指路牌

五、小河流的简易航标配布

小河流的简易航标配布如图 7-19 所示。

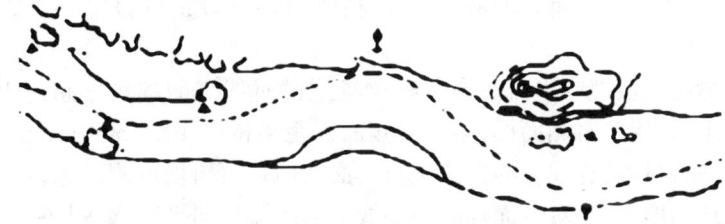

图 7-19　小河流的简易航标配布示意图

航运不甚发达的小河流,可只在航行困难的河段重点配布航标。

白天通航的河段,主要配布一些指示狭窄航道边缘碍航物的侧面标。

一般情况下,侧面浮标可以不遵循同侧浮标之间连线不得有小于维护水深碍航物存在的要求,只要在相邻两标连线上有足够水深,指示船舶循标志顺序航行即可。

夜航河段,除上述标志应发光外,在弯曲河段、河岸突嘴处还应适当配布发光的侧面标标示岸线,使船舶能按照灯标标示的岸形驶过弯曲河段,避免发生触岸的危险。

六、通航控制河段的航标配布

在通航控制河段上,禁止船舶对驶、追越或同向并驶。通行信号标设置在通航控制河段的上、下游两端,利用信号控制船舶单向顺序通航。如果通航控制河段较短,设置一座通行信号标能适应需要时,可以不设两座。

通航控制河段的上、下界限,分别设置界限标标示。如果上、下两座通行信号标分别设在通航控制河段的上、下游界限处,可以不再设界限标。

在上界限标的上游和下界限标的下游各设置鸣笛标一座。鸣笛标与界限标之间应有适当的距离,使被禁航的船舶在界限标前能根据信号的指示及时采取稳船、停泊或掉头等候等措施。

在未设置通行信号标的河段上因故需要临时封航时,可在该河段上、下游两端设置临时信号杆或利用岸标悬挂临时通航信号,为避免夜间灯光混淆,原岸标标灯应熄灭。

七、桥区航道的航标配布

桥区航道的航标配布由桥涵标及标示通航桥孔航道的侧面标组成。

双孔或多孔通航的桥梁,一般选择主流通过的桥孔,供下行船舶通航,并在该桥孔面向上游一面设置桥涵标;选择流速较小的桥孔供上行船舶通航,并在该桥孔面向下游一面设置桥涵标。

单孔通航的桥梁,在桥孔的上、下游两面均设置桥涵标。必要时,可设置通行信号标控制船舶单向顺序通航。

　　航行条件复杂的桥区航道,应在通航桥孔迎船一面两侧桥柱上加设桥柱标。

　　桥区航道还应根据航道条件和航行需要在进入通航桥孔前的航道上配布侧面浮标(航行条件优良或小河流的桥区航道可不配布侧面浮标)。当桥梁位于顺直河段,水流流向与桥梁轴线大体垂直时,在上游驶向桥孔的航道上,距桥梁100~300 m处设置一对侧面标,两标的连线应与桥梁平行。

　　当桥梁位于弯曲河段上或水流流向与桥梁轴线的垂线之间的角度超过10°时,在由上游驶向桥孔的航道上,设置两对侧面标,第一对侧面标距离桥梁100~300 m,第二对侧面标距离桥梁400~800 m,每对标的连线应与桥梁平行。必要时还可再增设侧面标,其与桥梁的距离可以根据具体条件适当增大,几对侧面标的中心线应与水流流向平行,如图7-20所示。

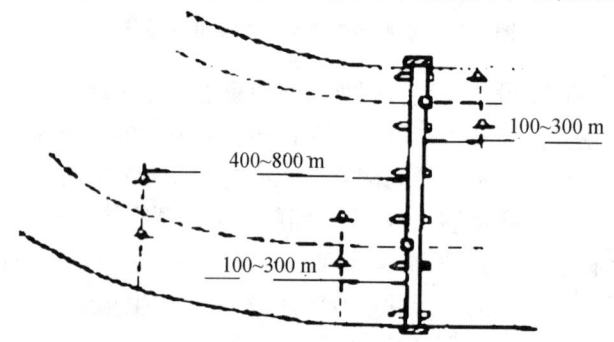

图7-20　桥区河段的航标配布示意图

　　上述各对侧面标之间的距离一般与桥孔的航道宽度相等。配布第二对侧面标的间距根据具体情况也可稍大于第一对侧面标的间距。

　　在受潮汐影响的桥区航道上,在桥梁的上、下游可分别配布相同的侧面标。

八、船闸航道的航标配布

　　船闸航道的航标配布如图7-21所示。

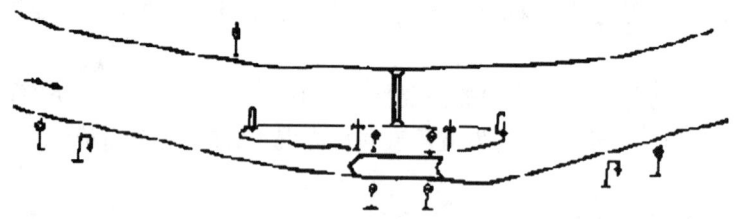

图7-21　船闸航道的航标配布示意图

　　在船闸引航道上、下导堤首端各设置目标明显的侧面浮标一座,标示引航道的进、出口。引航道较长时,可根据航道条件和航行需要,在引航道两岸适当配布侧面浮标标示岸形。如果引航道内出现浅滩、碍航物,应设置侧面浮标标示航道界限。

　　为了控制船舶顺序进出船闸,在上、下闸门附近或引航道进、出口设置通行信号标。

　　大型船闸需要进行远程控制的,可在船闸上引航道的上游和下引航道的下游,根据通航控制河段的航标配布原则,配布通行信号标与鸣笛标,控制船舶进入引航道。

船闸闸室有效长度两端界限处,应设置或在闸墙上镶绘界限标,标示闸室内允许船舶安全停靠的界限。

在上、下引航道供船舶等候进闸的停靠界限,也可设置界限标或用标牌标示船舶停靠的界限。

第八章　航标设置与维护

第一节　航标设置

航标设置是航标配布设计的具体实施,航标设置应按照国家航标设置的有关规定和依据航标配布设计进行。

航标设置完成后,应根据国家有关规定,向有关部门发布航标动态通报和进行航标效能验收。

一、航标设置程序

航标配布设计完成后,应由航标管理机关组织专家进行评审,出具专家评审意见。

航标的设置、撤除由航标管理机关统一实施;经航标管理机关同意,专业单位可自行设置、撤除自用的专用航标。

航标的设置分第一类航标设置和第二类航标设置。

第一类航标设置是指灯塔和无线电导航台、无线电指向标、DGPS 台等无线电航标的设置。

第二类航标设置是指灯桩(包括导标)、立标、灯浮标、浮标、灯船、雾号、雷达信标等航标的设置。

海区航标管理机关负责第一类航标设置的审查和第二类航标设置的规划和审批工作。各辖区航标管理机关设置航标,应向海区航标管理机关提交航标设置书面申请;专业单位设置航标,应当向辖区航标管理机关提交航标设置书面申请。

航标设置书面申请内容应包括设置航标的名称、种类、用途、作用、距离、灯质、设标地水(陆)域名称、标位地理坐标(北京 2000 坐标)、预定工期、使用期限,并附有最新的不小于1∶10 000 的大比例测量图纸及用于水(陆)域批文或证件,设置于新开港口,航道应附有完整的航标配布图。申请应当在航标设置前 60 日提交,附有航标设计图纸资料并一式两份。

航标设置单位完成航标设置后,应当由批准设置的航标管理机关对航标工作效能进行验收,验收合格后方可正式投入使用。

航标投入使用后,应当遵守使用期限,到期自行撤除,需延长使用期限的,应当于截止日期前 30 日提前书面延期申请。

二、航标动态通报

根据《海区航标动态通报管理办法》,航标动态分第一类航标动态和第二类航标动态。

航标损坏,灯光熄灭,灯质失常,水中标志移位、漂失,音响、无线电航标故障及紧急设标等临时发生的变动情况,属第一类航标动态。

航标设置、撤除、调整位置、改变特征(形状、颜色、灯质、灯高、射程、音响周期、电信号)、停机保养、恢复等预先有计划的变动情况,属第二类航标动态。

第一类航标动态通报当地航行警告发布部门,抄报海区航标管理机关备案。

第二类航标动态报告海区航标管理机关,通报当地航行警告发布部门。

专用航标的航标动态由其管理人员报告辖区航标管理机关,辖区航标管理机关审核后按以上程序通报。

第一类航标动态,预计在 30 天内不能恢复正常的,应申请发布第二类航标动态。第二类航标动态,应在航标变动前不少于 20 天申请发布航标动态。

海区航标管理机关认为必要时,可在发布第一类航标动态的同时发布第二类航标动态。

第二节　航标效能验收

航标效能是指航标提供助航服务水平和其他相关功能的程度,具体表现为提供助航服务所带来的船舶航行便利、安全风险降低、营运效率提高及船舶污染水域环境风险降低的程度。

航标效能验收是航标管理机关通过组织现场技术测定和专家评估方式,对所设置航标的实际效能是否达到相关标准和设计要求进行总体评价。

一、航标效能验收程序

1.效能预验收

航标设置单位在航标建设工程完工并试运行一段时间(一般为 1~3 个月)后,应及时组织设计、施工、监理、维护等相关单位,对航标效能和资料进行检查预验,并进行评价。对不符合要求的项目进行整改。

2.效能验收申请

航标设置单位预验收完成后,认为所设的航标已符合航标效能验收条件的,应向辖区航标管理机关提交效能验收申请报告,并提交相关验收资料。

3.效能验收审查

辖区航标管理机关在收到效能验收申请材料后,根据国家和交通主管部门颁布的有关规定和技术标准应及时对建设项目成果进行审查,并组织专业技术测定组或授权机构对其进行现场查验与技术测定,出具航标效能技术测定报告。

辖区航标管理机关在通过审查后,将书面审查意见报海区航标管理机关。属于第一类航标的,由海区航标管理机关复审后报交通运输部。航标管理机关认为可以进行航标效能验收的,以书面通知方式下达给航标设置单位。航标效能验收一般应在通知之日起15天内组织实施。

4.验收方式

航标效能验收由批准设置航标的航标管理机关组织。航标管理机关也可以委托海区或辖区航标管理机关组织航标效能验收。

航标效能验收活动一般由航标用户、通航管理部门、航标设置单位、航标设计、施工、监理、维护等相关单位的代表参加。

航标管理机关应成立航标效能验收专家组负责航标效能验收。航标效能验收专家组一般由航标管理机关、通航管理部门和相关专业的专家组成。

航标效能验收最终形成综合评价和结论,通过验收的由航标管理机关正式对外公告。

航标效能通过验收后,航标设置单位方可进行航标工程竣工验收。

二、航标效能验收方式

航标效能验收由查验资料、现场技术测定、综合评价三部分组成。

1.查验资料

验收人员应按设置许可和技术规范查验设置航标的相关资料的有效性、完整性,并提交报告。查验的资料应包括:
(1)航标管理机关的行政许可批文;
(2)航标技术资料履历卡;
(3)航标设计文件、图纸资料;
(4)竣工报告、预验收资料、施工总结报告;
(5)监理报告;
(6)航标养护方案;
(7)主要航标器材产品合格证书、质保书;
(8)航标现场施工和竣工图片。

2.现场技术测定

现场技术测定由航标管理机关或授权机构对建成后的航标系统进行全部或抽样的现场测试,以检测所设航标是否满足航标配布审批中对有关航标技术性能的要求,包括能否满足航标功能需求、配布要求、设备选用要求和航标的技术指标要求。

3.综合评价

航标效能验收以验收会的形式对所需验收的航标效能进行综合评价。主要是审核工程竣工资料的有效性和完整性,技术测定方法的正确性、有效性和测试数据的完整性,以及有关单位的陈述等,给出专家组评审意见。

航标效能验收通过后,由航标管理机关颁发航标效能验收合格证给航标设置单位,并通过及时发布航标动态形式向社会公告。

第三节　航标应急反应

航标应急反应工作是航标管理工作中的一项重要内容,是航标管理不断适应航运经济快速发展和展示航标服务水平的具体体现。

一、基本策略

(1)实施航标应急反应关系到保障船舶航行安全,关系到人命和财产安全。各级领导和相关人员必须树立高度的政治责任意识、行政责任意识和管理责任意识,把航标应急反应作为一项重要任务来完成。

(2)进一步加强机制和制度建设,建立有效的组织领导机构,明确各级管理单位、船舶和相关人员的职责,编制各辖区航标处航标应急反应预案,建立航标应急反应管理实施考核制度。

(3)认真做好船舶、车辆、通信设备及有关航标维护保养设备的管、用、养、修工作,确保设备符合配置要求和处于良好的适航、适用状态,提高自身安全意识。

(4)航标应急反应管理依托辖区航标处、航标管理站和航标养护中心的船舶、车辆等现有设施资源,同时,积极调动社会资源力量,加强与当地海事管理部门的协调与配合,提高管理效率,确保可有序、及时地组织实施航海保障工作。

(5)加强航标应急反应管理所需各类专用器材储备配置管理,各管理单位、航标站点和船舶应保证可达到应急反应专用器材的基本配备要求。

(6)定期组织开展航标应急反应演练活动,加强实施监督和考核工作。通过演练活动,探索规律,协调关系,总结经验,以过硬的作风和专业素质做后盾,不断提高应急反应水平和能力。按规范程序要求及时、公正地评定考核,用激励机制作用来促进航标应急反应各项工作规范化、程序化运作,以形成良性循环的工作氛围。

二、管理规则

(1)明确各级管理职责。对涉及航标应急反应管理工作的中心处室、各辖区航标处航标业务管理部门、航标站、航标养护中心、各类航标船舶和物资供应、航标维修等相关部门,明确各自职责要求,使其在平时工作准备和应对突发事件时能够各尽其责,各守其职。

(2)确定航标应急反应管理区域。各辖区航标处航标管理范围,即为各航标处辖区航标应急反应管理范围。各航标处明确各航标站航标应急反应分辖管理区域和相邻协作区域。

(3)制定航标应急反应管理工作程序。对涉及航标应急反应管理的相关工作,以规范的工作程序、流程形式加以约定和控制,对应职责要求,建立管理网络,保证应急反应工作实施的效果。同时,为保证工作质量,明确工作要求(达到清晰、简洁的目的),为纳入信息化管理奠定基础,对各项具体工作内容以工作表或报告格式来规范填写。

（4）各辖区航标处建立与当地海事局航标应急反应管理信息通报机制,确定职能联系部门和联络人,信息通报主要内容和相互支持配合要求等。

（5）制定辖区各航标处应急反应和异常恢复时限规定,这既是辖区航标管理部门对航运企业提供船舶通航安全的助航服务承诺,也是各级航标管理部门内部管理具体执行和工作考核评定的依据。

（6）提高资源配置水平,加强资源管理,为实施好航标应急反应管理,提供及时、必要的技术支援和后勤保障。用于航标应急反应管理的资源主要有:通信设备,船舶、车辆和航空器,航标专用器材等。

（7）船舶和车辆是各航标处实施航标应急反应管理工作的主要工具,起重要的设施保障作用。在特定要求或条件下,也可租用航空器参与实施航标应急反应工作。

（8）根据航标应急反应管理工作的需要,对各辖区航标处所配置的各种资源,进行临时调配,确保完成各项航标应急反应管理任务。

（9）各辖区航标处充分发挥当地社会资源综合优势,采用征集或租用方法,参与辖区应急反应工作,以及时、有效地落实航标应急反应管理任务。

（10）各辖区航标处应建立航标应急反应管理所需航标专用器材管理制度。

三、运行规则

（1）执行辖区航标管理协调工作机制各项要求。

（2）实施航标应急恢复,核实航标异常信息的来源、航标现状,评估影响安全程度,以便采取进一步有针对性的应对措施。因船舶碰撞所造成的航标异常事件,还可通过 VTS 录像分析,走访公司和嫌疑船舶,以申请海事调查和协查等方式,查证肇事船舶并展开索赔工作,以尽可能减少国家财产损失。

（3）在实施航标应急恢复、应急设标工作过程中,及时、准确地发布航标动态信息和及时办理设置审批。

（4）建立航标质量评估制度,对航标异常情况做到事事有分析,件件有落实,认真分析症结,找准应对措施,严格把关和整改,避免类似事件的再次发生。

（5）实施航标应急设标,各辖区航标处要与当地海事局加强协调和配合,整合资源,确保可有序地组织实施应急反应工作。

（6）各辖区航标处在实施航标应急恢复、应急设标和应急任务等各项应急反应管理工作中,应做好相关过程书面记录,及时进行每一项工作的书面总结,拍摄现场工作照片或录像,做好存档。

四、监督规则

（1）对实施的辖区航标应急反应工作进行监督、检查和考核。

（2）加强航标应急反应演习活动,教育和提高职工重视认知度,牢固树立航标人的责任意识、奉献精神。通过演习活动,探索规律,协调关系,总结经验,以过硬的作风和专业素质做后盾,不断提高应急反应能力和水平,努力实施和达到安全管理目标。

第四节 航标维护管理

一、灯塔的维护管理

(1)灯塔必须具备下列表簿和档案资料,并按要求填写和上报:灯塔值班日志,机电值班日志,机电维修保养记录簿,蓄电池充电记录簿,设备、工具、器材登记表,灯塔工作月报表,安全活动记录簿,灯塔档案,通信记录簿。

(2)灯塔应制订年底、季度及每月的工作计划,并按计划做好各项工作。

(3)灯塔应拟定各种设备、工具和建(构)筑物等的维修、更换或新建年度计划,报送主管部门。

(4)灯塔应按照《海区航标固定建(构)筑物维护》的标准和主管部门批准的维护保养计划,定期保养各类设备和建筑物,使发光设备、动力设备和备用器材等处于正常技术状态。

(5)灯塔应根据所处地理位置,在入冬、雨季和台风季节前,做好灯塔及其附属建筑物和装备器材等防寒、防潮和防风的维护保养工作。在雨季、雾季和台风过后,应全面检查、维修和保养灯塔及其附属设施。

(6)灯塔应在每年雷雨季节前检查避雷设施,保证接地电阻小于 10 Ω。

(7)灯塔应经常开展安全活动和制定具体的消防措施。

(8)灯塔值班日志用以记录灯塔设备工作情况及其他有关情况,记录的内容有:灯塔值班任务的交接,国旗升降时间,灯光的开放时间,发光设备的故障、排除情况及采取的措施,备用灯器的定期运行情况,灯塔设备的维护保养及技术改造工作,瞭望附近灯塔、灯桩或灯浮标的发光情况,灯塔视距范围内发生海事的时间、水域及情况,灯塔内所进行的日常保养工作,灯塔的补给情况,领导来塔检查或其他人员往来情况,收到的指示和文件,灯塔人员学习情况,气象情况,灯塔人员伤病、请销假及调动等,灯塔遭到的意外灾害、缺水、缺粮等情况,灯塔其他有关情况。

(9)灯塔档案用以记载灯塔的全面情况,包括以下内容:灯塔名称、编号、经/纬度和对航海的作用,灯塔的灯质、灯高、射程和光弧,灯塔结构和塔身高度,灯塔远景和近景照片,主灯、备灯、雷达信标、雾号和通信设备的情况,能源及供电、供油、供水管线分布情况,登陆点、海况、补给、道路及交通情况,灯塔修建记录,灯器更换记录,灯塔及附属设施平面图和塔身立面图,灯塔历史资料,灯塔上发生的重大事情如灯塔事故、灾害、重要人员来访和上级慰问等。

二、灯塔设备的保养

1.发光设备的保养

(1)必须做好发光设备的日常保养工作,使其处于正常技术状态。

（2）每日开关灯器前后透镜表面应用清洁麂皮擦拭，每月以纯酒精擦拭一次，每年以200号细颗粒研磨剂抛光一次。铜质透镜框应每月用擦铜油或擦铜软膏擦净一次，透镜框上的油灰有脱落时应及时镶补，并保护透镜不受损伤。

（3）滤光玻璃每日开灯前擦拭一次。

（4）闪光器、换泡器每年进行维修保养一次。

（5）旋转机构每月加油润滑一次，每三年检修一次。

（6）水银转台中的水银每两年清洁一次；清洁时，严格按操作规程操作。

（7）进口灯器应按其使用、维护要求进行保养。

（8）灯笼按照《海区航标固定建（构）筑物维护》标准进行维护保养。

（9）灯笼玻璃应保持光洁，经常检查和维护。

2.灯塔塔身及附属建筑物的保养

灯塔塔身及附属建筑物应按照《海区航标固定建（构）筑物维护》标准进行维护保养。

3.电雾号的保养

电雾号每周应对控制屏和雾号表面清洁一次，每月上旬通电试放一次。按说明书每年保养一次。保持控制屏室干燥通风。

三、灯桩、立标和导标的维护管理

（1）灯桩、立标和导标的各种技术资料应齐全；其档案资料应一标一档，首页按最新资料填写；并按规定上报各类报表。

（2）月巡检一次，港口标志每月增加一次夜间巡视。

（3）灯标根据能源情况补给，补给时进行必要的保养工作。

（4）灯器安装使用前应试运行，新灯器应连续运行24 h，修复灯器应连续运行72 h。

（5）灯桩、立标和导标发生失常时，应立即采取修复措施，并迅速将失常和修复后状况报告主管部门。

（6）当灯光熄灭、灯质不正常、标志受损或其他原因无法正常工作，且在规定时间内无法恢复时，应迅速报告主管部门。

（7）十级以上大风或其他自然灾害发生后，应进行一次全面巡检。

（8）对于临时设置的标志，在任务完成后应尽快撤除并报告有关部门。

（9）巡检、抢修资料按规定填写、存档和上报。

四、灯桩、立标和导标的巡检补给及保养

（1）根据有关规定和上次巡检记录的情况，安排巡检补给。

（2）巡检补给时，作业人员应着救生衣或系安全带、戴安全帽。

（3）巡检补给时，应携带备用灯器、电池、油漆、工具及零配件。

（4）巡检补给时，应擦拭灯玻璃或透镜，检查灯器、电池、桩身和避雷设施。

（5）巡检补给时，应记录无法修复的情况，不影响助航效果的，可下次补给时修复；特殊情

况,应立即派员修复。

（6）灯器、电池应根据使用情况及时更换。

（7）各种结构物的油漆涂料、施工方法和涂漆作业按照《海区航标固定建（构）筑物维护》标准执行。

（8）灯桩、立标和导标应每年大保养一次。

（9）巡检补给,应做好记录。

五、灯浮标和浮标的维护管理

（1）灯浮标和浮标的各种技术资料应齐全;其档案资料应一标一档,首页按最新资料填写;并按规定上报各类报表。

（2）每月巡检一次,港口内标志每月增加一次夜间巡视。

（3）灯标根据能源情况补给,补给时进行必要的保养工作。

（4）灯器安装使用前应试运行,新灯器应连续运行 24 h,修复灯器应连续运行 72 h。

（5）灯浮标和浮标发生失常时,应立即采取修复措施,并迅速将失常和修复后状况报告主管部门。

（6）当灯光熄灭、灯质不正常、标志受损、移位、漂失或因其他原因无法正常工作,且在规定时间内无法恢复时,应迅速报告主管部门。

（7）十级以上大风或其他自然灾害发生后,应进行一次全面巡检。

（8）对于临时设置的标志,在任务完成后应尽快撤除并报告有关部门。

（9）巡检、抢修资料按规定填写、存档和上报。

六、灯浮标和浮标的巡检补给及保养

1.灯浮标和浮标的巡检补给

（1）根据有关规定和上次巡检记录的情况,安排巡检补给。

（2）巡检补给时,作业人员应着救生衣,注意安全。

（3）巡检补给时,应携带备用灯器、电池、油漆、顶标、顶标架、工具及零配件等。

（4）巡检补给时,应擦拭灯玻璃或透镜,检查灯器、电池、电源接线和太阳能阵列板等。

（5）巡检补给时,发现浮体、顶标等损坏,应及时修复;不能修复的,应及时更换。

（6）每月校对标位一次,并做好记录;如有移位应及时上报,并采取复位措施。

（7）巡检补给,应做好记录。

2.灯浮标和浮标的保养

（1）清除浮体表面污垢及附着海生物,并用淡水刷洗浮体。

（2）干燥后,清除浮标上的铁锈。

（3）在浮标表面涂刷两道防锈漆。

（4）防锈漆干燥后,在浮体水线以上部分按要求罩涂油漆两道,在浮体水线以下部分罩涂防腐漆两道。

（5）浮体水密盖的花篮螺丝，不应涂漆而应涂钙基润滑脂。

（6）备用浮标除可不涂水线以上部分的罩漆外，均应按上述要求做好，发现锈斑应及时清除并补漆。

（7）橡胶垫圈平面不应沾染油漆或钙基润滑脂。

七、灯浮标和浮标的更换及抛设

1.灯浮标和浮标的更换

（1）灯浮标和浮标应每年更换保养一次，特殊情况除外。

（2）更换前应检查替换灯浮标的灯质、涂色、标名、标记、顶标与被更换灯浮标是否相符，同时检查标位。

（3）起吊被更换灯浮标时，应检查锚链，对于磨损大于原直径 1/8 的锚链、卸扣和转环，应调换。

（4）抛设后应校对标位。

2.灯浮标和浮标的抛设

（1）抛设前应做好灯浮标、浮标和锚链的保养工作，并根据灯浮标、浮标的型号和拟设标的水深、潮汐和底质情况，配备相应的沉石和锚链。

（2）抛设的灯浮标其灯质、涂色、标记、顶标应符合《中国海区水上助航标志》的相关规定。

（3）抛设的位置误差应在规定范围内。

八、锚链的保养

（1）清除锚链及卸扣等表面的铁锈和附着海生物，并揩净碎屑。

（2）涂刷沥青漆应在清洁、干燥的场所进行。

（3）卸扣的孔眼、横栓、开口销或销钉及旋转环的旋转部分均不应涂漆，而应涂灌钙基润滑脂。

九、雷达应答器的维护管理

（1）雷达应答器的管理人员应掌握其基本工作原理并熟悉以下各项内容：电源和稳压设备的管理及使用要求；雷达应答器在不同工作状态时，各电压、电流的有效指示范围；雷达应答器工作的有关技术参数及要求；各项业务报表的填写。

（2）有人值守的雷达应答器，应每天检测其工作状态一次；无人值守的雷达应答器，应至少每月检测一次或按巡检周期进行。特殊情况，可另做规定。检测应填写雷达应答器工作状况巡检记录表。

（3）在检测时，若无雷达询问，不能同时逐项测读，应在 24 h 内的其他时间补测。

（4）管理机关应每月进行两次巡检，船用雷达从距雷达应答器 1~5 n mile 时开始，至规定的最大作用距离，对雷达应答器进行扫描检测。搜索到信号后的扫描时间应不少于 5 min，并填写雷达应答器工作情况巡检记录表。

（5）管理机关所属船舶凡装有雷达并具备条件的，在出海执行其他任务时，应对途经雷达应答器进行观测，并填写雷达应答器工作情况巡检记录表。

（6）管理机关应于每季度末将本辖区内雷达应答器的工作情况汇总，填写海区雷达应答器工作状况季度报表并上报。

（7）当雷达应答器的电源输出电压的读数接近稳压设备所允许的工作下限时，应更换或调整电源。

（8）当雷达应答器工作不正常时，应及时检修或更换；管理人员未经管理机关批准，不得开启机壳（包括天线罩）。

（9）雷达应答器发生故障时，应断开电源，填写雷达应答器故障记录表。

（10）管理机关应注意收集航运部门对雷达应答器工作情况的反映，逐步改善管理，以提高雷达应答器的工作质量。

十、RBN-DGPS 台站的维护管理

1.管理总则

（1）RBN-DGPS 站实行二十四小时连续工作制。

（2）台站应按《沿海无线电指向标-差分全球定位系统播发标准》的规定运行，不得随意改变参数、指标或间断工作。

（3）海区业务主管部门负责本海区台站的技术指导工作、监督和考核，并负责组织台站的技术改造、专业维护和系统维护；辖区业务主管部门负责台站的日常管理、日常维修、质量监测和人员技术培训，并按要求上报工作报表。

（4）海区业务主管部门每半年对台站进行一次巡检，向交通运输部海事局提交巡检报告；每年组织对台站进行一次系统维护，向交通运输部海事局提交评估报告。交通运输部海事局不定期地对台站工作情况进行抽查。

（5）海区业务主管部门应按《RBN-DGPS 台站值班人员考核标准》对台站值班人员进行考核，未经考核或考核不合格者，不得值班。

（6）台站人员应严格遵守设备操作规则（见《沿海无线电指向标-差分全球定位系统设备操作规则》），认真执行设备维护保养制度，确保人身安全和设备正常工作。

（7）台站设备需要停机保养时，应提前制订计划，由海区业务主管部门批准并报交通运输部海事局备案后方可实施。

（8）台站停机维护保养或因故障停机，应按交通运输部发布的《海区航标动态通报管理办法》，发布航标动态。

（9）台站系统、设施的技术改造应符合《沿海无线电指向标-差分全球定位系统建设技术要求》。

（10）海区业务主管部门每两年应统一组织一次台站设备技术检测，对台站整个系统、设备、部件的技术指标和参数进行检查和测定。

（11）台站应严格执行设备/器材/备件/技术资料管理规则。

（12）台站应严格遵守保密制度，未经上级主管部门同意，严禁外来人员参观、拍摄，不得擅自对外提供台站数据。

（13）监控软件自动记录的原始数据应统一存储在"D:\"上，台站计算机保存12个月的台站原始数据记录，每3个月将数据存至一张光盘上，存档。

（14）台站应建立工作报表、值班日志、设备维修保养记录簿、设备/器材/备件/技术资料登记簿和RBN-DGPS台站技术档案簿，认真填写，并按规定保存和上报。

（15）数据光盘和各种记录表/簿应有专人保管，并编号、存档。数据光盘保存期为10年；值班日志、设备维修保养记录簿和各种工作报表的保存期为5年；设备/器材/备件/技术资料登记簿和RBN-DGPS台站技术档案簿永久保存。

（16）台站采用双发射机和双基准台，其正常工作方式为：A发射机/1号基准站（RS1）为主发射机/主基准台，B发射机/2号基准站（RS2）为热备份，且发射机应置"遥控"状态，基准台应设置为"自动切换"。当主发射机/主基准台切换至B发射机/2号基准站（RS2）工作时，应及时采取措施，尽快恢复至A发射机/1号基准站（RS1）工作。

（17）对于有密级管理功能的台站，各密级分配如下：系统管理员级为辖区业务主管部门；控制员级为台站长；监视员级和操作员级为台站值班人员。辖区业务主管部门更改用户口令，应及时上报海区业务主管部门；未经许可，各级用户不得擅自泄露密码。

2.值班规则

（1）值班时应着装整齐，态度端正，爱护机房和公共场所卫生，保持值班环境清洁。

（2）值班时不得做与值班无关的事情，不得擅自让外人进入机房，不得擅自在机房内使用其他电器。

（3）值班时不得无故搬动各种开关旋钮，不得擅自变动设备的线路连接，对计算机内设置的各种参数未经允许不得擅自更改。

（4）按要求认真检查并记录各种仪表读数和软件窗口显示的数据，认真填写值班日志，不得随意涂改。

（5）值班时如发现异常情况，应立即报告站长，并将异常情况、处理过程详细记录在值班日志的工作情况栏内。

（6）值班人员在每天早上8点按要求打印前一天的工作报表。

（7）交接班时应认真检查设备工作状态，核对记录，确认无误后双方在值班日志上签字，方可完成交接班工作。

3.设备维护保养规则

台站应做好日常、年度维护保养，消除隐患，保证系统正常工作。各项维护保养工作应记载在设备维修保养记录簿中。

日常保养如下：

（1）值班人员应保持室内整洁、卫生，做好设备通风、干燥、防尘、防腐蚀、防静电工作。

（2）检查配电装置、开关、风扇、消防设备是否良好有效。

（3）检查设备连接电缆及设备接地是否可靠有效。

（4）检查防瞬态过电压设备是否可靠、有无雷击。

（5）检查接收天线有无松动、倾斜，天线电缆连接是否良好、有无断裂腐蚀，天线支架有无移动、松动、浸水、锈蚀。

（6）检查发射天线连接螺栓有无松动、锈蚀,拉索悬垂度是否正常,天线体和拉索绝缘是否可靠,地锚及地锚周围的土壤是否发生裂变或异常,天线馈线连接是否良好,避雷球是否可靠,并进行必要的保养。

（7）检查天调安装是否牢固,防水是否良好,手动及自动调节是否正常,有无异常声音或打火。

（8）检查天调至天线间的馈线连接是否良好。

（9）检查地网有无暴露或断开,天线场地有无灌木,如有应做相应处理。

（10）每年干旱季节,应对地网井灌水一次。

（11）检查发射天线基础周围的栅栏及警示标牌,如有损坏应及时修复。

（12）每月对计算机进行一次病毒检查。

（13）每月对 UPS 蓄电池放电一次。

年度保养如下:

（1）每年海区组织年度保养一次,各台站所属辖区提出年度保养建议计划,书面报海区业务主管部门核准后由辖区实施。

（2）清除室内、机内的灰尘。

（3）检查设备各部分之间的连接是否良好、有无脱落,紧固件有无松动,各元器件有无烧坏或变形,并做相应处理。

（4）校准各仪表读数。

（5）测量地网接地电阻,检查汇流板及地网,如有断线、锈蚀现象,做相应处理。

（6）检查设备接地状况,测量设备接地电阻。

（7）发射天线塔应根据锈蚀情况进行保养,紧固松动的螺栓,并做好防腐处理。保养发射天线水平线、钢缆和滑轮、绝缘子,清除污垢,涂抹黄油;如发现断线应修理或更换,水平天线拉起时不能过松或过紧,保持规定垂度。调节避雷球间隙,使其保持在 3~5 mm,并对其表面进行处理。对天线应按维护保养要求进行维护、检测。

（8）对天调至发射天线间的馈线各连接部位进行清洁,保持接触良好。

（9）拆开 GPS 天线外罩,对 GPS 天线表面及扼流环内部进行清洁。

（10）按要求保存和删除台站存档数据,并进行硬盘整理。

十一、AIS 岸基系统的维护管理

（1）AIS 应始终处于良好的技术状态,以确保其安全、有效运转及报文上下行畅通;AIS 管、用、养、修等应有相应的实施措施和台账记录。

（2）AIS 维护管理中心实行二十四小时值班制度。值班人员应认真填写 AIS 管理维护值班日志,详细记录 AIS 运行中出现的异常问题、处理过程和结果;遇有影响 AIS 整体运行的故障或基站不能正常工作的连续时间超过 2 h,应及时书面上报中华人民共和国海事局,并采取应急措施进行解决。

（3）各海区局应适时地组织本海区内的 AIS 技术和业务培训,以提高 AIS 运行管理人员的业务和技术水平,培训记录和结果应报备中华人民共和国海事局。AIS 岗位工作人员应经过技术培训并取得相应的岗位任职资格,持证上岗。

(4)各海区局应严格管理 AIS 数据;AIS 数据必须由各海区局统一实行长期存储。

(5)各海区局负责和实施本海区 AIS 的年度保养和日常巡检及应急反应工作,应做到:编制年度维护保养计划,并报备中华人民共和国海事局;每年组织一次 AIS 保养工作,并做好详细记录;定期组织 AIS 巡检工作,并做好详细记录;参照有关规定做好 AIS 应急反应工作;对于重大自然灾害,应做好灾前预防和灾后巡检恢复工作,并做好详细记录;如 AIS 发生故障,应及时修复,并做好详细记录;做好年度工作总结,并报备中华人民共和国海事局。

(6)中华人民共和国海事局负责组织实施 AIS 的升级工作。在实施 AIS 升级工作前,必须做好现有 AIS 的运行状况和资料的备份工作,AIS 升级工作应当在不影响正常运行和确保整体可靠的前提下进行。

(7)各海区局应妥善管理 AIS 的技术资料和档案。AIS 的技术资料和档案包括:AIS 管理维护中心值班日志、AIS 管理维护技术中心档案簿、AIS 岸台技术档案簿、AIS 巡检维修记录簿、AIS 故障记录表、AIS 用户档案表、中华人民共和国海事局岸基系统用户申请书、设备使用说明书、设备维修说明书、软件光盘、应用管理文件、相关影像资料等。

(8)AIS 的技术档案和资料应分级保存,应指定专人维护和管理。AIS 管理账户和用户账户等重要资料应由专人妥善保管。

(9)AIS 电子海图终端必须统一安装由中华人民共和国海事局电子海图数据中心统一提供的电子海图数据;电子海图数据属于涉密数据,各海区局要严格管理,不得随意复制和发放。AIS 电子海图终端应专机专用,严禁安装非必要软件。

参考文献

[1] 荆其诚,焦书兰,喻柏林,等. 色度学. 北京:科学出版社,1991.

[2] 郝允祥,陈遐举,张保洲. 光度学. 北京:北京师范大学出版社,1988.

[3] 中国建筑科学研究院. 建筑结构设计统一标准(草案). 北京:中国建筑工业出版社,1983.

[4] 天津大学,同济大学,南京工学院. 钢筋混凝土结构(上、下册). 北京:中国建筑工业出版社,1980.

[5] 张宗瑞,田金兰. 非金属材料. 北京:中国铁道出版社,1981.

[6] 北方交通大学材料系. 金属材料学. 北京:中国铁道出版社,1982.

[7] 中华人民共和国交通部. 海港总平面设计规范(JTJ 211—99). 北京:人民交通出版社,2003.

[8] 国际航标协会(IALA). 助航指南.2版. 王英志,译. 大连:大连海事大学出版社,1995.

[9] 国际航标协会(IALA). 助航指南.5版. 中华人民共和国海事局,编译. 北京:人民交通大学出版社,2008.

[10] 中华人民共和国交通部. 航道工程设计规范(JTS 181—2016). 北京:人民交通出版社,2016.

[11] 李征航,魏二虎,王正涛,等. 空间大地测量学. 武汉:武汉大学出版社,2010.

[12] 肖付民,刘雁春,暴景阳,等. 海道测量学概论.2版. 北京:测绘出版社,2016.

[13] 王英志. 航标学. 大连:大连海事大学出版社,1997.

[14] 杨守仁. 航海学(上、下册). 北京:人民交通出版社,1992.